Eva Höll-Stüber

HAUSWIRTSCHAFT
nach Lernfeldern

AF124601

ERNÄHREN UND VERPFLEGEN

Herausgeberin: Dorothea Simpfendörfer

8., aktualisierte Auflage

unter Mitarbeit von
Maike Exner
Gisela Machunsky
Inge Maier-Ruppert

Dr. Felix Büchner · Handwerk und Technik

ISBN 978-3-582-25264-7   Best.-Nr. 4202

Verlag Dr. Felix Büchner GmbH & Co. KG – Handwerk und Technik GmbH,
Lademannbogen 135, 22339 Hamburg;
Postfach 63 05 00, 22331 Hamburg – 2020

E-Mail: info@handwerk-technik.de
Internet: www.handwerk-technik.de

Layout, Satz und Lithos: tiff.any GmbH, Berlin
Illustrationen: Scott Krausen, Düsseldorf; Design Thing, Berlin
Druck und Bindung: Grafisches Centrum Cuno GmbH & Co. KG, 39240 Calbe

Im Mittelpunkt aller hauswirtschaftlichen Tätigkeiten stehen Menschen mit ihren individuellen Bedürfnissen. Dieser Leitsatz zieht sich wie ein roter Faden durch die Ausbildung in Berufsschule und Ausbildungsbetrieb.

- Hauswirtschaftliche Leistungen aus den Bereichen der Versorgung, Betreuung und Vermarktung ergänzen einander in unterschiedlichen Einsatzgebieten.

- Hauswirtschaftliche Leistungen erfüllen vorgegebene Qualitätsstandards, und Rechtsvorschriften.

- Hauswirtschaftliche Tätigkeiten sind personenbezogene Dienstleistungen und bieten Unterstützung zur Alltagsbewältigung und Lebensgestaltung.

- Hauswirtschaftliches Handeln leistet einen wichtigen Beitrag zu aktuellen gesellschaftlichen Entwicklungen. Sei es das Zusammenleben von Menschen mit verschiedenen kulturellen Traditionen zu gestalten oder Nachhaltigkeit und Gesundheitsförderung bei wichtigen Entscheidungen zu bedenken.

Dieses Lehrwerk ist Teil einer vierbändigen Fachbuchreihe, die das notwendige Fachwissen, abgestimmt auf Lernende in schulischen oder betrieblichen Ausbildungsgängen enthält. Es orientiert sich an den Vorgaben des KMK-Plans und hat die darin vorgesehenen Lernfelder als Kapitel übernommen. Gleichzeitig finden das Ausbildungsberufsbild der Hauswirtschafterin/des Hauswirtschafters und die im deutschen Qualifikationsrahmen beschriebenen Kompetenzen Berücksichtigung.

Die methodisch-didaktische Konzeption des Unterrichtswerkes berücksichtigt verschiedene Unterrichtskonzepte, vor allem im Hinblick auf neue Lernformen, bei denen die Lernenden zunehmend mehr Eigenverantwortlichkeit entwickeln. Wichtiges Anliegen der Lernfelddidaktik ist es, den Kompetenzerwerb ausgehend von beruflichen Handlungssituationen anzuregen. Das Bearbeiten der Lernsituationen oder niveaugestuften Lernaufgaben, das Arbeiten mit Checklisten kann nach dem Prinzip der vollständigen Handlung erfolgen.

Die übersichtliche Gestaltung des Buches ermöglicht dessen vielfältige Einsatzmöglichkeit.

Zu Beginn jedes Kapitels findet sich unter »Kompetent in den Beruf« eine Auflistung der Kompetenzen, die von den Lernenden zu erwerben sind. Am Ende der Kapitel ist es möglich, diese mithilfe von niveaugestuften Aufgaben zu überprüfen. Der »Kompetenz-Check« enthält theoretische und praktische Aufgaben. Aufgaben für Internetrecherchen und zur Nutzung von EDV-Anwendungsprogrammen bieten Möglichkeiten des individuellen Lernens. Angebote zur englischsprachigen Kommunikation bereiten auf internationale Kontakte vor.

Eine kurze Einführung am Beginn eines Themas stellt dessen Bezug zum beruflichen Handeln her.

In der Hauptspalte findet sich das jeweilige Fachwissen sachlogisch dargestellt. Dessen Auswahl orientiert sich an den Anforderungen der beruflichen Tätigkeiten hauswirtschaftlicher Fachkräfte.

Für die Informationen in der Randspalte werden folgende Symbole verwandt:

Gesetze und Verordnungen, um die Verbindlichkeit bestimmter Anforderungen zu verdeutlichen.

Arbeitssicherheit und Ergonomie, um den Blick dafür zu schärfen,
- an welchen Punkten bei hauswirtschaftlichen Tätigkeiten Unfallgefahren bestehen,
- wie Arbeitsunfällen vorgebeugt werden kann und
- dass durch ergonomische Gestaltung der Arbeitsabläufe Zeit und Kraft gespart werden kann.

Internetrecherche für eigenständige Themenbearbeitung.

Wir wünschen allen, die sich mit diesem Lehrwerk auf ihre berufliche Karriere in der Hauswirtschaft vorbereiten, dass sie gerne damit arbeiten und mit der Überzeugung, dass professionell erbrachte hauswirtschaftliche Leistungen für das Wohlergehen für jeden einzelnen und für die Gesellschaft notwendig sind, in diesem Beruf zu arbeiten.

Autorin und Verlag sind an Rückmeldungen mit kritischen Anmerkungen oder Hinweisen zur Weiterentwicklung dieses Werkes besonders interessiert.

August 2019 Schwalmstadt
Dorothea Simpfendörfer, Herausgeberin

GELEITWORT

Zwei Szenen:

1. **Tagungshaus**
   Eine Szene am Morgen: die ersten Gäste einer Tagung treffen ein. Sich in den Toilettenräumen kurz frisch machen und eine Tasse Kaffee wäre jetzt gut. Die Toiletten werden gerade gereinigt. Der Begrüßungskaffee ist noch nicht aufgebaut. Wenn dann noch der Tagungsraum nicht fertig hergerichtet und noch zu kalt ist, haben es die Referenten der Tagung besonders schwer.
   Dieses Haus zeigt große Schwächen in der Kommunikation im Veranstaltungsmanagement.

2. **Wohnbereich einer Hausgemeinschaft**
   Beim Mittagessen: Am Vormittag wurden in der Küche Bohnen geschnitten, Kartoffeln geschält und Hackfleisch zu Frikadellen verarbeitet. Die für das Kochen verantwortliche Alltagsbetreuerin konnte gemeinsam mit Bewohner/innen die Vorbereitungen für das Mittagessen treffen. Beim Kochen und Braten ist sie mit zwei Bewohnerinnen im Gespräch, richtet die Teller auf dem Esstisch und lädt zum Tischdecken ein. Beim Abschmecken der Soße holt sie sich den Rat von einer vorbeikommenden Bewohnerin. Ein lebendiger, aktivierender Alltag wird unterstützt. – Im Team der Alltagsbegleiterinnen sorgt eine Hauswirtschafterin für die tragenden Grundstrukturen.

Für die Ausbildung zur Hauswirtschafterin/zum Hauswirtschafter wurden in der Verordnung vom 1. 8. 1999 folgende Eckpunkte festgelegt: Hauswirtschaftliche Fachkräfte orientieren sich in der Dienstleistungserstellung an den Bedürfnissen und Bedarfen der Menschen. Sie stellen sich auf unterschiedliche Situationen ein. Die Dienstleistungen werden so zugeschnitten, dass sie passgenau sind. Mit diesem Ansatz entstehen Dienstleistungen, die nicht nur einfach versorgen. Ein Satz, der dies sehr gut auf den Punkt bringt: »**Hauswirtschaft ist nicht alles, aber ohne Hauswirtschaft ist alles nichts.**«

Die Hauswirtschafterin/Der Hauswirtschafter nimmt im Kreis der hauswirtschaftlichen Fachkräfte eine wichtige Rolle ein. Sie/Er ist die Fachkraft, die eigenständig und verantwortlich Aufgabenbündel übernimmt. Für definierte Bereiche zuständig sein kennzeichnet das Tätigkeitsprofil an allen Arbeitsplätzen. Dazu gehört in der Praxis, Verantwortung zu übernehmen in der Zusammenarbeit mit angelernten Kräften sowie Wissen und Fertigkeiten zielgerichtet einzusetzen und als Mensch sichtbar und präsent zu sein.

Im Blick auf die gesellschaftlichen und wirtschaftlichen Entwicklungen der letzten Jahre zeichnet sich ab, dass hauswirtschaftliches Können und hauswirtschaftliches Wissen an Bedeutung gewinnen. Damit sind Menschen wichtig, die im Kontext Hauswirtschaft professionell versorgen und betreuen können. Darüber hinaus werden Menschen wichtig, die hauswirtschaftliche Kompetenzen vermitteln können.

Ich wünsche allen, die mit diesen Büchern arbeiten, dass sie sich des Wertes und Bedeutung ihres Fachgebietes bewusst sind. Hauswirtschaftliche Fachkräfte verfügen über Wissen und Können, das gesellschaftlich von hoher Bedeutung ist. Vandana Shiva, Trägerin des Right Livelihood Award (Preis für die richtige Lebensweise, alternativer Nobelpreis) bringt dies auf den Punkt: »Viele weltweite Probleme gäbe es erst gar nicht, wenn Hauswirtschaft weltweit eine größere Rolle spielen würde.«

Martina Feulner

H wie Hauswirtschaft. Bildung – Beratung – Supervision
Mitglied im Deutschen Hauswirtschaftsrat

INHALTSVERZEICHNIS

1 SPEISEN UND GETRÄNKE HERSTELLEN UND SERVIEREN

Essen und Trinken sind für den Menschen lebensnotwendig und ermöglichen Lebensgenuss und Wohlbefinden.

Ziel bei der Zubereitung von Speisen und Getränken – im Privathaushalt und im Großhaushalt – ist die Herstellung eines abwechslungsreichen und qualitativ hochwertigen Speisenangebotes, das ernährungsphysiologisch ausgewogen, in Aussehen und Geschmack ansprechend und im Preis angemessen ist. Die Zubereitung von Speisen ist eine personenbezogene Leistung. Die ernährungsphysiologische Zusammensetzung sowie Auswahl und Service der Speisen sollten sich an den Wünschen und physiologischen Bedürfnissen der Essensteilnehmer orientieren. Der Aspekt der »Nachhaltigkeit« sollte bei der Verpflegung ebenso berücksichtigt werden.

Lebensmittel können roh oder in verarbeitetem Zustand verzehrt werden. Lagerung und Verarbeitung zu verzehrfertigen Speisen können zu Veränderungen der Inhaltsstoffe führen, die unerwünscht sind (z. B. Verlust von Vitaminen und Mineralstoffen). Bei richtiger Führung der technologischen Prozesse wird die Lebensmittelqualität erhalten und Genuss sowie Gaumenfreude der verzehrfertigen Speisen gewährleistet.

Die Herstellung von Speisen und Getränken erfordert einen professionellen Einsatz von Arbeitsgeräten und Maschinen, der Einsatz an Betriebsmitteln und Personen muss betriebswirtschaftlich und arbeitsorganisatorisch überlegt auf den jeweiligen Bedarf der Küche abgestimmt werden.

Arbeitssicherheit, Hygiene und Umweltschutz sind bei Herstellung und Service von Speisen zu beachten. Sie werden in Einrichtungen der Gemeinschaftsverpflegung durch Gesetze und Verordnungen geregelt.

Kompetent in den Beruf

- Maschinen und Geräte auswählen und bei der Vor- und Zubereitung von Lebensmitteln sicher und wirtschaftlich handhaben.
- Die ernährungsphysiologische Bedeutung von Lebensmittel inhaltsstoffen kennenlernen und bei der Nahrungszubereitung berücksichtigen.
- Küchentechnische Eigenschaften der Lebensmittelinhaltsstoffe bei der Vor- und Zubereitung der Lebensmittel kennen und beachten.
- Grundrezepte umrechnen und daraus Rezepte und Arbeitsabläufe für die Herstellung der Speisen und Getränke entwickeln.
- Abstimmung der Planung und Zubereitung der Speisen auf die Zielgruppen.
- Vorschriften zur Arbeitssicherheit, Hygiene und Abfallentsorgung kennen und einhalten.
- Aspekte des nachhaltigen Handelns in allen Stufen der Produktion und des Services beachten.
- Speisen unter Berücksichtigung der Zielgruppe servierfertig herstellen.

1.1 HYGIENE BEIM UMGANG MIT LEBENSMITTELN

Lebensmittel sollen möglichst frisch, ernährungsphysiologisch hochwertig und gesundheitlich unbedenklich sein, um die Leistungsfähigkeit und die Gesundheit der zu versorgenden Personengruppe zu gewährleisten.

Um den Lebensmittelverderb zu verhindern, müssen Lebensmittel
- vor Verunreinigungen bewahrt werden,
- vor Infektionen mit Mikroorganismen geschützt werden und
- die Lebensbedingungen für die Mikroorganismen eingeschränkt werden.

Die **Lebensmittelhygiene** umfasst alle Maßnahmen, die bei der Herstellung, Lagerung und dem Vertrieb von Lebensmitteln eine einwandfreie Beschaffenheit der Lebensmittel gewährleisten, um eine gesundheitliche Gefährdung des Verbrauchers zu verhindern.

Bereiche der Lebensmittelhygiene:

persönliche Hygiene   Betriebshygiene   Produkthygiene

Die meisten Lebensmittel sind empfindlich gegenüber äußeren Einflüssen, wie **Feuchtigkeit**, **Wärme**, **Licht** und **Sauerstoff**, und verändern sich durch physikalische, chemische und biologische (mikrobielle) Einwirkungen.

Physikalische Veränderungen
werden durch Einwirkungen von Feuchtigkeit und Temperatur ausgelöst. Die Lebensmittel können schrumpfen, welken oder austrocknen. Bei Temperaturen unter dem Gefrierpunkt werden die Zellwände zerstört.

Chemische Veränderungen
werden durch Enzyme hervorgerufen. Sie beeinflussen Geruch, Geschmack und Farbe der Lebensmittel und führen zu Qualitätseinbußen oder zum Verderb der Lebensmittel. Chemische Giftstoffe und andere Schadstoffe können ebenfalls in Lebensmittel gelangen und die Gesundheit gefährden.

Biologische Veränderungen
werden durch Mikroorganismen (Kleinstlebewesen) bewirkt, die sich bei günstigen Bedingungen im Lebensmittel vermehren (z. B. Bakterien teilen sich ca. alle 20 Min. – nach 1 Std. sind aus 100 Bakterien 800 entstanden). Sie können zu Fäulnis, Schimmel, Ranzigwerden, Gärung und Säuerung führen.
Nicht immer riecht oder sieht man, dass das Lebensmittel verdorben ist. Erkrankungen und gefährliche **Lebensmittelvergiftungen** können dadurch ausgelöst werden.
Mikroorganismen in den Lebensmitteln, wie z. B. Bakterien, können bei Personen, die diese Lebensmittel verzehren, **Lebensmittelinfektionen** verursachen (s. S. 6).

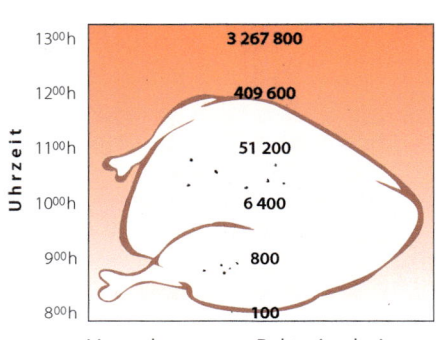

Vermehrung von Bakterien bei günstigen Bedingungen

1.1.1 LEBENSBEDINGUNGEN DER MIKROORGANISMEN

Mikroorganismen sind in der Natur weitverbreitet. Günstige Lebensbedingungen beim Transport, bei der Lagerung und Zubereitung der Lebensmittel beschleunigen ihre Vermehrung.

Wer den Lebensmittelverderb verhindern will, muss die Lebens- und Wachstumsbedingungen der beteiligten Mikroorganismen kennen.

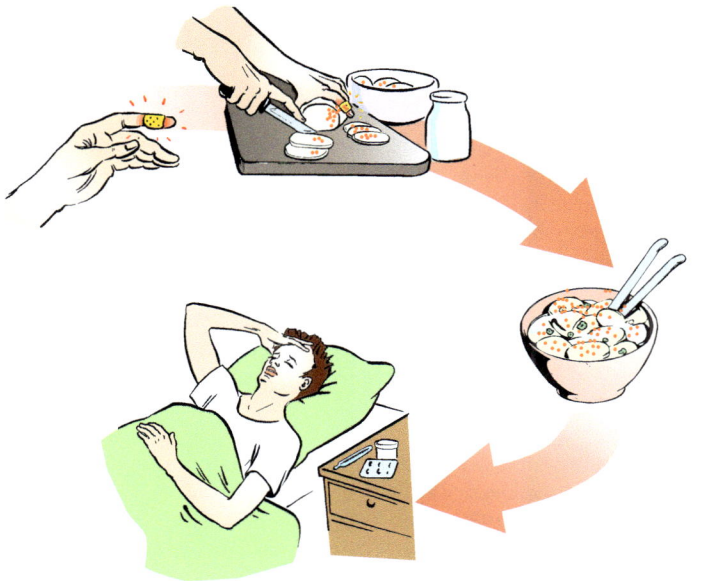

Salmonellentod im Altenheim
Lübeck (dpa)
Alle Heiminsassen und das Personal eines Altenheims mussten sich ärztlich untersuchen lassen, nachdem zwei Bewohner, die Salmonellen ausschieden, gestorben waren. Wie das Gesundheitsamt mitteilte, ist einer der Todesfälle mit Sicherheit auf die Salmonellenerkrankung zurückzuführen. Bei den Untersuchungen in dem Altenheim wurden in der Küche zwei Beschäftigte als Salmonellenausscheider ermittelt. Ob die Salmonellen durch sie oder über bereits infizierte Lebensmittel in das Heim gelangten, ist nach Angaben der Behörden nicht mehr festzustellen.
(Hannoversche Allgemeine 9.8.12)

Lebensbedingungen der Mikroorganismen

Nahrung
Hefen: Kohlenhydrate (Mono-, Disaccharide)
Fäulniserreger, Salmonellen: Eiweiß
Schimmelpilze, Bakterien: Fette, Eiweiß, Kohlenhydrate

frei verfügbares Wasser (a_w-Wert) (s. S. 4, 88)

günstige **Wachstumstemperatur** allgemein bei 25 °C

pH-Wert
pH > 7: Darmbakterien, Fäulniserreger
pH < 7: Hefen, Schimmelpilze, Milchsäurebakterien

Sauerstoff
aerob: Bazillen, Schimmelpilze
fakultativ anaerob: Hefen, Eiter-, Fäulniserreger
anaerob: Hefen

Haltbarmachung von Lebensmitteln
Sie verhindert die Vermehrung von Mikroorganismen durch Veränderung der Lebensbedingungen.
Sie tötet die Mikroorganismen ab.

Verfahren der Haltbarmachung:
- Hitzebehandlung
- Kältebehandlung
- Wasserentzug
- Änderung des pH-Wertes
- Ausschluss von Sauerstoff
- Konservierungsstoffzugabe

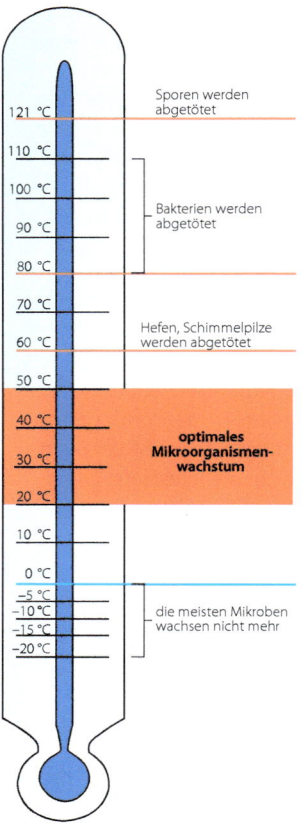

Fleisch-, Wurst- und Gemüsekonserven, die Bombagen gebildet haben, können Clostridium botulinum enthalten. Das Bakterium produziert ein Nervengift, das zum Tod durch Atemlähmung führt.

Einfluss der Temperatur auf die Mikroorganismen

Nahrung

Lebensmittel bieten einen guten Nährboden, weil sie aus organischen Stoffen (Eiweiß, Kohlenhydrate, Fett) bestehen. Die meisten Mikroorganismen können nur ganz bestimmte **Nährstoffe** verwerten. So ernähren sich **Hefen** überwiegend von Kohlenhydraten und wachsen daher insbesondere auf süßen Früchten, Fruchtsäften, Kompotten und Desserts. **Fäulniserreger** und Salmonellen bevorzugen eiweißreiche Lebensmittel, wie z. B. Fleisch, Wurst, Fisch, Eier, Milch und Käse. Schimmelpilze und **Bakterien** können Kohlenhydrate, Eiweiße und Fette verwerten.

Wasser

Mikroorganismen brauchen Wasser als Lösungs- und Transportmittel ihrer Nährstoffe sowie als Baustoff. Dabei steht ihnen nicht der Gesamtwassergehalt eines Lebensmittels zur Verfügung, sondern nur das **frei verfügbare Wasser** (s. S. 88). Dieser Wasseranteil wird auch **aktives Wasser** genannt und als a_w-Wert gemessen. Bakterien wachsen bevorzugt auf wasserreichen Lebensmitteln (a_w-Wert 0,91), Hefen auch auf halb feuchten Lebensmitteln (a_w-Wert 0,8/0,7), Schimmelpilzarten gedeihen ebenso auf trockenen Lebensmitteln (a_w-Wert 0,6). Unterhalb von a_w 0,6 findet kein Wachstum mehr statt. Bei der Lagerung von Lebensmitteln ist zu beachten, dass der Gehalt an frei verfügbarem Wasser auch von der **relativen Luftfeuchtigkeit** der Umgebung abhängig ist. Bei trockener Luft ist die Lebensmitteloberfläche arm an Feuchtigkeit, die Mikroorganismen können sich zwar ansiedeln, aber nicht vermehren.

Temperatur

Jede Mikroorganismenart hat bestimmte Temperaturansprüche, vgl. Abbildung. Allgemein vermehren sich Mikroorganismen umso weniger, je niedriger die Temperatur ist. Es gibt aber auch **Kälte liebende Mikroorganismen**, die noch bei niedrigen Temperaturen im Kühlschrank oder Kühlhaus lebensfähig sind. Der Temperaturbereich **zwischen 20 und 50 °C** gilt als kritischer Bereich für die Verarbeitung und Lagerung von Lebensmitteln, da sich hier viele gesundheitsschädliche Mikroorganismen besonders stark vermehren. Die meisten Bakterien, Hefen und Pilze werden bei Temperaturen über 80 °C abgetötet. Im Haushalt problematisch sind **hitzetolerante Mikroorganismen**, die erst bei Temperaturen oberhalb von 100 °C abgetötet werden. So sind die Sporen von Clostridium botulinum (Botulismus) bis 120 °C lebensfähig und werden erst durch Erhitzen über 121 °C abgetötet.

pH-Wert

Die verschiedenen Mikroorganismenarten wachsen und vermehren sich jeweils bei einem bestimmten pH-Wert-Bereich. Man unterscheidet **saure** (unter pH 7), **alkalische** (über pH 7) und **neutrale** (pH 7) Umgebung.

pH-Werte verschiedener Lebensmittel/ Reinigungsmittel

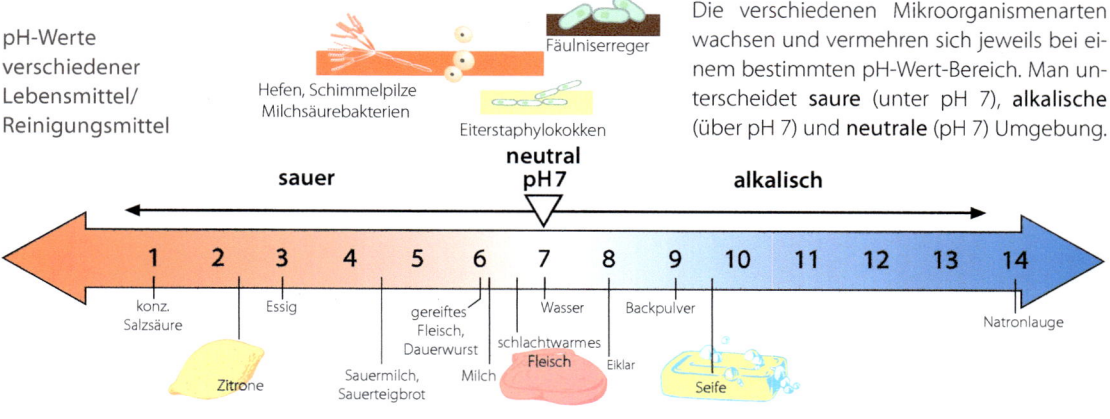

Schimmelpilze und Hefen bevorzugen neutrale bis schwach saure Lebensmittel, die meisten Bakterien wachsen bei einem neutralen bis schwach alkalischen/sauren pH-Bereich. Bei der Herstellung von Sauermilchprodukten, Sauerkraut, Dauerwurst und Pökelschinken verhindert der bei der »Reifung« sinkende pH-Wert die Vermehrung von Hefen und Fäulniserregern. Die Haltbarkeit der Lebensmittel wird dadurch verlängert.

Sauerstoff

Einige Mikroorganismen benötigen zum Leben Sauerstoff. Diese sogenannten **obligaten Aerobier** können ihre Nährstoffe nur mithilfe von Sauerstoff abbauen und Energie gewinnen. Andere, die **obligaten Anaerobier**, vermehren sich ganz ohne Sauerstoff oder wachsen wie die **fakultativen Anaerobier** sowohl in Sauerstoff als auch in sauerstofffreier Umgebung.

Hygiene bei der Lebensmittelverarbeitung vermeidet Lebensmittelinfektionen

  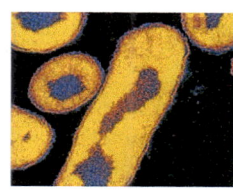

▶ Fleisch gründlich durchgaren. Anbraten oder Ankochen verhütet nicht das Bakterienwachstum im Inneren.

▶ Leicht verderbliche Lebensmittel (mit einem hohen Wasser- oder Eiweißgehalt) erst kurz vor den Mahlzeiten zubereiten. Diese Lebensmittel sowie die aus ihnen zubereiteten Speisen sollten bei Temperaturen zwischen 2°C und 4°C aufbewahrt werden.

▶ Bei längeren Einkaufswegen in der warmen Jahreszeit Fleisch, Fisch, alle zubereiteten Salate und Gefrierkost in Kühltaschen transportieren.

▶ Fleisch, das kalt verzehrt oder zu Salaten, Pasteten oder Sülzen weiterverarbeitet werden soll, besonders gründlich durcherhitzen.

▶ Hackfleisch noch am Tag der Herstellung verbrauchen.

▶ Fertige Speisen nicht warm halten, sondern sofort kühlen und später vor dem Verzehr erneut kurz durchkochen.

▶ Das Schimmeln von gefährdeten Lebensmitteln (Backwaren, Obst, Marmelade, Nüsse) durch Kühllagerung in trockenen Behältnissen vermeiden. Brotbehältnisse regelmäßig mit Essigwasser reinigen.

pH-Wert-Messung

Der pH-Wert kann mithilfe von Indikatorpapier oder mit einem pH-Meter gemessen werden.

a) Bestimmen Sie den pH-Wert von: Joghurt, Mischbrot, Milch, Schweinefleisch, abgehangenem Rindfleisch, Zitrone, Apfel.

b) Ermitteln Sie mit der Abbildung auf S. 4, welche Mikroorganismen auf diesen Lebensmitteln wachsen und zu einem Verderb führen können.

Mikroorganismen unterscheiden sich in ihrem Sauerstoffgehalt

KOMPETENZ-CHECK

1. *Nennen Sie die Ziele der Lebensmittelhygiene.*
2. *Welche Bedeutung haben die Lebensbedingungen der Mikroorganismen für ihre Vermehrung? Untermauern Sie Ihre Antwort durch Beispiele.*
3. *Erarbeiten Sie, welche Hygieneregeln bei der Verarbeitung von Hackfleisch beachtet werden müssen.*
4. *Begründen Sie, warum Fleisch, Fisch, Eier und Milch besonders durch Verderb gefährdet sind.*
5. *Wie wirkt sich der Temperaturanstieg auf das Bakterienwachstum im Fleisch aus?*

Temperaturabhängigkeit

Beimpfen Sie 3 Agar-Agar-Nährböden mit je 2 Tropfen Fleischsaft. Bewahren Sie die Nährböden jeweils

a) 3 Tage im Kühlschrank,

b) 3 Tage im Gefrierschrank,

c) 3 Tage bei 20°C auf.

Betrachten Sie die Nährböden und zählen Sie auf jeder Platte die Kolonien aus. Beurteilen Sie die Ergebnisse.

1.1.2 LEBENSMITTELVERDERB DURCH MIKROORGANISMEN

Der Verderb von Lebensmitteln wird durch Bakterien, Schimmelpilze und Hefen verursacht. Einige Mikroorganismen können zu gefährlichen **Lebensmittelvergiftungen** führen.

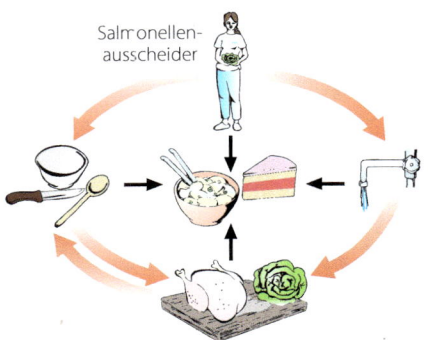

Salmonellen-ausscheider

Infektionskette einer Salmonellen-infektion beim Menschen

Händehygiene

Hände sind häufige Keimüberträger, richtige Handhygiene ist unerlässlich, z.B.

- ▶ *Fingernägel sauber, kurz geschnitten halten/nicht lackieren*
- ▶ *Vor Arbeitsbeginn Handschmuck/ Armbanduhr ablegen*
- ▶ *Vor Arbeitsbeginn/nach Arbeiten mit rohen Lebensmitteln, z. B. Fleisch, Geflügel, Eiern/nach Toilettenbesuch Hände nach dem Waschen zusätzlich desinfizieren*
- ▶ *Hände regelmäßig sorgfältig im Handwaschbecken waschen*
- ▶ *Bei Verletzungen der Hände Einmalhandschuhe tragen*

Betriebliche Anweisungen zur Personalhygiene sind zu beachten!

Bakterien als Lebensmittelvergifter

Salmonellen

Salmonellen (Darmbakterien) kommen bei Schlachttieren, Geflügel und Eiern vor, ebenso im Darm von erkrankten Menschen
bestes Wachstum bei 20 bis 40 °C
werden bei Temperaturen über 70 °C abgetötet

`meldepflichtig!`

Symptome:	Übelkeit, Durchfall, Kopfschmerzen, Fieber
Inkubationszeit:	12 bis 36 Stunden
Übertragung:	durch infizierte Lebensmittel, erkrankte Personen, Küchengeräte, Handtücher
Besondere Gefahr:	warm gehaltene Speisen!!
Lebensmittel:	Hackfleisch (!), Geflügel (!), Eier (!), Milch

Botulinus-Bazillen

Sporen bildendes Bakterium, wächst nur unter Sauerstoffabschluss
bestes Wachstum bei 25 bis 37 °C, unter 10 °C wird das Wachstum eingestellt
werden bei 121 °C nach 20 Minuten mit der Spore getötet, produzieren ein Nervengift, das bei 30-minütigem Erhitzen auf 80 °C zerstört wird

`meldepflichtig!`

Symptome:	Benommenheit, Schluck-, Atembeschwerden, Tod durch Atemlähmung
Inkubationszeit:	meist 12 bis 36 Stunden
Lebensmittel:	Fleisch-, Wurst-, Gemüsekonserven (Vorsicht bei offenen Gläsern und Bombagen)

Staphylokokken

Bakterium in eiternden Wunden
optimales Wachstum bei 20 bis 37 °C, unter 6 °C wird das Wachstum eingestellt
werden bei 80 °C abgetötet, produzieren ein Gift, das nur durch längeres Erhitzen bei 100 °C unwirksam wird

Symptome:	Übelkeit, Erbrechen, Durchfall, Kollaps
Inkubationszeit:	2 bis 6 Stunden
Übertragung:	aus eitrigen Wunden, durch Schnupfen und Niesen, über Werkzeug und Handtücher
Lebensmittel:	Milch, Milchprodukte, Fisch, Fischprodukte, Speiseeis/Eiscreme, Cremes, Wurst-, Eier- und Kartoffelsalat, Wurst, Fleischerzeugnisse, Aspik

Bakterien

Man unterscheidet die kugelförmigen Kokken, die stäbchenförmigen Bakterien und Bazillen sowie die spiralförmigen Spirillen. Bazillen können bei ungünstigen Lebensbedingungen eine Überlebensform, die Spore, ausbilden. Sporen können sich nicht vermehren, sind aber widerstandsfähig gegenüber Hitze, Kälte, Trockenheit, Säuren und Desinfektionsmitteln. Manche Sporenarten vertragen mehrstündiges Kochen. Bei günstigen Lebensbedingungen bilden die Sporen wieder vermehrungsfähige Bazillen. Manche Bakterien bilden Giftstoffe, Toxine, die zu gefährlichen Lebensmittelvergiftungen führen, vgl. S. 6.

Bakterien verderben Lebensmittel auf vielfältige Weise. Meist verändern sie dabei Aussehen, Konsistenz, Geruch und Geschmack der Lebensmittel, sodass man vor dem Verzehr gewarnt wird. Neben den unerwünschten Bakterien gibt es nützliche Bakterien, die bei der Verarbeitung von Lebensmitteln verwendet werden. So werden bei der Herstellung von Joghurt und Dickmilch Milchsäurebakterien eingesetzt. Diese spalten den Milchzucker zu Milchsäure, die das Milcheiweiß gerinnen lässt, die Milch wird dick. Milchsäurebakterien bewirken auch die erwünschte Säuerung des Sauerkrauts.

Einige Bakterienarten:

stäbchenförmig

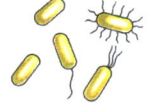

kugelförmig

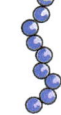

schraubenförmig

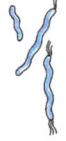

Lebensmittel-verderb	Betroffene Lebensmittel	Bakterien	Lebensmittelveränderungen
Faulen	Fleisch, Fisch, Milch, Eier, Obst, Gemüse, Kartoffeln	Eubakterien	Verfärbung, schmierige Oberfläche, weiche, matschige Konsistenz, Fäulnisgeruch (faule Eier)
Säuern	Milch, Sahne, Leberwurst, Brühwurst, Rohwurst	Milchsäure-bakterien	saurer Geschmack, Milcheiweiß gerinnt, graues Aussehen bei Wurst
Ranzigwerden	Butter, Margarine, fetthaltige Cremes	Eubakterien	ranziger Geruch und Geschmack, Farbveränderungen

Hefen

Hefen sind einzellige Pilze. Sie benötigen für ihr Wachstum Zucker, den sie vergären, d.h. zu Alkohol und Kohlenstoffdioxid abbauen. In der Natur kommen sie als wilde Hefen vor, die über die Luft in Fruchtsäfte oder Kompotte gelangen können.

Hefen bauen in Anwesenheit von Sauerstoff Zuckerstoffe zu Kohlendioxid und Wasser ab (**Hefeatmung**), ohne Sauerstoff erfolgt eine **Hefegärung**, bei der Kohlendioxid und Alkohol gebildet werden.

In der Lebensmittelverarbeitung setzt man Reinzuchthefen ein, z.B. Backhefe, Bierhefe und Weinhefe.

Die Hefe baut in Anwesenheit von Sauerstoff die Zuckerstoffe zu Kohlenstoffdioxid[1] und Wasser ab (Hefeatmung). Ohne Sauerstoff erfolgt eine Hefegärung, bei der Alkohol und Kohlendioxid gebildet werden.

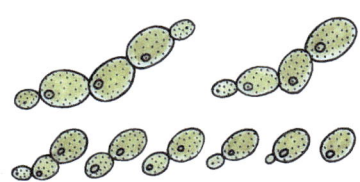

Hefen vermehren sich durch Sprossung

1) Kohlenstoffdioxid wird im weiteren Text auch Kohlendioxid genannt

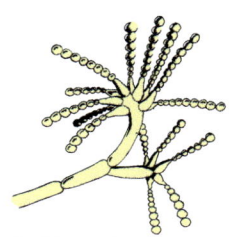

Pinselschimmel

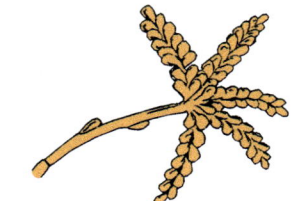

Gießkannenschimmel

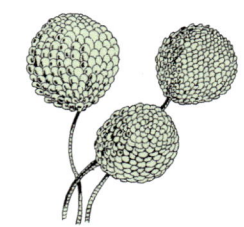

Köpfchenschimmel

Schimmelpilze können auch nützlich sein!

In der Lebensmittelproduktion von Käse (z. B. Roquefort, Camembert) und Rohwurst werden sogenannte Kulturschimmel eingesetzt, die den typischen Geschmack hervorrufen.

Schimmelpilze

Schimmelpilze wachsen sogar auf Lebensmitteln mit niedrigem a_w-Wert, z. B. Brotkrusten, Dauerwurst und rohem Schinken. Sie entziehen dabei der umgebenden Luft die lebensnotwendige Feuchtigkeit – Schimmelpilzbildung lässt sich daher weitgehend durch Trockenlagerung vermeiden. Schimmelpilze benötigen zum Leben Sauerstoff. In Folien luftdicht verpackte oder in Dosen konservierte Lebensmittel können deshalb nicht verschimmeln. Essigsäure (kommt natürlicherweise im Roggenbrot vor) und der Konservierungsstoff Propionsäure verhindern das Schimmeln. Schimmelpilze bilden ein Fadengeflecht, **Myzel**, welches unsichtbar meist tief in das Lebensmittel hineinwächst. Bei der

Zersetzung der Lebensmittel entstehen Stoffwechselprodukte, die den Geruch und Geschmack des Lebensmittels unangenehm verändern können oder als **Lebensmittelgifte**, sogenannte **Mykotoxine**, eine große Gefahr bilden. Am bekanntesten ist das krebsfördernde **Aflatoxin**, das von dem Gießkannenschimmel gebildet wird, der z. B. auf Brot und naturbelassenen Lebensmitteln wie Pistazien, Hasel- oder Walnüssen vorkommt. Die Lagerung und Verarbeitung dieser Lebensmittel ist besonders zu beachten. Die Vermehrung der Schimmelpilze erfolgt durch Sporen. Nach der Form der Sporenträger unterscheidet man **Gießkannenschimmel, Pinselschimmel und Köpfchenschimmel**.

Blauschimmelkäse (Roquefort)

Der richtige Umgang mit verschimmelten Lebensmitteln

▶ Brot nicht verzehren! (Aflatoxin!)
▶ Bei Konfitüren mit einem Zuckergehalt > 60 % den Schimmel großzügig entfernen, sie dürfen verzehrt werden!
▶ Käse, Fruchtsäfte oder Kompotte nicht verzehren!
▶ Erdnüsse, Nüsse, Nusserzeugnisse nicht verzehren! (Aflatoxin!)

KOMPETENZ-CHECK

1. *Erarbeiten Sie eine Checkliste, wie Lebensmittel gelagert werden sollten, um Lebensmittelvergiftungen zu vermeiden.*
2. *Informieren Sie sich genau über die Übertragungswege für Salmonellen und stellen Sie diese dar.*
3. *Sie wollen einen Nudelauflauf mit Kochschinken herstellen. Die Folienverpackung ist aufgebläht, der Schinken sieht jedoch nicht verdorben aus und riecht normal. Erläutern Sie einer neuen Auszubildenden Ihr Vorgehen.*
4. *Stellen Sie Regeln zur Vermeidung einer Staphylokokkeninfektion auf.*

1.1.3 HYGIENEMASSNAHMEN

Lebensmittel müssen auf allen Stufen der Lebensmittelkette so produziert werden, dass sie die Gesundheit und das Wohlbefinden der Verbraucher nicht negativ beeinflussen. Produktion, Lagerung, Verarbeitung und Ausgabe der Nahrungsmittel werden durch **Rechtsvorschriften** zum Schutze der Verbraucher, vgl. S. 12, geregelt. Lebensmittel produzierende oder verarbeitende Betriebe tragen grundsätzlich die Verantwortung für die Sicherheit der Lebensmittel.

Jeder Betrieb muss anhand eines **internen Hygienekonzeptes (HACCP)** in Verbindung mit einer **guten Hygienepraxis** dafür sorgen, dass die Lebensmittelsicherheit gewährleistet ist. HACCP erfasst und kontrolliert die kritischen Punkte im Umgang mit Lebensmitteln. Das Kontrollsystem muss regelmäßig dokumentiert und die Aufzeichnungen zwei Jahre aufbewahrt werden.

Ein Hygieneplan gibt Hinweise zur Reinigung des Betriebes

Die sieben Stufen der Lebensmittelsicherheit im HACCP:
1. **Gefahrenanalyse im Produktionsablauf** (Gefahren auf sämtlichen Prozessstufen bis zum Verzehr?)
2. **Kritische Kontrollpunkte ermitteln** (kritische Eckdaten, z. B. Temperatur, Zutaten, z. B. Rohei etc.)
3. **Grenzwerte festlegen** (Gar-/Ausgabetemperatur, Warmhaltezeit)
4. **Überwachung** (Einhaltung der Grenzwerte überprüfen)
5. **Korrekturmaßnahmen** bei Überschreitung der Grenzwerte
6. **Regelmäßige Kontrolle der Maßnahmen** (z. B. Rückstellproben)

HACCP-Konzept am Beispiel Verarbeitung von Hühnereiern
- **Wareneingang:** z. B. Verpackung, Qualität, Frische, Mindesthaltbarkeitsdatum der Eier kontrollieren
- **Lagerhaltung:** z. B. kühl lagern, frisch verarbeiten
- **Zubereitung:** z. B. zügig verarbeiten (rein/unrein trennen), richtig erhitzen
- **Ausgabe:** z. B. Speisen sofort nach Zubereitung zum Verzehr ausgeben oder kühlen, nicht warm halten

Die **Leitlinie für eine gute Hygienepraxis in sozialen Einrichtungen** umfasst alle Anforderungen der Lebensmittelhygiene für Verpflegungsangebote, die in sozialen Einrichtungen erforderlich sind. Sie enthält auch die hygienischen Anforderungen, die nach dem Lebensmittelrecht gelten, wenn mit Anleitung einer hauswirtschaftlichen Fachkraft in **Einrichtungen zusammen gekocht** wird (z. B. mit Senioren, Jugendlichen, Menschen mit Beeinträchtigungen). Je nach Eigenständigkeit der Bewohner sind die Konzepte zur Sicherung der Hygiene sehr unterschiedlich.
In **Großküchen** der **Gemeinschaftsverpflegung** (z. B. Alten- oder Behinderteneinrichtungen, Zentralküchen in Krankenhäusern) gelten die Rechtsvorschriften zur Lebensmittelsicherheit. **Hausgemeinschaften und Wohngruppen, die für sich kochen** und je nach Bedarf der Bewohner von einer hauswirtschaftlichen oder pädagogischen Kraft bei der Nahrungszubereitung begleitet oder unterstützt werden, unterstehen dieser Regelung nicht.
Kleine Küchen, z. B. von Kindertagesstätten, die maximal 30 Kinder mit einem Mittagessen versorgen oder von Wohngruppen, die in Kooperation für mehrere Wohneinheiten kochen, sichern ihre Hygiene nach einer guten Hygienepraxis ergänzt durch Elemente aus HACCP.

Hygienemanagement
- ▶ *Temperaturen einhalten (bei der Ausgabe mind. 65 °C (warme Speisen), 7 °C (kalte Speisen)*
- ▶ *Optimierte Lager-, Zubereitungs- und Ausgabezeiten*
- ▶ *Kühlkette nicht unnötig unterbrechen*
- ▶ *rohe und gegarte Lebensmittel getrennt lagern*
- ▶ *Reinigungs- und Desinfektionsplan*
- ▶ *Hygieneschulung der Mitarbeiter*
- ▶ *Hygiene bei den Arbeitsgeräten*

H *Hazard (Gefahren)*
A *Analysis (Analyse)*
C *Critical (Kritischer)*
C *Control (Kontroll-)*
P *Points (Punkte)*

Leicht verderbliche Lebensmittel dürfen nur von Personen hergestellt oder in den Verkehr gebracht werden, die über die entsprechenden Fachkenntnisse verfügen und an einer Hygiene-Schulung teilgenommen haben.

Gemeinsam kochen in Wohngruppen
Notwendige Kenntnisse und Fertigkeiten der Assistenzkräfte, Beispiele:
- ▶ *Umgang und Verarbeitung von Lebensmitteln*
- ▶ *Mahlzeitenplanung*
- ▶ *Betriebs- und Personalhygiene*
- ▶ *Anleitung und Einbindung der Klienten im Arbeitsprozess*
- ▶ *Einschätzung der Ressourcen der Klienten*
- ▶ *in Situationen fördernd handeln*

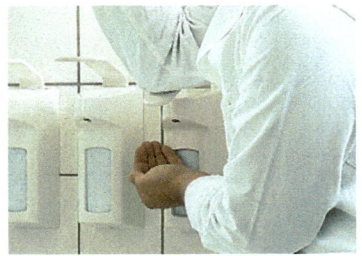

Verhinderung der Keimübertragung

Reinigung und Desinfektion in der Küche

Zur Reinigung darf nur Trinkwasser verwendet werden!
Nach jeder Reinigung mit Reinigungsmitteln muss mit Trinkwasser nachgespült werden!

Desinfektion ist erforderlich
- ▶ *in Großküchen, wenn Arbeitsflächen oder -geräte mit rohem Geflügel oder Fleisch Kontakt hatten,*
- ▶ *in Sanitärräumen von Alten- und Pflegeheimen sowie von Krankenhäusern,*
- ▶ *im Krankenhaus,*
- ▶ *beim Auftreten meldepflichtiger Krankheiten nach dem Bundesinfektionsschutzgesetz, vgl. § 10 c.*

Beimpfter Nährboden

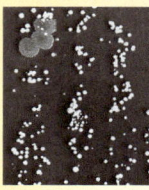

| Hand, mit Wasser gewaschen | Hand, mit Wasser und Desinfektionsmittel gewaschen |

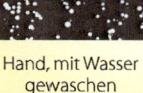

Die Betriebshygiene

Ausstattung und Arbeitsmittel in Verpflegungseinrichtungen und im Großhaushalt müssen hygienischen Anforderungen entsprechen. So müssen die Betriebsräume genügend hoch, ausreichend hell, trocken sowie be- und entlüftbar sein. Sie dürfen keinen direkten Zugang zu den Toiletten oder Waschräumen haben. Sanitäre Einrichtungen mit einer festgelegten Ausstattung müssen vorhanden sein. Die Erstellung und Umsetzung eines Reinigungs- und Desinfektionsplans muss gewährleistet werden. Beim Einsatz von Desinfektionsmitteln ist die Dosierung genau einzuhalten. Auf eine regelmäßige Schädlingsbekämpfung muss geachtet werden. Die Mitarbeiter nehmen regelmäßig an Hygieneschulungen teil.

Bereits die Ausstattung berücksichtigt hygienische Aspekte:

Ausstattung der Arbeitsgeräte und Einrichtungen
- ■ glatte Oberflächen an Möbeln und Arbeitsplatten aus korrosionsbeständigem Material
- ■ getrennte Arbeitsplätze zur Vorbereitung von Geflügel, Gemüse und Salaten (rein und unrein) oder Zwischenreinigung bei der Verarbeitung der einzelnen Lebensmittel
- ■ Verwendung unterschiedlich farbiger Reinigungstücher für verschiedene Einsatzbereiche (vgl. Band 1, HT 4201).

Persönliche Hygiene

Mikroben können sich auf der Haut (insbesondere in feuchtem Milieu, z.B. Schweiß) rasch vermehren. Keimüberträger sind häufig die Hände. In den Betrieben sind daher gesonderte Handwaschbecken vorgeschrieben. Seifenspender mit Flüssigseife und Einmalhandtücher aus Papier verhindern wirksam eine Keimübertragung. Stoffhandtücher sind zum Abtrocknen ungeeignet, da sich Keime in dem feuchten Milieu schnell vermehren. Verschmutzte Schürzen und Kittel enthalten bis zu 15 Millionen Keime. Daher muss die Arbeitskleidung täglich gewechselt werden; die Materialien sollen hell und kochfest sein.

Professionell gekleidete und gepflegte Mitarbeiter repräsentieren den Hygieneanspruch ihres Betriebes und gewährleisten die Einhaltung der Hygienestandards. Die Übertragung und Ausbreitung von krankmachenden Keimen werden so reduziert.

Wichtige Anforderungen bei der persönlichen Hygiene:
- ▶ saubere und zweckmäßige Kleidung und Kopfbedeckung in der Grundfarbe Weiß, bei Bedarf Schutzkleidung
- ▶ regelmäßige Körper- und Haarpflege
- ▶ längere Haare zusammenbinden
- ▶ richtige Handpflege (kurze, unlackierte, saubere Fingernägel)
- ▶ sorgfältige Reinigung der Hände (auch Unterarme) vor Arbeitsbeginn und nach jedem Toilettenbesuch
- ▶ Fingerringe, Uhren oder Armschmuck vor der Arbeit ablegen
- ▶ Wunden an Händen/Armen mit wasserundurchlässigem Verband versehen, Fingerlinge über dem Verband tragen
- ▶ beim Husten, Niesen, Naseputzen sich von den Lebensmitteln abwenden
- ▶ direkten Handkontakt mit den fertigen Speisen vermeiden
- ▶ regelmäßige ärztliche Untersuchung

Produkthygiene

Die Lebensmittel werden beim Einkauf oder Wareneingang auf eine intakte Verpackung und ein frisches Aussehen sowie einen einwandfreien Geruch und Geschmack überprüft. Um die Qualität zu erhalten, müssen die Lebensmittel richtig (in Bezug auf Temperatur, Luftfeuchtigkeit, Lagerdauer, Trennung rein – unrein) gelagert werden. Bei tiefgefrorenem Geflügel oder Fleisch wird die Verpackung vor dem Auftauen entfernt. Die Auftauflüssigkeit sofort weggießen, damit andere Lebensmittel nicht mit ihr in Kontakt kommen (Salmonellen!). Geflügel und Fleisch gut durchgaren. Um eine Vermehrung der Mikroorganismen zu vermeiden, sollten die Lebensmittel zügig verarbeitet und sofort nach der Herstellung verzehrt werden. Lebensmittelabfälle oder verdorbene Lebensmittel in den entsprechenden Abfallbehältnissen entsorgen. Diese sollten täglich geleert und gründlich gereinigt werden.

Hygienegrundsätze:

▶ Lebensmittel auf ihre einwandfreie Beschaffenheit überprüfen
▶ gereinigte oder gegarte Lebensmittel nicht zusammen mit ungesäuberten Lebensmitteln lagern
▶ bei tiefgefrorenem Fleisch, Wild und Geflügel vor dem Auftauen die Verpackung entfernen
▶ die Auftauflüssigkeit von Fleisch (besonders Geflügel) sofort entsorgen
▶ alle Arbeitsgeräte, die damit in Berührung gekommen sind, sofort gründlich reinigen (Salmonellengefahr!)
▶ nur saubere Geräte verwenden (Keimübertragung)
▶ rohe und gegarte Lebensmittel nicht mit denselben Geräten bearbeiten, ohne diese zwischendurch gründlich zu reinigen
▶ verzehrfertige Lebensmittel nicht mit den Händen berühren und in hygienisch geeigneten Speiseausgaben den Essensteilnehmern anbieten
▶ Speisen abgedeckt und kühl aufbewahren
▶ gegarte Speisen zügig abkühlen

Bestimmungen der tierischen Lebensmittelhygiene-VO

■ *Hackfleisch darf nur aus rohem Skelettmuskelfleisch hergestellt werden.*
■ *Frisches Hackfleisch darf nur aus frischem, nicht aus aufgetautem Fleisch hergestellt werden.*
■ *Frisches abgepacktes Hackfleisch muss ein Verbrauchsdatum tragen und die Aufbewahrungstemperatur muss angegeben sein.*
■ *Tiefgefrorenes Hackfleisch muss nach dem Auftauen sofort verbraucht werden.*
■ *Maximal zulässiger Fettgehalt von Hackfleisch: Rinderhack bis 20 %, Schweinehack bis 35 %, Mischungen bis 30 %, Tatar bis 6 %.*
■ *Hackfleisch muss am Tag der Herstellung gegart werden.*

Bei Lebensmitteln, die nicht unbedenklich bei Raumtemperatur gelagert werden können, sowie bei gefrorenen Lebensmitteln darf die Kühlkette nicht unterbrochen werden (z. B. Fleisch, Fisch, Wurstwaren, Käse, Milchprodukte).

KOMPETENZ-CHECK

1. *Zählen Sie die Grundsätze des HACCP-Konzeptes auf.*
2. *Welche Maßnahmen zur Hygiene- und Qualitätssicherung werden in Ihrem Betrieb getroffen?*
3. *Erstellen Sie eine Übersicht über die Übertragungsmöglichkeiten von krankmachenden Keimen in der Küche.*
4. *Informieren Sie sich über die praktizierte Hygienepraxis*
   – in einer Kindertageseinrichtung
   – in der Küche einer Senioreneinrichtung
   – in einer Wohngruppe, die sich selbst verpflegt.
5. *Recherchieren Sie die Leitlinie für eine gute Hygienepraxis in sozialen Einrichtungen.*

Das Infektionsschutz-gesetz bestimmt, dass Personen, die

- an Trichinose, Tuberkulose, Scharlach oder Hautkrankheiten erkrankt sind,
- an Typhus, Paratyphus, Virushepatitis oder übertragbaren Darmerkrankungen erkrankt sind oder ein solcher Verdacht besteht,
- Ausscheider von Salmonellen sind,

nicht in Lebensmittel verarbeitenden Betrieben beschäftigt sein dürfen!

Mitarbeiter in Lebensmittel verarbeitenden Betrieben benötigen eine Bescheinigung über die erfolgreiche Teilnahme an einer Belehrung zum »Infektionsschutzgesetz«. Jeder muss persönlich erklären, dass keine der o. g. Gesundheitsstörungen besteht.

Das LFGB regelt folgende Begriffe:

- **Lebensmittel**
  dienen der Ernährung (Nahrungsmittel) oder dem Genuss (Genussmittel). Sie werden unverändert, verarbeitet oder zubereitet verzehrt.
- **Bedarfsgegenstände**
  sind Gegenstände oder Stoffe, die mit dem Lebensmittel in Kontakt kommen, wie z. B. Verpackungen, Geschirr, Arbeitsgeräte, Behältnisse etc.
- **Zusatzstoffe**
  sind keine natürlichen Roh- oder Inhaltsstoffe. Sie werden dem Lebensmittel zugesetzt, um bestimmte Eigenschaften zu erzielen (s. S. 86 ff.).

Basis-Verordnungen der EU

Nr. 178/2002 regelt allgemeine Grundsätze zum Umgang mit Lebensmitteln
Nr. 852/2004 gute Hygienepraxis (HACCP), Hygiene-Dokumentation
Nr. 853/2004 für tierische Lebensmittel (z. B. Fleisch, Milch, Geflügel)

1.1.4 RECHTSVORSCHRIFTEN SICHERN DIE LEBENSMITTELHYGIENE UND -QUALITÄT

Rechtsvorschriften und die **Lebensmittelüberwachung** kontrollieren, dass in Lebensmittel verarbeitenden Betrieben lebensmittelrechtliche Bestimmungen zum Schutz des Verbrauchers eingehalten werden. So wird gewährleistet, dass

- verdorbene/mit Krankheitserregern infizierte Lebensmittel,
- mit Schadstoffen oder Giftstoffen belastete Lebensmittel,
- durch Zusätze verfälschte oder nachgemachte Lebensmittel,
- falsch gekennzeichnete Lebensmittel

nicht in den Verkehr gebracht werden.

Die **Verordnung (EG) Nr. 178/2002** ist die rechtliche Grundlage der Lebensmittelhygiene in der europäischen Gemeinschaft. Sie wird durch eine andere Basisverordnung der EU und durch die Lebensmittelhygiene-Verordnung und das Infektionsschutzgesetz ergänzt.

Das **Lebensmittel- und Futtermittelgesetzbuch (LFGB)** regelt den Umgang mit Lebensmitteln und enthält Gesetze zum Schutz des Verbrauchers vor gesundheitlichen Beeinträchtigungen.

Die **Zusatzstoffzulassungs-Verordnung** regelt Art, Menge und Verwendung von Zusatzstoffen bei der Herstellung von Lebensmitteln. Die Angaben auf der Verpackung müssen auf die Verwendung dieser Inhaltsstoffe hinweisen (z. B. »mit Konservierungsstoff«).

Die **Lebensmittelinformations-Verordnung** gibt europaweit einheitliche Vorgaben zur Lebensmittelkennzeichnung, z. B. verpflichtende Nährwertkennzeichnung, Allergenkennzeichnung (s. S. 114), Kennzeichnungspflicht für Frischfleisch, Information über Lebensmittelimitate. Sie löst die deutsche Lebensmittel-Kennzeichnungs- und die Nährwertkennzeichnungs-Verordnung ab.

Die **Health-Claims-Verordnung** regelt, dass nährwert- und gesundheitsbezogene Angaben, »Claims« nur dann auf Lebensmittelverpackungen gemacht werden dürfen, wenn sie wahr und wissenschaftlich erwiesen sind. Nährwertprofile legen Höchstwerte für Zucker, Fett und Salz fest – werden diese überschritten, dürfen keine „Claims" verwendet werden.

Die lebensmittelproduzierenden oder -verarbeitenden Betriebe tragen die Verantwortung für ihre Produkte und müssen die Produktionswege so gestalten, dass der Verbraucher vom „Acker bis zum Tisch" durch den Verzehr der Lebensmittel keinem gesundheitlichen Risiko und keiner Täuschung ausgesetzt ist.

KOMPETENZ-CHECK

1. *Erarbeiten Sie in Expertenteams die Hauptaufgaben der oben genannten Gesetze bzw. Verordnungen und drei konkrete Regelungen.*
2. *Stellen Sie Maßnahmen dar, die in Ihrem Betrieb zur Information des Verbrauchers über die Lebensmittel getätigt werden.*
3. *In Einrichtungen leben oft Menschen, die körperlich geschwächt sind und keinen gesundheitlichen Risiken ausgesetzt werden dürfen. Welche Speisen und Getränke dürfen sie daher in der GV nicht anbieten?*

1.1.5 ABFALLENTSORGUNG

Der in Küchen anfallende Müll besteht größtenteils aus **Lebensmittel-** und **Speiseresten, Verpackungsmaterialien, Einweggeschirr** und **-besteck.** Die Abfallentsorgung sollte möglichst kostengünstig und **umweltverträglich** durchgeführt und verwertbare Abfallstoffe **wieder verwertet** werden (Recycling). Abfallvermeidung, z.B. durch Verwendung von mehr Frischkost anstelle von Konserven und ein Verzicht auf aufwendig verpackte Lebensmittel, spart Verpackungsmüll und schont die Umwelt.

Organische Abfälle, z.B. Gemüse, Obst, Speisereste, sind ein idealer Nährboden für Ungeziefer aller Art und begünstigen die Vermehrung von Krankheitskeimen. Sie werden in geschlossenen Behältern gesammelt und streng getrennt von den zum Verzehr bestimmten Lebensmitteln gelagert. Diese Abfälle eignen sich für die Kompostierung im Garten oder werden in der grünen oder braunen Biotonne gesammelt. Werden Speisereste an Mastbetriebe abgegeben, müssen sie vorher bei mindestens 90 °C eine Stunde sterilisiert werden.

Papier, Kartonagen, Metalle und **Kunststoffe** werden getrennt gesammelt, die Wertstoffe rückgewonnen und der Wiederverwertung zugeführt. Dieses Recycling spart Deponieplatz, Energie und Rohstoffe.

> Abfälle können nur dann wiederverwertet werden, wenn sie zuverlässig getrennt werden!

Umweltschädigende Stoffe, wie z.B. quecksilberhaltige Produkte (Batterien, Fieberthermometer), Medikamente, Farbreste oder Fleckentferner, müssen als **Sondermüll** entsorgt werden.

Die **Abwassermenge** sollte durch die Auswahl geeigneter Maschinen und sinnvoller Arbeitstechniken möglichst niedrig gehalten werden. Fettreste im Abwasser erschweren den biologischen Abbau in der Kläranlage und verstopfen die Rohre der Kanalisation. In Betrieben mit mehr als 200 Portionen warmem Essen am Tag müssen daher **Fettabscheider** im Abwassersystem vorhanden sein, die das Fett vom Abwasser abtrennen. Die Fettabscheider müssen regelmäßig entleert und das Fett muss sachgerecht entsorgt werden. Verbrauchtes Fett aus der Fritteuse muss getrennt gelagert werden; es wird von Recyclingfirmen zu Seifen, Waschmitteln oder Schmierfetten verarbeitet. Stärkeabscheider halten die beim Schälen von Kartoffeln anfallende Kartoffelstärke zurück. Sie sind in die Kartoffelschälmaschinen eingebaut. Auch **Wasch-** und **Desinfektionsmittel** belasten das Abwasser, sie sollten immer in der vorgeschriebenen Dosierung verwendet werden.

Umweltschutz ja – aber wie??

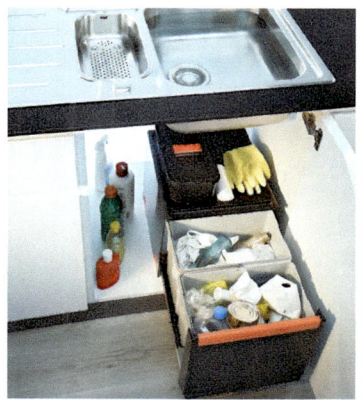

Behälter für getrennte Abfallsammlung

So vermeiden Sie Lebensmittelreste!
- *Wochenspeiseplan im Voraus planen.*
- *Überblick über den Vorrat verschaffen.*
- *Geplant einkaufen (Einkaufsliste!).*
- *Lebensmittel richtig aufbewahren.*
- *Nicht zu große Speisemengen zubereiten.*
- *Aus Lebensmittelresten schmackhafte Gerichte zubereiten.*

Resterezepte finden Sie unter
www.zugutfuerdietonne.de

▶ *Speisereste sind in geschlossenen Behältnissen zu entsorgen.*
▶ *Für die Lagerung der Abfälle muss ein separater Platz oder Raum, der gut gelüftet und sauber gehalten wird, zur Verfügung stehen.*
▶ *Abfallbehälter müssen regelmäßig und gründlich gereinigt werden!*

KOMPETENZ-CHECK

1. a) *Erstellen Sie eine Übersicht der Abfälle, die in Ihrem Betrieb anfallen.*
   b) *Entwickeln Sie ein Konzept, nach dem Abfälle vermieden / umweltverträglich entsorgt werden können.*
2. *Welche Möglichkeiten zum Einsparen von Wasser bei der Lebensmittelverarbeitung bieten sich in Ihrem Betrieb?*
3. *Erläutern Sie vorhandene Maßnahmen, die dazu dienen, das Abwasser in Ihrem Betrieb möglichst sauber zu halten.*
4. *Halten Sie auf einem Plakat fest, wie der in der Küche anfallende Abfall umweltfreundlich entsorgt werden kann.*

Arbeitssicherheit durch richtige Schulung der Mitarbeiter!!!

▶ *In Gebrauch der Maschinen und ihrer Schutzeinrichtungen einweisen*
▶ *Gebrauchsanleitungen benutzen*
▶ *Gefahren erkennen und richtig reagieren*
▶ *Schutzkleidung tragen*
▶ *Nach Arbeitsplänen arbeiten*
▶ *Richtiges Verhalten bei Unfällen üben*
▶ *Sicherungssysteme im Betrieb kennen und richtig benutzen*
▶ *Fluchtpläne kennen*
▶ *Alarmübungen durchführen*

Sicherheitsprüfzeichen bescheinigen sichere Arbeitsgeräte!

 GS = geprüfte Sicherheit
Geräte mit GS sind von der Berufsgenossenschaft auf die Einhaltung der Unfallverhütungsvorschriften geprüft.

 VDE = Sicherheitsprüfzeichen des Verbandes Deutscher Elektrotechniker
bietet Sicherheit für Elektrogeräte.

 TÜV = Sicherheitsprüfzeichen des Technischen Überwachungsvereins
zeigt die Sicherheit von technischen Anlagen an.

Gefahrstoffsymbole:

kennzeichnet ätzende Stoffe

kennzeichnet brandfördernde Stoffe

kennzeichnet giftige Stoffe

kennzeichnet leicht explosive Stoffe

1.2 ARBEITSSICHERHEIT

Arbeitssicherheit umfasst alle Maßnahmen, die zur **Vermeidung von Arbeitsunfällen** und **Berufskrankheiten** getroffen werden. Viele Unfälle könnten durch ein sicherheitsbewusstes Denken und Handeln vermieden werden.
Der Umgang mit unfallträchtigen Arbeitsgeräten und -maschinen (z. B. Schneidegeräte, Fritteuse) und die Beschaffenheit der zu bearbeitenden Produkte (feuchte, pastöse Konsistenz) verlangen im Großhaushalt ein hohes Maß an Sicherheitsvorkehrungen bei der Ausstattung des Betriebes und im Verhalten der Mitarbeiter, um Unfälle wirksam zu vermeiden. Einen hohen Anteil der Unfälle in Betrieben machen Stürze und Schnittverletzungen aus. Häufige **Unfallquellen** müssen daher frühzeitig erkannt und umgehend beseitigt werden, die Unfallverhütungsvorschriften sollten gewissenhaft beachtet werden.
Hektik, Überlastung und **nachlassende Konzentrationsfähigkeit** bei Müdigkeit erhöhen das Unfallrisiko der Arbeitnehmer. Eine technisch sinnvolle und sozial verträgliche Ausstattung der Arbeitsräume (Beleuchtung, durchdachte Anordnung der Arbeitsgeräte, Lärmvermeidung, Klima) unterstützt die Arbeitsleistung. Regelmäßige Arbeitspausen in angenehmer Umgebung fördern die Erholung.
Sicherheitszeichen und **Gefahrensymbole** weisen am Arbeitsplatz auf mögliche Risiken und Gefahren hin – sie sollten unbedingt beachtet werden.

> **Gefahr erkannt – Gefahr gebannt!**
> Unfälle werden häufig verursacht durch
> ■ Nichterkennen der Gefahrenquelle,
> ■ Unkenntnis und Leichtsinn im Umgang mit Arbeitsgeräten,
> ■ Nichtbeachtung der Unfallverhütungsvorschriften,
> ■ nachlassende Konzentration bei Übermüdung.

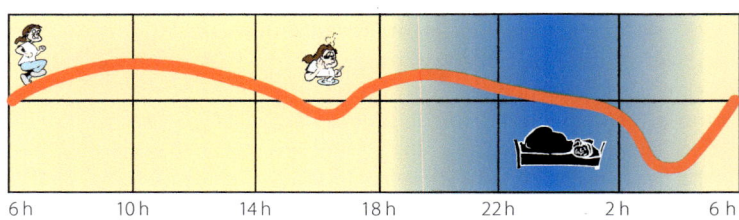

6 h   10 h   14 h   18 h   22 h   2 h   6 h

Physiologische Leistungskurve

Unfallursachen sind fast immer zurückzuführen auf:

sicherheitswidriges Verhalten	sicherheitswidrige Zustände	schlechte Arbeitsorganisation
unüberlegtes Arbeiten, Unkenntnis, falsche Arbeitsgeräte, Entfernen von Schutzvorrichtungen, unzweckmäßige Kleidung/ untaugliches Schuhwerk, Übermüdung	bauliche Mängel, schlechte Arbeitsplatzeinrichtungen, schlechte Beleuchtung, unfallträchtige Geräte, beschädigte, beschmutzte Fußböden	Hetze, Zeitdruck, Arbeitsüberforderung, häufige Nachtarbeit, fehlende Planung des Arbeitsablaufs, Hindernisse im Arbeitsbereich

1.2.1 UNFALLVERHÜTUNG

Viele Unfälle sind auf Hektik, Übermüdung, Unwissenheit oder Missachtung der Unfallverhütungsvorschriften zurückzuführen. Um Unfälle im Betrieb zu vermeiden, müssen die Gefahren beachtet und ausgeschaltet werden.

Gefahren/Unfallvermeidung

Verbrennungen
Keine Fettbackgeräte mit heißem Fett transportieren, Kabel von Fettbackgeräten nicht über einen Arbeitsweg zur Steckdose führen; heißes (brennendes) Fett nicht mit Wasser zusammenbringen.

Stürze
Arbeitswege von Hindernissen frei räumen; Schmutz vom Fußboden sofort entfernen; zweckmäßige Schuhe tragen; Stolperstufen beseitigen; vor dem Besteigen von Leitern/Steighilfen ist deren sicherer Stand zu überprüfen.

Schnittverletzungen
Fingerschutz bei Aufschnittmaschinen verwenden, Maschinen standfest aufstellen; nicht in eine laufende Schneidemaschine greifen; Messer nach dem Gebrauch sofort wieder in den Messerbehälter stellen; Messer und scharfe Geräte dürfen nicht im Spülwasser liegen bleiben; nur stabile und scharf schneidende Dosenöffner benutzen; fallende Messer und Gläser nicht auffangen; beim Zerlegen von Fleisch Kettenschürze anlegen und Stechhandschuhe anziehen; Schneide- und Zerkleinerungsgeräte nach der Benutzung verriegeln.

Verletzungen durch elektrischen Strom
Reparaturen an elektrischen Geräten von Fachleuten durchführen lassen; Mängel an Elektrogeräten sofort anzeigen und beseitigen; schadhafte Strom führende Teile sofort reparieren lassen; automatische Kabelaufwicklung nutzen; vor Reinigungsarbeiten Netzstecker ziehen.

Brandgefahr
Fettbrände nicht mit Wasser löschen, sondern ausbrennen lassen oder Feuer mit einem Deckel ersticken; im Umgang mit brennbaren und explosiven Gasen und Flüssigkeiten, z. B. Benzin, Sicherheitsvorschriften unbedingt einhalten; Standort und Bedienung der Feuerlöscher kennen.

Vergiftungen, Verätzungen
Reinigungs-, Desinfektions-, Pflanzenschutz-, Schädlingsbekämpfungsmittel nach Vorschrift anwenden, nicht in Trinkgefäßen, sondern in der Originalverpackung an einem sicheren Ort aufbewahren.

Bauliche Sicherheitsvorschriften:
- Kühlräume müssen von innen geöffnet werden können.
- Verkehrs- und Rettungswege sind freizuhalten.
- Arbeitstische und Schränke dürfen keine scharfen Kanten haben.
- Bodenbelag ist angeraut und gut zu reinigen, keine Stolperfallen.
- Sicherheitseinrichtungen, z. B. Überdruckventile, werden regelmäßig überprüft.
- Feuerlöscheinrichtungen sind auf die Betriebsräume abgestimmt.

Unfallverhütungsvorschriften
gelten für Unternehmer und Versicherte. Sie legen Maßnahmen fest zur Verhütung
- *von Arbeitsunfällen*
- *von Berufskrankheiten*
- *von arbeitsbedingten Gesundheitsstörungen*

sowie einer wirksamen ersten Hilfe.

Für hauswirtschaftliches Arbeiten gelten z. B. folgende Unfallverhütungsvorschriften
- *GUV-R 111*
  Arbeiten im Küchenbetrieb
- *GUV-R 189*
  Benutzung von Schutzkleidung
- *GUV-R 209*
  Umgang mit Reinigungs- und Pflegemitteln

Unfallverhütungsvorschrift § 23 Abs. 1 u. 2:
Die Bedienung und Reinigung von Schneidemaschinen darf nur durch Personen über 17 Jahre erfolgen. Auszubildende dürfen an diesen Maschinen zur Ausbildung unter Aufsicht arbeiten, wenn sie älter als 16 Jahre sind.

Regeln zur Unfallverhütung:
- *Ordnung am Arbeitsplatz*
- *Arbeitswege frei halten*
- *Konzentriert und ohne Hektik arbeiten*
- *Sicherheitsvorschriften einhalten*
- *Gefahrenhinweise beachten*
- *Richtige Arbeitskleidung tragen*
- *Pausen zur Erholung nutzen*

Giftige und brennbare Flüssigkeiten nie in Bier- oder Saftflaschen aufbewahren !!!

1.2.2 ERSTE HILFE

Lebenswichtige Telefonnummern!

19 222 = *Rettungsleitstelle/Notarzt*
110 = *allgemeiner Notruf/Polizei*
112 = *Feuerwehr*

Sie müssen gut sichtbar in Telefonnähe notiert sein!

Der Notruf muss die »5 Ws« enthalten:
Wo passierte es? (Adresse)
Was ist passiert? (Unfallsituation)
Wie viele Verletzte gibt es?
Welche Art der Verletzung besteht?
Wer hat angerufen?

Eine schnelle und wirkungsvolle **Erste Hilfe** bei einem Unfall soll den Verletzten vor zusätzlichen Gefahren bewahren und sein Überleben sichern. Bei Unfällen wird der Arzt oder durch einen Notruf der **Rettungsdienst** gerufen. Die Notrufnummer 110 gilt nahezu bundesweit. Der Rettungsdienst kann nur dann schnell und wirksam helfen, wenn die Meldung frühzeitig erfolgt und die notwendigen Informationen zum Sachverhalt enthält, vgl. »5Ws«. Rückfragen sollten abgewartet werden. Um die innerbetriebliche Hilfe sichern zu können, muss es im Betrieb einen **ausgebildeten Ersthelfer** geben. Zu den Erste-Hilfe-Maßnahmen gehören eine bequeme und sachgerechte Lagerung, ggf. eine Ruhigstellung von Knochenbrüchen und das Anlegen von Verbänden.

Erste-Hilfe-Maßnahmen bei Arbeitsunfällen

Wunden
Nicht auswaschen, nur grobe Fremdkörper entfernen, mit sterilen Wundauflagen abdecken und mit einer Mullbinde umwickeln.

Stark blutende Schnittwunden
Sterilen Druckverband anlegen, sofort Notarzt rufen! Das verletzte Glied hochhalten oder hochlagern.

Verbrennungen
Brandwunde sofort in kaltes Wasser tauchen. Wenn die Schmerzen nachlassen, Brandsalbe auftragen.

Verätzungen
Sofort mit kaltem Wasser spülen.

Schwindel, Kreislaufschwäche
In Rückenlage entspannen, für frische Luft sorgen, bei Blässe, Zittern, Schweiß auf der Stirn (Schock!) Beine hochlagern, sofort Notarzt verständigen!

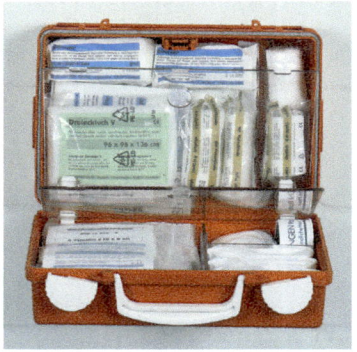

Pro 100 Beschäftigte muss ein großer Verbandskasten nach DIN 13 169 vorhanden sein

Der **Erste-Hilfe-Verbandskasten** muss genügend steriles Verbandsmaterial und Hilfsmittel enthalten. Er sollte übersichtlich eingeräumt und vollständig ausgestattet sein. Er muss regelmäßig aufgefüllt werden. Das Verfallsdatum der Medikamente ist zu beachten, »abgelaufene« Medikamente sind zu ersetzen. Der Kasten muss den Mitarbeitern leicht zugänglich sein.

Gesetzliche Bestimmungen über Ersthelfer im Betrieb:
In einem Betrieb mit bis zu 20 Beschäftigten muss mindestens ein ausgebildeter Ersthelfer vorhanden sein. Bei mehr als 20 Mitarbeitern sollen mindestens 10 % der Beschäftigten als Ersthelfer ausgebildet sein.

Brandschutzeinrichtungen umfassen neben der baulichen Ausstattung mit gut zugänglichen **Fluchtwegen** (Türen mit Öffnung in Fluchtrichtung, Notausgänge) eine Ausstattung mit **Feuerlöschern** und **Löschdecken**. Die Anzahl der notwendigen Feuerlöscher wird abhängig von der Grundfläche des Betriebes und der Brandgefährdung nach der EU-Norm festgelegt. Sie müssen mindestens alle zwei Jahre von Fachleuten überprüft werden. Die Mitarbeiter sind über die in dem Betrieb gültigen Brandschutzbestimmungen zu informieren und in die sachgemäße Handhabung der Feuerlöscher einzuweisen.

1.2.3 GESETZLICHE UNFALLVERSICHERUNG

Alle Arbeitnehmer sind während ihrer Tätigkeit im Betrieb gesetzlich versichert. Träger der **gesetzlichen Unfallversicherung** sind die **Berufsgenossenschaften**, **Gemeindeunfallversicherung** oder die **Eigenunfallversicherung** der Städte. Sie tragen die Kosten für einen Arbeitsunfall. Unter den Versicherungsschutz fallen alle Unfälle, die während der Arbeit, auf dem direkten Weg zur Arbeit oder nach Hause passieren.

BGN
Berufsgenossenschaft
Nahrungsmittel und Gastgewerbe

Die zuständige Berufsgenossenschaft für Beschäftigte im Nahrungsmittelgewerbe ist die BGN = Berufsgenossenschaft Nahrungsmittel und Gaststätten.

> **Die Berufsgenossenschaften kontrollieren die Arbeitssicherheit in den Betrieben und erfüllen folgende Aufgaben:**
> - Verhütung von Arbeitsunfällen und Berufskrankheiten
> - Leistungen für Heilung, Rehabilitation und Entschädigung bei Arbeitsunfällen oder Berufskrankheiten
> - Verletztengeldzahlung nach Beendigung der Entgeltfortzahlung durch den Arbeitgeber
> - Umschulungsmaßnahmen
> - finanzielle Entschädigung für Unfallfolgen (Versichertenrente)
> - Hinterbliebenenrente

Für die Mitarbeiter in Großküchen ist die »**Berufsgenossenschaft Nahrungsmittel und Gaststätten**« zuständig. Beschäftigte im Privathaushalt müssen beim zuständigen Gemeindeunfallversicherungsverband angemeldet werden, um Unfallschutz zu erhalten.

Ist ein Arbeitnehmer durch einen Arbeitsunfall länger als drei Tage arbeitsunfähig, muss die **Unfallmeldung binnen drei Tagen** der Berufsgenossenschaft und dem Gewerbeaufsichtsamt angezeigt werden. Die Meldepflicht obliegt dem Betriebsleiter oder seinem Beauftragten.

Und hier ist Ihre **Sicherheitsausrüstung** für Ihren völlig ungefährlichen Arbeitsplatz!

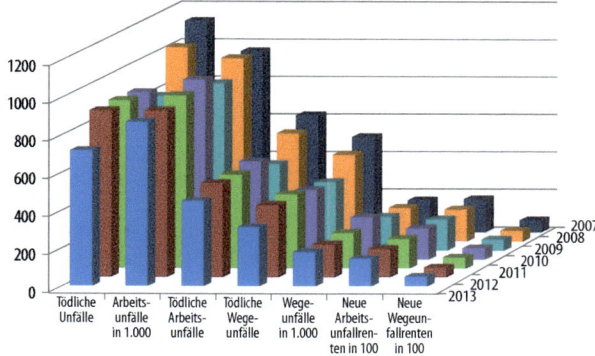

Arbeits- und Wegeunfälle in der gewerblichen Wirtschaft 2007 bis 2013, es geht weiter: Im Jahr 2018 ereigneten sich 430 tödliche Arbeitsunfälle und 311 Wegeunfälle

KOMPETENZ-CHECK

1. *Erläutern Sie die Sicherheitsmaßnahmen, die Sie bei der Arbeit mit einem Dampfdrucktopf/einer Aufschnittmaschine beachten sollten.*
2. *Informieren Sie sich, welche Berufsgenossenschaft für Sie zuständig ist.*
3. *Erstellen Sie einen Sicherheitsbogen (Gefahrenquellen, Sicherheitsmaßnahmen), der neue Auszubildende in Ihrem Betrieb bei der Unfallverhütung gezielt unterstützt.*
4. *Zählen Sie mögliche Unfallgefahren für ältere Menschen und kleine Kinder im Haushalt auf und entwickeln Sie Vorschläge zur Unfallverhütung.*

Wichtig für Unfallschutz!

Neue Mitarbeiter müssen in ihren Arbeitsplatz eingewiesen werden:
- *Unterweisung an den Maschinen und Arbeitsgeräten*
- *Hinweis auf besondere Gefahren*
- *Richtige Arbeitsplatzorganisation*
- *Ordnung und Sauberkeit*
- *Jährliche Sicherheitsbelehrung der Mitarbeiter*

1.3 HERSTELLUNG VON SPEISEN UND GETRÄNKEN

Die Zubereitung von Spargel von der Rohware zum tischfertigen Produkt

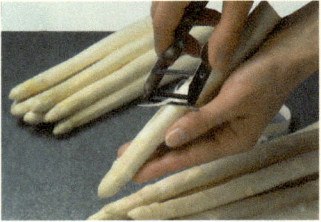

Lebensmittel werden nur selten unverarbeitet als Rohware verzehrt, sondern im Haushalt, in der Gemeinschaftsverpflegung oder in der Gastronomie durch technologische Prozesse zu verzehrfertigen warmen oder kalten Speisen sowie Getränken verarbeitet.

Vor Beginn des eigentlichen Herstellungsprozesses erfolgt unter Berücksichtigung der technischen, personellen und räumlichen Gegebenheiten sowie der hygienischen Anforderungen die **Planung der Arbeitsabläufe**. Bis zur fertigen Mahlzeit durchlaufen die Rohwaren meist verschiedene Arbeitsgänge:

- Vorbereitungstechniken
- Zubereitungstechniken
- Portionieren und Anrichten
- Servieren

Bei der Vor- und Zubereitung sollten geeignete **Arbeitsmittel und Arbeitsgeräte** sowie **Arbeitsverfahren** zum Einsatz kommen, die ökologische Aspekte einer nachhaltigen **Produktion** berücksichtigen und die Arbeit zeitsparend und wirtschaftlich gestalten. Sie sollten auch eine hohe Qualität der verzehrfertigen Produkte – dazu zählen insbesondere Nährwert, Genusswert und sensorische Eigenschaften (Farbe, Konsistenz, Geruch) – gewährleisten.

> Bei der Auswahl und Ausstattung mit Geräten sollten die folgenden Kriterien berücksichtigt werden:

- bauliche und technische Ausstattung in den Funktionsräumen (z. B. Wasser-, Gas-, Elektroinstallation, Stellfläche etc.)
- ökologische Faktoren (z. B. Energie-, Wasserverbrauch, Umweltbelastung)
- ergonomische Aspekte (z. B. einfache Bedienung, Arbeitssicherheit, sicherer und fester Stand, leichte Reinigung und Pflege)
- Wirtschaftlichkeit (z. B. Preis-Leistungs-Vergleich, Betriebskosten)

Außerdem müssen bewegliche Teile deutlich einrasten, Anzeigen/Signale deutlich erkennbar und Bedienelemente zuverlässig und unverwechselbar einstellbar sein, Farbgebungen sind sinnvoll.

KOMPETENZ-CHECK

1. *Fertigen Sie eine Aufstellung der Arbeitsgeräte und Maschinen in Ihrem Betrieb an. Nehmen Sie eine Einteilung nach den verschiedenen Funktionen vor.*
2. *Sie stellen für 120 Personen folgendes Mittagessen her: Salzkartoffeln, Rotkohl, Rinderrouladen, Schwarzwaldbecher.*
   a) Welche Arbeitsgeräte und -maschinen verwenden Sie bei der Herstellung dieses Menüs? Wofür werden sie eingesetzt?
   b) Das Essen soll um 13.00 Uhr in der Essensausgabe tischfertig serviert werden. Erstellen Sie einen Arbeits-/Zeitplan. Erörtern Sie diesen.

1.3.1 KÜHL- UND GEFRIERGERÄTE

Kühlschränke

Sie dienen zur kurzfristigen Lagerung leicht verderblicher Lebensmittel, da bei niedrigen Temperaturen alle Abbauvorgänge in Lebensmitteln verlangsamt sind. Die Kühlung erfolgt dadurch, dass ein flüssiges **Kältemittel** in dem **Verdampfer** »verdampft« und dabei dem Innenraum des Kühlschrankes und den Lebensmitteln die dazu erforderliche Wärme entzieht. Die F-Gase-Verordnung (EU) Nr. 517/2014 regelt, dass ab 2020 nur noch natürliche Kältemittel, die sehr wenig umweltschädigendes CO_2 freisetzen, wie z. B. **Propan** und **Butan** eingesetzt werden dürfen. Kältemittel mit GWPs > 2.500 (Global-Warming-Potential, ist für jedes Kältemittel vorhanden) sollen zukünftig verboten werden. Das **Kompressionsverfahren** ist das heute gängigste Kühlverfahren. Das Kältemittel wird zum **Verdampfen** gebracht (Kältebildung). Der Kältemitteldampf wird im Kompressor unter hohem Druck **komprimiert**, anschließend **verflüssigt** und tropft wieder zurück in den Verdampfer (vgl. Abb.).

Bauformen

Die Hersteller bieten Kühlschränke als Stand- und Tischgeräte, Unterbau- und Einbaugeräte sowie Kühl-Gefrier-Kombinationen an. Der Innenraum (Nutzraum) wird mit 30 bis 400 Litern Inhalt angegeben. Empfohlen werden 120 l für einen Einpersonenhaushalt und 60 l pro Person im Mehrpersonenhaushalt (ohne Sternefach).
Kühlschränke für Großküchen haben eine Kapazität von 400, 650 und 1400 Litern. Sie können mit Hordengestellen bestückt werden (s. S.47 und S.174).

Luftzirkulation im Kühlschrank

Unmittelbar unter dem Verdampfer liegt die kälteste Zone. Die kalte, schwere Luft fällt auf die darunterliegenden Lebensmittel, kühlt sie herunter, erwärmt sich dabei und steigt wieder hoch zum Verdampfer. Hierdurch ergeben sich Temperaturzonen von 0 °C bis 10 °C.
Die **Verdampferform** bestimmt die Luftströmung im Innenraum des Gerätes. Der Verdampfer befindet sich entweder U-förmig rechts oben im Kühlschrank, plattenförmig an der Rückwand oder als Verdampferfach im oberen Bereich des Kühlschrankes. Die Luftzirkulation wird auch durch die Beschaffenheit der Stellflächen (Platten oder Roste) beeinflusst.

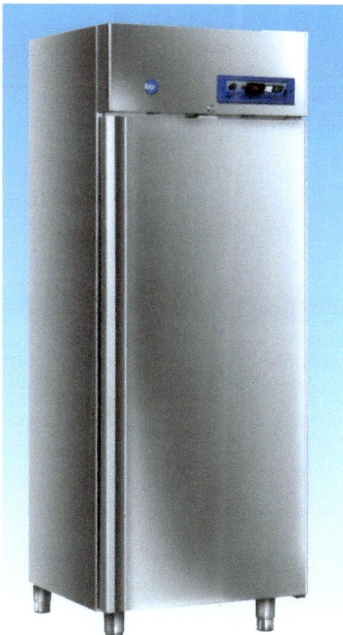

Aufbau und Funktion des Kühlschrankes

1. Verdampfer
2. Verflüssiger (Kondensator)
3. Verdampfer im Verdampferfach
4. Verdichter (Kompressor)
5. Temperaturfühler
6. Temperaturwähler mit Innenbeleuchtung
7. Drosselorgan (Kapillarrohr)
8. Verdampferfachtür

Gastronorm-Kühlschränke, zur Arbeitserleichterung mit Gastronorm-Schalen in Hordengestellen bestückt

Gesamtansicht
Kühlschrank

Durch eine Umluftkühlung werden eine gleichmäßige Temperaturverteilung und eine schnellere Abkühlung bewirkt. Nach DIN 8950 und 8953 müssen im Verdampferfach bestimmte Kühlleistungen auf Dauer erbracht werden. Zur Kenntlichmachung der erreichten Temperatur wurde das Sternsystem eingeführt.

Kennzeichen	Temperatur im Fach	Lagerdauer (Tiefkühlkost)
1 Stern ✳	mind. –6 °C	1 bis 3 Tage
2 Sterne ✳✳	mind. –12 °C	1 bis 2 Wochen
3 Sterne ✳✳✳	mind. –18 °C	2 bis 3 Monate
4 Sterne ✳✳✳✳	< –18 °C	3 Monate und länger

Die Verdampfungsfächer mit vier Sternen haben eine eigene Außentür und ein eigenes Kühlaggregat. Nur das 4-Sterne-Gefrierfach eignet sich zum Einfrieren von Lebensmitteln. Das **Abtauen** erfolgt **automatisch** oder **teilautomatisch**. Bei **automatischer Abtauung** wird der Vorgang selbsttätig eingeleitet und beendet. Das Tauwasser wird in einer Schale gesammelt, die sich auf dem Kompressor befindet oder mit Rohrschlangen des Kondensators in Verbindung steht. Durch die dort vorhandene Wärme verdunstet das Wasser. Bei der **teilautomatischen Abtauung** wird der Abtauvorgang von Hand geschaltet, aber selbsttätig beendet. Das Tauwasser muss in einem Behälter aufgefangen und dieser von Hand entleert werden.

Mehrzonengeräte

verfügen neben dem klassischen Kühlfach (+5 °C) und den Tiefkühlfächern mit bis zu 4 Sternen (✳/✳✳✳ = –18 °C und Einfrierkapazität) über ein Kellerfach mit einem Temperaturbereich von +8 bis +14 °C zur Lagerung von Obst, Gemüse und Salaten sowie über ein Frischefach mit Temperaturen von 0 bis +2 °C für die Lagerung von empfindlichen Lebensmitteln, z. B. Fleisch, Fisch, Blattsalaten. Zusätzliche Luftfeuchteregulation von 40 bis 95 % erhöht die Haltbarkeit und reduziert lagerungsbedingte Abbauvorgänge und Qualitätsverluste.

Kühlräume finden in Großküchen (mit »Cook and Chill«) ihre Nutzung. Beim Einräumen von Kühlschränken und Kühlsystemen müssen die Lebensmittel nach »reiner« und »unreiner Seite« getrennt werden.

KOMPETENZ-CHECK

Räumen Sie folgende Lebensmittel in den Kühlschrank ein:

Schlagsahne, Joghurt u. a. Milchprodukte,
Obst, Gemüse, tiefgefrorene Lebensmittel,
Milch in Flaschen, Saft, Eier, Marmelade, Kaffeesahne,
indem Sie die Lebensmittel den jeweiligen Zahlen in der Abbildung zuordnen.

❶
❷
❸
❹
❺
❻
❼
❽
❾
❿
⓫

Mehrzonengerät

Gefriergeräte

Die Gefrierlagerung erfolgt bei Temperaturen von mindestens −18 °C – das Zellwasser friert aus und die Zelle stellt ihre Lebensvorgänge ein, sodass enzymatische und mikrobiologische Vorgänge nicht mehr oder nur noch stark verlangsamt stattfinden. Gefriergeräte dienen der mittel- und langfristigen Haltbarmachung und Lagerung von Lebensmitteln. Die Qualität der tiefgekühlten Lebensmittel ist von der Vorbereitung der Rohware sowie von Verpackung, Einfrier- und Lagertemperatur abhängig. Die Tiefkühlgeräte arbeiten nach demselben Prinzip wie Kühlgeräte. Zur Kälteproduktion werden je nach Größe des Gerätes Seitenwände und Bodenflächen des Innenbehälters mit **Verdampfern** in Plattenform umgeben. Beim **Vorgefrierfach**, in dem eine Temperatur von −35 °C erzeugt wird, sind die Verdampferrohre sehr eng gelegt. Das Gehäuse ist wärmeisoliert und die Tür mit einem Magnetverschluss versehen. Ein eingebauter **Regler** sorgt für gleichbleibende Temperaturen. Bei Störung wird eine optische oder akustische Warnanlage eingeschaltet. Gefriergeräte werden mit dem 4-Sterne- oder 3-Sterne-Symbol gekennzeichnet. Ein 3-Sterne-Gerät kann die gefrorenen Lebensmittel nur lagern, aber nicht einfrieren.

No-frost-Geräte müssen nicht abgetaut werden. Sie besitzen ein **Umluftkühlsystem**, das die Luftfeuchte aus dem Gefrierraum transportiert, sodass sie sich nicht als Reifschicht im Innenraum absetzt, sondern außerhalb auf dem Verdampfer; dieser wird automatisch abgetaut. Dieses System benötigt für das Gebläse 10 bis 30 % mehr Strom.

Low-frost-Geräte arbeiten mit einem Trockenluftsack, der den Luftaustausch und damit das Ansaugen von Feuchtigkeit hemmt; dieses System verbraucht keine zusätzliche Energie.

Tipps zum Energiesparen:
- *Gerät in kühlem, gut belüftbarem Raum aufstellen, vor direkter Sonnenbestrahlung geschützt und nicht in der Nähe eines Heizkörpers.*
- *Warme Speisen erst nach dem Abkühlen in das Gerät stellen.*
- *Zum Be- und Entladen Gerätetür so kurz wie möglich öffnen.*
- *Tiefkühllagerfach bei Eisbildung abtauen.*
- *Temperatur richtig einstellen.*

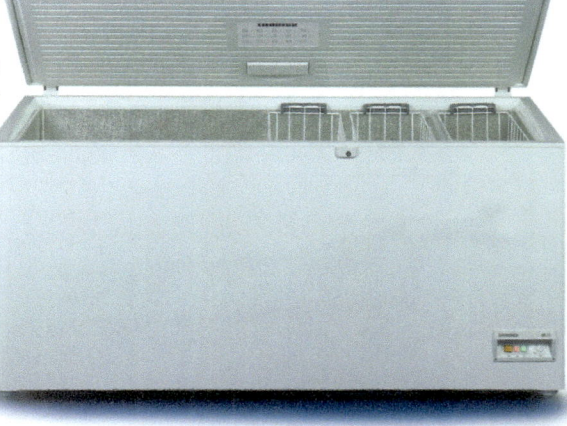

Gefriertruhen

Sie werden von oben beschickt. Etwa 90 % des Bruttoinhaltes kann für die Gefrierlagerung genutzt werden. Die Lagerung in Körben – mehrere Schichten übereinander – hat zur Folge, dass es längere Zeit dauert, bis das gewünschte Erzeugnis gefunden wird. Das lange Offenstehen des Gerätes führt zu Energieverlusten und schnellem Reifansatz. Beim »Wühlen« wird leicht die Verpackung beschädigt, dadurch werden Qualitätsverluste des Gefrierguts verursacht.

Gefriertruhen werden von oben gefüllt; die eingefrorenen Lebensmittel werden in Körbe eingeordnet

Gefrierschränke

benötigen weniger Stellfläche und sind 150 bis 200 cm hoch. Außer dem Standmodell werden auch Tisch-, Unterbau- und Einbaugeräte sowie Kühl-Gefrier-Kombinationen angeboten. Die **übersichtliche Lagerung** in Fächern mit herausziehbaren Schubladen oder Körben ermöglicht eine zügige Bedienung – der Kälteverlust während der Öffnungszeit kann so niedrig gehalten werden. Außenthermometer ermöglichen eine Temperaturkontrolle ohne Öffnen der Geräte.

❄ ✱ ✱ ✱   4-Sterne-Symbol

In Gefrierschränken lassen sich die Lebensmittel übersichtlich und schnell zugänglich ordnen

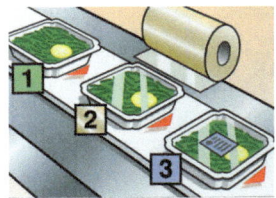

1 = Zusammenstellung
2 = dichte Abdeckung
3 = Etikettierung

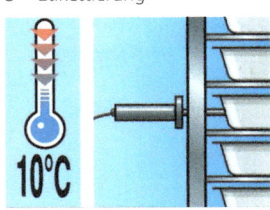

Schnelle Abkühlung

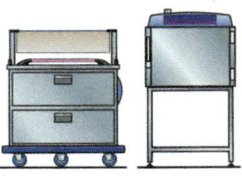

Regenerierung
der Hauptspeisen

Tablettverteilung

Arbeitsablauf von der Vorfertigung
bis zur Speisenausgabe

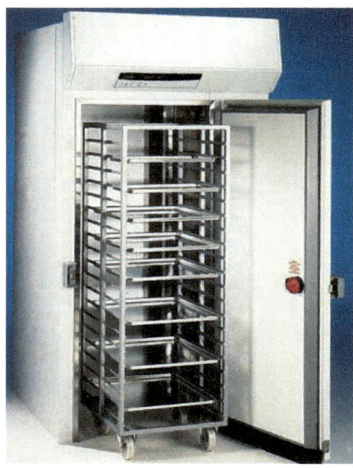

Schockkühler

Der Bruttoinhalt kann nur zu ca. 75 % genutzt werden. Die Innenraumgestaltung von Gefrierschränken für die Großküchenverpflegung und Gastronomie ist auf Gastronorm-Gitter, -Schalen und -Bleche abgestimmt und ermöglicht das Einbringen großer Chargen von vorbereiteten Lebensmitteln etc.

Die **Lagerdauer** von Tiefkühlkost im Gefriergerät ist begrenzt, s. Tabelle unten. Bei längerer Lagerzeit kommt es zu Qualitätsverlusten der Lebensmittel, die sich in Geschmack, Aussehen und Nährwertverlusten äußern können.

Beim Umgang mit Gefriergeräten ist zu beachten:

1. Gefriergutmenge – Neuzulagerungsmenge – von 5 kg/100 Liter Nutzinhalt sollte eingehalten werden.
2. Jede Ware nur in gefriergeeigneten Verpackungsmaterialien einfrieren.
3. Einlagerdatum und Verpackungsmenge aufzeichnen, um die Lagerdauer nicht zu überschreiten.
4. Bei Störungen das Gerät geschlossen halten (pro Stunde steigt die Temperatur um 0,5 °C) – Kundendienst rufen.
5. Farbige Kontrolllampen beachten:
   grün = Normalbetrieb,
   gelb = Dauerbetrieb,
   rot = zu hohe Temperaturen im Gerät.

Kühleinrichtungen für die Gemeinschaftsverpflegung

Schockkühler und **Schockfroster** werden zum schnellen Herunterkühlen von Lebensmitteln unmittelbar nach dem Garen eingesetzt. Dies verhindert eine starke Vermehrung von Mikroorganismen im kritischen Temperaturbereich von 70 °C bis 10 °C. Die Kühlung wird mit einem Kerntemperaturfühler oder über eine Zeitschaltuhr gesteuert. Die Haltetemperatur (+3 °C oder –20 °C) wird automatisch aktiviert. Sobald die richtige Temperatur erreicht ist, können die Speisen entweder für längere Zeit im Tiefkühlschrank oder kurzfristig bis zur Erwärmphase vor dem Service kühl gelagert werden. Große Geräte können auch mit Hordenwagen beschickt werden. Passend zu den Geräten werden Heißluftdämpfer mit Hordenwagen angeboten, die in der Großküche ein zügiges »Koch- und Abkühlsystem« (**cook + chill**) ermöglichen, s. S. 173.

Lagerdauer von Tiefkühlkost	Übliche/mögliche Lagerdauer (in Monaten)
Lebensmittel	
fettes Schweinefleisch, z. B. Bratwurst, Braten	4 bis 5
mageres Schweinefleisch, z. B. Filet	5 bis 7
Rindfleisch (je nach Fettanteil)	8 bis 12
fettes Geflügel, z. B. Ente, Gans	4 bis 6
mageres Geflügel, z. B. Hähnchen, Pute	8 bis 10
Fisch (je nach Fettanteil)	2 bis 5
Gemüse, sortenabhängig	6 bis 12
Obst, sortenabhängig	8 bis 12
Milchprodukte	2 bis 3
Eimasse	8 bis 10
Backwaren (ohne Sahne)	3 bis 6
Fertiggerichte	2 bis 3

Aufteilung des Küchenareals in eine reine und nichtreine Seite inklusive Kühlraumblock

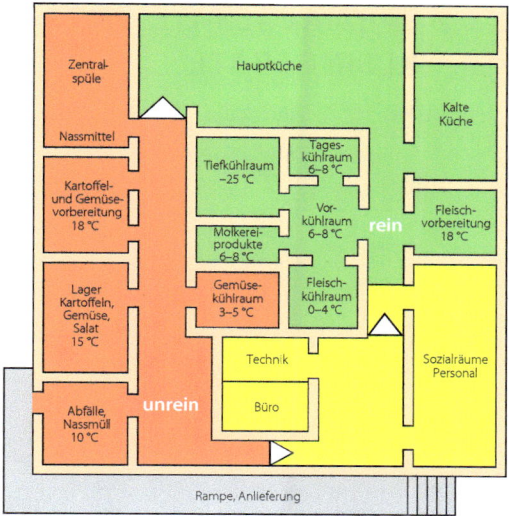

Zentralspüle

Hauptküche

Kalte Küche

Nassmittel

Tiefkühlraum −25 °C

Tageskühlraum 6–8 °C

Fleischvorbereitung 18 °C

Kartoffel- und Gemüsevorbereitung 18 °C

Molkereiprodukte 6–8 °C

Vorkühlraum 6–8 °C

rein

Lager Kartoffeln, Gemüse, Salat 15 °C

Gemüsekühlraum 3–5 °C

Fleischkühlraum 0–4 °C

Technik

Sozialräume Personal

Abfälle, Nassmüll 10 °C

unrein

Büro

Rampe, Anlieferung

Kühlgeräte für die Gemeinschaftsverpflegung sind mit einem **Umluftkühlsystem** ausgestattet und gewährleisten eine hohe Luftfeuchtigkeit (bis 95 %), um Trockenschäden zu vermeiden.

Kühl- und Gefrierzellen und -räume werden aus vorgefertigten Wandelementen gebaut. Die Räume sind mit einer Wärmedämmung versehen und mit einem Kühlaggregat ausgerüstet. Durch Trennwände wird die gesetzlich vorgeschriebene getrennte Lagerung von Gemüse, Fleisch, Milchprodukten und Gefriergut sichergestellt (rein und unrein).
Großküchen verfügen oft über einen **Kühlraumblock**, der aus mindestens zwei Kühlräumen und einem Tiefkühlraum besteht. Nach dem **Lebensmittelrecht** ist es nicht gestattet, erdbehaftete Waren (Gemüse, Kartoffeln) gemeinsam mit leicht verderblichen Fleischteilen zu lagern. Daher wird der Kühlraumblock – wie auch der Küchenbereich – in eine reine und unreine Seite aufgeteilt. Der Kühlraumblock wird speziell für den jeweiligen Betrieb gefertigt. Im Fleischvorbereitungsraum muss besonders sorgfältig mit Auftauwasser umgegangen werden (Infektionsgefahr durch Salmonellen!).

Vor dem Betreten des Tiefkühlraumes muss Schutzkleidung angezogen werden. Es sollte immer jemand darüber informiert sein, wenn Sie im Gefrierraum sind, da bei einem Unfall Unterkühlungsgefahr besteht.

▶ *Alle 3 bis 4 Monate Gerät abtauen!*
1. *Gerät abschalten und Netzstecker ziehen!*
2. *Gefriergut herausnehmen/ isolieren.*
3. *Gerät abtauen lassen.*
4. *Mit Spülmittellösung auswaschen.*
5. *Gerät wieder auf ca. −25 °C bringen.*
6. *Gefriergut wieder einräumen.*

Das Energielabel/EU-Label
informiert über wichtige Geräteeigenschaften, z. B. Strom- und Wasserverbrauch und Gebrauchseigenschaften (z. B. Nutzinhalt, Fassungsvermögen, Schleuderwirkung).
■ *Kühl- und Gefriergeräte*
■ *Waschvollautomaten*
■ *Wäschetrockner*
■ *Waschtrockner*
■ *Geschirrspüler*
■ *Staubsauger*
müssen mit dem **Energielabel** *gekennzeichnet werden.*
Weitere Gerätegruppen werden nach und nach auf das neue Energielabel umgestellt.

Beispiel: EU-Label für Elektrogeräte

KOMPETENZ-CHECK

1. *Berechnen Sie den monatlichen Stromverbrauch von verschiedenen Kühl- und Gefriergeräten mit unterschiedlicher Größe und Ausstattung. Verwenden Sie Unterlagen aus dem Fachhandel (EU-Label). Erfragen Sie die aktuellen Strompreise bei Ihrem Elektrizitätsunternehmen.*
2. *Stellen Sie die Vor- und Nachteile von Gefrierschrank und Gefriertruhe gegenüber. Berücksichtigen Sie auch Bedienungsfreundlichkeit, Übersichtlichkeit und Unterhaltskosten.*
3. *Zeichnen Sie einen Grundriss des Kühlraumblocks und der Lagerräume in Ihrem Betrieb. Kennzeichnen Sie reine und unreine Bereiche.*

1.3.2 SPEZIALGERÄTE UND KLEINGERÄTE

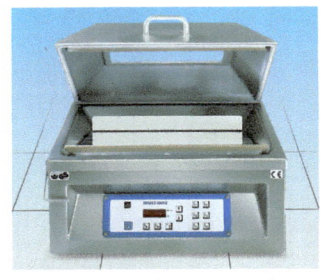

Vakuumverpackungsmaschine

Übersicht: Spezialgeräte für die Großküche

Geräte	Funktion	Anwendung
Kartoffel-/ Gemüseschäl- maschine	3,5 bis 30 kg/pro Arbeitsgang, 2 bis 3 Minuten pro Schälvorgang, wenig Abfall	Kartoffeln, Karotten, Kohlrabi, Sellerie, Zwiebeln
Gemüse- schneider	Schneiden von Würfeln, Streifen, Scheiben, geriffelte Scheiben in verschiedenen Größen (mit verschie- denen Schneidscheiben und Reibscheiben). Sehr leis- tungsstarke Geräte zerkleinern 1000 kg pro Stunde	Gurken, Karotten, Rote Rüben, Lauch, Kartoffeln etc., Käse, Nüsse, Brot, Schokolade
Gemüse-Salat- Waschanlage	Waschen/Trockenschleudern, 3 bis 10 Minuten je Gang, Schleudergang bei 500 U/min	Gemüse, Blattsalate, Obst
Aufschnitt- maschine	Schlitten führt das Schneidgut an rotierendem Messer entlang; Restehalter zum Schneiden kleiner Stücke verwenden, Scheibendicke wird eingestellt	Fleisch (roh/gegart), Wurst, Käse, Schinken
Allschnitt- maschine	Funktion vgl. Aufschnittmaschine	Fleisch, Wurst, Käse, Brot, Gemüse, Obst
Vakuum- verpackungs- maschine	Lebensmittel werden luftleer in Folienbeutel einge- schweißt; Zugabe eines Gemisches aus Stickstoff und Kohlenstoffdioxid verlängert die Haltbarkeit	für alle Lebensmittel vor dem Küh- len und Einfrieren; bei gegarten Lebensmitteln zum Regenerieren
Mehrzweck- (Groß-)küchen- maschine	durch Einsatz verschiedener Anschlussgeräte werden viele Funktionen durchgeführt: ■ Schlagmaschine, Mixer ■ Misch-, Mengmaschine ■ Rühr-, Knetwerk ■ Fleischwolf ■ Getreidemühle ■ Reib-, Schneid-, Schnitzelwerk ■ Passier-, Püriermaschine	Herstellung von z. B. Sahne, Cremes, Shakes, Mayonnaise, Tei- gen, Massen, Hackfleisch, Brät, Mehl, Müsli, Kuchen, Obst- und Gemüserohkost, Obst-, Gemüsemus

Planetenrühr- und Schlagwerk

Handrührgerät mit Rührbesen

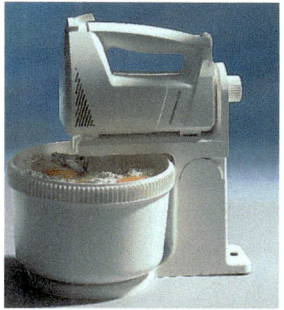
Handrührgerät als Antrieb für eine Kleinküchenmaschine

Elektrische Kleingeräte

Geräte	Funktion	Anwendung
(Kompakt)--Küchenmaschine	viele Funktionen entsprechend einer Großküchen-maschine	vgl. Tabelle S. 38
Handgeräte	als Einzweckgeräte (z. B. Mixer) oder Mehrzweck-geräte (mit auswechselbaren Arbeitsteilen zum Rühren, Kneten, Schlagen, Zerkleinern, Mixen)	Teige, Massen, Soßen, Eischnee, Schlagsahne, Milchshakes, Gemüse-, Obstmus etc.
Getreidemühle	ein Motorblock treibt ein ■ Stahlkegelmahlwerk oder ein ■ Steinmahlwerk an (er dient auch als Antrieb von Fleischwolf, Gemüseraffel etc.)	Quetschen/Mahlen von Ölsaaten/Getreide
Entsafter	Herstellung von Obst-/Gemüsesäften	

Elektrische Kleingeräte gibt es in verschiedenen Ausführungen:

■ **Handgeräte** werden während des Arbeitsgangs in der Hand gehalten und geführt. Ihre Motorleistung ist geringer. Sie sind handlicher, preiswerter als Standgeräte, schnell einsatzbereit und verbrauchen wenig Platz.
■ **Standgeräte** bestehen aus einem standfesten Antriebsteil und einem festen oder lösbaren Arbeitsteil.

Vor dem Kauf von Kleingeräten sollte immer ihre Rentabilität überdacht werden. Außerdem ist auf leichte Handhabung und Reinigung sowie auf Kurzbe-triebszeit (KB) zu achten. Auch der Platzbedarf sollte überprüft werden. Klein-geräte mit Beheizung oder motorischem Antrieb dürfen nicht ins Spülwasser, sondern werden nur feucht abgewischt.

Einzweckgeräte sind in größeren Betrieben nicht rentabel, da sie zu platzauf-wendig sind. Sie werden durch **Mehrzweckküchenmaschinen mit Spezialein-sätzen** ersetzt. Die Ausrüstung mit einem Wechselgetriebe ermöglicht mehrere Arbeitsgeschwindigkeiten. Für Betriebe mit einem Umsatz von mehr als 1000 Essen gibt es Universal-Küchenmotor-Anlagen.

Multifunktions-Küchenmaschinen führen je nach Ausstattung Ver-arbeitungsprozesse wie Zerklei-nern, Rühren, Garen häufig digital gesteuert aus.

Digitalisierung in der Küche
Einkauf, Lagerhaltung, Rezepterstel-lung und Zubereitung erfolgen voll-automatisiert und vernetzt (s. a. S. 167)

1.3.3 TECHNIKEN DER NAHRUNGS-ZUBEREITUNG

Die Bekömmlichkeit und Qualität der Speisen werden durch die Qualität der Rohwaren und die Techniken der Vor- und Zubereitung bestimmt.

Vorbereitungs- und Zubereitungstechniken
Hier werden die Lebensmittel küchenfertig oder garfertig gemacht.

Übersicht: Vor- und Zubereitungstechniken

Verfahren	Durchführung
Waschen	Entfernen von Schmutz und Keimen; kurz (bevorzugt ungeschält/unzerkleinert) in kaltem Wasser, sonst Auslaugen der wasserlöslichen Inhaltsstoffe.
Wässern	Herauslösen unerwünschter oder geschmacksbeeinträchtigender Stoffe, z. B. Bitterstoffe, Salz, in kaltem Wasser (oder Milch). Lebensmittel danach mit Wasser gründlich abspülen.
Weichen	Zuführen des beim Trocknen entzogenen Wassers – verbessert Verdaulichkeit der Lebensmittel, verkürzt Garzeit. Inhaltsstoffe (Eiweiß, Stärke, Cellulose) quellen im kalten Wasser auf. Um Nährstoffverluste zu vermeiden, Wassermenge knapp bemessen und Weichwasser mitverwenden (Ausnahme: geschwefelte Trockenfrüchte).
Blanchieren	Kurzes Erhitzen in siedendem Wasser, heißem Wasserdampf, feuchter Heißluft – Inaktivierung von Enzymen, Keimen. Blanchiergut mit Eiswasser schnell abkühlen. Geringe Nährwertverluste durch Auslaugen und Hitzeeinwirkung treten auf. Erhält Farbe und Geschmack der Rohware (insbesondere bei Gemüsen, die tiefgekühlt werden).
Marinieren	Einlegen in meist säure- und gewürzhaltige Flüssigkeiten mit dem Ziel Geschmacksverbesserung, Erhaltung der hellen Farbe, Lockerung des Zellgefüges. Die Marinade darf kein Kochsalz enthalten.
Putzen	Entfernen ungenießbarer oder schlecht verdaulicher Bestandteile mit dem Messer (Blätter, verholzte Stellen, Faulstellen etc.).
Schälen	Entfernen unverdaulicher oder schlecht verdaulicher Bestandteile mit dem Messer, Sparschäler oder Schälmaschinen.

Regeln für die Vor- und Zubereitung von Lebensmitteln:
▶ *So kurz wie möglich waschen.*
▶ *Nach dem Waschen und erst kurz vor dem Garen zerkleinern.*
▶ *Möglichst kurz garen. Richtige Gartemperatur wählen.*
▶ *Garflüssigkeit mitverwenden.*
▶ *Lange Warmhaltezeiten vermeiden.*
So können wertvolle Inhaltsstoffe weitgehend erhalten werden.

Durch die Vor- und Zubereitung der Rohwaren werden
▶ Schmutz und andere Fremdbestandteile entfernt,
▶ unerwünschte, wasserlösliche Stoffe entfernt,
▶ unverdauliche und wertlose Nahrungsbestandteile entfernt,
▶ Konsistenz und Geschmack günstig beeinflusst,
▶ entsprechend dem Verwendungszweck bestimmte Formgebungen erzielt.

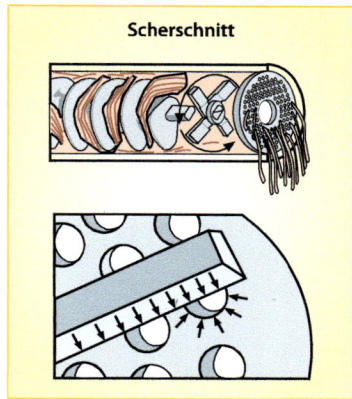

Scherschnitt

Schneid-Mahl-Zerkleinerung

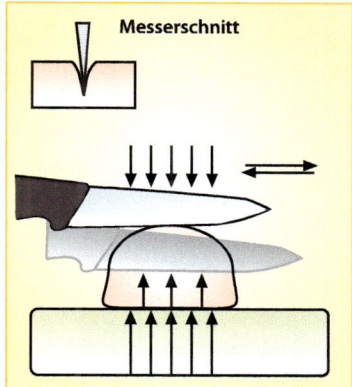

Messerschnitt

Durch die Bewegung des Messers an der starren Lochscheibe entsteht ein Schneiddruck, der das Schneidgut wie eine Schere zerschneidet (Scherschnitt).

Die Schneid-Mahl-Zerkleinerung ist eine Kombination von Schneiden und Mahlen.

Die keilartige Form der Schneide und ihre Schärfe bewirken die Schneidwirkung. Bei dem Messerschnitt wirken

- die **Schneidbewegung** des Messers,
- der **Schneiddruck** der Klinge,
- der **Schneidwiderstand** des Schneidgutes/der Unterlage zusammen.

Die mechanische Zerkleinerung von Lebensmitteln

Beim Schneiden unterscheidet man nach der Schneideart:

- Messerschnitt (maschinell, von Hand)
- Scherschnitt (Fleischwolf)

Die Arbeitsgeräte werden je nach Schneidgut und Zielsetzung des Schneidens ausgewählt.

Arbeitsgeräte	Schneidetechnik
Schneidmaschine	Schneidgut wird auf Schlitten an das Messer herangeführt, parallel zur Messerrichtung bewegt und von einem fest stehenden Rundmesser geschnitten.
Würfelschneider	Schneidgut wird durch mehrere **Gattermesser** in Streifen/Würfel zerteilt und durch ein **Abschneidemesser** geschnitten (Schneiden von Würfeln, Stäbchen, Streifen aus rohen/gegarten Lebensmitteln).
Mixgeräte	Ein **Messersatz** wird durch eine elektrisch angetriebene **Messerwelle** in sehr schnelle Rotationen versetzt und zerkleinert das Schneidgut (Einsatzgebiete: Emulgieren, Passieren, Mischen, Zerkleinern, Pürieren).
Fleischwolf	Schneidgut wird von einer rotierenden **Schnecke** zum Messer transportiert und von dessen rotierender Klinge und der scharfkantigen **Lochscheibe** zerschnitten.

Würfelschneider

Sachgemäße Bedienung des Wolfes:

- ▶ *Messer und Scheiben sind parallel zueinander zusammengesetzt.*
- ▶ *Scheiben und Messer dürfen nicht aneinanderreiben.*
- ▶ *Messer sind gut geschärft.*
- ▶ *Der Verschlussring darf nicht zu fest/zu locker aufgeschraubt sein.*
- ▶ *Die Einfüllgeschwindigkeit ist an die Drehzahl der Schnecke angepasst.*

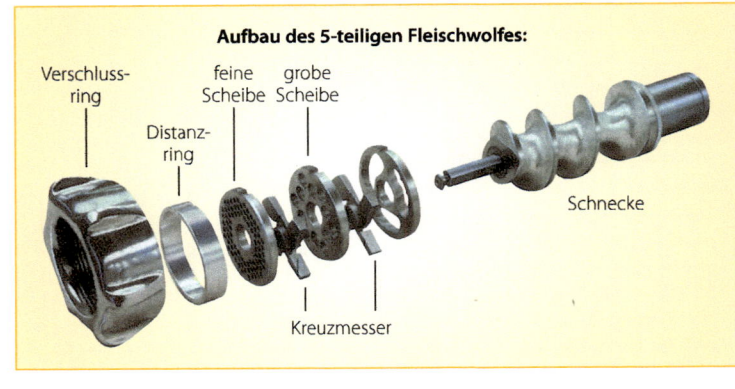

Aufbau des 5-teiligen Fleischwolfes:

Verschlussring · Distanzring · feine Scheibe · grobe Scheibe · Schnecke · Kreuzmesser

Messer werden für verschiedene Zwecke verwendet, z. B.:

Ausbeinen	▶ Auslösen des Schlachtfleisches von den Knochen
Filetieren	▶ Zurechtschneiden von Fisch-, Wild-, Fleischteilen
Tranchieren	▶ Zuschneiden von tellerfertigen Portionen von Fleisch, Geflügel, Wild, Fisch
Tournieren	▶ Ausstechen, Formen, Formgeben von Gemüse, Obst, Brot, Käse, Butter mit Messer/Ausstechern etc.
Schälen	▶ Entfernen der Schalen und unverdaulichen äußeren Teile bei Obst und Gemüse

Je nach Verwendungszweck werden unterschiedliche Messerarten ausgewählt. Diese unterscheiden sich in Form und Beschaffenheit des Messergriffes und der Messerklinge sowie in der Zusammensetzung des Messerstahls. Eine Auswahl zeigt folgende Übersicht:

Richtige Messerpflege ist wichtig!

- ▶ *Nach jedem Gebrauch säubern*
- ▶ *Regelmäßig mit dem Stahl schärfen*
- ▶ *Lagerung in Messerblock, -tasche*

- ▶ *Das Messer beim Schneiden vom Körper wegrichten.*
- ▶ *Festhaltende Hand hinter dem Messer ansetzen.*
- ▶ *Nicht nach fallendem Messer greifen.*
- ▶ *Messergriff und Hände trocken halten.*
- ▶ *Unbenutzte Messer an den Platz legen.*
- ▶ *Messer nicht im Wasser liegen lassen.*
- ▶ *Messer nicht zweckfremd einsetzen.*

Messerart	Klingenform/Anwendung
Gemüse-Officemesser	7 bis 12 cm, gerade Klinge; zum Formen und Nachputzen von Gemüse, Obst, Pilzen, Kartoffeln
Tomatenmesser	Wellenschliffmesser; zum Schneiden von Tomaten
Filetiermesser	16 bis 20 cm, schmale, flexible Klinge; zum Filetieren von Fleisch, Fisch
Fleischermesser	20 bis 35 cm, vorn spitz; zum Schneiden von Fleischportionen
Küchenmesser	16 bis 26 cm, lange, breite Klinge; zum Schneiden von Gemüse, Obst, Fleisch
Tranchiermesser	25 bis 36 cm, lange, schmale Klinge; zum Schneiden von Fleisch, Wurst
Buntmesser	10 cm, leicht gewellte Klinge; zur Formgebung von gegartem Gemüse
Käsemesser	13 bis 36 cm, mit dünner Klinge (Weichkäse), stärkerer Klinge (Hartkäse)

Raspeln, reiben, schnitzeln, passieren

Hierbei werden die Lebensmittel mithilfe von unterschiedlichen Geräten, z. B. Handhobel, Handreibe, Küchenmaschine mit Schnitzel-, Raspel- oder Reibeeinsätzen, Muskatreibe, sehr fein zerkleinert. Die Verdaulichkeit wird dadurch erhöht (Herstellung von Krankenkost).

geraspelte Schokolade

Arbeits-technik	Durchführung	Anwendung
Raspeln	Zerkleinern in feine längliche Stücke	Obst, Gemüse, Mandeln, Nüsse, Schokolade
Reiben	sehr feine Zerkleinerung	Muskat, Käse, Nüsse
Schnitzeln	Zerkleinerung in feine Streifen	Rot-, Weißkohl, Möhren, Äpfel
Passieren	Durchstreichen meist gegarter Lebensmittel	Hagebuttenmark, Apfelbrei, Himbeermus, Tomatenmark

geschnitzelte Möhren

Das Mischen von Lebensmitteln

Bei der Speisenherstellung werden die vorbereiteten Lebensmittel nach ausgewählten **Rezepturen gemischt**. Hierbei werden verschiedene Arbeitstechniken – **Mischen, Mengen, Kneten, Schlagen, Emulgieren** – unterschieden.

Arbeits-technik	Durchführung	Anwendung
Mischen	gleichmäßiges Verteilen fester Bestandteile	Salate
Mengen	Verarbeiten der Rezeptbestandteile zu homogener Masse	Hackfleischmasse, Kräuterquark
Kneten	gründliches Mischen und Bearbeiten der Zutaten zur Teigbildung (Klebereiweiß des Mehls quillt und bildet elastisches/stabiles Teiggerüst)	Hefeteig, Mürbeteig etc.
Schlagen	Luft wird mit dem Schneebesen unter zähe Flüssigkeit geschlagen (Eigelb/Eiklar sauber trennen! Schlagsahne gekühlt schlagen!)	Eischnee, Schlagsahne, Biskuitmasse
Emul-gieren	fettreiche und wässrige Lebensmittel werden durch Schlagen zu einer stabilen Mischung. Emulgatoren stabilisieren die Emulsion (z. B. Lecithin des Eigelbs)	Mayonnaise, Buttercreme

Schnitzelzylinder

Raspelzylinder

Universal-Küchenmotor mit Reibe-, Schnitzel-, Schneide- und Passiergerät

Merkmale zu kurz geschlagenen Eischnees:
- weich, schmierig
- schlechter Stand

Merkmale richtig aufgeschlagenen Eischnees:
- stabiler Stand
- großes Volumen
- beim Herausnehmen des Rührbesens zieht der Eischnee Spitzen

Merkmale zu lang geschlagenen Eischnees:
- zu fest, stabil
- flockige, raue Beschaffenheit

Digitalwaage

Rühr- und Knetschüssel

Mandel- und Nussreibe
(Fleischwolfvorsatz)

Das Mischen von Lebensmitteln wird überwiegend mit dem Handrührgerät, der Küchenmaschine oder dem Pürierstab durchgeführt. Zum Unterheben von Zutaten, Sahne oder Eischnee verwendet man meist einen Schneebesen oder Pfannenwender.

Maße und Gewichte
Bei der Zubereitung von Speisen ist ein möglichst exaktes Messen und Abwiegen der Zutaten erforderlich. Mit einer **Digitalwaage** kann man die Zutatenmengen exakt abwiegen (0 bis 30 kg).
Flüssigkeiten können auch mit einem **Messbecher** genau abgemessen werden.

Maße für die Küchenpraxis
1 gehäufter Esslöffel entspricht 10–15 g
1 gestrichener Teelöffel entspricht 3–5 g
1 Kaffeetasse entspricht 125 ml
1 Schnapsglas entspricht 20 ml
1 Esslöffel/Teelöffel entspricht 15 ml/5 ml

KOMPETENZ-CHECK

1. Erklären Sie, warum Lebensmittel möglichst kurz und unzerkleinert gewaschen werden sollen.
2. Erläutern Sie die verschiedenen Zerkleinerungstechniken und geben Sie jeweils Anwendungsbeispiele.
3. Erstellen Sie Arbeitsregeln für die Herstellung einer Mayonnaise. Welche Fehler werden bei der Herstellung häufig gemacht?
4. Erläutern Sie die Vorgänge beim Kneten eines Hefeteiges.
5. Sie sollen Baiser für eine Obsttorte herstellen. Informieren Sie sich über die Rezeptur des Baisers und stellen Sie in der Klasse die Zubereitung eines Baisers in der Praxis vor. Erkunden Sie, in welchen Lebensmitteln Eischnee verarbeitet wird.
6. Nennen Sie Gerichte, bei deren Herstellung das Raspeln, Reiben, Schnitzeln oder Passieren angewendet wird.

Garverfahren

Beim Garen werden küchen- bzw. garfertige Lebensmittel durch Wärmebehandlung verzehrfertig gemacht. Durch **Quellung** und **Gerinnung** von Eiweiß und **Verkleisterung** der Stärke wird die Oberfläche des Gargutes stark vergrößert; die Faserstruktur von Obst, Gemüse und Fleisch wird gelockert, sodass Verdauungsenzyme besser wirksam werden können. Durch die **Bildung** von **Röstbitterstoffen** und wertvollen **Aromastoffen** entwickeln gegarte Speisen einen höheren Genusswert als die rohen Lebensmittel. Außerdem werden durch die Hitzeeinwirkung **Bakterien** abgetötet und **Enzyme inaktiviert** – die Speisen sind länger haltbar. Einige Lebensmittel enthalten in rohem Zustand gesundheitsschädliche Inhaltsstoffe (z. B. grüne Bohnen, grüne Tomaten, gekeimte Kartoffeln) – diese werden erst durch Erhitzen unwirksam gemacht.

Veränderungen der Lebensmittelinhaltsstoffe beim Garen

Erwünschte Veränderungen:
- *bessere Verdaulichkeit und Bekömmlichkeit*
- *höherer Genusswert durch Bildung von Farb- und Aromastoffen*
- *Konsistenzveränderungen*
- *Zerstörung oder Inaktivierung von schädlichen Inhaltsstoffen*

Unerwünschte Veränderungen:
- *Verluste von Vitaminen, sekundären Pflanzenstoffen u. a. essenziellen Inhaltsstoffen*
- *Oxidation ungesättigter Fettsäuren*
- *Aromaverluste*

Die Garverfahren unterscheiden sich durch:

- Art des wärmeübertragenden Mediums: Wasser, Dampf, Fett, Luft
- Menge des wärmeübertragenden Mediums
- Temperaturhöhe und Temperaturverlauf des Garprozesses
- Form der Wärmeübertragung von der Heizquelle zum Gargut: Wärmestrahlung, Wärmeleitung, Wärmeströmung (Konvektion)

Einteilung der Garverfahren:

Wärmeübertragende Stoffe			Ohne Wärmeüberträger
Wasser	**Fett**	**Luft**	
Kochen, Garziehen	Braten	Backen	Rösten
Dämpfen	Frittieren	Grillen	Mikrowelle
Druckgaren			
Dünsten			
Schmoren			

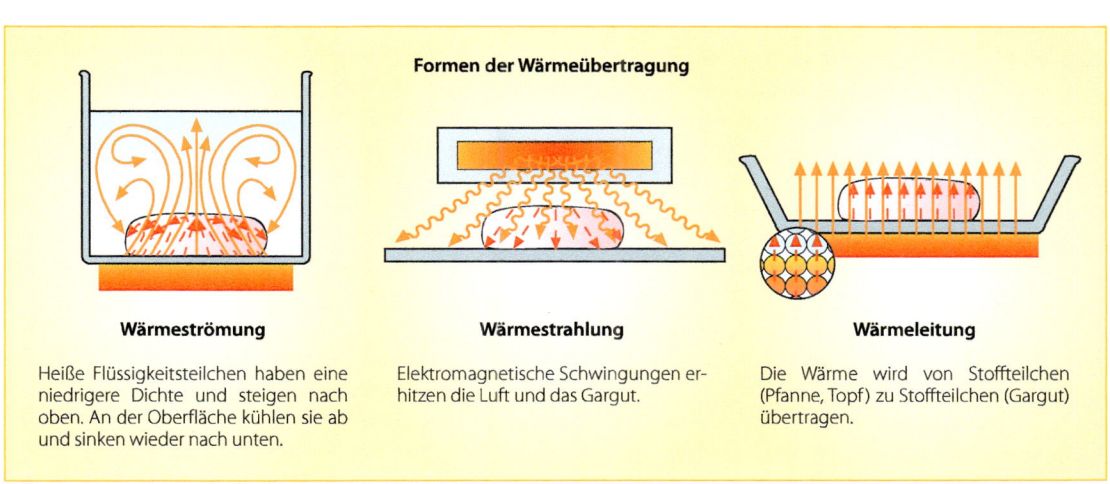

Formen der Wärmeübertragung

Wärmeströmung
Heiße Flüssigkeitsteilchen haben eine niedrigere Dichte und steigen nach oben. An der Oberfläche kühlen sie ab und sinken wieder nach unten.

Wärmestrahlung
Elektromagnetische Schwingungen erhitzen die Luft und das Gargut.

Wärmeleitung
Die Wärme wird von Stoffteilchen (Pfanne, Topf) zu Stoffteilchen (Gargut) übertragen.

Prinzip der feuchten Garverfahren

Die Wärme wird durch Wasser oder Wasserdampf mit Wärmeströmung auf das Gargut übertragen. Die Temperaturen betragen 85 °C bis 110 °C. Eiweiß gerinnt, kollagenes Eiweiß (z. B. in Gulasch, Suppenfleisch, Rinderbraten) nimmt Wasser auf und quillt. Stärke verkleistert, Cellulose und Pektine quellen – die Pflanzenfasern in Gemüse, Obst und Getreide werden dabei aufgelockert, wodurch die Verdaulichkeit der gegarten Gerichte steigt. Bei Temperaturen unter 110 °C werden keine Röstbitterstoffe gebildet.

Übersicht: Feuchte Garverfahren

Verfahren Temperatur	Durchführung	Anwendung
Kochen 98 °C bis 100 °C	Garen in viel siedender Flüssigkeit: Kochflüssigkeit laugt Gargut aus (bis zu 60 % Vitaminverluste, wenn Garflüssigkeit nicht verwendet wird). ▶ Einlegen in siedende Flüssigkeit: Poren schließen sich (Eiweißgerinnung), wasserlösliche Stoffe bleiben im Gargut ▶ Ansetzen in kalter Flüssigkeit: starkes Auslaugen (z. B. Brühe, Lebensmittel mit festem Gewebe)	■ stärkehaltige Lebensmittel: Reis, Kartoffeln, Teigwaren ■ Hülsenfrüchte ■ Gemüse in Eintöpfen und Suppen ■ Suppenhuhn, -fleisch, Brühen
Garziehen 75 °C bis 95 °C	Garen in nicht siedender Flüssigkeit (Schonung der Konsistenz): ▶ Ansetzen mit kalter Flüssigkeit ▶ Einlegen in siedende Flüssigkeit ▶ indirektes Garziehen in Gefäßen im Wasserbad (z. B. Eierstich, Lebensmittel m. zartem Gewebe)	■ zartes Fleisch, junges Geflügel ■ Brühwurst ■ Fisch ■ Eier (Kerntemperatur 65 °C)
Dämpfen 98 °C bis 100 °C	Garen in strömendem Wasserdampf: ▶ Gargut ist durch Siebeinsatz von Garflüssigkeit getrennt; geringe Auslaugverluste, nährstoffschonend	■ Gemüse ■ Fisch ■ Kartoffeln ■ Hefeklöße ■ Obst
Druckgaren 105 °C bis 120 °C	▶ Druckdämpfen = Garen in Dampf ▶ Druckkochen = in viel Flüssigkeit ▶ Druckdünsten = wenig Flüssigkeit Garzeit verringert sich und ist genau einzuhalten, geringe Vitaminverluste (5 bis 10 %)	■ Gemüse, z. B. Kohl, Hülsenfrüchte ■ Fleisch, z. B. Gulasch, Rouladen ■ Suppenhuhn
Dünsten 98 °C bis 100 °C	Garen im eigenen Saft ohne Bräunung/geringe Flüssigkeits-, evtl. Fettzugabe in abgedecktem Gefäß, Folie, Römertopf; Nährstoffe und aromaschonendes Garen	■ zartes Fleisch, Fisch, Geflügel ■ Gemüse ■ Obst ■ Pilze
Schmoren 160 °C bis 200 °C 98 °C bis 100 °C	in heißem Fett bräunen, danach mit wenig Flüssigkeit bei verminderter Temperatur fertig garen; intensive Bräunung und gehaltvoller Fond für Soßenherstellung	■ Fleisch-, Wildgerichte, Gulasch, Sauerbraten ■ Kohlrouladen, gefüllte Paprika

Beim feuchten Garen kann es durch vielfältige Einflussfaktoren, z. B. Hitze, Wasser, Sauerstoffeinwirkung, zu hohen Verlusten an Vitaminen, Mineralstoffen und sekundären Pflanzenstoffen kommen, vgl. Vitamin-C-Verluste durch die Zubereitung, s. S. 81. Schonende Garverfahren – Dünsten, Dämpfen und Garen im Dampfdrucktopf – erhalten die empfindlichen Nahrungsinhaltsstoffe und Aromastoffe weitgehend, die Nährstoffverluste sind geringer.

■ Hohe Auslaugverluste beim Kochen entstehen, wenn das Gargut in kaltem Wasser angesetzt wird. Wasserlösliche Nährstoffe gehen in die Kochflüssigkeit über (Konzentrationsausgleich!).
■ Geringe Auslaugverluste entstehen, wenn das Gargut in siedendes Wasser eingelegt wird. Durch die sofort einsetzende Eiweißgerinnung schließen sich die Poren. Inhaltsstoffe bleiben größtenteils im Gargut.

Gemüse oder Kartoffeln können durch Garen in **Dampf** oder mit **wenig Flüssigkeit** schonend gegart werden. Garflüssigkeit und Gemüsesaft sollten weiterverarbeitet werden (z. B. für Soßen verwenden). Auf das Salzen wird verzichtet – Kräuter runden den Geschmack ab.
Um die Konsistenz der Lebensmittel zu erhalten, sollten die empfohlenen **Garzeiten** eingehalten werden. Langes Warmhalten zerstört wertvolle Inhaltsstoffe, z. B. Vitamine. Die Lebensmittel sollten daher kühl gelagert und vor dem Essen kurz und schonend regeneriert werden.

Wann ist das Fleisch innen rosa und nicht mehr blutig?
Fingerprobe beim Kurzbraten:
Gibt das Fleisch bei Fingerdruck
▶ *stark nach – ist es innen blutig,*
▶ *leicht nach – ist es innen rosa,*
▶ *nicht nach – ist es durchgegart.*
mit dem Bratthermometer beim Braten im Backofen bei:
▶ *Kern 65 °C – ist es innen blutig,*
▶ *Kern 70 °C – ist es innen rosa,*
▶ *Kern 85 °C – ist es durchgegart.*

Standardablauf Dünsten (mit Fett und Flüssigkeit)

Vorbereiten:
▶ Lebensmittel abwiegen
▶ entsprechend dem Rezept vor- und zubereiten
▶ Arbeitsgeräte bereitstellen
▶ Arbeitsplatz einrichten

Durchführen:
▶ Butter zerlassen
▶ Lebensmittel dazugeben
▶ gleichmäßig mischen und andünsten
▶ etwas Flüssigkeit dazugeben
▶ würzen
▶ Topfdeckel aufsetzen, leise köcheln lassen

Anrichten:
▶ Gemüsegerichte mit frischen Kräutern bestreuen

Erbsen-Möhren-Gemüse	
1000 g	Möhren
800 g	Erbsen
40 g	Butter
125 ml	Wasser
1 TL	Zucker
	Salz nach Geschmack
(Garzeit: 15 Min.)	

Zubereitung Erbsen-Möhren-Gemüse

▶ Möhrenscheiben andünsten

▶ Nach ca. 5 Min. Erbsen zugeben, mit Wasser auffüllen, salzen und zuckern

▶ Im geschlossenen Topf ca. 10 Min. dünsten lassen

Gulasch (Grundrezept)	
1500 g	Rindergulasch
160 g	Fett
1000 g	Zwiebeln
4	Tomaten/Tomaten- mark
2	Paprikaschoten Paprika, Salz, Pfeffer
2	Gewürzgurken nach Belieben
½ Liter	Wasser
4 EL	Mehl saure Sahne
(Garzeit: ca. 80 Min.)	

Standardablauf Schmoren

Vorbereiten:	▶ Lebensmittel abwiegen
	▶ entsprechend dem Rezept vor- und zubereiten
	▶ Arbeitsgeräte bereitlegen
Durchführen:	▶ Fett erhitzen
	▶ Fleisch in angemessenen Portionen zugeben
	▶ von allen Seiten anbraten, würzen
	▶ etwas Flüssigkeit dazugeben, Bratensatz lösen
	▶ etwas einkochen lassen
	▶ Vorgang 1- bis 3-mal wiederholen
	▶ geschnittene Zwiebeln, Tomaten und Paprika zugeben
	▶ mit heißer Flüssigkeit auffüllen
	▶ Topfdeckel aufsetzen, leise köcheln lassen
Anrichten:	▶ mit Soße servieren

Zubereitung Gulasch

▶ Fleisch in heißem Fett scharf anbraten, so lange braten, bis sich ein Bratensatz bildet

▶ Zwiebeln, Tomaten und Paprika zugeben und kurz mitbraten

▶ Wasser aufgießen; Bratensatz ablösen und alles aufkochen; danach zugedeckt köcheln lassen

Pochierter Kabeljau	
10	Kabeljaukoteletts (je ca. 200 g)
2	Zitronen Salz
(Garzeit: 15 Min.)	

Standardablauf Garziehen oder Kochen

Vorbereiten:	▶ Lebensmittel abwiegen
	▶ Arbeitsgeräte bereitstellen
	▶ Arbeitsplatz einrichten
Durchführen:	▶ ausreichend Wasser mit Geschmackszutaten zum Kochen oder zum Sieden bringen
	▶ Salz und/oder Öl dazugeben
	▶ Gargut hineingeben, im siedenden Wasser garen
	▶ abgießen
Anrichten:	▶ in vorgewärmten Schüsseln artgerecht garnieren

Zubereitung pochierter Fisch

▶ Zitronensaft und 1 TL Salz in 1 l kochendes Wasser geben

▶ Fisch in das Wasser geben

▶ Fisch in siedendem Wasser 10 bis 15 Min. gar ziehen lassen, herausnehmen und anrichten

Prinzip der trockenen Garverfahren

Die Wärme wird durch heißes Fett (Wärmeströmung) mit Temperaturen bis 185 °C und/oder erhitzte Luft (Wärmestrahlung) mit Temperaturen bis 300 °C übertragen. Beim Kontaktgrillen erfolgt die Wärmeübertragung durch Wärmeleitung. Bei Temperaturen über 110 °C entstehen aromabildende Dextrine, Karamell und Röstbitterstoffe. Trockene Garverfahren sind für Geflügel und kollagenarme, zarte Fleischteile, wie z. B. Braten, Steaks, Schnitzel, Koteletts, geeignet. Braten sollte vor dem Anschneiden 5 bis 10 Minuten ruhen – so bleibt das Fleisch saftig und der Fleischsaft läuft beim Anschneiden nicht so leicht aus.

> **Trockene Garverfahren mit**
> ■ **heißem Fett**
> ■ **erhitzter Luft**

Übersicht: Trockene Garverfahren

Verfahren Temperatur	Durchführung	Anwendung
Braten 180 °C bis 200 °C	Bräunen und Garen in geringen Mengen von hochsiedendem Fett; energiereich durch Fettaufnahme Acrylamidbildung* im Bratgeschirr/Herd: ▶ Braten bis 750 g; nach dem Anbräunen Hitze drosseln, mit wenig kochendem Wasser fertig garen ▶ Sautieren (Schwingen): bei Portionsstücken Braten im Backofen: ▶ Braten > 750 g, Geflügel/Fisch > 1250 g; gesalzenes/gewürztes Bratgut in heißem Fett bräunen, unter Begießen mit Bratfett/-fond zu Ende garen Kurzbraten	■ zartes Fleisch, Wild, Geflügel ■ Kartoffeln ■ Fisch
Frittieren 160 °C bis 180 °C	Garen und Bräunen in heißem Fett; Fett muss wasserfrei sein (wasserreiche Lebensmittel abtrocknen); energiereich; Acrylamidbildung* Frittierfett nicht > 180 °C erhitzen (s. S. 62)	■ Geflügel, Fisch, Fleischteile ■ Kartoffeln ■ Gemüse ■ Siedegebäck
Grillen 250 °C bis 300 °C	▶ Kontaktgrill: Grillgut gart zwischen zwei Heizflächen ▶ Infrarotgrill: Bräunen, garen, gratinieren Acrylamidbildung*	■ Fleisch, Fisch ■ Kartoffeln ■ Gemüse
Backen 180 °C bis 250 °C	Garen und Bräunen in Heißluft mit Wärmestrahlung (Oberhitze), Wärmeleitung (Unterhitze); Acrylamidbildung* ▶ 200 °C bis 250 °C: zur Bräunung/Krustenbildung, das Backgut ist bereits gegart ▶ 180 °C bis 200 °C: zum Backen von Kuchen, Aufläufen, Fleisch und Geflügel ▶ 150 °C bis 180 °C: für Backwaren und Aufläufe mit garen Zutaten und hohem Flüssigkeitsanteil	■ Kuchen, Gebäck, Brot ■ Schinken im Brotteig ■ Aufläufe
Mikrowelle etwa 100 °C	schnelles gleichmäßiges Garen durch elektromagnetische Wellen; die Wärme entsteht nur im Inneren des Garguts – das Gargut gart von innen nach außen – keine Bräunung/Krustenbildung; Fett und Flüssigkeit können/müssen nicht zugesetzt werden	■ alle Lebensmittel mit mehr als 50 % Wassergehalt zum Auftauen/Wiedererwärmen in kleinen Portionen

* Um die Höchstmenge an Acrylamid nicht zu überschreiten, sollten geröstete Kartoffelgerichte, wie Pommes frites, Kroketten, Bratkartoffeln, nur selten verzehrt werden, vgl. S. 37.

Standardablauf Braten im Backofen

Vorbereiten:	▶ Backofen vorheizen
	▶ Lebensmittel abwiegen
	▶ Arbeitsgeräte bereitstellen
	▶ Arbeitsplatz einrichten
Durchführen:	▶ Bratenstück würzen und in Bratgefäß oder Fettpfanne legen
	▶ evtl. mit Bratgemüse umlegen, etwas Fett dazugeben
	▶ während des Bratens immer wieder wenden und mit Bratfett begießen
	▶ Backofentemperatur senken, wenn sich eine Bratkruste gebildet hat
	▶ nach Erreichen der erwünschten Kerntemperatur Fleisch warm stellen
	▶ evtl. Bratenfond ablösen und zu Soße verarbeiten
Anrichten:	▶ Fleisch quer zur Faser in Scheiben schneiden oder tranchieren
	▶ mit Soße nappieren
	▶ restliche Soße getrennt servieren

Brathähnchen

(4 Portionen)

1	Brathähnchen
	Speiseöl
	Salz, Pfeffer, Paprika

Hähnchen bei 220 °C braten, ab und zu mit Bratensaft begießen und wenden

Standardablauf Braten in der Pfanne

Vorbereiten:	▶ Lebensmittel abwiegen
	▶ entsprechend dem Rezept vor- und zubereiten, Arbeitsgeräte bereitstellen
	▶ Arbeitsplatz einrichten
Durchführen:	▶ Fett erhitzen
	▶ Bratstücke hineingeben
	▶ von beiden Seiten kurz anbraten
	▶ dann auf jeder Seite weiterbraten, bis erwünschter Gargrad erreicht ist
Anrichten:	▶ auf vorgewärmten Platten garnieren

Wiener Schnitzel

10	Kalbsschnitzel
10 EL	Mehl
4	Eier
250 g	Semmelbrösel
100 g	Butterschmalz
2	Zitronen

(Garzeit: 5 Min.)

Zubereitung Wiener Schnitzel

▶ Schnitzel in Mehl wenden, durch das verquirlte Ei ziehen und in Semmelbröseln wenden

▶ Schnitzel in das heiße Fett geben, von jeder Seite je 2 Min. goldbraun braten

▶ Vor dem Servieren mit Zitronenscheiben anrichten

Gulasch

40 g Kokosfett	▶ erhitzen
1 kg Rinderkeule	▶ in 2 cm große Würfel schneiden, unter Wenden scharf anbraten, würzen (150 °C)
40 g Zwiebeln	▶ in Ringe schneiden, mit dem Fleisch bräunen
	▶ Temperatur auf 110 °C mindern
500 g Paprika	▶ Tomaten, in Streifen geschnittene Paprika,
500 g Tomaten (Dose)	kochende Flüssigkeit und Gewürze zugeben
5 g Salz	▶ 1 bis 1,5 Stunden schmoren lassen
2 g Pfeffer	
5 g Paprika (edelsüß)	
0,5 l Wasser	

Marmorkuchen

250 g Margarine	▶ mit Zucker schaumig rühren
250 g Zucker	▶ Eier zugeben, schaumig rühren
4 Eier	▶ Mehl, Milch im Wechsel zugeben, Backpulver mit
500 g Weizenmehl	▶ dem restlichen Mehl zugeben, gut verrühren
6 g Backpulver	▶ ²/₃ des Teiges in gefettete Backform geben
125 ml Milch	▶ Kakao mit Vanillezucker und Milch glatt rühren,
25 g Kakao	zum restlichen Teig geben, verrühren
10 g Vanillezucker	▶ Schokoladenteig durch hellen Teig ziehen
20 ml Milch	▶ 1 Std., 170 °C bis 175 °C backen

Acrylamid

Acrylamid entsteht beim Backen, Braten, Grillen und Frittieren von Kartoffel- und Getreideerzeugnissen (z. B. Kroketten, Pommes frites, Bratkartoffeln). Es wird bei dem Bräunungsprozess aus Zucker- und Eiweißbausteinen bei Temperaturen über 100 °C gebildet und steht im Verdacht, Krebs auszulösen.

Die Acrylamid-Konzentration hängt vom Bräunungsgrad ab. Bei sorgfältiger Zubereitung entstehen nur geringe Acrylamidmengen:

- Beim Frittieren 175 °C nicht überschreiten.
- Keine Frittierfette verwenden, die den Entschäumer Silikon (E 900) enthalten.
- Menge an Kartoffelerzeugnissen beim Frittieren möglichst groß wählen (mind. 100 g/l Fett).
- Für das Braten in der Pfanne anstatt Öl Margarine verwenden oder dem Öl Butter oder Margarine zusetzen.
- Beim Backen von vorgebackenen Tiefkühlteiglingen, Pommes frites oder Rösti im Backofen sollte eine Temperatur von 200 °C (Unter- und Oberhitze) bzw. 180 °C (Umluft) nicht überschritten werden. Backpapier verhindert eine zu starke Bräunung von unten.
- Bratkartoffeln aus gekochten Kartoffeln zubereiten.
- Toast nur kurz und leicht anrösten.

Versuch: Garen Sie jeweils 100 g geschnetzeltes Schweinefleisch, indem Sie das Fleisch

a) in kaltes Wasser einlegen und garen,
b) in siedendes Wasser einlegen und garen,
c) in Fett anbraten/mit wenig Wasser weitergaren.

Vergleichen Sie die Garzeiten.
Vergleichen Sie Aussehen und Geschmack von Fleisch/Garflüssigkeit.
Stellen Sie die Vor- und Nachteile der drei Verfahren dar.
Welche Garmethode würden Sie als schonend bezeichnen?

KOMPETENZ-CHECK

1. *Unterscheiden Sie die drei Formen der Wärmeübertragung und ordnen Sie diese jeweils den verschiedenen Garverfahren zu.*
2. *Erläutern Sie die Veränderungen der Nahrungsinhaltsstoffe in Abhängigkeit von der Temperatur.*
3. *Erstellen Sie eine Checkliste mit praktischen Hinweisen zum schonenden Garen von Lebensmitteln (u. a. Gemüse, Kartoffeln, Fisch, Fleisch).*

Elektroherde

Sie sind mit drei oder vier Kochstellen ausgestattet, die unbeheizte Kochmulde verhindert einen Wärmestau. Die Kochstellen haben einen genormten Durchmesser (14,5 cm, 18 cm, 22 cm) und unterscheiden sich in Leistung und Einstellmöglichkeiten. Die Kochstellen sind entweder als Kochplatte oder als Kochfelder angefertigt. Man unterscheidet:
Normalkochstellen, Blitzkochstellen, Automatikkochstellen.

Normalkochstellen (N), stufenlos/mit Stufenschaltung

verfügen über eine Stufenschaltung mit sechs Leistungsstufen 3 – 2 – 1 – 0 (7-Takt = 6 + 0-Stellung). Diese entsprechen dem Wärmebedarf der verschiedenen Gartechniken und können dem Kochgut angepasst werden. Nach dem Anbraten und Ankochen auf höchster Einstellung (Stufe 3) muss zum Fortkochen auf eine geringe Leistung umgeschaltet werden. Die stufenlos geschaltete N-Kochstelle besitzt einen Energieregler, der dafür sorgt, dass die Kochstelle in Intervallen heizt. Über die Schaltereinstellung wird das Verhältnis zwischen Heizintervallen und Pausen gesteuert. Niedrige Temperaturen/Ziffern bewirken relativ lange Pausen, hohe Temperaturen dagegen relativ lange Einschaltzeiten. Das Zurückschalten erfolgt ebenfalls von Hand.

Blitzkochstellen (B), stufenlos/mit Stufenschaltung (mit rotem Punkt gekennzeichnet)

haben bei der höchsten Einstellung 500 W mehr Leistung als die Normalkochstellen. Durch die hohe Leistung (2000 W) heizen sie besonders schnell auf und ermöglichen ein schnelleres Ankochen und damit Zeitersparnis bei der Nahrungszubereitung.

Automatikkochstellen (A), temperatur- und zeitabhängig

schalten automatisch von der Ankochstufe auf die Fortkochstufe um. Die temperaturabhängig geregelte Automatikkochplatte hat in der Mitte einen Temperaturfühler, der die Temperatur am Topfboden oder in der Kochstelle erfasst und über einen Thermostaten regelt. Der Schalter kann stufenlos von 1 bis 12 oder von 1 bis 9 für die verschiedenen Anwendungsbereiche eingestellt werden. Durch einen speziellen Schalterknebel kann die Zeitautomatik in Gang gesetzt werden. Es lässt sich damit zeit- und energiesparend kochen. Die Leistung entspricht der der Blitzkochstelle.

Die Automatikkochstelle bietet folgende Vorteile:
- Die Temperatur wird stufenlos reguliert.
- Das Umschalten entfällt.
- Sie erfordert wenig Aufsicht.
- Zusätzlich kann eine Zeitschaltuhr in Gang gesetzt werden.

Bei den Kochfeldern unterscheidet man:
Glaskeramikkochfelder, Induktionskochfelder, Halogenkochfelder.
Das **Glaskeramikkochfeld** besteht aus einer Glaskeramikkochplatte, deren Kochfelder von unten durch Strahlungsheizkörper direkt beheizt werden. Zweikreis-Kochzonen, Warmhaltezone und Restwärmeanzeige sind Zusatzeinrichtungen.

Einbaukochmulde mit 4 stufenlos regelbaren Blitzkochstellen – die vorderen verfügen über eine Ankochautomatik, die zusätzlich für 5 Minuten zugeschaltet werden kann.

Schalterkennzeichnung mit Stufenschaltung

Schalterkennzeichnung bei stufenloser Schaltung

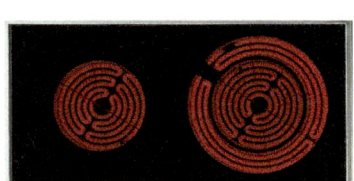

Glaskeramikkochfelder

Vorteile des Glaskeramikkochfeldes:
- verträgt extreme Temperaturunterschiede
- stoßfest, kratzfest, chemisch beständig
- als Abstellfläche verwendbar, pflegeleicht

Das **Induktionskochfeld** verfügt über Magnetspulen unter den Kochzonen, wodurch der Kochgeschirrboden und damit das Gargut direkt erhitzt wird, während das Kochfeld selbst kalt bleibt. Auf Induktionskochfeldern kann nur Geschirr mit einem ferromagnetischen Boden aus Edelstahl, Gusseisen oder emailliertem Stahl verwendet werden. Geschirr aus Glas, Keramik oder Aluminium bleibt kalt. Induktionsherde heizen mit einem Wirkungsgrad von 95 % schnell auf. Wenn kein Geschirr mehr auf dem Herd steht, schaltet sich die Kochzone automatisch ab. Die Verbrennungsgefahr ist gering. Die Energiezufuhr kann genau dosiert werden. Die Ankochzeiten sind kurz und die Zubereitung der Speisen damit vitaminschonender.

Bei der Auswahl des Kochgeschirrs ist zu beachten:

- *Topfdurchmesser auf Herdplattendurchmesser abgestimmt*
- *gut schließbarer Deckel*
- *verstärkter ebener, plan geschliffener Topfboden*
- *qualitativ hochwertiges Kochgeschirr*
- *richtige Materialauswahl (z. B. Induktionskochgeschirr)*

vermeidet lange Garzeiten, schont die Kochstelle, spart Energie und Zeit.

Übersicht: Anwendungsbereiche unterschiedlicher Kochstellen und Schaltereinstellungen (HEA)

Normal- und Blitzkochstelle Normalkochzone			Automatikkochstelle Automatikkochzone		
Einstellung für Schalterskala: 0…3 0…9			Einstellung für Schalterskala: 0…9 0…12		
0	0	Ausquellen, Ausgaren	1–2	1–2	Warmhalten
•	1–2	Warmhalten, Fortkochen	1–3	1–3	Aufwärmen
1	3–4	Fortkochen, Gardünsten, Schmoren, Dämpfen	3–4	3–5	Creme abschlagen, Quellen
•	5	schwaches Braten	4–7	4–7	Kochen, Dünsten, Schmoren, Dämpfen
2	4–5	Andünsten, Creme abschlagen	5–7	9–10	Braten, Andünsten großer Mengen
•	6	Braten, Frittieren	8–9	10–11	Anbraten von Schmorgerichten, Frittieren
	6–8	langsames Ankochen	9	12	Erhitzen großer Mengen
3	9	Ankochen, Anbraten von Schmorbraten, Andünsten großer Mengen			

Regel:
kleine Mengen – niedrige Einstellung
große Mengen – höhere Einstellung

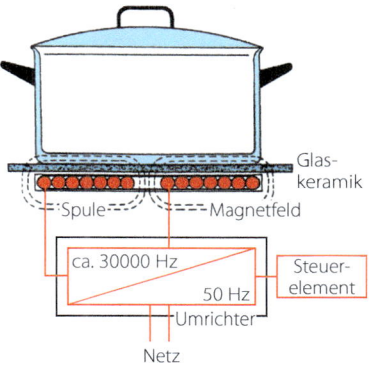

Zweikreiskochfelder

Kochplattenbestückung

Platte	Leistung kW	Reduzierte Leistung durch Energiesparsensor	
P1 = 300 ∅	2,5	1,12	
P2 = 180 ∅	1,5	0,85	
P3 = 220 ∅	2,6	1,3	Blitzkochplatte
P4 = 220 ∅	2,0	0,95	

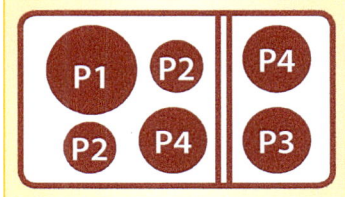

6 Kochplatten

Bestückung	Platte	Platte
5 Kochplatten	Kochplatte 300 × 300 mm	2,5 kW
1 Blitzkochplatte	Blitzkochplatte 300 × 300 mm	4,0 kW

Halogenkochfeld

Im **Halogenkochfeld** werden durch eine Heizspirale, die in einem mit Halogen (Gasgemisch) gefüllten Glasrohr eingebettet ist, Wärmestrahlen mit hoher Frequenz und kleiner Wellenlänge (kurzwellige Infrarotstrahlen) erzeugt, welche die Glaskeramik bis auf 200 °C aufheizen. Durch die kurze Aufheizzeit und genaue Temperaturregulierung wird ein zeit- und energiesparendes Garen ermöglicht. Halogenheizsysteme werden häufig mit normalen Heizsystemen kombiniert: Halogenbeheizung für den Ankochvorgang und normale Beheizung zum Fortkochen.

Großküchenherde sind sowohl mit runden als auch mit quadratischen flächendeckenden Platten ausgestattet, die eine überlappende Nutzung (z. B. mit drei kleinen Töpfen auf zwei Platten) erlauben.

Hockerkocher ermöglichen im Stoßbetrieb die Herstellung zusätzlich benötigter Mengen, ohne dass eine generelle Erweiterung der Kochplattenbestückung nötig ist. Ihre geringe Höhe erlaubt die Handhabung von Töpfen bis 50 Liter Inhalt. Hockerkocher sind außerhalb der Verkehrsflächen aufzustellen, damit sie nicht zur Unfallgefahr werden.

Regeln für energiesparendes Garen!

1. *Das richtige Gargeschirr wählen*
2. *Keine/wenig Flüssigkeit zugeben*
3. *Richtige Gartemperatur wählen*
4. *Kurze Garzeit wählen*
5. *Rechtzeitig zurückschalten*
6. *Garen im geschlossenen Topf*
7. *Nachwärme gezielt nutzen*
8. *Warmhalten vermeiden*

Backöfen

Nach der Art der Beheizung und der Wärmeübertragung unterscheidet man zwei Arten von Backöfen:

Backofen mit Ober- und Unterhitze

Er wird durch Heizspiralen, die oben und unten in der Backmuffel eingebaut sind, mit einer Leistung von 2000 bis 3000 Watt beheizt. Die Wärmeübertragung erfolgt überwiegend durch **Strahlung**, daneben durch Umwälzung der heißen Luft im Backraum. Die Temperatur kann von 50 °C bis 275 °C, bei manchen Öfen bis 300 °C gewählt werden. Bei einigen Modellen können **Ober-** und **Unterhitze** getrennt gesteuert werden. Durch die Auswahl verschiedener Bleche und die Einschubhöhe wird die Wärmeverteilung auf der Oberfläche des Gebäckes oder Bratgutes verändert.

Backofen mit Ober- und Unterhitze	**Heißluftbackofen**	**Umluftgrillen**
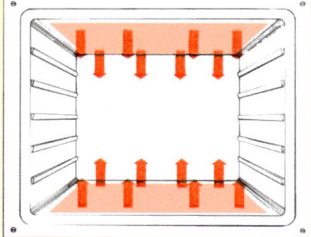	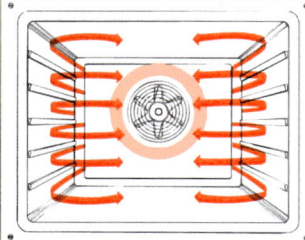	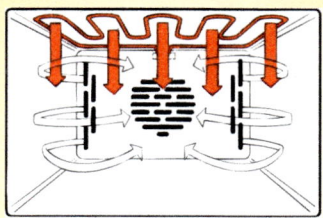
Die Wärmeübertragung erfolgt durch Strahlung und natürliche Konvektion. Einschubhöhe beachten!!	Die Wärmeübertragung erfolgt durch erzwungene Konvektion: Niedrigere Temperaturen einstellen, jede Einschubhöhe ist möglich! Gleichzeitiges Backen auf mehreren Ebenen spart bei Öfen mit Ringheizkörpern 20 bis 60 % Strom	Grillheizung und Ventilator sind gleichzeitig oder wechselweise geschaltet; ein Wenden des Grillgutes kann entfallen

Heißluftbackofen

Umluftbacköfen haben an der Rückwand einen **Radialventilator,** um den kreisförmig ein Rohrheizkörper gebaut ist. Der Ventilator wälzt die erwärmte Luft ca. 40-mal pro Minute um und verteilt die Wärme gleichmäßig im Innenraum. Mit einem stufenlos einstellbaren Energieregler kann die Temperatur im Bereich von 50 °C bis 250 °C eingestellt werden. Durch die schnellere und gleichmäßigere Wärmeverteilung sollte die Temperatur um 20 °C bis 30 °C niedriger als in konventionellen Backöfen gewählt werden. Im gesamten Backinnenraum herrscht die gleiche Temperatur, sodass in mehreren Einschubebenen gebacken und gebraten werden kann. Moderne Backöfen lassen sich von Ober- und Unterhitze auf Heißluft schalten.

Optimale Nährstofferhaltung durch kurze Garzeit und richtige Garmethode

Grillen im Backofen

Backöfen können mit einem die Strahlungshitze erzeugenden **Infrarotheizkörper** und einem **Drehspieß,** der das Grillgut rotieren lässt, ausgestattet sein. Grillheizkörper und Drehspieß sind entweder fest eingebaut oder als Zusatzgeräte im Backinnenraum anzuschließen. Backöfen mit kombinierter Ausstattung ermöglichen das Umluftgrillen, bei dem Grillbeheizung und Ventilator gleichzeitig oder wechselweise geschaltet sind – ein Wenden des Grillgutes kann entfallen. Die Leistung der Grillbeheizung beträgt 2000 bis 3000 Watt und wird mit dem Mehrzweckschalter des Backofens in Betrieb genommen.

Besonders pflegeleicht sind Backöfen und Bleche mit Spezialemaille-Beschichtung. Ihre dichte, praktisch porenfreie und reaktionsarme Oberfläche verhindert das Einbrennen, Verunreinigungen können leicht mit Spülmittellösung entfernt werden.

Zusatzausstattung des Elektroherdes

Selbstreinigungssysteme

Pyrolytische und **katalytische** Reinigungshilfe werden angeboten. Beim pyrolytischen Verfahren werden die anhaftenden Verschmutzungen durch hohe Temperaturen bei ca. 500 °C zersetzt. Der Ascherückstand wird nach dem Abkühlen mit einem feuchten Tuch entfernt. Die hohen Temperaturen erfordern eine Sonderausstattung des Backofens (Kühlung, Wärmedämmung, selbsttätige Türverriegelung bei 300 °C), die den höheren Preis erklärt. Die Reinigung dauert 1,5 bis 3 Stunden und benötigt 6,8 kWh (höhere Stromkosten). Backöfen mit katalytischer Selbstreinigung besitzen Innenwände aus **Spezialemaille.** Sie enthalten **Katalysatoren** (= Stoffe, die einen chemischen Prozess herbeiführen, ohne dabei verändert zu werden), die Fett- und Eiweißverschmutzungen ab 200 °C oxidativ zersetzen. Großflächige Fettverschmutzungen, Zucker oder Säure (durch auslaufenden Obstkuchen) werden nicht entfernt. Die poröse und wenig widerstandsfähige Spezialemaille darf nicht mit Reinigungsmitteln behandelt werden. Die Platten nutzen sich mit der Zeit ab und müssen erneuert werden.

Herde der gehobenen Preisklasse können zusätzlich folgende Ausstattung haben:

- **Backwagen**
  Herausziehbare Backwagen ermöglichen eine vereinfachte Bedienung und Reinigung.
- **Backraumteiler**
  Die zuschaltbare Einrichtung kann den Backraum auf zwei Drittel seines Volumens reduzieren (Energieeinsparung bis zu 20 %).
- **Aushängbare Backofentür**
  Die Reinigung ist erleichtert.

Brat- und Zeitschaltautomatik

Bei der **Bratautomatik** ist nur die Einstellung nach Fleischart, Gewicht und gewünschtem Endzustand erforderlich – die Temperaturregelung erfolgt selbsttätig. Jedes Programm beginnt mit 250 °C zum Anbraten, dann wird mit niedrigeren Temperaturen weitergegart. Die Zeitschaltautomatik lässt sich für den Backofen und für Automatikkochstellen verwenden. Mit einer Schaltuhr oder einem Zeitschalter wird nach einem vorgewählten Programm innerhalb von 12 Stunden die Stromzufuhr automatisch ein- und wieder ausgeschaltet.

Aushängbare Backofentür

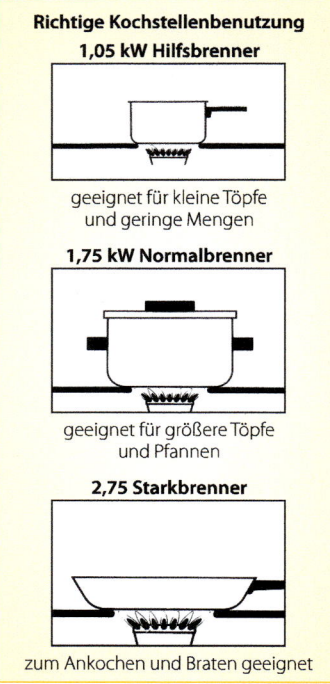

1,05 kW Hilfsbrenner

geeignet für kleine Töpfe
und geringe Mengen

1,75 kW Normalbrenner

geeignet für größere Töpfe
und Pfannen

2,75 Starkbrenner

zum Ankochen und Braten geeignet

**Hinweise zum Garen
auf dem Gasherd:**

1. *Ankochen – bei großer Flamme,
   Fortkochen – bei kleiner Flamme.*
2. *Flammenspitzen sollen Topfboden
   berühren.*
3. *Breite Töpfe mit gut schließendem
   Deckel verwenden.*

Gas-Glühplattenherd

Er bietet volle Ausnutzung der Kochfläche, stufenlose Regelung der Kochplatte bei Temperaturen über 500 °C.

Kochcomputer bieten ca. 120 Backofenprogramme an, von Fisch- und Fleischgerichten bis zu Backwaren. Zur Ausstattung gehören: ein **Glaskeramikkochfeld**, ein **Elektronikbrat-** und **-backofen** und ein **elektronisches Steuer-
element**. Über Drucktasten können Kocheinstellung, Backofentemperatur
sowie Ein- und Ausschaltzeiten gewählt werden. Die Garzeiten der verschiedenen Speisen werden aufeinander abgestimmt und Temperaturabläufe so
gesteuert, dass ein Braten wirklich knusprig wird. Die vorgegebenen Rezepte
sind dabei genau einzuhalten.

Gasherde

Gaswärme steht sofort nach dem Zünden zur Verfügung. Die Wärmeabgabe
lässt sich stufenlos regulieren, Energieverluste durch **Vor-** oder **Nachheizen
entfallen**.
Moderne Gasherde werden als Allgasherde (für Erdgas, Stadt- oder Flaschen-
gas) hergestellt. Gaskoch- und -backgeräte lassen sich nach Aufgabenbereich
und Bauart wie die Elektroherde einteilen. Es besteht auch die Möglichkeit der
Kombination von Gaskochmulde und Elektrobackofen. Sollen Gasherde oder
andere Gasgeräte betrieben werden, müssen unbedingt die Lüftungsvorschrif-
ten beachtet werden.

Aufbau und Arbeitsweise
Die Kochmulde ist meist mit vier Kochbrennern verschiedener Nennwärme-
leistung ausgerüstet:
1 Gar-, Spar-, Hilfsbrenner (1,05 kW) – Garen ohne Anbrenngefahr
2 Normalbrenner (1,75 kW)
1 Starkbrenner (2,75 kW) – schnelles Erhitzen großer Mengen

Der Kochbrenner besteht aus **Düse, Mischrohr** und **Brennerkopf**. Beim Bedienen des Einstellknebels (Gashahn) strömt das Gas in das Mischrohr, wo
es die Luft ansaugt. Das brennfähige Gas-Luft-Gemisch wird zum Brennerkopf
geführt, tritt an den Öffnungen des Brennerdeckels aus, wird entzündet und
verbrennt. Der für die Verbrennung des Gases noch erforderliche Sauerstoff
wird der umgebenden Luft entnommen. Um eine gute Luft- und Abgasbe-
wegung zu erzielen, hat die Kochmulde einen Rippenrost (aus Chrom-Nickel-
Stahl). Zur optimalen Wärmenutzung sollte der Topfdurchmesser so bemessen
sein, dass die Flammen nicht über den Topfboden hinausschlagen. **Selbstrei-
nigende Brennerdeckel** besitzen einen Spezialüberzug aus einer Aluminium-
legierung, die sich während der Inbetriebnahme auf 500 °C bis 600 °C erhitzt.
Hierbei werden an dem Brennerdeckel anhaftende Speisereste pyrolytisch
verbrannt.

Der Gasherd kann auch mit einem **Glaskeramikkochfeld** ausgestattet sein, das
durch thermostatisch geregelte Infrarotbrenner beheizt wird. Der **Gas-Glühplattenherd** hat eine Kochfläche aus Spezialstahl, die mit Ankoch- und Fort-
kochflächen ausgerüstet ist.

Moderne Gasherde besitzen eine eingebaute **Zündvorrichtung**. Die **Zün-
dung** erfolgt etwa 3 bis 5 Sekunden nach dem Öffnen des Gashahnes. Bei
Herden mit **Schnellstartautomatik** entfällt die Wartezeit. Die elektrische Zün-
dung setzt einen elektrischen Anschluss des Gasherdes voraus. Viele Gasherde
sind mit einer **Piezozündung** ausgestattet. Ohne diese Zündvorrichtung muss
die Brennerflamme von Hand gezündet werden. Alle Gasherde besitzen eine
Zündsicherung, die das Ausströmen von unverbranntem Gas beim Erlöschen
der Gasflamme verhindert.

Gasbackofen

Er ist mit einem **Thermostat** (Temperaturregler) ausgestattet, der die Temperatur im Backofen konstant hält. Die Temperatur wird durch einen Energieregler stufenlos zwischen 100 °C bis 300 °C eingestellt. Einige Modelle verfügen über 8 Heizstufen, die Temperaturen von 140 °C bis 300 °C einstellen. Viele Backöfen sind mit Schauglas, Backraumbeleuchtung, Zeituhr, Zeitschaltautomatik und Grill ausgerüstet. Im Backofen kann man braten, backen, sterilisieren, grillen und (automatisch) kochen. Die Backöfen sind teilweise mit einem Ventilator für Umluftbetrieb ausgestattet.

Zum Backofen gehören – wie beim E-Herd – die für das Backen und Braten benötigten Einschubteile, wie Bratrost, Bratpfanne, Backrost und Backblech. Er hat doppelte Wandungen und ist gegen Wärmeverlust isoliert.

Zum Grillen und Überbacken eignet sich der **Gas-Infrarot-Strahlungsgrill**. Moderne Gasherde bieten die Selbstreinigung nach dem pyrolytischen oder katalytischen Verfahren.

Kriterien für die Auswahl des Herdes:

1. Abmessung – besonders wichtig bei Einbau- und Unterbaugeräten
2. Ausstattung – z. B.
   benötigte Sonderplattenform (oval),
   Kochzonen (Glaskeramikkochfeld),
   Anzahl der Automatikkochstellen,
   Warmhaltezone,
   Beheizungsart des Backofens,
   Anordnung des Schaltfeldes,
   Stromverbrauch, Reinigungshilfe,
   Zeitschaltautomatik, Kindersicherung
3. Produktinformation beachten!

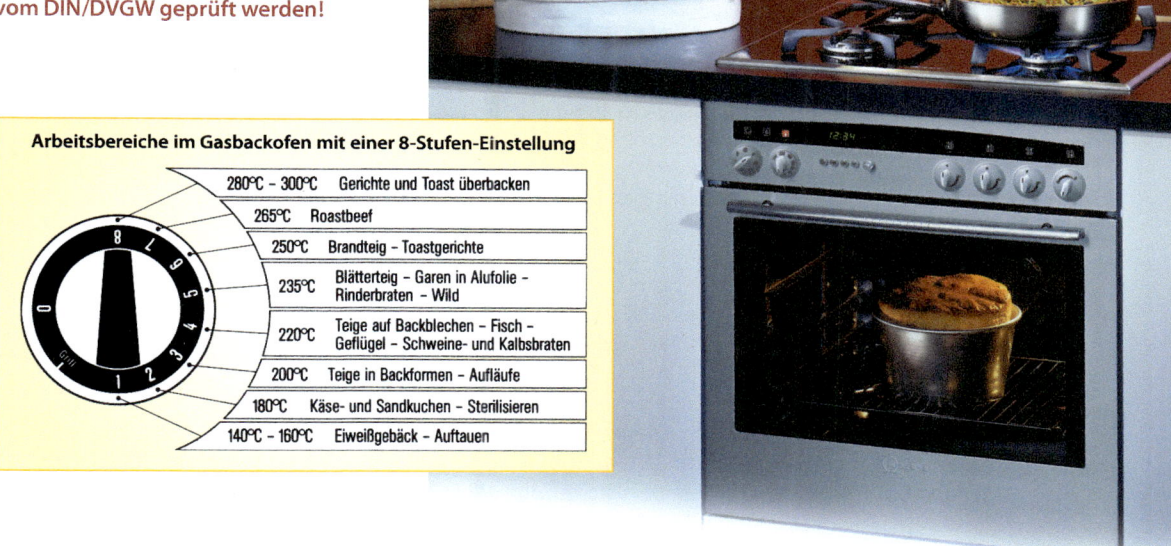

DVGW Gasherde müssen vom DIN/DVGW geprüft werden!

Arbeitsbereiche im Gasbackofen mit einer 8-Stufen-Einstellung

Temperatur	Anwendung
280 °C – 300 °C	Gerichte und Toast überbacken
265 °C	Roastbeef
250 °C	Brandteig – Toastgerichte
235 °C	Blätterteig – Garen in Alufolie – Rinderbraten – Wild
220 °C	Teige auf Backblechen – Fisch – Geflügel – Schweine- und Kalbsbraten
200 °C	Teige in Backformen – Aufläufe
180 °C	Käse- und Sandkuchen – Sterilisieren
140 °C – 160 °C	Eiweißgebäck – Auftauen

KOMPETENZ-CHECK

1. *Erläutern Sie, warum pyrolytische Selbstreinigung und katalytische Reinigungshilfen als Extraausstattung des Backofens nur indirekt einen Beitrag zum Umweltschutz leisten. Informieren Sie sich dazu auch über allgemein übliche Methoden der Backofenreinigung.*
2. *Ermitteln Sie die vorhandenen Arbeitsgeräte zum Garen und Backen in Ihrem Betrieb/Privathaushalt und beurteilen Sie ihren Einsatz unter ergonomischen und wirtschaftlichen Aspekten.*

Erstellen Sie eine Übersicht über die verschiedenen Angebote an Gas- und Elektroherden sowie Backöfen (Ausstattung, Preis) anhand einer Internetrecherche.

Konvektomat mit Beschickungs-
wagen (Hordengestell)

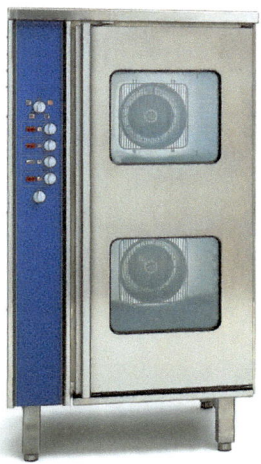

Kombination Konvektomat
mit Heißluftdämpfer

Geräte zum Dampfgaren

Der **Konvektomat** oder **Heißluftdämpfer** ist ein Gargerät, das hauptsächlich in Verpflegungsbetrieben eingesetzt wird und ein zeitsparendes und nährstoffschonendes Garen und Regenerieren von vielen Portionen ermöglicht.

Der **Heißluftdämpfer** kombiniert Dampfgaren und Umluftgaren bei hoher Wärmeübertragung und verkürzten Gar- und Auftauzeiten. Die Lebensmittel werden schonend zubereitet, die Nährstoff- und Vitaminverluste im Gargut sind gering.

> Heißluftdämpfer verfügen in der Regel über folgende Betriebsarten:
> - **Heißluft:** Backen, Braten, Grillen, Gratinieren bei ca. 100 °C bis 250 °C beziehungsweise 300 °C
> - **Dampf:** Dämpfen, Dünsten, Garziehen, Kochen, Blanchieren und Pochieren, Regenerieren von Platten- und Tellergerichten bei etwa 100 °C
> - **Kombinieren von Heißluft und Dampf:** Dämpfen und anschließendes Gratinieren von Gemüse, Anbraten und Garziehen von Fleisch, Schmoren, Überbacken, Warmhalten und Regenerieren von Teller- und Plattengerichten (Garzeit bis zu 50 % verkürzt) bei 100 °C bis 250 °C

Bei paralleler Verwendung beider Geräte können im einfachen Konvektomaten Fleischstücke gebraten und im Heißluftdämpfer Kartoffeln, Klöße oder Gemüse gegart werden. Als Kochgeschirr dienen Gastronormbehälter.

Backöfen mit Dampferzeuger werden für den Privathaushalt angeboten. Das Wasser für einen Garprozess wird von Hand eingefüllt, sodass kein gesonderter Wasseranschluss notwendig ist. **Der Dampferzeuger** ist in den Backofenboden eingebaut und besteht aus **Dampftopf, Dampftopfabdeckung** und einem **Heizkörper.** Die Abdeckung schützt den Dampftopf vor möglichen Verschmutzungen, ohne das Entweichen des Dampfes zu behindern. Um **Kalkablagerungen** zu vermeiden, wird dem Wasser etwas Essig zugesetzt.

Bei Backöfen mit Dampferzeuger ist die Backofentür nicht verriegelt! Bei vorzeitigem Öffnen der Backofentür entweicht heißer Dampf, der zu Verbrühungen führt: ▶ Kinder müssen ferngehalten werden!

Dampfgaren mit Überdruck wird im **Dampfdrucktopf** oder in der **Dampfdruckpfanne** häufig im Privathaushalt angewendet. Sie werden aus **Edelstahl, emailliertem Stahl** oder **eloxiertem Aluminium** hergestellt und verfügen über extra starke Topfböden. Dampfdrucktöpfe aus **Kunststoff** werden speziell für **Mikrowellenherde** angeboten. Dampfdrucktöpfe sind mit speziellen Einsätzen ausgestattet und ermöglichen das gleichzeitige Garen verschiedener Lebensmittel.

❶ Kochsignal	❼ Dichtungsring
❷ Ventil	❽ Topfgriff
❸ Schieber zum Abnehmen des Deckelgriffes (bessere Reinigung)	❾ Einsatz
❹ Kochschieber	❿ Einsatzsteg
❺ Abdeckung für 6	⓫ Sandwichboden
❻ Ankochautomatik und Sicherheitsventil	⓬ Topf-Stielgriff

Dampfdrucktopf

Dampfgarer, in denen unter Dampf und Druck gegart werden kann, sind für den Privathaushalt sehr teuer. Die Geräte sind mit Anschlüssen für Wasserzu- und -ablauf versehen und haben eine Leistung von 5 kW. Die Backofentür ist sicher verriegelt, während mit Dampf und Druck gearbeitet wird. Bei **Überdruck** (1 bar) wird eine Zeitersparnis von bis zu 50% erreicht. Dampfgarer spielen in der Großküche eine Rolle, da die Zeitersparnis die höheren Anschlussaufwendungen rechtfertigt.

Das Dampfgaren eignet sich für die folgenden Garprozesse:
- Dünsten von frischem oder gefrorenem Gemüse
- Garen von Kartoffeln, Nudeln oder Reis
- Blanchieren von Gemüse
- Garen von Fleisch, z.B. Kasseler
- Dünsten von Fisch

Dampfgarer für die Großküche

Kippbratpfannen und Kochkessel

Kippbratpfannen

werden in der Großküche für Kurzgebratenes, panierte Fleischgerichte, Pfannengerichte und Bratkartoffeln eingesetzt. Die Heizrohre im Pfannenboden gewährleisten eine schnelle und gleichmäßige Wärmeverteilung. Der **Kippmechanismus** (durch einen Elektromotor oder ein Handrad, Kippbereich 90°) und ein Ausgießer ermöglichen ein rasches, problemloses Entleeren der Pfanne.

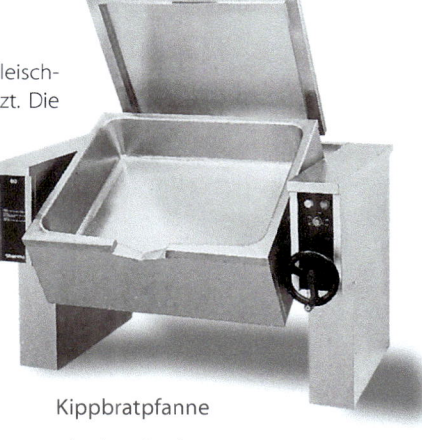

Kippbratpfanne

Kippkochkessel

elektrisch oder mit Niederdruckdampf (0,5 bar) beheizt, werden in Großküchen zur Herstellung von Suppen, Soßen, Gulasch und Eintopfgerichten (300 l Fassungsvermögen) eingesetzt – aber! die Betriebskosten sind relativ hoch. Der Garprozess dauert lange und ist daher nicht so nährstoffschonend wie im Dampfgarer.

Alle Geräte mit Kippmechanismus müssen vorsichtig gehandhabt werden, damit keine **Verletzungen durch Einklemmen** entstehen.

Um Unfälle durch Ausrutschen zu vermeiden, muss vor jedem Gerät ein Bodenlauf mit Gitterrost vorhanden sein.

Fritteuse

Im Frittierbecken (8 bis 40 Liter Inhalt) wird das Fett durch **Heizschlangen**, die 6 bis 8 cm über dem Boden angebracht sind, erhitzt. Das Frittiergut wird in einem Korb in das Becken getaucht. Die Temperatur wird mit einem **Thermostat** geregelt. Da das heiße Fett aufsteigt, bildet sich unter den Heizkörpern eine Kaltzone, in der herabsinkende Speiseteilchen nicht verbrennen. Die Backrückstände sammeln sich in einer **Klärzone**, sodass das Frittierfett mehrmals verwendet werden kann. Das verbrauchte Fett wird über einen Ablaufhahn abgelassen. Nach dem Ausbauen oder Hochklappen der Heizschlangen wird der Bodensatz entfernt und das Becken gereinigt.

Die Geräteausstattung in der Großkücheneinrichtung orientiert sich an folgenden Zielen:
- *kurzer, schonender Garprozess*
- *energiesparender Garprozess*
- *hygienisch und leicht zu reinigende Materialien*
- *möglichst niedrige Betriebs- und Personalkosten*

Dies erfordert:
- *richtige Auswahl*
- *richtige Kombination von kleineren und großen Geräten*

Großfritteuse

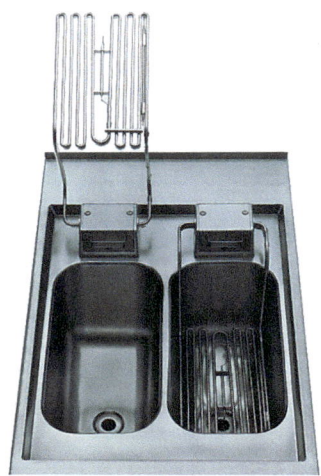

Reinigungsfreundliche Frittierbecken durch herausklappbaren Heizkörper

Tischfritteusen sind für den Einsatz in kleineren Betrieben geeignet. Der höhere Bedarf in mittleren und größeren Betrieben kann durch **Standfritteusen** gedeckt werden. In ihrem Unterbau ist oft ein **Ölumpump- und Filtersystem** angebracht.

Großfritteusen garantieren ein punktgenaues Garen von sehr großen Mengen Frittiergut. Der Frittierkorb wird nach dem Garvorgang angehoben, zur Abwurföffnung gefahren und in den Wagen entleert. Bei anderen Modellen läuft das Gargut über ein Band durch das Ölbecken und wird am Ende in einen Wagen gefüllt. Das Frittierfett muss regelmäßig gewechselt werden, da Backrückstände den Fettverderb fördern. Das Fett fängt an zu rauchen und die Backtemperatur sinkt, wodurch die frittierten Lebensmittel zu viel Fett aufnehmen. Um das Fett längere Zeit verwenden zu können, kann es nach dem Gebrauch mithilfe von **Fettfiltern** und Filterhilfsmitteln von Backrückständen, Fettabbauprodukten und Metallresten gereinigt werden.

Blockgruppen in der Großküche

Während der Herd und andere Geräte für die Nahrungszubereitung in der Küche des Privathaushaltes individuell integriert werden können, werden die Geräte in Großverpflegungseinrichtungen oft in **Blockgruppen** zusammengefasst.

Mikrowellengeräte

Die Mikrowelle eignet sich zum Auftauen und Erwärmen von Lebnsmitteln und Speisen in kleinen Portionen, für das Garen großer Mengen ist sie ungeeignet. Sie wird bei der Zubereitung kleiner Gerichte in der Essensausgabe von Kantinen oder Cafeterien eingesetzt. Auch in Verteilerküchen, wie z. B. auf den Stationen von Krankenhäusern oder Altenheimen, können im Mikrowellengerät Speisen oder Getränke schnell erhitzt werden.

Mikrowellengeräte sind mit verschiedenen Leistungsstufen ausgestattet:
- Niedrige Stufen (etwa 90–180 Watt) eignen sich zum Auftauen
- Mittlere Stufen (300–400 Watt) zum Fortkochen oder Erwärmen von Tellergerichten
- Höhere Stufen (etwa 500–700 Watt) zum Garen

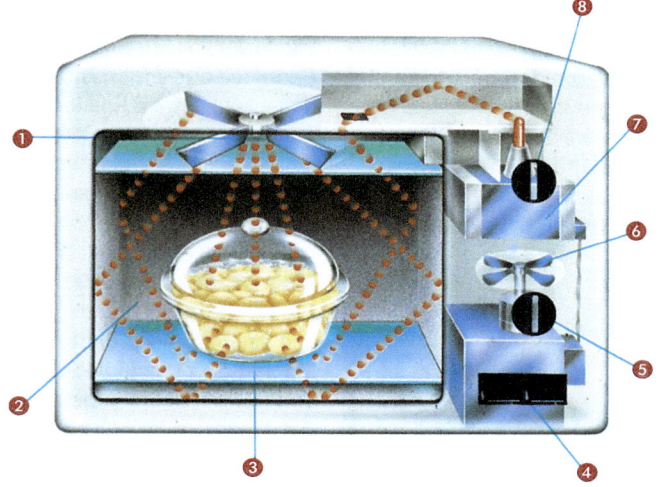

Aufbau der Mikrowelle

1. Reflektorflügel/Drehantenne
2. Garraum
3. Drehteller/Bodenplatte
4. Starttaste/Türöffnungstaste
5. Zeitschalter mechanisch/elektronisch
6. Kühlgebläse
7. Magnetron
8. Leistungswahlschalter mechanisch/elektronisch

Arten und Größen

Neben den kompakten Einzelgeräten (Sologeräte) werden Einbau- und Kombinationsgeräte bzw. Einbaubacköfen mit integrierter Mikrowelle angeboten.

- Als Möglichkeiten der integrierten Mikrowelle werden angeboten:
- Mikrowelle und Umluft
- Mikrowelle und Grill
- Mikrowelle und Ober-, Unterhitze
- Mikrowelle und Ober-, Unterhitze mit Grill

Außerdem gibt es programmierbare Modelle mit unterschiedlichen Garverfahren in Folge.

Bei einer durchschnittlichen Ausgangsleistung (Wärmeleistung im Garraum) von 500 bis 1000 W beträgt die Eingangsleistung (Netzanschluss) 1200 bis 2000 W, da ca. 50 % der Energie im Netzteil und im Magnetron in Verlustwärme umgewandelt werden (Belüftung). Bei Backöfen mit integrierter Mikrowelle kann die Eingangsleistung bis 6,5 kW betragen, ein Wechsel- oder Drehstromanschluss ist deshalb erforderlich.

Funktionsweise

Im Magnetron werden Mikrowellen erzeugt und über die **Antenne** (Koppelstift) ausgesandt. In dem Garraum sorgt ein Wellenleiter für die gleichmäßige Verteilung der Mikrowellen. Einige Geräte besitzen statt des Wellenleiters einen **Drehteller**, auf dem das Gargut während des Betriebes langsam rotiert. Die Wände des Garraumes bestehen aus Metall, auch das Schauglas besitzt Metallgitter, wodurch die Mikrowellen reflektiert werden und sich im Garraum gegenseitig verstärken. Sie versetzen die Wasser- und Fettmoleküle des Lebensmittels in Schwingungen. Dabei entsteht Reibungswärme, die in den Lebensmitteln hohe Temperaturen bis 100 °C erzeugt und ein gleichmäßiges Garen ermöglicht. Da der Garprozess vom Inneren des Gargutes aus erfolgt, bleibt die Oberflächentemperatur so niedrig, dass keine Bräunung eintritt. Die meisten Geräte besitzen mehrere Einstellstufen mit unterschiedlichen Leistungen: Auftauen – Erhitzen – Kochen.

Mikrowellengeräte sind mit zwei voneinander unabhängigen Sicherungssystemen ausgestattet, die das Gerät beim Öffnen der Tür sofort ausschalten. Ist die Tür beschädigt, ist das Gerät abzuschalten und zu reparieren.

Vorteile der Solo-Mikrowelle:

- *zeit- und energiesparende Zubereitung und Erwärmung kleiner/mittlerer Portionen*
- *schnelles Auftauen von Gefrorenem*
- *schonendes Garen von Diät- und Schonkost (ohne Fettzugabe, wenig Röststoffe)*
- *gart vitamin- und mineralstoffschonend*
- *ermöglicht unterschiedliche Essenszeiten (Familie)*
- *erhält Eigengeschmack, Aussehen und Beschaffenheit der Speisen*
- *Zubereitung im Anrichtegeschirr*

Bei der Benutzung ist zu beachten:

▶ *Gerät nicht leer einschalten! – Das Magnetron wird so geschädigt.*

▶ *Gargut abdecken, sonst trocknet es aus!*

▶ *Kleine Mengen und flache Speisen garen schneller.*

▶ *Babynahrungsfläschchen sind innen kochend heiß, während sie außen nur handwarm erscheinen (Verbrennungsgefahr!).*

Mikrowellengeschirr

Mikrowellen-Kombinationsgeräte

können auftauen, kochen, braten, backen und wärmen. Die Ausgangsleistung kann von 100 bis 600 W stufenlos gewählt werden. Ein Speisethermometer kontrolliert die Kerntemperatur im Lebensmittel und ermöglicht ein automatisches Garen.

Geschirr

Es muss **mikrowellendurchlässiges** Geschirr aus Porzellan, Glas, Keramik, Steingut, wärmebeständigem Kunststoff oder Pappe verwendet werden. Durch spezielles Bräunungsgeschirr kann man bei kleinen Portionen eine Bräunung erzielen. Geschirr aus Metall oder Aluminiumfolie darf nicht verwendet werden.

Bei der Geräteauswahl beachten:

1. Mikrowellengeräte ermöglichen zwar alle Arten der Nahrungszubereitung, sie sind aber immer nur als Ergänzung zu Kochstelle und Backofen zu sehen und sollten deshalb nicht überdimensioniert werden.
2. Außenbemessungen und Nutzinhalt (in Liter Garraum) müssen in einem vernünftigen Verhältnis zueinander stehen.
3. Überlegungen über Standort und Anbringung sind bei der Auswahl erforderlich. Nach Standort und Anbringung werden verschiedene Modelle, z. B. **Tischgeräte** (für Arbeitsplatte), **Kompaktgeräte** (zum Aufhängen unter einen Oberschrank), **Einbaugeräte** sowie **Kombigeräte** (im Backofen integriert), angeboten.
4. Kombinationsgeräte, die sämtliche Garverfahren in sich vereinigen, sind besonders für Kleinhaushalte oder Berufstätige geeignet. Sie müssen grundsätzlich mit 16 A abgesichert sein. Sind die vorhandenen Steckdosen nur mit 10 A abgesichert, müssen vom Fachmann evtl. neue Leitungen installiert werden.

Salamandergrill

Grillgeräte

Grillgeräte werden wegen ihrer vielseitigen Anwendungsmöglichkeiten – Grillen, Überbacken, Gratinieren, Backen, Dünsten in Aluminiumfolie – häufig eingesetzt.
Nach der Art der Wärmeübertragung unterscheidet man:

- Strahlungsgrill (Rohr- oder Quarzheizkörper)
- Kontaktgrill (beschichtete Heizplatten)

Strahlungsgrill

Strahlungsgrill

In der Oberseite des Innenraumes eingebaute Heizkörper (korrosionsbeständiges Stahlrohr oder Quarzheizstangen) werden auf etwa 750 °C bis 850 °C aufgeheizt und **strahlen im Infrarotbereich**. Die Geräte verfügen über Zubehör, wie z. B. Fettpfanne, Grillrost, Zange, Drehspieß und Halterungen. Sie werden als **Tischgerät, Grilltoaster, Backgrill** und als **Grillheizung im Backofen** (z. B. mit Drehspieß, Drehkorb, Wenderost, Schaschlikgarnituren als Zubehör) angeboten. Der Grillheizkörper kann im Backofen eingebaut oder als Zusatzgerät eingesteckt werden.

Kontaktgrillgeräte

Die Heizkörper sind in zwei Kontaktplatten (aus Aluminium oder Gusseisen mit/ohne Kunststoffbeschichtung) eingebaut, die Wärme wird durch Wärmeleitung auf das Grillgut übertragen. Flache Grilladen, wie z.B. Steaks, Toasts, werden zwischen den beheizten Flächen, die im Abstand verstellbar sein können, von beiden Seiten gleichmäßig gegart. Ein Wenden des Grillgutes entfällt.

Grillautomaten

Sie verfügen über ein Durchlaufsystem und werden in Großküchen neben den konventionellen Geräten eingesetzt. In der Gastronomie kommt häufig der **Salamandergrill** zum Einsatz, in dem das Grillgut auf höhenverstellbaren Rosten der Strahlungshitze von oben (durch elektrische Heizelemente oder Gasflammen) ausgesetzt wird.

Backgrillgeräte

Sie sind zusätzlich mit Ober- und Unterhitze ausgerüstet und eignen sich auch zum Backen.

Reinigung und Pflege

Nach jedem Gebrauch werden alle beweglichen Teile des Gerätes mit Spülmittellösung abgewaschen. **Wichtig: Der Grillheizkörper darf nicht abgewaschen werden**, da sonst die Oxidationsschicht verletzt wird. Unbeschichtete Kontaktgrillplatten werden mit einer harten Spülbürste, einem verseiften Metallschwamm und Spülmittellösung gereinigt und mit heißem, klarem Wasser nachgespült. Beschichtete Grillplatten werden mit einer milden Spüllösung und weichem Tuch gesäubert. Manche Geräte besitzen eine katalytische Selbstreinigung oder sind mit Folie ausgestattet, was die Reinigung erleichtert. Die mit katalytischer Reinigungshilfe versehenen Seiten- und Rückwände dürfen mit klarem Wasser abgespült werden.

Hinweise zum Grillen:

1. *Strahlungsheizkörper 3 bis 5 Minuten hellrot glühend vorheizen!*
2. *Beim Grillen im Backofen die Tür in Grillstellung geöffnet lassen, damit kein Hitzestau entsteht.*
3. *Das Grillgut gewürzt, aber ungesalzen und trocken in den direkten Strahlenbereich bringen.*
4. *Die Grillade beim Wenden nicht anstechen, sondern Grillzange benutzen.*
5. *Flaches Grillgut höher, hohes Grillgut tiefer setzen!*

KOMPETENZ-CHECK

1. *Erfassen Sie die in Ihrem Betrieb eingesetzten Spezialgeräte/Küchengeräte. Stellen Sie ihre Verwendungsmöglichkeiten dar.*
2. *Erläutern Sie die Durchführung der verschiedenen Zerkleinerungs- und Mischtechniken und geben Sie jeweils Anwendungsbeispiele.*
3. *Stellen Sie in einer Checkliste zusammen, welche Herdausstattung für einen Familienhaushalt mit 8 Personen am besten geeignet ist.*
4. *Erläutern Sie Funktionen und Eigenschaften des Glaskeramik-, Induktions- und Halogenkochfeldes. Stellen Sie die Vorteile und Nachteile der verschiedenen Kochfelder dar.*
5. *Ermitteln Sie die verschiedenen Geräte zum Garen und Backen in Ihrem Betrieb/Privathaushalt und beurteilen Sie ihren Einsatz unter ergonomischen und wirtschaftlichen Aspekten.*

Informieren Sie sich im Internet über Ausstattung und Funktionen des Konvektomats. Welche Vorteile bietet er im Vergleich zu konventionellen Gargeräten?

1.4 LEBENSMITTEL – INHALTSSTOFFE UND IHRE EIGENSCHAFTEN

Mit der Nahrung nehmen wir **Nährstoffe** auf. Diese werden als Baustoff für den Aufbau und die Erhaltung unseres Körpers, als **Brennstoff** zur Gewinnung von Energie oder als **Wirkstoff** benötigt. **Kohlenhydrate, Fette, Eiweiß, Vitamine, Mineralstoffe** und **Wasser** bilden die Grundlage unserer Ernährung.

Ermitteln Sie den Energiegehalt des abgebildeten Frühstücks:
2 Scheiben Weißbrot (100 g)
1 Portion Butter (20 g)
1 Portion Marmelade (25 g)
1 Portion Salami (25 g)
1 Glas Orangensaft (200 g)

Nährstoffe liefern Energie, die in Kilojoule (kJ) gemessen wird:
- 1 g Kohlenhydrate = 17 kJ
- 1 g Eiweiß = 17 kJ
- 1 g Fett = 37 kJ

Weitere Bestandteile der Nahrung sind die **Ballaststoffe**, sie fördern die Verdauung, sowie **Farb-** und **Aromastoffe**, sie regen den Appetit an. **Genussstoffe** in manchen Nahrungsmitteln, wie z. B. das Koffein im Kaffee, wirken anregend auf das Zentralnervensystem.

Bei der Lebensmittelverarbeitung werden häufig **Zusatzstoffe**, wie z. B. Farb-, Aromastoffe oder Konservierungsstoffe, eingesetzt. Sie sind im Allgemeinen kennzeichnungspflichtig und müssen auf der Verpackung genannt werden.

Auch **Schadstoffe** sind in vielen Nahrungsmitteln enthalten. Sie kommen entweder natürlicherweise in den Lebensmitteln vor, z. B. Blausäure in den bitteren Mandeln oder Solanin in gekeimten Kartoffeln. Sie können aber auch bei der Herstellung und Lagerung der Lebensmittel gebildet werden, wie z. B. Nitrosamine in gepökeltem Fleisch oder Benzpyren in Räucherwaren.

Die 14 wichtigsten Allergene werden aufgeführt und durch eine andere Schriftart hervorgehoben (s. S. 114).

Müsli aus gerösteter Gerste mit Apfelstücken und Zimt

Zutaten: 31 % Gerste (**Gerstenflocken** und **Gerstenmehl**), **Haferflocken**, 10 % Buchweizenflocken, Rosinen, 10 % Goldleinsamen, 9 % Apfel getrocknet und gehackt, 1 % Zimt.

Allergikerhinweis: Kann Spuren von Schalenfrüchten und Soja enthalten.
Allergene: Siehe fettgedruckte Zutaten. Die Nährwerte unterliegen den bei Naturprodukten üblichen Schwankungen. **Bitte kühl und trocken lagern.** Enthält von Natur aus Zucker.

Nährwert	100 g	1 Portion (50 g)
Brennwert (kJ/kcal)	1537/365	769/183
Fett	7,1 g	3,6 g
davon gesättigte Fettsäuren	1,4 g	0,7 g
Kohlenhydrate	59,2 g	29,6 g
davon Zucker	16,1 g	8,1 g
Ballaststoffe	12,9 g	6,5 g
Eiweiß	9,7 g	4,9 g
Salz	0,02 g	0,01 g

 DE-ÖKO-005
EU-/Nicht-EU-
Landwirtschaft

300 g e
Enthält 6 Portionen

KOMPETENZ-CHECK

1. *Ermitteln Sie aus der Nährwerttabelle jeweils fünf kohlenhydrat-, fett- und eiweißreiche Lebensmittel. Geben Sie jeweils ihren Nährstoffgehalt in Gramm pro 100 g Lebensmittel an.*
2. *Informieren Sie sich anhand von Lebensmittelverpackungen über Zutaten, Nährwert und Energiegehalt verschiedener Lebensmittel.*
3. *Vergleichen Sie den Nährwert der folgenden Lebensmittel: Vollmilch (3,5 % Fett), fettarme Milch (1,5 % Fett), Magermilch (0,3 % Fett), Weizentoastbrot, Weizenvollkornbrot.*

Lebensmittelbestandteile

Baustoffe	Brennstoffe	Wirkstoffe	Funktionsfördernde Stoffe
■ Eiweißstoffe ■ Wasser ■ Mineralstoffe	■ Fette ■ Kohlenhydrate ■ Eiweißstoffe (bedingt)	■ Mineralstoffe ■ Vitamine	■ Ballaststoffe ■ Geruchs- und Geschmacksstoffe ■ sekundäre Pflanzeninhaltsstoffe ■ Koffein (bedingt) ■ Alkohol (bedingt)

1.4.1 KOHLENHYDRATE

Vorkommen und chemischer Aufbau

Grundbausteine der Kohlenhydrate sind Einfachzucker (Traubenzucker). Diese werden in den grünen Blättern der Pflanzen gebildet. Aus dem Kohlendioxid der Luft und Wasser entstehen unter Einwirkung von Sonnenlicht Traubenzucker und Sauerstoff. Dieser Vorgang heißt **Fotosynthese**.

Kohlendioxid + Wasser → Traubenzucker + Sauerstoff
$$6\ CO_2 + 6\ H_2O \rightarrow C_6H_{12}O_6 + 6\ O_2$$

Kohlenhydrate bestehen aus den chemischen Elementen Kohlenstoff, Wasserstoff und Sauerstoff. Es wird unterschieden:

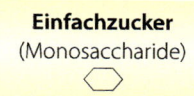

Einfachzucker
(Monosaccharide)

Doppelzucker
(Disaccharide)

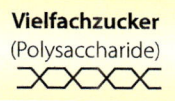

Vielfachzucker
(Polysaccharide)

Einfachzucker kommen u.a. in Früchten, Fruchtsäften, Honig, Milch und Süßigkeiten vor. Traubenzucker ist der am häufigsten vorkommende Einfachzucker. Er ist Bestandteil in allen Doppelzuckern sowie in Vielfachzuckern. Einfachzucker gelangen sofort nach der Nahrungsaufnahme ins Blut und liefern schnell Energie.

Doppelzucker entstehen durch die Verbindung von zwei Einfachzuckern.

Einfachzucker + Einfachzucker → Doppelzucker + H_2O

So ist beim Rüben- und Rohrzucker ein Molekül Traubenzucker mit einem Molekül Fruchtzucker verknüpft.

Vielfachzucker werden durch Verknüpfung von vielen Molekülen Einfachzucker (Glucose) aufgebaut.
Die **Stärke** ist der wichtigste Vertreter. Bei trockener Erhitzung wird Stärke zu **Dextrin** abgebaut, das z.B. im Zwieback vorkommt. Dextrine sind leichter verdaulich als Stärke und werden oft in der Säuglings- oder Krankenernährung verwendet. Das Glykogen wird in Muskeln und Leber von Tieren und Menschen gespeichert und dient als Energielieferant. **Cellulose** kommt in allen pflanzlichen Lebensmitteln als Gerüststoff in den Zellwänden vor. Cellulose gehört zu den **Ballaststoffen**. Diese wirken sättigend und regen die Darmtätigkeit an.

In den grünen Blättern entsteht durch die Fotosynthese Traubenzucker

Der Zuckerverbrauch beträgt im Durchschnitt 50 kg pro Kopf und Jahr. Ein Großteil davon wird als »versteckter« Zucker in zuckerhaltigen Nahrungsmitteln verzehrt.

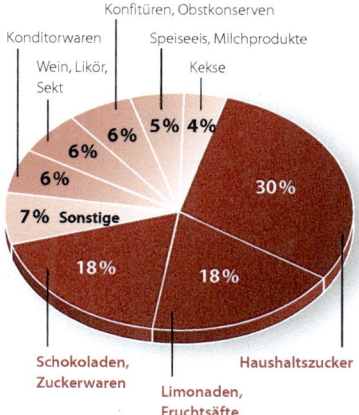

KOMPETENZ-CHECK

1. *Stellen Sie ein kohlenhydratreiches lang anhaltend sättigendes Pausenfrühstück für ein 7-jähriges Mädchen zusammen.*
2. *Ermitteln Sie jeweils den Saccharosegehalt (in g) in 200 ml Fruchtsaft, Apfelsaftschorle, Limonade und Cola. Informieren Sie sich anhand des Zutatenverzeichnisses.*
3. *Teilen Sie die Kohlenhydrate nach ihrer chemischen Zusammensetzung ein und geben Sie eine Empfehlung für die tägliche Ernährung.*

Vorkommen und Eigenschaften der Kohlenhydrate

Kohlenhydrate	Vorkommen	Eigenschaften
Einfachzucker		
Glucose (Traubenzucker)	Obst, Obstsäfte, Honig	wasserlöslich, süßer Geschmack, schnelle Aufnahme ins Blut
Fructose (Fruchtzucker)	Obst, Obstsäfte, Diabetikerkost	wasserlöslich, hohe Süßkraft, schnelle Aufnahme ins Blut
Galactose (Schleimzucker)	Milch	wasserlöslich, geringe Süßkraft, schnelle Aufnahme ins Blut
Doppelzucker		
Saccharose (Rohr-, Rübenzucker) (1 Glucose + 1 Fruktose)	Zuckerrohr, Zuckerrübe, Haushaltszucker, zuckerreiche Lebensmittel	wasserlöslich, süßer Geschmack, schnelle Aufspaltung in Einfachzucker und Aufnahme ins Blut
Maltose (Malzzucker) (1 Glucose + 1 Glucose)	Bier, keimendes Getreide	wasserlöslich, geringe Süßkraft, schnelles Aufspalten in Einfachzucker und Aufnahme ins Blut
Lactose (Michzucker) (1 Glucose + 1 Galactose)	Milch	schwer wasserlöslich, geringe Süßkraft, schnelle Aufspaltung in Einfachzucker und Aufnahme ins Blut
Vielfachzucker		
Stärke (ca. 250 bis 2000 Glucose)	Reservestoff der Pflanze in Kartoffeln, Getreide, Hülsenfrüchten	in kaltem Wasser unlöslich, bei etwa 70 °C quell- und verkleisterungsfähig, kein süßer Geschmack
Glykogen (> 100 000 Glucose)	Reservestoff in Leber und Muskeln	wird bei Bedarf zu Glucose abgebaut und an das Blut abgegeben
Dextrine (ca. 10 bis 20 Glucose)	Abbauprodukt der Stärke (Gebäckkruste) in Brot und Zwieback	schwer wasserlöslich, schwach süßlicher Geschmack, leichter verdaulich als Stärke
Cellulose (> 10 000 Glucose)	Gerüststoff der Pflanze in Vollkornprodukten, ungeschälten Hülsenfrüchten, Reis, Kartoffeln, Obst und Gemüse	wasserunlöslich, quellfähig, unverdaulich, wirkt als Füllstoff (Ballaststoff) sättigend und regt die Darmtätigkeit an
Pektin	Gerüststoff in Früchten, z. B. in Äpfeln, Johannisbeeren, Quitten	wasserunlöslich, quellfähig beim Kochen mit Säure und Zucker, gelieren beim Erkalten, sind Ballaststoffe, wirken daher sättigend und regen die Darmtätigkeit an.

Bedarf und ernährungsphysiologische Bedeutung

Die Kohlenhydrate sind für den menschlichen Organismus wichtige **Brennstoffe**.

> 1 g Kohlenhydrate liefert im menschlichen Körper 17 kJ.

55 bis 60 % des täglichen Energiebedarfs sollten über Kohlenhydrate abgedeckt werden. Dabei sollte

- ein Drittel als Einfach- und Doppelzucker,
- zwei Drittel als Vielfachzucker

aufgenommen werden.

Der Körper kann nur aus Einfachzuckern Energie gewinnen. Daher müssen die Nahrungskohlenhydrate im Verdauungstrakt bis zu den Einfachzuckern abgebaut werden. Erst diese werden über die Dünndarmschleimhaut resorbiert (aufgenommen) und an das Blut abgegeben, das sie zu den Körperzellen weiter transportiert.

Einfach- und Doppelzucker werden schnell verdaut und gelangen unmittelbar nach dem Verzehr in das Blut. Sie liefern schnell verfügbare Energie. Kurz nach dem Verzehr tritt jedoch wieder Hunger ein und die Leistungsfähigkeit lässt nach. Traubenzucker wird häufig zur kurzfristigen Leistungssteigerung bei Sportlern eingesetzt. Zuckerreiche Nahrungsmittel sind meist arm an lebenswichtigen Vitaminen und Mineralstoffen – sie liefern »leere Kalorien«. Durch ihren meist hohen Energiegehalt führen sie bei häufigem Verzehr zu Übergewicht. Sie sollten nur in geringen Mengen verzehrt werden.

Vielfachzuckerhaltige Lebensmittel, wie z. B. Kartoffeln, Reis, Vollkornprodukte und Hülsenfrüchte, sollten bevorzugt verzehrt werden. Sie enthalten Vitamine, Mineralstoffe sowie Ballaststoffe und sättigen lang anhaltend. Zur Anregung der Darmtätigkeit sollten täglich **30 g Ballaststoffe** aufgenommen werden.

Die in das Blut aufgenommenen Einfachzucker (meist Glucose) werden zur Leber transportiert und von hier zur Energiegewinnung an die Körperzellen, z. B. Muskeln, verteilt. Überschüssige Glucose wird in Leber (ca. 150 g) und Muskeln (ca. 200 g) als **Glykogen** gespeichert. Sind die Glykogenspeicher voll, wird die restliche Glucose in **Fett** (Depotfett) umgewandelt.
Glykogen kann bei Kohlenhydratmangel, z. B. zwischen den Mahlzeiten, wieder zu Glucose abgebaut werden. Der Glykogenvorrat reicht bei normaler Belastung für ca. 18 Stunden.
Nervenzellen, rote Blutkörperchen und Niere brauchen zur Energiegewinnung Glucose. Täglich sollten **mindestens 30 bis 50 g Kohlenhydrate** aufgenommen werden.

Im Blut des erwachsenen Menschen ist immer eine bestimmte Menge an Glucose, in **1 Liter 0,8 bis 1,2 g Glucose**, enthalten. Hormone regulieren die Einstellung des Blutzuckerspiegels (vgl. Kap. 2.5.3).

Zuckergehalt (g) in Lebensmitteln je 100 g

Lebensmittel	Zuckergehalt
Limonade	12
Fruchtjoghurt	14
Eiscreme	21
Kuchen	35
Schokolade	54
Nuss-Nougat-Creme	58
Konfitüre	66
Honig	75

Die Lust auf »Süßes« sollte mit vollwertigen »zuckerarmen« Speisen gestillt werden. Nicht so!!!

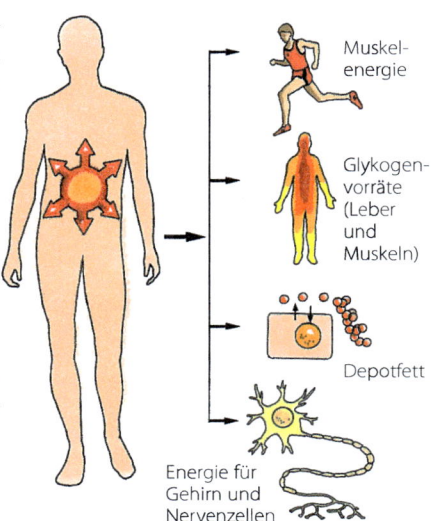

Muskelenergie

Glykogenvorräte (Leber und Muskeln)

Depotfett

Energie für Gehirn und Nervenzellen

Stoffwechsel der Kohlenhydrate

Zucker karamellisiert

Küchentechnische Eigenschaften der Kohlenhydrate

Die verschiedenen Zucker unterscheiden sich in ihrer Süßkraft. So hat Fruchtzucker eine höhere Süßkraft als Rohr- oder Rübenzucker.

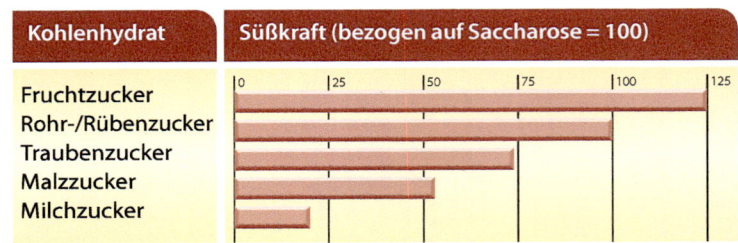

Kohlenhydrat	Süßkraft (bezogen auf Saccharose = 100)
Fruchtzucker	
Rohr-/Rübenzucker	
Traubenzucker	
Malzzucker	
Milchzucker	

Fruchtzucker wird vor allem in der Ernährung des Diabetikers verwendet (s. Kap. 2.5.3). Die Süßkraft von Haushaltszucker verringert sich beim Kochen mit Säure, z. B. in sauren Früchten. Die Saccharose wird dabei in ein Gemisch aus Traubenzucker und Fruchtzucker, den sogenannten Invertzucker, aufgespalten, der eine geringere Süßkraft als der Haushaltszucker hat.

Haushaltszucker schmilzt zunächst bei trockenem Erhitzen. Danach **karamellisiert** er unter Braunfärbung, die Süßkraft nimmt dabei ab. Wird Karamell weiter erhitzt, bildet sich bitter schmeckendes Zuckercouleur. Dieses kann zum Färben von Backwaren und zur Herstellung von Soßen verwendet werden.
Einfach- und Doppelzucker sind **wasserlöslich**. Die Löslichkeit der Zucker wird bei der Herstellung von Glasuren für Gebäcke und Desserts genutzt, eine einfache Glasur besteht aus Staubzucker und Wasser.
Stärke löst sich nicht in Wasser.

Zucker wirken **Wasser anziehend** (hygroskopisch). Größere Zuckermengen entziehen den Bakterien auf den Lebensmitteln das zum Leben erforderliche Wasser und wirken dadurch bei der Herstellung von Marmeladen, Gelees und Obstsäften konservierend. Bei der Herstellung von Lebkuchen bindet der Zucker die Luftfeuchtigkeit und verhindert ein Austrocknen des Gebäcks.
Zucker wird durch Hefepilze **vergoren**. So wird der Rübenzucker im Hefeteig zu Ethylalkohol und Kohlenstoffdioxid (Teiglockerung). Bei der alkoholischen Gärung in Wein und Bier wird Zucker durch Hefen zu Ethylalkohol abgebaut. In Sauermilcherzeugnissen und Sauerkraut wird aus Zucker durch Milchsäurebakterien Milchsäure gebildet.

Stärke ist ein wichtiges **Bindemittel**. In kaltem Wasser angerührt und anschließend erhitzt oder in die kochende Flüssigkeit gegeben, **quillt** die Stärke zunächst unter Wasseraufnahme auf, durch die Erwärmung **verkleistert** sie. Diese Eigenschaft wird für die Herstellung von Soßen, Suppen und Cremes genutzt.
Pektine binden Wasser und **gelieren**. Die Gelbildung wird bei der Herstellung von Gelees, Konfitüren, Cremes und Süßspeisen genutzt.

Stärke bindet

KOMPETENZ-CHECK

1. *Schreiben Sie das Rezept eines Vanilleflammeris auf und erläutern Sie Ihr Vorgehen bei der Zubereitung.*
2. *Informieren Sie sich über die Zusammensetzung von Gelierzucker.*
3. *Erläutern Sie, warum Kompott erst nach dem Kochen gezuckert werden soll.*

Standardablauf Rührmasse herstellen (All-in-Methode)

Vorbereiten:
- ▶ Lebensmittel abwiegen
- ▶ entsprechend dem Rezept vor- und zubereiten, Arbeitsgeräte bereitstellen
- ▶ Arbeitsplatz einrichten

Durchführen:
- ▶ Mehl, Backpulver in Schüssel sieben
- ▶ Zucker, Salz dazugeben
- ▶ Margarine, Eier darübergeben
- ▶ Milch gleichmäßig verteilen
- ▶ mit Handrührgerät auf kleiner Stufe vorsichtig vermengen
- ▶ kurz auf der höchsten Schaltstufe zu einer glatten Masse verrühren

Rührmasse	
(für 500 g Mehl, Kastenform von 30 cm Länge)	
500 g	Mehl
1	Backpulver
200 g	Zucker
1	Prise Salz
250 g	Butter oder Margarine
4	Eier
⅛ l	Milch

Rührmasse herstellen (traditionelle Methode)

- ▶ Schaummasse rühren
- ▶ Mehl-Backpulver-Gemisch daraufgeben
- ▶ Milch verteilen, kurz rühren

Hinweis: *Die Rührmasse muss zügig weiterverarbeitet werden!*

Herstellung einer Rührmasse

- ▶ Alle Zutaten auf kleiner Schaltstufe vorsichtig vermengen
- ▶ Auf der höchsten Schaltstufe zu einer glatten Masse verrühren
- ▶ Evtl. geschmackgebende Zutaten, z.B. Zitrone, untermischen und Rührmasse weiterverarbeiten

Standardablauf Hefeteig herstellen

Vorbereiten:
- ▶ s.o.

Durchführen:
- ▶ Mehl, Zucker, Salz mischen und in eine Schüssel geben
- ▶ Hefe in lauwarmer Milch zerbröseln, darüber gießen
- ▶ Fett dazugeben
- ▶ Teig kneten, bis er sich vom Schüsselrand löst
- ▶ zugedeckt ca. 30 Min. bei 40 °C gehen lassen, bis sich das Volumen verdoppelt hat
- ▶ nochmals durchkneten

Hefeteig	
(für 1 kg Mehl)	
1000 g	Mehl
80 g	Hefe
½ l	Milch
80 g	Zucker
2	Prisen Salz
80 g	Butter oder Margarine

Herstellung eines Hefeteiges

▶ Hefe in lauwarmer Milch zu dem Mehl und den übrigen Zutaten gießen

▶ Alle Zutaten mit dem Handrührgerät auf höchster Stufe zu einem glatten Teig verarbeiten

▶ Nach dem »Gehen« den Teig nochmals kurz mit der Hand durchkneten, danach ausrollen und formen

Vanilleflammeri

(für 4 Personen)

0,5 l	Milch
1	Prise Salz
40 g	Speisestärke
2 EL	Zucker
	Vanille

(andere Geschmackszutaten, z. B. Zitrone oder Schokolade)

Grießflammeri

(für 4 Personen)

0,5 l	Milch
1	Prise Salz
50 g	Hartweizengrieß
50 g	Zucker
2	Eigelb
	Saft einer Orange
2	Eiklar

Standardablauf: Stärkehaltige Bindemittel zu Süßspeisen verarbeiten

Stärke	Grieß	Reis
▶ Stärke mit kalter Flüssigkeit anrühren		
▶ in kochende Flüssigkeit einrühren	▶ Flüssigkeit zum Kochen bringen ▶ Grieß einrühren	▶ Flüssigkeit und Reis aufkochen
▶ 1× aufkochen lassen	▶ 2 Minuten unter Rühren kochen ▶ 5 Minuten ausquellen	▶ 30 bis 40 Minuten ausquellen

Zucker und Geschmackszutaten werden je nach Rezeptur zugegeben

Herstellung eines Flammeris (Stärke als Bindemittel)

▶ Kalte Milch mit Speisestärke und Geschmackszutaten klumpenfrei anrühren

▶ Restliche Milch zum Kochen bringen und angerührte Stärke einrühren; 1 Min. kochen lassen

▶ Flammeri in eine Schüssel oder zum Stürzen in Förmchen füllen; kalt stellen; nach ca. 2 Stunden stürzen

Herstellung eines Flammeri (Grieß als Bindemittel)

▶ Milch, Zucker und Salz zum Kochen bringen; Grieß unter Rühren zugeben und aufkochen lassen.

▶ 5 Min. ausquellen lassen, dann Eigelb und Geschmackszutaten, z. B. Orangensaft, einrühren

▶ Eiklar zu Schnee schlagen; Eischnee zügig und vorsichtig unter den Flammeri ziehen und sofort kalt stellen

Hinweis: Nur frische Eier verwenden, es besteht Salmonellengefahr!

Standardablauf Helle Grundsoße

Vorbereiten: ▶ vgl. Standardablauf Rührmasse

Durchführung: ▶ Fett schmelzen
                    ▶ Mehl hineingeben, verrühren, leicht anschwitzen
                    ▶ Flüssigkeit nach und nach unter Rühren zugeben
                    ▶ aufkochen, 5 bis 10 Min. kochen lassen
                    ▶ dabei immer wieder umrühren

Helle Grundsoße

60 g	Margarine oder Butter
60 g	Mehl
1 l	Flüssigkeit wie Milch, Brühe, Wasser, Sahne, Salz, Pfeffer, Geschmackszutaten

Zubereitung von heller Grundsoße

▶ Fett erhitzen, Mehl einstreuen und mit dem Schneebesen verrühren

▶ Durchschwitzen lassen, bis sich das Mehl kräuselt

▶ Flüssigkeit unter Rühren zugießen, zum Kochen bringen

KOMPETENZ-CHECK

1. *Erstellen Sie eine Checkliste mit einer Auswahl an*
   - *zuckerreichen Lebensmitteln,*
   - *stärkereichen Lebensmitteln,*
   - *ballaststoffreichen Lebensmitteln.*
   Geben Sie dabei den Kohlenhydratgehalt in 100 g Lebensmittel an.
2. *Ermitteln Sie den Kohlenhydratbedarf eines 16-jährigen Jungen (Energiebedarf 10 000 KJ).*
3. *Machen Sie einen Vorschlag für ein ballaststoffreiches Frühstück zu Hause sowie für ein Pausenfrühstück für den 16-jährigen Jungen.*

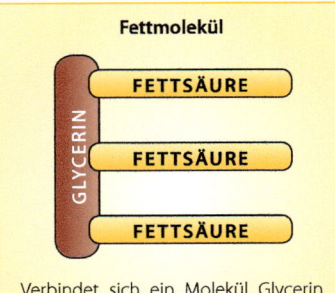

Fettmolekül

FETTSÄURE

GLYCERIN

FETTSÄURE

FETTSÄURE

Verbindet sich ein Molekül Glycerin mit drei Molekülen Fettsäure, so entsteht unter Abspaltung von Wasser ein Molekül Fett.

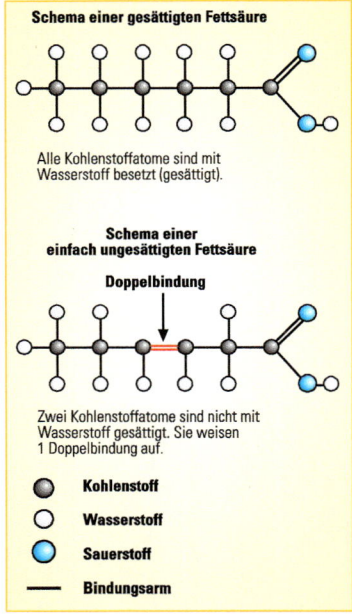

Schema einer gesättigten Fettsäure

Alle Kohlenstoffatome sind mit Wasserstoff besetzt (gesättigt).

Schema einer einfach ungesättigten Fettsäure

Doppelbindung

Zwei Kohlenstoffatome sind nicht mit Wasserstoff gesättigt. Sie weisen 1 Doppelbindung auf.

- ⚫ **Kohlenstoff**
- ⚪ **Wasserstoff**
- 🔵 **Sauerstoff**
- — **Bindungsarm**

1.4.2 FETTE

Vorkommen und chemischer Aufbau

Fette liefern dem Körper vor allem Energie – etwa 30 % unseres täglichen Energiebedarfs sollten über Fette gedeckt werden.

Einfache Fette (Lipide) kommen sowohl in pflanzlichen als auch in tierischen Lebensmitteln vor. Sie bestehen aus **Glycerin** und verschiedenen **Fettsäuren**. Die verschiedenen Speisefette unterscheiden sich nach der Art der enthaltenen **Fettsäuren** in ihrer Beschaffenheit und ernährungsphysiologischen Bedeutung:

> **Gesättigte Fettsäuren** enthalten nur Einfachbindungen, d.h.: Alle Kohlenstoffatome sind mit Wasserstoff abgesättigt. Sie schmelzen bei Temperaturen von 55 bis 70 °C und sind bei Zimmertemperatur fest (z. B. in Butter, Palmkernfett, Schmalz).

> **Ungesättigte Fettsäuren** weisen eine oder mehrere Doppelbindungen auf, d. h. zwei oder mehr Kohlenstoffatome sind nicht vollständig mit Wasserstoff abgesättigt. Sie schmelzen bei Temperaturen zwischen 5 und 11 °C und sind bei Raumtemperatur flüssig (z. B. in Sonnenblumenöl).

Einfach ungesättigte Fettsäuren besitzen nur eine Doppelbindung. Bei mehreren Doppelbindungen spricht man von **mehrfach ungesättigten Fettsäuren**. Mehrfach ungesättigte Fettsäuren kann der Körper nicht selbst aufbauen. Sie sind **essenziell** (lebensnotwendig) und müssen mit der Nahrung aufgenommen werden. **Linolsäure** und **Linolensäure** sind essenzielle Fettsäuren, die für den Zellaufbau und die Bildung von Gewebshormonen gebraucht werden. **Pflanzliche Fette**, wie z. B. Sonnenblumen- oder Weizenkeimöl, haben einen hohen Gehalt an essenziellen Fettsäuren. **Tierische Fette** enthalten überwiegend gesättigte Fettsäuren.

Ungesättigte Fettsäuren sind sehr reaktionsfähig. Fette mit einem hohen Anteil ungesättigter Fettsäuren werden unter Sauerstoff- und Lichteinwirkung schnell ranzig. Der Zusatz von **Vitamin E** verhindert das Ranzigwerden von Speisefetten **und Speiseölen**.

Nach ihrer Kettenlänge unterscheidet man:

- 🟫 **kurzkettige Fettsäuren:**   3 bis 6 Kohlenstoffatome
- 🟫 **mittelkettige Fettsäuren:**   7 bis 13 Kohlenstoffatome
- 🟫 **langkettige Fettsäuren:**   14 bis 20 Kohlenstoffatome

Zusammengesetzte Fette, auch **Fettbegleitstoffe (Lipoide)** genannt, unterscheiden sich von den einfachen Fetten in ihrer chemischen Zusammensetzung. Zu ihnen zählen Cholesterin, Lecithin und Carotin (Provitamin A).

Eine hohe Cholesterinzufuhr mit der Nahrung begünstigt die Entstehung von **Arteriosklerose**. Cholesterin kommt nur in tierischen Fetten vor.

Vorkommen und Eigenschaften von Fetten

Fette	Vorkommen	Eigenschaften
Pflanzliche Fette hoher Anteil an mehrfach ungesättigten Fettsäuren (außer in Kokosfett und Palmkernfett)	Öle aus: Samen, z. B. Sojabohne Früchten, z. B. Olive Nüssen, z. B. Erdnuss Keimling, z. B. Weizen, Mais	**flüssige**, leicht verdauliche Fette (Fettgehalt 99 %)
	Pflanzenmargarine	**weiches** Fett, leicht verdaulich, da es als Emulsion vorliegt (enthält 20 % Wasser)
	Kokosfett	**festes** Fett, der Schmelzpunkt liegt über 50 °C, schwer verdaulich (Fettgehalt 99 %)
Tierische Fette hoher Anteil an langkettigen gesättigten Fettsäuren (außer Butter – enthält viele kurz- und mittelkettige Fettsäuren)	Butter Butterschmalz Gänseschmalz Schweineschmalz	**weiche** Fette, die bei Körpertemperatur schmelzen. Butter ist leicht verdaulich, da sie als Emulsion (mit 20 % Wasser) vorliegt. Schweineschmalz ist schwer verdaulich
	Rindertalg Hammeltalg	feste schwer verdauliche Fette, die erst über 50 °C schmelzen (Fettgehalt 99 %)

Zusammengesetzte Fette kommen in geringen Mengen in verschiedenen Lebensmitteln vor. **Lecithin, Cholesterin und Carotin** sind die bedeutendsten Vertreter.

Lecithin kommt in Eigelb, Leber, Sahne sowie im Getreidekeimling vor. Es ist ein wichtiger Bestandteil der Zellmembranen von Gehirn- und Nervenzellen. Lecithin wirkt als Emulgator, d.h., es kann Fette in wässrigen Lösungen fein verteilen (Mayonnaise).

Cholesterin kommt nur in tierischen Nahrungsmitteln, z. B. Butter, Eigelb, Krabben, Leber, fette Fleisch- und Wurstwaren, vor (s. S. 158 f.).

Carotin (Provitamin A) ist eine Vorstufe des Vitamin A und wird im menschlichen Körper in Vitamin A umgewandelt. Es kommt in pflanzlichen Lebensmitteln, z. B. Möhren, Grünkohl, Paprika und Petersilie, vor. Aus diesen kann es nur in Verbindung mit Fett resorbiert werden. Eine Möhrenrohkost sollte daher mit Öl oder Sahne zubereitet werden. Carotin ist licht- und sauerstoffempfindlich. Carotinreiche Lebensmittel sollten deshalb dunkel und abgedeckt gelagert werden.

Fettgehalt in pflanzlichen und tierischen Lebensmitteln in g/100 g*

Pflanzliche Lebensmittel		Tierische Lebensmittel	
Speiseöle	100,0	Schweineschmalz	100,0
Margarine	80,0	Butter	83,2
Erdnüsse, geröstet	49,4	Schweinespeck, ger.	65,0
Kakaopulver, entölt	24,5	Schlagsahne	31,7
Avocado	23,5	Schweinefleisch, mager	2,4
Möhren	0,2	Eigelb	31,9
Kartoffeln	0,1	Vollmilch	3,5
Roggenbrötchen	1,0	Rindfleisch, mager	1,9
Oliven, mariniert	13,9	Putenbrust	1,0
Bananen	0,2	Kabeljau	0,6
		Hering	17,8

* nach: Heseker, Beate: Die aktuelle Umschau-Nährwert- und Kalorientabelle

Bratwurst mit Pommes und Mayonnaise – ein geeignetes Mittagessen?
Bratwurst (150 g)
Pommes frites (200 g)
Portion Mayonnaise (25 g)

a) *Ermitteln Sie den Energie- und Fettgehalt der Mahlzeit (Nährwerttabelle).*
b) *Beurteilen Sie, ob diese Mahlzeit für einen 16-jährigen Schüler (Tagesenergiebedarf 9800 kJ) geeignet ist.*

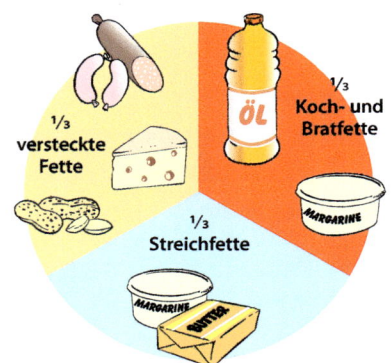

Bedarf und ernährungsphysiologische Bedeutung

Fette sind als Träger der fettlöslichen Vitamine und der essenziellen Fettsäuren ein unentbehrlicher Nahrungsbestandteil. Sie sind ein wichtiger Energielieferant.

> 1 g Fett liefert im menschlichen Körper 37 kJ.

Mit einer ausgewogenen Ernährung sollten **25 bis 30 % des Gesamtenergiebedarfs** durch Fett abgedeckt werden. Mindestens **50 % der Gesamtfettzufuhr** sollte durch pflanzliche Fette erfolgen, um den Bedarf an essenziellen Fettsäuren abzudecken.

Der tägliche Fettverzehr setzt sich zusammen aus:

- Streichfette, z. B. Butter oder Margarine – nicht mehr als 20 bis 30 g sollten täglich verzehrt werden.
- Garfette, z. B. Pflanzenöle, Palmkernfett – täglich sollten höchstens 20 g verwendet werden.
- Versteckte Fette, z. B. in Wurst und Fleischwaren, Käse, Gebäck, Fertiggerichte – sollten nur in geringen Mengen verzehrt werden.

In Deutschland werden durchschnittlich **160 g Fett pro Tag** verzehrt, der Bedarf wird damit um mehr als das Doppelte überschritten. Vor allem über **versteckte Fette** wird ein hoher Anteil der Fette zugeführt.

> **Eine Senkung des täglichen Fettverzehrs ist anzustreben!**
> ▶ Auf versteckte Fette achten, fettarme Produkte bevorzugen.
> ▶ Fettsparende Garverfahren anwenden, vgl. Kap. 1.3.3.
> ▶ Wenig Streichfett verwenden.

Die aufgenommenen Fette werden im Verdauungstrakt in ihre kleinsten Bestandteile Glycerin und Fettsäuren zerlegt. Diese werden von der Darmschleimhaut aufgenommen und gelangen zur Leber, die sie zu körpereigenem Fett umbaut. Dieses Fett wird zur Energiegewinnung verwendet oder als Fettdepot im Unterhautfettgewebe gespeichert. Ein zu hoher Fettverzehr führt zu **Übergewicht** und zur Entstehung von Herz-Kreislauf-Erkrankungen.

KOMPETENZ-CHECK

1. *Begründen Sie, warum Fette in der Regel kühl, dunkel und luftdicht abgeschlossen gelagert werden sollen.*
2. *Berechnen Sie mit einer Nährwerttabelle den Fettgehalt in folgenden Lebensmitteln und ermitteln Sie jeweils fettarme Alternativen:*
   - *1 Scheibe Fleischwurst (30 g),*
   - *1 Scheibe Emmentaler, 45 % Fett i. Tr. (30 g),*
   - *1 Portion Matjeshering (100 g),*
   - *1 Portion Butter (20 g),*
   - *1 Stück Rührkuchen (60 g).*

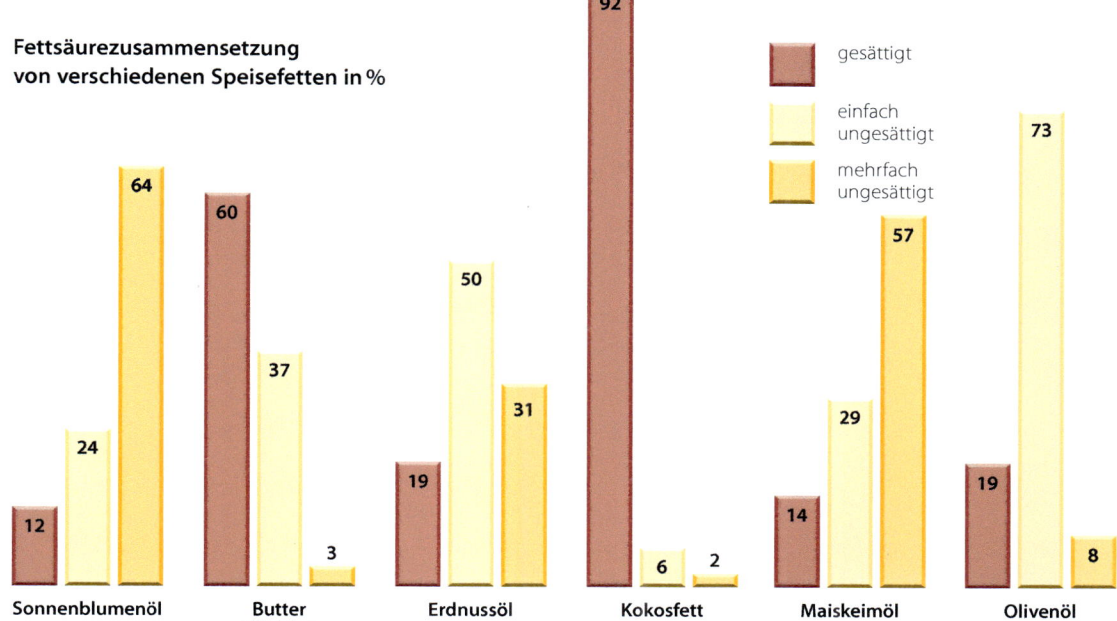

**Fettsäurezusammensetzung
von verschiedenen Speisefetten in %**

Legende:
- gesättigt
- einfach ungesättigt
- mehrfach ungesättigt

Sonnenblumenöl: 12, 24, 64
Butter Milchfett: 60, 37, 3
Erdnussöl: 19, 50, 31
Kokosfett: 92, 6, 2
Maiskeimöl: 14, 29, 57
Olivenöl: 19, 73, 8

Küchentechnische Eigenschaften

Fette sind in Wasser nicht löslich. Die Dichte der Fette ist niedriger als die von Wasser, Fett schwimmt daher auf der Flüssigkeit (z.B. Fettschicht auf Fleischbrühe oder Suppen, Rahm auf Rohmilch). In Lösungsmitteln, wie z.B. Benzin, sind Fette löslich.

Fette können durch den Zusatz eines **Emulgators** emulgiert werden, d.h., Wasser und Fett werden dauerhaft miteinander vermischt. Ist Wasser in Fett fein verteilt, spricht man von einer **Wasser-in-Öl-Emulsion** (z.B. Butter, Margarine). In Sahne und Milch ist Fett in Wasser verteilt, diese Mischung stellt eine **Öl-in-Wasser-Emulsion** dar (s.a. S. 89). Eiweiß und Lecithin sind natürliche Emulgatoren und werden als solche bei der Herstellung von Mayonnaise und Rührmassen eingesetzt.

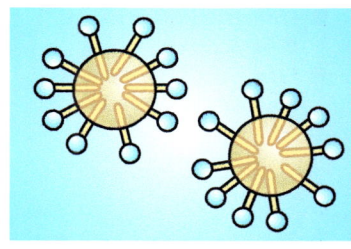

Fett-in-Wasser-Emulsion (Milch)

Fette besitzen je nach Fettsäurezusammensetzung unterschiedliche **Schmelzbereiche**. So ist Sonnenblumenöl bei Raumtemperatur flüssig, Butterfett hingegen fest. Fette, deren Schmelzpunkt höher als die Körpertemperatur (37 °C) liegt, sind schwer verdaulich. Um die Bekömmlichkeit zu verbessern, sollten Gerichte mit Rind- und Lammfleisch heiß verzehrt werden.
Öle können durch die Anlagerung von Wasserstoff an die ungesättigten Fettsäuren in feste Fette überführt werden. Dieser Prozess wird auch als »Fetthärtung« bezeichnet und bei der Herstellung von Margarine aus Pflanzenölen angewandt.

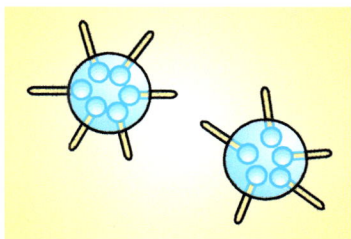

Wasser-in-Fett-Emulsion (Butter)

Der **Siedepunkt der Fette** ist höher als der von Wasser. Fette werden beim Garen von Nahrungsmitteln insbesondere dann eingesetzt, wenn die Bildung von Röststoffen erwünscht ist. Je nach Fettsäurezusammensetzung und Wassergehalt lassen sich die Fette unterschiedlich hoch erhitzen. **Reine Speisefette**, wie z.B. Palmkernfett (mit einem hohen Gehalt an gesättigten Fettsäuren) oder Sonnenblumenöl, haben einen **hohen Siedepunkt**. Butter und Margarine, die Wasser und Eiweiß enthalten, dürfen nicht so hoch erhitzt werden.

Schmelzbereich der Speisefette	
Pflanzenöle/-fette	0 bis 18 °C
Schweineschmalz	34 bis 48 °C
Butter/Margarine	25 bis 35 °C
Hammel-/Rindertalg	44 bis 55 °C

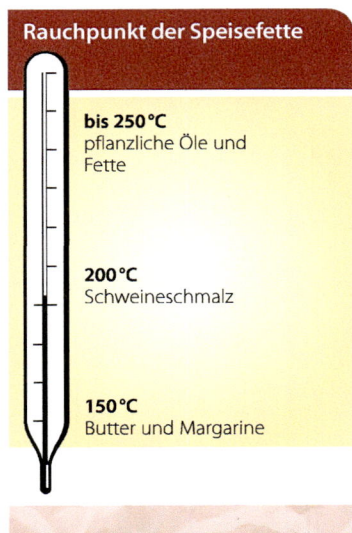

Rauchpunkt der Speisefette

bis 250 °C
pflanzliche Öle und
Fette

200 °C
Schweineschmalz

150 °C
Butter und Margarine

So kann das Ranzigwerden von Speisefetten verhindert werden!
- Kühllagerung oder Tiefkühlung unter luftdichter Verpackung
- Dunkellagerung
- Frittierfett nicht öfter als 3-mal erhitzen
- Fette nicht in Metallgefäßen oder Alufolie aufbewahren

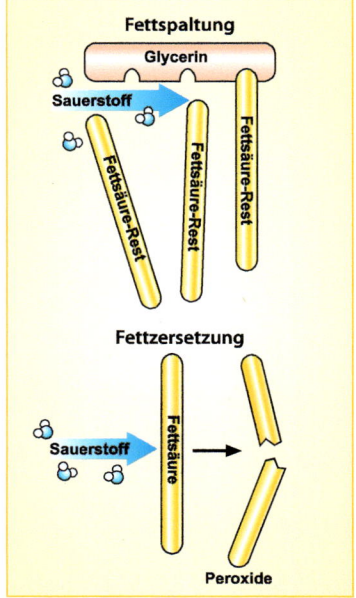

Ranzigwerden

Werden Fette über den Siedepunkt hinaus erhitzt, beginnen sie sich zu zersetzen (**Rauchpunkt**). Sie fangen an zu rauchen und bilden einen stechenden Geruch.

▶ **Fette mit hohem Rauchpunkt:** bei hohen Gartemperaturen und langen Garzeiten (z. B. Schweinebraten, kurz gebratenes Fleisch, wie z. B. Steaks)
▶ **Fette mit niedrigem Rauchpunkt:** bei niedrigen Gartemperaturen und kurzer Garzeit (z. B. Spiegelei, Omelett)

Fette werden nicht nur durch zu hohes, sondern auch durch wiederholtes Erhitzen zersetzt. Daher gilt: **Frittierfett höchstens 3-mal erhitzen, danach entsorgen!**

Die **Gartemperatur** und die Auswahl des Speisefettes sind jeweils auf das Gargut abzustimmen. Bei zu niedriger Temperatur nimmt das Gargut (z. B. Pommes frites) zu viel Fett auf, wodurch die Bekömmlichkeit eingeschränkt wird. Bei zu hohen Temperaturen ist die Kruste oft zu stark gebräunt und das Gargut nicht vollständig im Kern gegart.

Richtiges Garen mit Fett
▶ Nur gut abgetrocknete Lebensmittel in das heiße Fett geben (Spritzgefahr!).
▶ Wenig Fett und nur hitzebeständige Fette (z. B. gehärtete Pflanzenfette, Pflanzenöl, Butterschmalz) verwenden.
▶ Das Fett muss heiß genug sein, sonst nehmen die Lebensmittel zu viel Fett auf (hoher Energiegehalt, schwer verdaulich).

Fette werden bei langer Lagerung **ranzig**. Dabei werden sie unter Einwirkung von Mikroorganismen, Enzymen, Sauerstoff, Licht und Wärme in Glycerin und Fettsäuren gespalten. Es entsteht ein unangenehmer Geruch und Geschmack. Die entstandenen Fettsäuren können weiter zu gesundheitsschädlichen Stoffen abgebaut werden.

Einsatzbereiche

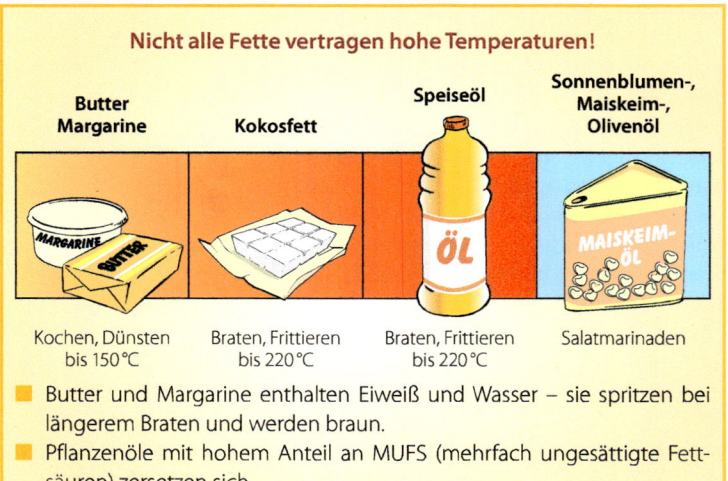

- Butter und Margarine enthalten Eiweiß und Wasser – sie spritzen bei längerem Braten und werden braun.
- Pflanzenöle mit hohem Anteil an MUFS (mehrfach ungesättigte Fettsäuren) zersetzen sich.
- Achtung: Wird Fett über 180 °C erhitzt, bildet sich Acrolein!

Standardablauf Mürbeteig herstellen

Vorbereiten:
- ▶ Lebensmittel abwiegen
- ▶ entsprechend dem Rezept vor- und zubereiten, Arbeitsgeräte bereitstellen
- ▶ Arbeitsplatz einrichten

Durchführen:
- ▶ Mehl und Zucker, Salz in eine Schüssel geben
- ▶ Eier, weiche Margarine/Butter darauf verteilen
- ▶ mit den Knethaken auf kleiner Stufe vermischen
- ▶ auf bemehlter Arbeitsfläche zusammenkneten
- ▶ Teig kühl stellen

Mürbeteig (4:2:1)	
500 g	Mehl
250 g	Butter oder Margarine
125 g	Zucker
2	Prisen Salz
2	Eier
1–2 EL	Milch

Mürbeteig (1:2:3)	
125 g	Zucker
250 g	Butter oder Margarine
375 g	Mehl
1	Prise Salz
1	Ei

Dieser Mürbeteig hat durch den höheren Fettanteil einen hohen Energiegehalt.

Herstellung eines Mürbeteiges

- ▶ Alle Zutaten mit den Knethaken auf kleiner Stufe vermischen
- ▶ Teig auf bemehlter Arbeitsfläche zusammenkneten und kühl stellen

Standardablauf Mayonnaise herstellen

Vorbereiten:
- ▶ Lebensmittel abwiegen
- ▶ entsprechend dem Rezept vor- und zubereiten, Arbeitsgeräte bereitstellen
- ▶ Arbeitsplatz einrichten

Durchführen:
- ▶ Ei, Salz, Senf, Zucker mit dem Handrührgerät auf höchster Stufe vermischen
- ▶ Öl tropfenweise unter Rühren zugeben
- ▶ ist die Mayonnaise steif, Essig u.a. Geschmackszutaten unterrühren

Mayonnaise	
1	Ei oder 1 Eigelb
½ TL	Salz
1 TL	Senf
1 TL	Zucker
1 EL	Essig oder Zitronensaft
⅛ l	Öl

Nur frische Eier verwenden und die Hygieneregeln beachten – Salmonellengefahr!

Herstellung einer Mayonnaise

- ▶ Ei, Salz, Senf, Zucker verschlagen
- ▶ Öl tropfenweise unter Rühren zugeben
- ▶ Essig u.a. Geschmackszutaten unterrühren

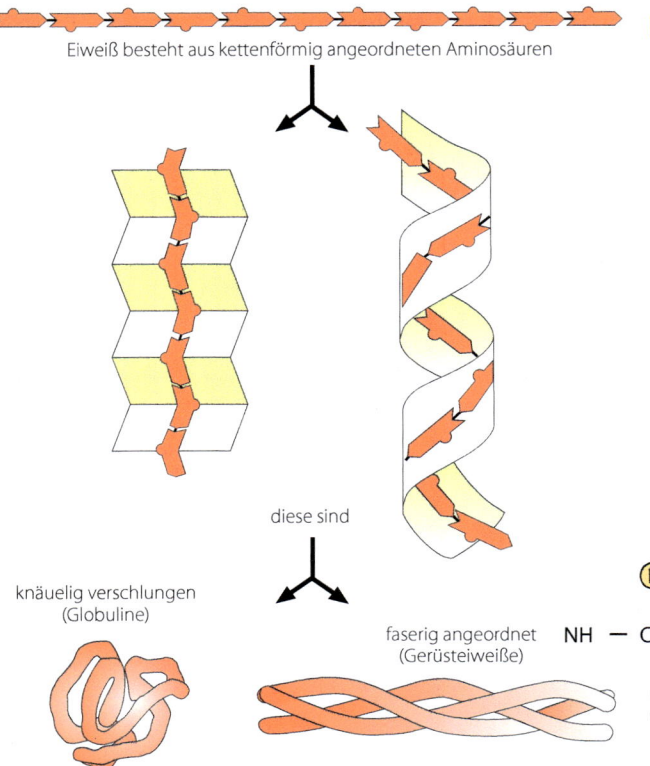

Eiweiß besteht aus kettenförmig angeordneten Aminosäuren

diese sind

knäuelig verschlungen
(Globuline)

faserig angeordnet
(Gerüsteiweiße)

Ohne Eiweiß kein Leben!

1.4.3 EIWEISS

Vorkommen und chemischer Aufbau

Nahrungseiweiße sind lebenswichtig für den Aufbau und die Funktion des menschlichen Organismus. Eiweiß wird benötigt zum Aufbau von Körperzellen (z. B. in Muskeln, Haut, Nerven) und körpereigenen Eiweißstoffen (z. B. Blut, Enzyme, Immunproteine). 15 bis 20 % des menschlichen Körpers bestehen aus Eiweiß.

Eiweißstoffe (**Proteine**) kommen in tierischen und pflanzlichen Zellen vor. Als Bausteine der Eiweiße dienen 20 verschiedene Aminosäuren. **Aminosäuren** bestehen wie die Kohlenhydrate und Fette aus Kohlenstoff, Wasserstoff und Sauerstoff. Zusätzlich enthalten sie noch Stickstoff, einige Schwefel und Phosphor.

Grundstruktur einer Aminosäure

$$\overset{\textcircled{R}}{\underset{|}{NH - CH - COOH}}$$

Die verschiedenen Aminosäuren unterscheiden sich im Aufbau der Restgruppe $\textcircled{R}$

Die meisten Aminosäuren kann der menschliche Organismus selbst bilden, bei acht Aminosäuren ist er dazu nicht in der Lage. Sie werden **unentbehrliche Aminosäuren** genannt und müssen ausreichend mit der Nahrung zugeführt werden. Fehlen diese acht Aminosäuren in der Nahrung, kann nicht ausreichend körpereigenes Eiweiß aufgebaut werden.

Nach ihrem Aufbau unterscheidet man **einfache Eiweiße (Proteine)** und **zusammengesetzte Eiweiße** (Proteide).

- **Einfache Eiweiße** bestehen aus verknüpften Aminosäureketten. Sind die Aminosäureketten knäuelartig verschlungen, bilden sie **kugelförmige** (globuläre) Eiweiße (z. B. Blut, Milch, Ei). Werden mehrere Spiralen zu faserartigen Strängen verbunden, entstehen **faserförmige** Eiweiße, sog. **Gerüsteiweiße** (z. B. Knorpel, Sehnen, Kleber, Gelatine), vgl. Abb.
- **Zusammengesetzte Eiweiße** enthalten neben den Aminosäuren noch andere Bestandteile«, z. B. das Hämoglobin, einen Eisenanteil.

KOMPETENZ-CHECK

Ermitteln Sie in einer Nährwerttabelle den Eiweißgehalt in jeweils 100 g: Weizenvollkornbrot – Erbsen – Tomaten – Kartoffeln – Edamer – Hähnchenbrustfilet – Kabeljau – Schweinefleisch, mager. Notiere die Werte in einer Tabelle.

Arten, Vorkommen und Eigenschaften der Eiweiße

Arten	Vorkommen	Eigenschaften/Anwendung
einfache Eiweiße (Proteine):		
Albumine	Milch, Fleisch, Fisch, Ei, Gemüse, Kartoffeln, Getreide	wasserlöslich, gerinnen bei ca. 70 °C (geronnenes Albumin setzt sich beim Kochen als grauer Schaum ab)
Globuline	Milch, Fleisch, Fisch, Ei, Hülsenfrüchte, Nüsse, Getreide	löslich in verdünnten Salzlösungen, quellen in sauren Lösungen (Essigzugabe bei Linsengerichten)
Klebereiweiße:		
Gluten	Weizen, Hafer, Gerste, Roggen	gerinnen bei 70 °C, geben Quellwasser beim Backen ab
Gliadin	Weizen, Mais	
Gerüsteiweiße:		
Kollagene	Knorpel, Sehnen, Knochen, Gelatine	zur Gelatineherstellung
zusammengesetzte Eiweiße (Proteide):		
Kasein	Milch, Käse	gerinnt durch Säure oder Lab (wichtig für die Käseherstellung)
Hämoglobin	(+ Eisen) → roter Blutfarbstoff	
Myoglobin	(+ Eisen) → roter Muskelfarbstoff	
Chlorophyll	(+ Magnesium) → Blattgrün	

Klebereiweiß gibt dem Hefeteig die gewünschte Quellfähigkeit und Standfestigkeit.

Gelatine bindet die Flüssigkeit und wird zur Herstellung von Süßspeisen und Tortenfüllungen verwendet

Entsprechend ihrer Zusammensetzung (Art, Anzahl, Reihenfolge, Anordnung) der enthaltenen Aminosäuren haben die Eiweiße verschiedene Eigenschaften und Verwendungsmöglichkeiten. So sind die **Klebereiweiße** Gluten und Gliadin besonders quellfähig und bilden ein stabiles Teiggerüst (z. B. Hefeteig). **Gerüsteiweiße** wie die Gelatine binden Flüssigkeit, sodass eine feste gallertartige Masse entsteht (z. B. Gelee, Sülze).

Biologische Wertigkeit wichtiger eiweißhaltiger Lebensmittel

Hühnerei	94 %
Rotbarschfilet	80 %
Rindfleisch	76 %
Milch	86 %
Sojabohnen	72 %
Kartoffeln	67 %
Hülsenfrüchte	30 %
Weizenmehl	35 %
Vollkornreis	36 %

Beispiel: Milch hat eine biologische Wertigkeit von 86 %, das bedeutet: Aus 100 g Milcheiweiß können 86 g Körpereiweiß aufgebaut werden.

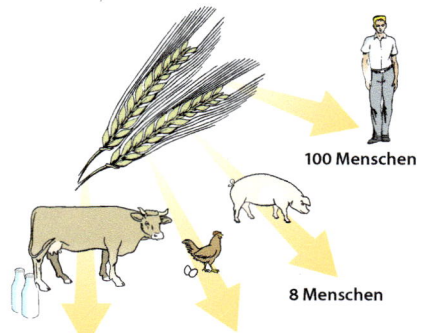

Die Produktion von tierischem Eiweiß führt zu hohen Veredelungsverlusten – weniger Menschen werden satt.

100 Menschen

8 Menschen

15 Menschen

25 Menschen

Bedarf und ernährungsphysiologische Bedeutung

Der menschliche Organismus verfügt über keine Eiweißvorräte und muss daher regelmäßig mit ausreichend Eiweiß versorgt werden. Die Eiweißzufuhr soll 10 bis 15 % des Gesamtenergiebedarfs betragen.

1 g Eiweiß liefert im menschlichen Körper 17 kJ.

Eiweiß wird zum Aufbau von Körpergeweben verwendet. Es ist Bestandteil von Enzymen und Hormonen. Zur Energiegewinnung wird Eiweiß nur dann verwendet, wenn zu wenig Kohlenhydrate oder Fette aufgenommen werden. Kinder und Jugendliche sind im Wachstum und haben daher einen relativ hohen Eiweißbedarf. Der Eiweißbedarf verändert sich mit dem Lebensalter, vgl. Abb.

Empfehlenswerte Eiweißzufuhr (DGE) in g pro kg Körpergewicht

Säuglinge	Kinder 1 bis 3 J.	Kinder 4 bis 6 J.	Kinder 7 bis 14 J.	Jugendliche 15 bis 18 J.	Erwachsene	Senioren > 65 J.
1,6 bis 2,2	1,2	1,1	1	0,8 bis 0,9	0,8	1

Bei der Eiweißzufuhr muss die **biologische Wertigkeit** der aufgenommenen Nahrungseiweiße beachtet werden. Die biologische Wertigkeit eines Lebensmittels wird durch seinen Gehalt an unentbehrlichen Aminosäuren bestimmt. Tierische Eiweiße haben im Allgemeinen eine höhere biologische Wertigkeit als pflanzliche Eiweiße, d. h., sie werden im menschlichen Organismus effizienter in Körpereiweiß umgesetzt.

Die Nahrungseiweiße können sich gegenseitig in ihrem Gehalt an unentbehrlichen Aminosäuren ergänzen. Durch richtige Kombination von tierischen und pflanzlichen Eiweißen kann man eine Kost mit hoher biologischer Wertigkeit zusammenstellen.

Einen **guten Ergänzungswert** haben:
- Kartoffeln + Ei, Milch, Milchprodukte, Fisch oder Fleisch
- Hülsenfrüchte + Ei, Fleisch, Fisch, Milch oder Getreide
- Getreide + Ei, Fleisch, Fisch oder Milch

Einen **geringen Ergänzungswert** haben:
- Kartoffeln + Hülsenfrüchte
- Getreide + Gemüse

Die Produktion tierischer Lebensmittel ist energieaufwendiger und damit klimabelastender als die Erzeugung pflanzlicher Lebensmittel. Daher sollte der Verzehr von tierischen Lebensmitteln reduziert werden: »Fleisch, Milch, Eier: weniger ist mehr.«

KOMPETENZ-CHECK

1. *Wie viel Gramm Körpereiweiß werden aus 1 Liter Milch aufgebaut?*
2. *Sammeln Sie Kombinationen von Speisen für Mittagsmahlzeiten, die den Ergänzungswert des Eiweißes berücksichtigen.*

Küchentechnische Eigenschaften

Eiweiße **gerinnen (denaturieren)** durch die Einwirkung von Hitze, Säuren und Alkohol. Die **Gerinnung durch Hitze** beginnt bei etwa 60 °C. Das geronnene Eiweiß bindet zugesetztes Wasser, z. B. Rühreier, Omeletts, Eierstich, Kleingebäck. **Beim Garen von Fleisch verhindert das Gerinnen des Muskeleiweißes, dass Fleischsaft austreten kann** – das Fleischstück bleibt saftig. Beim Backen von Weizenteigen gerinnt das Klebereiweiß ab 65 °C und verfestigt sich, das Gebäckgerüst bildet sich aus. Die **Gerinnung durch Säure** wird bei der Herstellung von Sauermilchprodukten und Käse eingesetzt. Milchsäurebakterien bauen den Milchzucker zu Milchsäure ab, die das Milcheiweiß gerinnen lässt. Denaturiertes gewonnenes Eiweiß ist leichter verdaulich.

Hühnereiweiß kann zu einem stabilen **Schaum** geschlagen werden, der die eingeschlossene Luft festhält. Durch Zugabe von Zucker wird die Viskosität des Schaumes erhöht. Bei der Herstellung von Baisers, Biskuitmassen, Schaumspeisen und Schaumcremes wird die Schaumbildung eingesetzt. Der Zusatz von Fett zerstört den Eiweißschaum.

Eiweißstoffe sind in Wasser oder in Salzlösung **löslich**. Eiweißhaltige Lebensmittel, z. B. Fleisch, dürfen daher nicht lange wässern. Beim Garen werden sie in die heiße Kochflüssigkeit gelegt, um Auslaugverluste gering zu halten. Die Garflüssigkeit von Kartoffeln oder Hülsenfrüchten sollte verwendet werden, da sie lösliche Eiweißstoffe enthält.

Gelöste Eiweiße können viel **Wasser binden**. So kann das Klebereiweiß im Weizenteig die doppelte Menge seines Gewichtes an Wasser aufnehmen. Durch Wärmezufuhr wird die Wasserbindung unterstützt, z. B. beim Kochen von Eiern – das Eiklar mit 80 % Wasseranteil wird fest. Das Wasserbindevermögen wird bei der Herstellung von Gebäcken und Eierspeisen genutzt.

Gerüsteiweiße **quellen** in Wasser auf. Kocht man Knochen, Schwarten oder sehnenreiche Fleischteile in Wasser, wird das **Kollagen** aus dem Gewebe herausgelöst und bindet Wasser. Der Zusatz von Säure beschleunigt diesen Vorgang. Beim Abkühlen bildet sich aus der Lösung (Sol) ein schnittfestes Gel. Die Gelbildung nutzt man z. B. bei der Herstellung von Sülzen und Aspikspeisen. Durch Erwärmen wird das Gel wieder in das Sol übergeführt. Gelatine wird aus Kollagenen hergestellt.

Eiweiß kann Fette **emulgieren** (s. S. 61 u. 89). Diese Eigenschaft wird bei der Herstellung von Mayonnaise, Sahnecreme und Buttercreme genutzt.

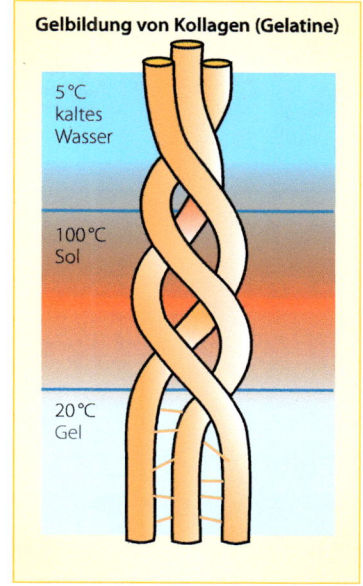

Gelbildung von Kollagen (Gelatine)

5 °C kaltes Wasser

100 °C Sol

20 °C Gel

Gelatine

Rohe Eier können krankmachende Keime enthalten. In der Gemeinschaftsverpflegung dürfen daher keine Speisen, die „Rohei" enthalten, hergestellt werden.

KOMPETENZ-CHECK

1. *Viele Wildgerichte werden vor dem Garen mindestens drei Tage in einer Essigmarinade eingelegt. Informieren Sie sich über die technologischen Gründe dieser Zubereitungstechnik.*
2. *Brühen werden mit kaltem Wasser angesetzt; Fleisch-, Geflügel- und Fischgerichte werden in heißem Fett oder Wasser gegart. Begründen Sie die Zubereitungstechniken mit den Eiweißeigenschaften.*
3. *Informieren Sie sich über die Verarbeitung von Gelatine. Bei welchen Speisen wird sie eingesetzt?*

Führen Sie eine Internetrecherche durch zum Thema: »Gelatine bei veganer Ernährung? Was gibt es für Alternativen?«

Brandmasse

½ l	Wasser
120 g	Butter oder Margarine
2	Prisen Salz
300 g	Mehl
8 –10	Eier

Standardablauf Brandmasse herstellen

Vorbereiten:
- ▶ Lebensmittel abwiegen
- ▶ entsprechend dem Rezept vor- und zubereiten, Arbeitsgeräte bereitstellen, Arbeitsplatz einrichten

Durchführen:
- ▶ Wasser, Fett, Salz in einem Kochtopf aufkochen
- ▶ Topf von der Kochstelle nehmen
- ▶ Mehl auf einmal hineinschütten, mit den Knethaken verrühren, bis ein glatter Teig entstanden ist
- ▶ Topf zurück auf die Kochstelle setzen und Masse unter Rühren abbrennen, bis sich am Topfboden eine weiße Teighaut bildet
- ▶ Topf von der Kochstelle nehmen, Eier einzeln dazurühren, nach jeder Zugabe Masse glatt rühren
- ▶ vor der Zugabe des letzten Eis Konsistenz der Masse prüfen (Teig soll mit langen Spitzen an den Knethaken hängen bleiben und glänzend sein)

Herstellung einer Brandmasse

▶ Wasser, Salz und Fett aufkochen, Mehl hinzugeben und mit Knethaken zu glattem Teig verarbeiten

▶ Brandmasse auf der warmen Kochstelle unter Rühren »abbrennen«

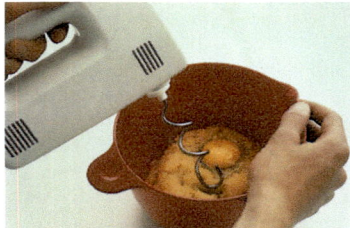

▶ Eier einzeln unter die Masse rühren, die Masse jeweils glatt rühren

Biskuitmasse

4	Eier
4 EL	warmes Wasser
1 Pr.	Salz
150 g	Zucker
75 g	Mehl
75 g	Speisestärke

Standardablauf Biskuitmasse herstellen

Vorbereiten:
- ▶ Lebensmittel abwiegen
- ▶ entsprechend dem Rezept vor- und zubereiten, Arbeitsgeräte bereitstellen, Arbeitsplatz einrichten

Durchführen:
- ▶ Eier trennen
- ▶ Eigelb, warmes Wasser und Salz schaumig schlagen
- ▶ während des Rührens Zucker langsam einrieseln lassen
- ▶ Mehl, Backpulver, Stärke darübersieben und unterheben
- ▶ Eischnee schlagen und unterheben

Herstellung einer Biskuitmasse

▶ In schaumig gerührtes Eigelb langsam Zucker einrieseln lassen

▶ Mehl, Speisestärke und Backpulver mischen, auf Masse sieben

▶ Mehl und Eischnee unterheben, Masse sofort weiterverarbeiten!

Standardablauf Hackfleischmasse herstellen

Vorbereiten:
- ▶ Lebensmittel abwiegen
- ▶ entsprechend dem Rezept vor- und zubereiten, Arbeitsgeräte bereitstellen
- ▶ Arbeitsplatz einrichten

Durchführen:
- ▶ Brötchen in kaltem Wasser einweichen, ausdrücken
- ▶ Zwiebeln schälen, in feine Würfel schneiden
- ▶ Hackfleisch, Zwiebeln, Brötchen und aufgeschlagene Eier in eine Schüssel geben
- ▶ Petersilie hacken und einstreuen
- ▶ Salz, Pfeffer, Paprika zugeben
- ▶ alle Zutaten mit dem Knethaken oder mit der Hand kneten

Hackfleischmasse

1 kg	Hackfleisch, halb und halb
2	Brötchen
5	Zwiebeln
2	Eier
2 Bd.	Petersilie
	Salz, Pfeffer, Paprika

Hackfleischmengen/ Portion:

75 g	für Frikadellen oder Klopse
60 g	für Gemüsefüllungen
50 g	für Gerichte mit geringerem Fleischanteil, z. B. Hackfleischsoßen

Herstellung einer Hackfleischmasse

- ▶ Alle Zutaten für die Hackfleischmasse in eine Schüssel geben
- ▶ Alle Zutaten mit dem Knethaken oder von Hand vermengen
- ▶ Aus dem Hackfleischteig Frikadellen formen, Fett erhitzen und Frikadellen von beiden Seiten jeweils 4 Min. braten

Fettgehalt von Hackfleisch:

■ Rinderhackfleisch	max. 20 %
■ Schweinehackfleisch	max. 35 %
■ Hackfleisch, halb und halb	max. 30 %
■ Tatar	max. 6 %

KOMPETENZ-CHECK

Sammeln Sie Rezepte von Gebäcken, die mit Biskuitmasse/Brandmasse hergestellt werden. Stellen Sie Ihre Rezepte in der Klasse vor.

① **Frucht- und Samenschale**
(Ballaststoffe, Vitamin B)

② **Aleuronschicht**
(Eiweißstoffe, Mineralstoffe)

③ **Mehlkörper**
(Stärke, Klebereiweiß)

④ **Keimling**
(Fett, Eiweißstoffe, Stärke,
Vitamin E)

Vor allem die äußere Schicht des
Getreidekorns (die Kleie) enthält
viele Ballaststoffe, ebenso Vitamine
und Mineralstoffe.

15 g Ballaststoffe sind enthalten in:
200 g Roggenvollkornbrot
oder
1 Roggenbrötchen
+ 50 g Mehrkornbrot
+ 100 g Grahambrot
oder
10 Brötchen
oder
500 g Weißbrot
oder
375 g Weizenmischbrot
(50 g Brot entspricht 1 Scheibe)

1.4.4 BALLASTSTOFFE

Vorkommen

Die Ballaststoffe gehören zu den **Vielfachzuckern**. Sie sind **unverdauliche** Nahrungsbestandteile und kommen überwiegend in pflanzlichen Lebensmitteln vor. Sie liefern **keine Energie**. Ballaststoffe binden viel Wasser und quellen dabei auf. Dadurch regen sie die Darmtätigkeit an und verhindern Darmträgheit und Verstopfung. Sie füllen den Magen, ohne den Kaloriengehalt der Mahlzeit zu erhöhen, die Magenentleerung wird verzögert und man fühlt sich **länger satt**. Ballaststoffe fördern die Freisetzung von Verdauungssäften und unterstützen eine normale Verdauung. Sie sind Nahrung für nützliche Darmbakterien und begünstigen so die natürliche Darmflora. Einige Ballaststoffe senken den Cholesterinspiegel.

Die wichtigsten Ballaststoffe in Lebensmitteln sind **Cellulose**, **Hemicellulose** und **Pektin**.

Arten, Vorkommen und Eigenschaften der Ballaststoffe

Arten	Vorkommen	Eigenschaften
Cellulose	Obst, Gemüse, Getreide	quellfähig
Hemicellulose	Obst, Gemüse, Getreide	quellfähig
Pektine	Obst, Gemüse	quell-, gelierfähig

Ballaststoffgehalt in 100 g Lebensmittel

Lebensmittel	Ballaststoffgehalt (g)
Weizenkleie	45,0
Roggenvollkornbrot	8,1
Roggenmischbrot	6,1
Weißbrot	3,3
Knäckebrot aus Roggen	14,6
Himbeeren	4,7
Apfel	2,0
Banane	1,8
Erbsen, frisch	4,3
Möhren	3,6
Brokkoli	3,0
Weiße Bohnen, getrocknet	23,2
Linsen, getrocknet	17,0
Feldsalat	1,5

Besonders die Getreideballaststoffe regen die Darmtätigkeit wirksam an. Sie sind in Naturreis, Vollkornbroten, Brot und Gebäck aus höher ausgemahlenen, dunklen Mehlen und anderen Vollkornprodukten enthalten. **Täglich sollten ca. 15 g Getreideballaststoffe aufgenommen werden!**

Küchentechnische Eigenschaften

Cellulose und Hemicellulose bilden die Gerüstsubstanz in den Zellwänden der pflanzlichen Lebensmittel. Sie kommen reichlich in den Schalen des Getreidekorns vor. Vollkornmehle und Naturreis enthalten die vollen Bestandteile des ganzen Korns und besitzen reichlich Ballaststoffe. Auszugsmehle und geschälter Reis enthalten nur noch den Mehlkörper, ihr Ballaststoffgehalt ist sehr gering. Getreide ist ein preiswertes Nahrungsmittel und kann zu vielen schmackhaften Gerichten verarbeitet werden. Durch Einweichen wird die Kochzeit erheblich verringert. Das Einweichwasser sollte beim Kochen mit verwendet werden, um die ausgelaugten Mineralstoffe zu nutzen. Cellulose und Hemicellulose sind nicht in Wasser löslich und verkleistern nicht. Pektine sind wasserlöslich. Sie kommen reichlich in Äpfeln und Beerenobst vor. Pektine binden Wasser und gelieren. Diese Eigenschaft wird bei der Herstellung von Gelee, Marmelade, Süßspeisen und Cremes genutzt.

Bedarf und ernährungsphysiologische Bedeutung

Vor etwa 100 Jahren verzehrten unsere Vorfahren täglich etwa 100 g Ballaststoffe, vor allem aus Kartoffeln, Roggenbrot, Kohl und Hülsenfrüchten. Heute liegt die Ballaststoffzufuhr durchschnittlich nur bei etwa 20 g. Als Folge leidet schätzungsweise ein Drittel der Bevölkerung an Darmträgheit oder Verstopfung. Eine ballaststoffarme Kost begünstigt die Entstehung vieler Zivilisationskrankheiten, wie z. B. Übergewicht, Diabetes mellitus und Gallensteine. Täglich sollten 30 bis 40 g Ballaststoffe aufgenommen werden. Ballaststoffe sind reichlich in Getreide und Getreideerzeugnissen, ebenso in Hülsenfrüchten enthalten. Auch Trockenfrüchte und Nüsse haben einen hohen Ballaststoffgehalt. Aufgrund ihres hohen Energiegehaltes sollten diese aber nur in geringen Mengen verzehrt werden.

Mindestens die Hälfte der Ballaststoffe sollte aus Getreide und Getreideprodukten stammen, der Rest aus Gemüse, Obst und Salaten.

Bei einem hohen Anteil an ballaststoffreicher Nahrung ist eine erhöhte Flüssigkeitszufuhr notwendig. Mindestens 1,5 bis 2 l Flüssigkeit sollte der Körper täglich aufnehmen.

Sanddorn-Gelee

Pektin ist ein pflanzliches Geliermittel in Früchten – Äpfel, Quitten und Johannisbeeren haben reichlich Pektin. Pektin ist stark quellfähig. Als Bestandteil im Gelierzucker wird es zur Herstellung von Gelees verwendet.

Frühstück im Vergleich

- *ballaststoffreich:*
  2 Tassen Kaffee mit Milch
  1 Scheibe Roggenvollkornbrot
  mit Kräuterquark
  1 Portion Frischkornmüsli
= *10 g Ballaststoffe*
  (600 kcal, 2520 kJ)

- *ballaststoffarm:*
  2 Tassen Kaffee mit Milch
  2 Brötchen mit Streichfett
  Marmelade
  1 Ei
= *3,8 g Ballaststoffe*
  (565 kcal, 2373 kJ)

KOMPETENZ-CHECK

1. *Ermitteln Sie, welche Mengen an verschiedenen Gemüsen oder Obst verzehrt werden müssen, um 15 g Ballaststoffe aufzunehmen.*
2. *Vergleichen Sie den Ballaststoffgehalt der folgenden Gerichte:*
   a) 50 g Spaghetti + 100 g Soße bolognese
   b) 50 g Vollkornreis + gefüllte Paprika (200 g Paprika + 80 g Hackfleisch)
   c) Erarbeiten Sie einen Vorschlag für ein ballaststoffreiches Mittagessen.
3. *Informieren Sie sich über das Angebot an Vollkornerzeugnissen und Vollkornprodukten in Ihrem Supermarkt. Vergleichen Sie die Preise von Vollkornerzeugnissen mit denen hochverarbeiteter Produkte. Notieren Sie die jeweiligen Ballaststoffgehalte in einer Tabelle.*
4. *Machen Sie unter dem Aspekt »ballaststoffreiche Ernährung« eine Bestandsaufnahme in Ihrem Schulkiosk.*

Frisches Obst und Gemüse sind reich an sekundären Pflanzenstoffen

1.4.5 SEKUNDÄRE PFLANZENSTOFFE

Pflanzliche Nahrungsmittel enthalten eine Vielzahl an **sekundären Pflanzenstoffen**. Bisher sind etwa 30.000 bekannt, davon kommen 5.000 bis 10.000 in der Nahrung vor. Sekundäre Pflanzenstoffe in Gemüse und Obst fördern zusammen mit den enthaltenen Vitaminen, Mineralstoffen, Spurenelementen und Ballaststoffen die körperliche Gesundheit. In frisch zubereiteter Rohkost sowie in schonend gegarten Gemüsen bleiben sie weitgehend erhalten. Bei einer gemischten Kost werden täglich etwa 1,5 g sekundäre Pflanzenstoffe aufgenommen, bei einer vegetarischen Ernährung kann die Aufnahme deutlich höher liegen. In vielen Lebensmitteln, z. B. in Fruchtsäften und Joghurtzubereitungen, werden sekundäre Pflanzenstoffe als sogenannte »bioaktive Substanzen« künstlich zugesetzt.

> Die sekundären Pflanzenstoffe
> ■ sind keine Nährstoffe,
> ■ kommen in den Pflanzen nur in sehr geringen Mengen vor,
> ■ haben eine pharmakologische medikamentöse Wirkung.

Nach ihrem chemischen Aufbau und ihren Eigenschaften lassen sich die sekundären Pflanzenstoffe in verschiedene Gruppen aufgliedern, so z. B.:

Carotinoide (Alpha- und Beta-Carotin, Lutein), die als Farbstoffe in Obst und Gemüse die gelbe und rote Farbe bewirken. Sie kommen reichlich in Paprika, Tomaten, Karotten, Aprikosen, Grünkohl und Spinat vor. Sie schützen den Körper vor Infektionen und unterstützen die körpereigene Abwehr. Carotinoide werden aus schonend erhitzten und fein zerkleinerten Lebensmitteln besser als aus rohen Lebensmitteln aufgenommen. Da Carotinoide fettlöslich sind, müssen sie zusammen mit Fetten verzehrt werden. Carotinoide werden durch langes Erhitzen und Warmhalten der Speisen zerstört. Carotinoide sind empfindlich gegenüber Licht und Sauerstoff – bei längerem »Stehenlassen« fertig zubereiteter Speisen, z. B. Möhrenrohkost oder frischer Tomatensaft, gehen sie verloren.

Carotinreiche Gemüsesorten

Kriterien für die Auswahl

■ *heimisches Obst und Gemüse bevorzugen*
■ *Lebensmittelauswahl nach der Jahreszeit richten*
■ *Freilandanbau bevorzugen*
■ *regionale Anbieter bevorzugen*
■ *reife Lebensmittel verwenden*
■ *auf vielfältige Auswahl an Obst und Gemüse achten*

Sulfid in Zwiebelgewächsen

Carotinoidgehalt verschiedener Gemüsesorten
(in µg/100 g verzehrbarer Anteil)

Lebensmittel	β-Carotin
Blumenkohl	10
Brokkoli	850
Chicorée	3 400
Erbsen	422
Feldsalat	3 900
Grünkohl	5 200
Karotte	7 600
Spargel	516
Spinat	4 800
Tomate	593
Wirsing	45

Carotinoidgehalt verschiedener Obstsorten
(in µg/100 g verzehrbarer Anteil)

Lebensmittel	β-Carotin
Apfel	29
Aprikose	1 600
Birne	16
Erdbeere	16
Mango	1 200
Mirabelle	200
Oliven, grün	280
Pfirsich	81
Sauerkirsche	240
Wassermelone	245
Zwetschge	366

Phytosterine kommen in fettreichen Pflanzenteilen, insbesondere in Sonnenblumenkernen, Sojabohnen und Getreidekeimlingen, vor. Sie senken den Cholesterinspiegel und beugen der Krebsentstehung vor.

Flavonoide kommen reichlich in Grünkohl, Brokkoli, Endivien, Sellerie, Preiselbeeren und Kresse vor. Einen mittleren Gehalt haben Kopfsalat, Tomaten, roter Paprika, Äpfel, Weintrauben, Rotwein und Tee. In den Sommermonaten gereiftes Obst und Gemüse weist durch die höhere Sonneneinstrahlung die höchsten Gehalte auf. Flavonoide wirken als **Antioxidantien**, d. h., sie verhindern die chemische Zerstörung der menschlichen Zellen durch oxidative Prozesse. Damit schützen sie vor Krebs und Herz-Kreislauf-Erkrankungen.

Schwefelhaltige Substanzen (Sulfide) in Knoblauch und Zwiebelgewächsen regen das Immunsystem und die Verdauungstätigkeit an. Sie beeinflussen die Blutgerinnung, senken die Blutfette und beugen der Entstehung von Gefäßverschlüssen und Kreislauferkrankungen vor.

Polyphenole kommen in den Randschichten von Gemüse, Obst und Getreide vor. Der Anbau im Freiland führt zu höheren Polyphenolgehalten als der Gewächshausanbau. Reif geerntetes Obst und Gemüse hat die höchsten Gehalte. Polyphenole entfalten im Körper verschiedene gesundheitliche Wirkungen.

»Obst und Gemüse –
Nimm 5 am Tag«
(DGE-Regeln s. S. 136)

> Viele sekundäre Pflanzenstoffe können unter den üblichen Verzehrgewohnheiten im Organismus gesundheitsfördernde Wirkungen entfalten:
> - töten Krankheitserreger (Bakterien, Viren, Pilze) ab
> - aktivieren das Immunsystem
> - hemmen die Bildung von schädlichen Stoffwechselprodukten
> - fördern die Verdauung
> - wirken entzündungshemmend
> - senken den Blutcholesterinspiegel
> - regulieren den Blutzuckerspiegel
> - verhindern die Bildung von Blutgerinnseln
> - wirken der Entstehung von Krebs entgegen (antikanzerogen)

Bioaktive Substanzen und ihre gesundheitlichen Wirkungen

Substanzen	Gemüsearten mit hohem Anteil	anti-kanze-rogen	anti-oxidativ	immun-modu-lierend	anti-throm-botisch	blut-druck-senkend	choles-terin-senkend	blutglu-cose-senkend	anti-mikro-biell	entzün-dungs-hem-mend
Sekundäre Pflanzenstoffe										
Carotinoide	Brokkoli, Grünkohl, Spinat, Möhren, Paprika, Feldsalat, Wirsing	■	■	■			■			
Phytosterine	Brokkoli, Rosenkohl, Blumenkohl, Zwiebeln	■					■			
Glucosinolate	Brassicaceae: Kohlarten, Kohlrabi, Radies, Rettich, Rüben	■		■			■		■	
Saponine	Hülsenfrüchte	■	■	■						
Polyphenole*	Kohlarten, Auberginen, Zwiebeln	■	■							
Protease-Inhibitoren	Hülsenfrüchte	■	■							
Phytoöstrogene	Sojabohnen, Linsen	■	■							
Sulfide	Lauchgewächse	■	■	■	■	■	■		■	■
Phytinsäure	Hülsenfrüchte	■	■	■				■		
Ballaststoffe	in allen Gemüsearten	■		■			■	■		
Substanzen in milchsauer vergorenem Gemüse	z. B. Sauerkraut, milchsauer vergorene Gemüsesäfte	■		■			■		■	

* Phenolsäuren und Flavonoide

Obst und Gemüse liefern Vitamine
und Mineralstoffe

Bedarf und ernährungsphysiologische Bedeutung

Obst und Gemüse versorgen den Körper mit sekundären Pflanzenstoffen und beugen so Herz-Kreislauf- und Krebserkrankungen vor. Die Deutsche Gesellschaft für Ernährung empfiehlt **fünfmal am Tag** (mindestens 375 g) **Obst und Gemüse zu verzehren**. Fehlen sekundäre Pflanzenstoffe in der Ernährung, führt dies zwar nicht zu akuten Mangelsymptomen, das Risiko für verschiedene Krankheiten steigt dann jedoch an.

Damit Obst und Gemüse ihre gesundheitsfördernde Wirkung im Körper entfalten können, ist eine schonende küchentechnische Verarbeitung (s. S. 80 f.) eine wesentliche Voraussetzung. Viele der sekundären Pflanzenstoffe gehen sonst verloren. Die Lebensmittel sollten möglichst frisch zubereitet und unmittelbar verzehrt werden.

Manche sekundäre Pflanzenstoffe, z. B. **Solanin,** haben »roh verzehrt« gesundheitsschädigende Wirkungen. Die entsprechenden Gemüsesorten, z. B. Bohnen und Kartoffeln, dürfen nicht in rohem Zustand verzehrt werden. Solanin wird durch Erhitzen zerstört.

1.4.6 VITAMINE

Vitamine sind lebenswichtige Wirkstoffe in pflanzlichen und tierischen Lebensmitteln, die in kleinsten Mengen wirksam sind. Da der Körper Vitamine gar nicht oder nicht in ausreichender Menge selbst bilden kann, müssen sie regelmäßig mit der Nahrung aufgenommen werden. Nach der Vitaminversorgung des Körpers unterscheidet man:

- **Hypovitaminose (Unterversorgung):**
  Sie tritt bei zu niedriger Vitaminzufuhr auf und führt zu Mangelkrankheiten.
- **Hypervitaminose (Überversorgung):**
  Sie tritt bei zu hoher Vitaminzufuhr auf und führt bei fettlöslichen Vitaminen zu Krankheitserscheinungen.
- **Avitaminose (starke Unterversorgung):**
  Sie führt zu schweren Krankheitsbildern wie z. B. Skorbut oder Rachitis.

Vitamine werden nach ihrer Löslichkeit in fettlösliche und wasserlösliche Vitamine eingeteilt:

- *fettlösliche Vitamine: A, D, E, K*
- *wasserlösliche Vitamine: B_1, B_2, B_6, B_{12}, C, Biotin, Folsäure, Pantothensäure, Niacin*

Fettlösliche Vitamine werden im Körper im Fettgewebe gespeichert. Bei einer kurzfristigen Vitaminunterversorgung kann der Bedarf über eigene Reserven abgedeckt werden. Extrem hohe Dosierungen können sich aber gesundheitsschädigend auswirken und sollten vermieden werden.

Wasserlösliche Vitamine können nicht gespeichert werden, sie müssen dauernd mit der Nahrung zugeführt werden. Überschüssig aufgenommene Vitamine werden mit dem Harn ausgeschieden.

Vitamine kommen in pflanzlichen und in tierischen Lebensmitteln vor. Einige Vitamine, die sogenannten **Provitamine,** liegen in den Nahrungsmitteln als unwirksame Vorstufen vor, aus denen der Körper selbst Vitamine bilden kann (z. B. Beta-Carotin zu Vitamin A). Vitamine sind für den ungestörten Ablauf vieler Stoffwechselvorgänge unentbehrlich und können dabei nicht durch andere Wirkstoffe ersetzt werden.

Überblick fettlösliche Vitamine

Vitamin	Empfohlene Zufuhr*	Vorkommen	Bedeutung	Mangel	Überversorgung
A Retinole Provitamin A (Carotin)	0,9 bis 1,1 mg	Leber, Eigelb, Butter Carotin: Möhren, grüne Gemüse, Paprika	Beteiligung am Sehvorgang, Zellwachstum	Nachtblindheit, Verhornung von Haut und Schleimhäuten, Wachstumsstörung	Erbrechen, Durchfall, Schleimhautblutungen
D Calciferole	20 µg bei fehlender Eigensynthese**	Leber, Eigelb, Butter, Milch, Fischöle	Festigung der Knochen	Rachitis, Knochenerweichung	Calciumablagerungen an Blutgefäßen/Nieren
E Tocopherole	12 bis 15 mg**	Keimöle, Leber, Vollkornprodukte, Blattgemüse	antioxidative Wirkung	beim Menschen unbekannt	beim Menschen unbekannt
K	60 bis 70 µg**	Leber, Blattgemüse, Fleisch	Blutgerinnung	Blutgerinnungsstörungen	beim Menschen unbekannt

Überblick wasserlösliche Vitamine

Vitamin	Empfohlene Zufuhr*	Vorkommen	Bedeutung	Mangel
C Ascorbinsäure	95 bis 110 mg	Obst, Gemüse, Kartoffeln, Sanddorn, Sauerkraut	Bindegewebsaufbau, Stoffwechselfunktion, Wundheilung	Infektanfälligkeit, verzögerte Wundheilung, Zahnfleischblutungen
B_1 Thiamin	1,0 bis 1,3 mg	Kartoffeln, Schweinefleisch, Vollkornprodukte	Kohlenhydratstoffwechsel	Nervenstörungen, Muskelschwäche, Wachstumsstörungen
B_2 Riboflavin	1,1 bis 1,4 mg	Milch, Milchprodukte, Gemüse, Ei, Seefisch	Energiestoffwechsel	Hautveränderungen, Nervenstörungen
B_6 Pyridoxin	1,4 bis 1,6 mg	Getreide, Blattgemüse, Fisch, Fleisch	Eiweißstoffwechsel	Hautveränderungen
B_{12} Cobalamin	4 µg**	Fleisch, Fisch, Leber, Ei, Milch	Bildung der roten Blutkörperchen	Anämie, Nervenstörungen
Biotin	30 bis 60 µg**	Eier, Getreideprodukte, Innereien, Haferflocken	Kohlenhydrat-, Fettstoffwechsel	Hautveränderungen
Folsäure	300 µg	Grüne Blattgemüse, Eigelb, Linsen, Vollkornprodukte, Kresse, Petersilie	Aminosäurestoffwechsel	Anämie, embryonale Fehlbildungen in der Schwangerschaft

* für gesunde Erwachsene   ** Schätzwerte für angemessene Zufuhr

KOMPETENZ-CHECK

1. Stellen Sie Lebensmittel für ein Vitamin-B_1-reiches Frühstück und Mittagessen zusammen.
2. Katja isst oft Fertiggerichte und Fast Food. Seit einiger Zeit fühlt sie sich müde und schlapp. Sie glaubt, dass sie Vitaminmangel hat. Wie kann sie den Vitamingehalt ihrer Speisen aufwerten?
3. »Ein Möhrenrohkostsalat wird mit Öl oder Sahne zubereitet.« Erläutern Sie den Grund dieser Zubereitungsart.
4. Stellen Sie vitaminreiche Zwischenmahlzeiten für Kinder zusammen.

Ursachen von Vitaminmangel:

- einseitige Kost (z. B. Fast Food)
- falsche Zubereitungstechnik
- falsche Lagerung der Lebensmittel
- schlechte Vitaminresorption bei Magen-Darm-Erkrankungen
- Einnahme von Antibiotika

Küchentechnische Eigenschaften der Vitamine

Vitamine sind empfindlich gegenüber der Einwirkung von Hitze, Luft (Sauerstoff) und Licht. Wasserlösliche Vitamine werden ausgelaugt. Die Vitaminverluste richten sich nach Dauer und Bedingungen der Lebensmittellagerung und -verarbeitung. Daher sollten die Lebensmittel erst kurz vor dem Verzehr verarbeitet und die Vor- und Zubereitung der Speisen möglichst schonend durchgeführt werden.

Empfindlichkeit der Vitamine gegenüber äußeren Einflüssen

Vitamin	Fettlöslichkeit	Wasserlöslichkeit	Hitze	Licht	Sauerstoff	Säuren
A	++	–	+	++	++	++
D	++	–	–	+	+	+
B₁	–	++	++	–	++	–
B₂	–	++	+	++	+	–
C	–	++	++	++	++	–
E	+	–	–	++	++	–

++ sehr empfindlich, + empfindlich, – beständig

Vitamin-C-Verlust beim Wässern

🟧 *Kartoffeln, geschält, ganz*
  nach einer Stunde   4 %
  nach fünf Stunden   8 %

🟧 *Kartoffeln, geschält, geviertelt*
  nach einer Stunde   6 %
  nach fünf Stunden   12 %

Vitamin-C-Verlust durch Wegschütten des Kochwassers

🟧 *bei Blumenkohl*   19 %
🟧 *bei Spitzkohl*   44 %
🟧 *bei Spinat*   52 %
🟧 *bei Wirsing*   46 %
🟧 *Kartoffeln*   ca. 37 %

▶ *Kochwasser – wenn möglich – nicht weggießen, sondern mitverwenden.*

Wasserlösliche Vitamine werden durch Wasser ausgelaugt. Durch langes Waschen, Wässern oder Garen in viel Flüssigkeit kann es, vor allem dann, wenn die Lebensmittel vorher zerkleinert wurden, zu hohen Vitaminverlusten kommen (Garflüssigkeit weiterverwenden, z. B. für Soßen).

Fettlösliche Vitamine werden nicht durch Wasser ausgelaugt, sie sind nur in Fett löslich. Salate und Gemüse müssen daher mit Speiseöl zubereitet werden, damit die fettlöslichen Vitamine im Verdauungstrakt resorbiert (Resorption = Aufnahme in das Blut) und für den Körper verwertbar werden.

Vitamin B₁ und Vitamin C werden leicht durch **Hitze** zerstört. Durch kurze, schonende Garverfahren und das Vermeiden langer Warmhaltezeiten können die Vitaminverluste reduziert werden. Je höher die Warmhaltetemperatur, umso größer ist der Vitaminverlust. Daher empfiehlt es sich, die Speisen schnell abzukühlen und bei Bedarf schnell zu erwärmen.

Vitaminverluste in Abhängigkeit von der Warmhaltezeit/-temperatur am Beispiel Vitamin C und B₁

🟧 *Blumenkohl, gekocht*   25 %
  nach 15 Minuten Warmhalten   36 %
  nach 30 Minuten Warmhalten   47 %
  nach 60 Minuten Warmhalten   56 %

Quelle: Einführung in die Ernährungslehre, Kofranyi, 1975

Vitamin-C-Verluste bei verschiedenen Gartechniken

Gemüseart	Dünsten	Dämpfen	Kochen
Blumenkohl	–	22 %	24 %
Buschbohnen	36 %	30 %	43 %
Gemüseerbsen	26 %	41 %	40 %
Rosenkohl	34 %	30 %	35 %
Spinat	35 %	50 %	–
Weißkohl	40 %	–	65 %

Quelle: Veränderungen bei der haushaltsmäßigen Zubereitung
Ernährungslehre und Diätetik III, Zacharias, 1974

Vitamin A und Vitamin C sind besonders sauerstoff- und lichtempfindlich. Insbesondere dann, wenn die Lebensmittel zerkleinert gelagert werden, kommt es zu hohen Vitaminverlusten. Zur Vitaminerhaltung sollten die Lebensmittel dunkel und unter Luftabschluss aufbewahrt und unmittelbar nach der Zubereitung verzehrt werden.

Lebensmitteleigene Enzyme führen insbesondere in frischen Gemüsen, Salaten und Früchten zu einem Abbau der Vitamine. Werden die Lebensmittel sofort nach der Ernte kühl gelagert oder tiefgefroren, können die Vitaminverluste reduziert werden. **Blanchieren** (kurzes Kochen roher Gemüse in reichlich siedendem Wasser für 1 bis 3 Minuten, z. B. bei grünen Bohnen, Erbsen, Spinat) zerstört die hitzeempfindlichen Enzyme. Es wird oft vor dem Tiefkühlen durchgeführt.

Vitaminschonend zubereiten heißt:
- ▶ Lebensmittel kühl und dunkel lagern,
- ▶ Lebensmittel möglichst frisch verwenden,
- ▶ Lebensmittel erst kurz vor dem Verzehr verarbeiten,
- ▶ Lebensmittel nur kurz in kaltem Wasser waschen,
- ▶ Lebensmittel nur grob schneiden,
- ▶ schonende Garverfahren wählen, z. B. Dünsten, Dämpfen, Garen im Schnellkochtopf,
- ▶ Garflüssigkeit weiterverwenden (z. B. für Soßen),
- ▶ Speisen bis zum Wiederaufwärmen kühl stellen.

Erhöhter Vitamin-B_1-Bedarf!

Hoher Zuckerkonsum, z. B. durch Süßspeisen, Limonadengetränke oder Süßigkeiten, erhöht den Vitamin-B1-Bedarf um ca. 40 %.

Bedarf und ernährungsphysiologische Bedeutung

Vitamine wirken schon in kleinen Mengen – so liegt der tägliche Bedarf mit Ausnahme des Vitamin C (100 mg) unterhalb von 10 mg. Eine ausgewogene vollwertige Ernährung gewährleistet eine gute Vitaminversorgung. Durch schonendes Garen und Zerkleinern können die Vitamine aus den Nahrungsmitteln besser von der Darmschleimhaut aufgenommen werden.

Bei Heranwachsenden, Schwangeren und Stillenden sowie alten oder kranken Menschen, ebenso bei hoher körperlicher und seelischer Belastung kann der Vitaminbedarf erhöht sein. Durch **Alkohol** wird die Verwertung der Vitamine C, B_1, B_6 und Folsäure verschlechtert. Außerdem schädigt Alkohol die Leber, den wichtigsten Vitaminspeicher, der Vitaminbedarf steigt. Die Deutsche Gesellschaft für Ernährung hat Referenzwerte für die tägliche Vitaminzufuhr herausgegeben (s. S. 75).

Ungenügende Vitaminaufnahme führt zu Mangelerscheinungen, die sich zunächst in allgemeinen Störungen des Wohlbefindens wie Müdigkeit, Appetitlosigkeit und mangelnder Leistungsfähigkeit äußern. Bei lang anhaltendem Vitaminmangel kann es zu gesundheitlichen Störungen kommen.

Immer mehr Lebensmittel, z. B. Fruchtsaftgetränke, Backwaren, Tiefkühlkost, werden heute mit **Vitaminen angereichert.** Bei einer abwechslungsreichen Ernährung sind diese Produkte überflüssig, ein Zuviel an Vitaminen kann sogar eine Gefahr für die Gesundheit darstellen.

Während wasserlösliche Vitamine bei Überdosierung vom Körper ausgeschieden werden, werden fettlösliche Vitamine gespeichert und können gesundheitliche Schäden auslösen. Vitaminpräparate oder mit Vitaminen an-

Mit Vitaminen angereicherte Lebensmittel sind nicht Bestandteil einer gesunden und nachhaltigen Ernährung

Der Vitamingehalt der Lebensmittel verringert sich mit steigendem Bearbeitungsgrad

gereicherte Lebensmittel sollen daher nur in Ausnahmefällen, z.B. bei der Durchführung einer Reduktionsdiät, eingesetzt werden.

Durch eine abwechslungsreiche, schonend zubereitete Kost mit einem hohen Anteil an Gemüse, Vollkornprodukten, Milch und Milchprodukten sowie rohen Salaten und Früchten wird der Vitaminbedarf im Allgemeinen gedeckt. Die Tageskost kann auf natürliche Weise mit Vitaminen aufgewertet werden:

- Obst- und Gemüsesäfte
- Zugabe frischer Kräuter
- vitaminreiche Zwischenmahlzeiten
- Keimlinge in Salaten, pikanten Quarkspeisen etc.

Bedeutung der Lebensmittelgruppen als Vitamin- und Mineralstofflieferanten

Hidden Hunger

Wird der Bedarf an wichtigen Vitaminen und Mineralstoffen durch die zur Verfügung stehende Nahrung nicht gedeckt, weil das Angebot zu einseitig ist oder ein erhöhter Bedarf besteht, spricht man von Hidden Hunger (versteckter Hunger). Er entsteht trotz ausreichender Energiezufuhr durch einseitige Ernährung, es fehlen wichtige Vitamine wie z. B. Vitamin A, E, C, B$_{12}$, Folsäure. Mangelerscheinungen treten besonders bei Kindern und Jugendlichen auf. Ein verborgener Hunger, der nicht nur in den Entwicklungsländern auftritt.

Vitamin/ Mineralstoff	Getreideprodukte	Kartoffeln	Gemüse	Hülsenfrüchte	Obst	Milch(produkte)	Fleisch	Innereien	Fisch	Eier	Fette/Öle
Vitamin A			■■		■			■■			■
Vitamin D									■■	■■	■
Vitamin E											■■
Vitamin K	■		■■			■					
Vitamin C		■■	■■		■■						
Vitamin B$_1$	■	■		■			■■				
Vitamin B$_2$	■					■■					
Vitamin B$_6$	■■	■	■				■■		■		
Vitamin B$_{12}$						■	■■	■■	■		
Folsäure	■		■■		■■			■■			
Biotin	■		■					■			
Niacin	■			■		■	■		■	■	
Pantothensäure							■	■	■	■	
Natrium, Chlorid	■		■	■			■		■		
Kalium	■	■■	■■		■■		■		■		
Calcium	■		■			■■					
Magnesium	■■			■			■	■■			
Phosphat	■						■			■	
Eisen	■		■	■			■■	■■			
Jod						■■			■■		
Zink	■■						■	■■	■	■	

■■ = besonders bedeutende Nährstofflieferanten
■ = bedeutende Nährstofflieferanten

KOMPETENZ-CHECK

1. *Frisch geernteter Spinat ist einzufrieren. Planen Sie den Arbeitsablauf so, dass die Vitamine A und C weitgehend erhalten bleiben.*
2. *Informieren Sie sich, welchen Lebensmitteln »künstliche« Vitamine zugesetzt werden.*
3. *Ermitteln Sie mithilfe einer Nährwerttabelle den Vitamin-C-Gehalt in 250 ml Multivitaminsaft und 250 ml frisch gepresstem Orangensaft. Vergleichen Sie die Werte mit dem Tagesbedarf.*
4. *Machen Sie Vorschläge für ein Schulfrühstück, das viel Vitamin B$_1$, C und Vitamin D enthält.*

Stellen Sie mithilfe des Internets eine Rezeptsammlung zusammen, die vitamin- und mineralstoffreiche Gerichte enthält und auch für Veganer zu empfehlen ist.

1.4.7 MINERALSTOFFE

Vorkommen

Mineralstoffe sind anorganische Nahrungsbestandteile in pflanzlichen und tierischen Lebensmitteln. Sie wirken z. B. als **Baustoffe,** wie Calcium und Phosphor in Knochen und Zähnen. Sie sind Bestandteil von Enzymen und Hormonen (z. B. Jod im Schilddrüsenhormon), roten Blutkörperchen (Eisen) und Vitaminen (Cobalt in Vitamin B_{12}). Viele Mineralstoffe gehören zu den **Wirkstoffen**. So beeinflusst Calcium die Blutgerinnung und Erregungsleitung. Kalium und Natrium regulieren den Wasserhaushalt.

Durch Schweiß und andere Ausscheidungen verliert der Körper nicht nur Wasser, sondern auch die darin gelösten Mineralstoffe. Der Mensch scheidet bei einer gemischten Kost täglich 15 bis 20 g Mineralstoffe aus. Mineralstoffe müssen daher täglich in ausreichender Menge mit der Nahrung aufgenommen werden.

Fehlt ein Mineralstoff oder wird zu wenig davon aufgenommen, kommt es zunächst zu Leistungseinbußen, langfristig zu Funktionsstörungen und Krankheiten. Insbesondere Heranwachsende und ältere Menschen weisen häufig einen Mangel an den Mineralstoffen Calcium, Kalium, Magnesium und Eisen auf, der auf eine einseitige oder auch zu geringe Nahrungsaufnahme zurückzuführen ist. Jodmangel ist bei allen Altersgruppen weit verbreitet.

Auch eine zu hohe Mineralstoffaufnahme kann die Gesundheit beeinträchtigen. Wird durch die Nahrung z. B. zu viel Kochsalz (Natriumchlorid) aufgenommen, entzieht das Natrium den Zellen verstärkt Wasser, und es kommt zu Wasseransammlungen im Gewebe (Ödeme). Zu hoher Kochsalzverzehr begünstigt Bluthochdruck! Täglich sollten nicht mehr als 5 bis 7 g Kochsalz aufgenommen werden.

Ursachen für Mineralstoffmangel:
- **einseitiges Essen**
- **hoher Verzehr von Fast Food oder Fertiggerichten**
- **falsche Nahrungszubereitung**
- **hoher Mineralstoffverlust, z. B. durch Schwitzen**

Mineralwässer haben ganz verschiedene Gehalte an Mengen- und Spurenelementen. Achten Sie auf die Kennzeichnung!

Mineralstoffe werden in zwei Gruppen eingeteilt:

Mengenelemente	Spurenelemente
Calcium, Phosphor, Magnesium, Natrium, Chlor, Kalium	Eisen, Jod, Zink, Chrom, Kupfer, Selen, Cobalt, Molybdän, Mangan, Fluor

Der Körperbestand der Mengenelemente liegt bei rund 5 % des Körpergewichtes. Die Gesamtmenge der Spurenelemente im Körper ergibt nur etwa 10 g.

KOMPETENZ-CHECK

1. *Ermitteln Sie aus der Nährwerttabelle Lebensmittelgruppen mit einem hohen Gehalt an Eisen – Jod – Calcium.*
2. *Vergleichen Sie den Mineralstoffgehalt in*
   a) Vollkornreis/geschältem Reis,
   b) Weizenmehl Type 1700/405,
   c) Möhren, frisch/sterilisiert.
3. *Listen Sie Gemüsesorten mit einem hohen Eisengehalt auf.*
4. *Machen Sie Vorschläge, wie man in der Tageskost Kochsalz einsparen kann.*

Übersicht Mineralstoffe

Vitamin	Tagesbedarf*	Vorkommen	Bedeutung	Mangel
Mengenelemente				
Calcium	1,0 bis 1,2 g	Milch, Milchprodukte, grüne Gemüse, Vollkornprodukte	Knochenaufbau, Zahnaufbau, Blutgerinnung, Muskelerregung	Rachitis, Knochenbrüchigkeit, Krämpfe
Phosphor	0,7 bis 1,25 g	Milch, Fleisch, Fisch, Kartoffeln, Ei, Feinkostsalate, -gerichte	Knochen- und Zahnaufbau, Energiegewinnung	unbekannt
Natrium Chlorid	550 mg 830 mg	Fleisch, Fisch, Käse, Wurst, Fertiggerichte, Kochsalz	Regelung des osmotischen Drucks/ Wasserhaushalts	Blutdrucksenkung, Störung der Reizleitung
Kalium	4 g	Vollkornprodukte, Gemüse, Obst (Banane), Fleisch, Fisch	Erregbarkeit von Nerven und Muskeln, Regelung des osmotischen Drucks	Muskel- und Herzmuskelschwäche, Ödeme
Magnesium	0,3 bis 0,4 g	grüne Gemüsesorten	Erregbarkeit von Muskeln/ Nerven, Enzymbestandteil	Muskelkrämpfe, Nervenstörungen
Spurenelemente				
Eisen	10 bis 15 mg	grüne Gemüsesorten, Fleisch, Ei	Sauerstofftransport im Blut	Blutarmut, Müdigkeit, Infektionsanfälligkeit
Fluorid	2,9 bis 3,8 mg	schwarzer Tee, fluoridiertes Trinkwasser, Speisesalz	Härtung des Zahnschmelzes	Kariesanfälligkeit
Jod	150 bis 200 µg	Seefisch, Milch, Jodsalz	Aufbau des Schilddrüsenhormons	Kropfbildung, verzögerte geistige Entwicklung, Wachstumsstörung
Zink	8 bis 14 mg	Rindfleisch, Leber, Getreide, Erbsen	Insulinbildung, Enzymbestandteil	Diabetes, Zwergwuchs

* für gesunde Erwachsene   ** bei mittlerer Phytatzufuhr (Phytat vermindert die Bioverfügbarkeit von Zink)

Die täglich empfohlene Jodzufuhr von 150 bis 200 µg ist enthalten z. B. in:
- *150 g Seelachs*
- *100 g Kabeljau*
- *300 g Scholle*

Jodiertes Speisesalz

Eine vollwertige gemischte Kost deckt den Bedarf an Mineralstoffen und Spurenelementen. Da bei vielen Menschen der Jodbedarf – **Jod** kommt vor allem in Salzwasserfischen vor – nicht abgedeckt wird, sollte bei der Nahrungszubereitung **jodiertes Speisesalz** verwendet werden. Jodsalz enthält 15 bis 25 mg Jod je Kilogramm. Bei einem Durchschnittsverbrauch von 5 g Salz/Tag und dem Verzehr von mit Jodsalz hergestellten Lebensmitteln wie Brot und Wurst wird die Hälfte des Jodbedarfs abgedeckt. Bei verpackten Lebensmitteln ist der Jodgehalt bzw. das Jodsalzsiegel auf dem Etikett der Verpackung angegeben. In der Gemeinschaftsverpflegung sollten die Speisepläne auf die Verwendung von Jodsalz hinweisen.

Calciumgehalt in ausgewählten Lebensmitteln:		Natriumgehalt in ausgewählten Lebensmitteln:		Eisengehalt in ausgewählten Lebensmitteln:	
200 g Grünkohl	424 mg	15 g Tomatenketchup	200 mg	100 g Schweineleber	20,0 mg
250 ml Vollmilch	300 mg	100 g Bismarckhering	1030 mg	100 g Rindfleisch	2,3 mg
30 g Emmentaler	309 mg	150 g Weizenmischbrot	830 mg	200 g Spinat	6,8 mg
30 g Gouda 45 % F. i.Tr.	246 mg	100 g Dosenwürstchen	711 mg	200 g Fenchel	5,4 mg
200 g Brokkoli	116 mg	30 g Schinken, roh	420 mg	150 g Roggen-vollkornbrot	3,0 mg
150 g Weizen-vollkornbrot	47 mg	30 g Gouda 45 % F. i.Tr.	154 mg	200 g Kartoffeln	0,9 mg
50 g Magerquark	46 mg	30 g Salami	639 mg		
		(5 g Kochsalz = 2 g Natrium)			

Eigenschaften und technologische Bedeutung

Mineralstoffe verleihen den Lebensmitteln einen intensiven Geschmack. Dieser kann durch die richtige Zubereitung bzw. Gartechnik noch unterstützt werden.

Mineralstoffe sind wasserlöslich und können bei der Verarbeitung der Nahrungsmittel ausgelaugt werden. Während kurzes Waschen in kaltem Wasser bei unzerkleinerten Lebensmitteln nur zu unwesentlichen Verlusten führt, wird bei lang dauerndem Waschen in warmem Wasser ein hoher Anteil der Mineralstoffe ausgelaugt. Langes Wässern führt insbesondere bei klein geschnittenen oder kleinblättrigen Salaten oder Gemüsen zu hohen Mineralstoffverlusten. Bei getrockneten Hülsenfrüchten sollte das Einweichwasser bei der Zubereitung der Speisen mitverwendet werden.

Beim Garen von Gemüse, Reis, Hülsenfrüchten und Kartoffeln kann es zu hohen Kalium-, Magnesium- und Eisenverlusten kommen, die je nach Gargut und Garverfahren bis zu 75 % betragen können. Beim Kochen sind die Mineralstoffverluste im Gargut fast doppelt so hoch wie beim Dämpfen oder Dünsten. Die Lebensmittel sollten daher in möglichst wenig Wasser gegart und die Kochflüssigkeit für die Zubereitung von Suppen oder Soßen verwendet werden. Bei trockener Hitze, z.B. Backen, Grillen oder Foliengaren, bleiben von den Mineralstoffen mehr als 88 % erhalten.

Das **Blanchieren** von Gemüse und Obst wird vor allem vor dem Tiefgefrieren angewandt, um lebensmitteleigene Enzyme zu inaktivieren. Besonders das konventionelle Blanchieren in reichlich siedendem Wasser führt zu hohen Auslaugverlusten an Mineralstoffen.

Waschen in stehendem Wasser führt besonders bei klein geschnittenem Gemüse zu hohen Vitamin- und Mineralstoffverlusten

Mit dem Kochwasser gehen wertvolle Vitamine und Mineralstoffe verloren

KOMPETENZ-CHECK

1. Stellen Sie verschiedenen Zubereitungsformen für
   a) Kartoffeln,
   b) Möhren,
   c) Brokkoli vor.
   Bei welchen Zubereitungsarten bleiben die Vitamine und Mineralstoffe jeweils am besten erhalten?

2. Als Nachspeise soll ein Obstsalat aus folgenden Obstsorten zubereitet werden: Äpfel, Bananen, Pfirsiche, Weintrauben.
   Erstellen Sie einen Arbeitsplan.
   Begründen Sie Ihr Vorgehen bei der Vor- und Zubereitung des Obstes im Hinblick auf die Erhaltung von Vitaminen und Mineralstoffen.

Vitamin-C-Verlust durch Wegschütten des Kochwassers	
bei Blumenkohl	19 %
bei Spitzkohl	44 %
bei Spinat	52 %
bei Wirsing	46 %
Kartoffeln	ca. 37 %

▶ Kochwasser – wenn möglich – nicht weggießen, sondern mitverwenden

Täglich 1000 mg Calcium:

			Calcium
	1	Becher Joghurt, 3,5 % Fett i.Tr. (à 150 g)	180 mg
+	1	Glas Milch (200 ml)	240 mg
+	1	Scheibe Emmentaler, 45 % Fett i.Tr. (40 g)	408 mg
+	1	Portion Eiscreme (150 ml)	210 mg
oder			
	¼ l	Vollmilch	300 mg
+	2	Scheiben Gouda, 45 % Fett i.Tr. (60 g)	492 mg
+	2	Scheiben Vollkornbrot à 50 g	37 mg
+ 200 g		Brokkoli	116 mg
oder			
	1	Portion Nudeln, roh (100 g)	27 mg
+	3 EL	geriebenen Parmesankäse (30 g)	387 mg
+	1	Scheibe Tilsiter, 45 % Fett i.Tr. (40 g)	336 mg
+ 200 g		Quark	170 mg
+ 300 ml		Mineralwasser	ca. 100 mg

Trotz Überversorgung an Energie kann es zum „Hidden Hunger" (s. S. 78) kommen, wenn dem Körper Calcium, Eisen, Magnesium, Jod und Zink fehlen.

Bedarf und ernährungsphysiologische Bedeutung

Bei einer gemischten Kost mit einem hohen Anteil an frischem Obst, Salaten, Gemüse, Milch und Vollkornprodukten wird der Mineralstoffbedarf normalerweise ausreichend gedeckt. Der Tagesbedarf wird jeweils durch Alter und Geschlecht bestimmt. Kinder und Jugendliche sowie Frauen während der Schwangerschaft und Stillzeit (s. a. S. 130) haben einen höheren Bedarf an bestimmten Mineralstoffen. Auch starke körperliche Belastungen durch Beruf oder Sport erhöhen den Mineralstoffbedarf. Im Alter werden die Mineralstoffe aus der Nahrung schlechter resorbiert, sodass älteren Menschen eine höhere Mineralstoffzufuhr empfohlen wird.

Veränderte Ernährungsgewohnheiten führen heute dazu, dass insbesondere die Mineralstoffe Calcium, Eisen, Jod und Kalium nicht immer in ausreichender Menge zugeführt werden. Der Konsum von Mineralstoffpräparaten kann hier keine Abhilfe bieten. Bei falscher Anwendung können sogar erhebliche Nebenwirkungen auftreten.

Calcium-, Magnesium- und Eisenbedarf in unterschiedlichen Lebensaltern (mg/Tag)

Alter	Calcium	Magnesium		Eisen	
Kinder		m	w	m	w
1 bis unter 4 Jahre	600	80	80	8	8
4 bis unter 7 Jahre	700	120	120	8	8
7 bis unter 10 Jahre	900	170	170	10	10
10 bis unter 13 Jahre	1100	230	250	12	15
13 bis unter 15 Jahre	1200	310	310	12	15
Jugendliche und Erwachsene		m	w	m	w
15 bis unter 19 Jahre	1200	400	350	12	15
19 bis unter 25 Jahre	1000	400	310	10	15
25 bis unter 51 Jahre	1000	350	300	10	15
51 bis unter 65 Jahre	1000	350	300	10	10
65 Jahre und älter	1000	350	300	10	10

Getreide, Obst und Milchprodukte enthalten viele Vitamine und Mineralstoffe

KOMPETENZ-CHECK

1. *Gemüse, Milch und Getreide enthalten reichlich Vitamine und Mineralstoffe. Sammeln Sie Rezepte, bei denen Gemüse oder Milch- und Getreideprodukte als Hauptgericht vorkommen.*

2. *Machen Sie Vorschläge, wie man in der täglichen Ernährung Kochsalz einsparen kann. Erstellen Sie dazu Plakate oder Infoblätter.*

3. *Frau Schmidt ist berufstätig. In ihrer 2-stündigen Mittagspause bereitet sie regelmäßig ein Mittagessen für sich und ihre zwei schulpflichtigen Kinder (12, 14 Jahre) zu.*
   a) *Stellen Sie mineralstoff- und vitaminreiche Gerichte, die Frau Schmidt in ihrer Mittagspause schnell zubereiten kann, zusammen.*
   b) *Frau Schmidt verwendet häufig Convenience-Produkte. Überlegen Sie, ob hierbei der Vitamin- und Mineralstoffbedarf gedeckt werden kann. Machen Sie Vorschläge zur Aufwertung des Mittagessens.*

1.4.8 WASSER

Vorkommen und chemischer Aufbau

Wasser ist der wichtigste Baustoff aller Lebewesen und Pflanzen und als solcher lebensnotwendig.

Wasser besteht aus **2 Teilen Wasserstoff** und **1 Teil Sauerstoff**. Je nach der Bodenbeschaffenheit hat es einen unterschiedlichen Gehalt an Mineralstoffen, wie z. B. Natrium, Kalium, Calcium, Jod, Magnesium und Eisen.

Die Erdoberfläche besteht zu ¾ aus Wasser, aber nur ein kleiner Teil davon, 0,27 %, steht als Trinkwasser zur Verfügung. Der Pro-Kopf-Wasserverbrauch der Bundesbürger beträgt durchschnittlich 150 l pro Tag. Nur etwa 4 Liter werden tatsächlich zum Essen und Trinken verwendet. Der größte Teil dient zur Körperpflege und für Reinigungsarbeiten oder geht durch die Toilettenspülung in die Kanalisation.

Unsere Ernährung bestimmt den Wasserfußabdruck

Tierische Lebensmittel benötigen zu ihrer Produktion sehr viel Wasser, z. B.:
- ■ *1 kg Rindfleisch ca. 15 000 l*
- ■ *1 kg Schweinefleisch ca. 5000 l*
- ■ *1 kg Geflügel ca. 4000 l*
- ■ *1 kg Eier ca. 3300 l*

Pflanzliche Lebensmittel verbrauchen weniger Wasser, z. B.:
- ■ *1 kg Kartoffeln ca. 210 l*
- ■ *1 kg Salat ca. 240 l*
- ■ *1 kg Äpfel ca. 600 l*

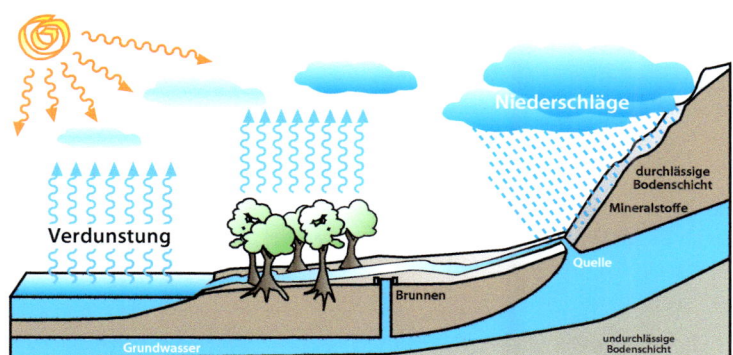

Wasser befindet sich in einem ständigen **Kreislauf.** Das Oberflächenwasser verdunstet, verdichtet sich zu Wolken und bildet Niederschläge. Wasser, das im Boden versickert, nimmt dabei Mineralstoffe auf und bildet Grundwasser und Quellwasser, die für den Menschen wichtige Trinkwasservorräte bilden. Oberflächenwasser aus Seen und Flüssen wird etwa zu einem Viertel zur Trinkwassergewinnung herangezogen.

Gebrauchtes Wasser aus Haushalten, Landwirtschaft und Industrie enthält verschiedene Schadstoffe, z. B. Düngemittel und Schwermetalle. Dieses Abwasser wird in der Kläranlage in verschiedenen Stufen gereinigt. Unser Konsum führt zu einem steigenden Verbrauch von Süßwasser, der Wasserknappheit und Verschmutzung von Trinkwasserreserven mit sich führt. Der **Wasserfußabdruck** bezeichnet die Wassermenge, die insgesamt von den Einwohnern eines Landes beansprucht wird.

Die Trinkwasserverordnung regelt die Anforderung an das Trinkwasser:
- ■ *klar und farblos*
- ■ *kühl, frei von Geschmacksstoffen*
- ■ *ohne krankheitserregende Keime*
- ■ *maximal 50 mg Nitrat/l Trinkwasser*
- ■ *frei von giftigen Stoffen*
- ■ *enthält geringe Mengen an gelösten Salzen*

*Durch die Umweltbelastung steigt der **Nitratgehalt** im Trinkwasser. Als zulässiger Höchstwert gelten **50 mg Nitrat/1 l Trinkwasser.***

Physikalische und küchentechnische Eigenschaften

Der Wassergehalt in Lebensmitteln reicht von 95 % bei frischen Gurken bis weniger als 1 % bei Speisefetten. Das enthaltene Wasser kommt als freies und gebundenes Wasser vor. Das **freie** oder **aktive Wasser** befindet sich in den Zellen oder Zellzwischenräumen und ist nicht an gelöste Stoffe, wie z. B. Salze oder Eiweiß, gebunden. Maßeinheit für die Wasseraktivität ist der a_w-Wert, dessen Skala von 0 bis 1 reicht.

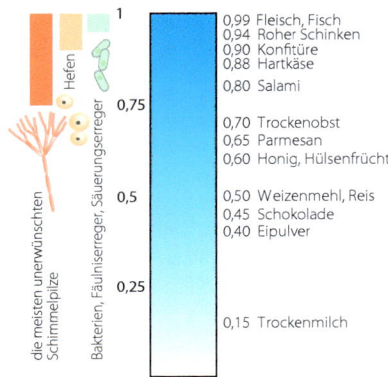

1	0,99 Fleisch, Fisch
	0,94 Roher Schinken
	0,90 Konfitüre
	0,88 Hartkäse
	0,80 Salami
0,75	
	0,70 Trockenobst
	0,65 Parmesan
	0,60 Honig, Hülsenfrüchte
0,5	0,50 Weizenmehl, Reis
	0,45 Schokolade
	0,40 Eipulver
0,25	
	0,15 Trockenmilch

a_w-Werte einzelner Lebensmittel

Freies Wasser brauchen die Mikroorganismen zum Leben. Je höher der Anteil des freien Wassers, also der a_w-Wert ist, umso schneller erfolgt der Verderb durch Enzyme und Mikroorganismen (s. S. 4). Zucker, Kochsalz, Eiweiß und Fett binden Wasser – dieses **gebundene Wasser** steht somit Mikroorganismen und Enzymen im Lebensmittel nicht zur Verfügung. Der a_w-Wert sinkt und die Lebensmittel sind länger haltbar.

> Der Anteil an freiem Wasser (a_w-Wert) bestimmt die Verderblichkeit eines Lebensmittels!
> - Je höher der a_w-Wert, umso leichter verdirbt das Lebensmittel.
> - Je niedriger der a_w-Wert, umso länger ist das Lebensmittel haltbar.

Lange haltbar sind z. B.:
- Lebensmittel mit einem hohen Zuckergehalt (= niedriger a_w-Wert): kandierte Früchte, Marmelade, Trockenobst
- Lebensmittel mit einem hohen Salzgehalt (= niedriger a_w-Wert): Salzheringe, gepökeltes Fleisch, luftgetrockneter Schinken

Der Wassergehalt von ausgewählten Lebensmitteln (in %)

Lebensmittel	%
GURKEN	95
KOPFSALAT	90
TOMATEN	85
VOLLMILCH	88
KARTOFFELN	80
FLEISCH	70
EIER	75
FISCH	70
BROT	ca. 40

Wasser siedet bei normalem Luftdruck (1013 mbar) bei 100 °C. Beim Dampfdrucktopf erhöht sich der Luftdruck über dem Wasser, der **Siedepunkt** steigt dadurch auf 120 °C an und die Gardauer verkürzt sich. Sinkt der Luftdruck ab, z. B. im Vakuumkochapparat, so siedet das Wasser schon bei 81 °C.

Der **Gefrierpunkt** des Wassers liegt bei normalem Luftdruck bei 0 °C. Er wird durch Zusatz von Salz herabgesetzt, was man bei der Herstellung von Kältemischungen nutzt. Wasser dehnt sich beim Gefrieren aus – gefriert z. B. ein Getränk in einer Glasflasche, so kann diese platzen.

Beim **Tiefgefrieren** werden Temperaturen von −25 °C (Schockfrosten) und darunter erreicht. Dabei entstehen sehr kleine Eiskristalle, die die Zellmembran nicht verletzen – der Saftverlust beim Auftauen ist niedrig.

Die **Wasserhärte** wird durch den Gehalt an Calcium- und Magnesiumsalzen bestimmt. **Hartes Wasser** enthält viel, **weiches Wasser** nur wenig Calcium und Magnesiumsalze. Hartes Wasser hat einen erfrischenden, weiches Wasser einen mehr faden Geschmack. Weiches Wasser ergibt bei der Zubereitung von Kaffee und Tee ein besonders gutes Aroma. Beim Kochen von hartem Wasser fallen Kalksalze aus und bilden Kesselstein, der sich an den Heizstäben von Heißwassergeräten, Kesseln oder Kaffeemaschinen absetzt und die Heizleistung beeinträchtigt.

Wasser löst Stoffe, z. B. Zucker oder Salze. Erwärmen beschleunigt den Lösungsvorgang, deshalb sollten Zucker oder Salz an die noch heißen Speisen gegeben werden. Die Lösungseigenschaften des Wassers werden z. B. bei der Zubereitung von Aufgussgetränken, wie Kaffee oder Tee, sowie von Gemüse und Fleischbrühe genutzt.

Wasser dient als **Quellmittel**. So werden Hülsenfrüchte vor der Zubereitung über Nacht eingeweicht – das Gewebe nimmt Wasser auf, wodurch die Garzeit verkürzt wird. Das Einweichwasser sollte beim Kochen mitverwendet werden.

Bedarf und ernährungsphysiologische Bedeutung

Der menschliche Körper besteht zu 60 bis 70 % aus Wasser, das entspricht einem Wassergehalt von ca. 38 l bei 60 kg Körpergewicht.

> Wasser erfüllt im menschlichen Körper verschiedene Aufgaben:
> ■ als Baustoff, z. B. von Zellen, Blut und Gewebeflüssigkeit
> ■ als Lösungs- und Transportmittel, z. B. von Nähr-, Abfallstoffen
> ■ als Temperaturregler, durch Schwitzen wird Wärme abgeführt

Täglich verlieren wir ca. 2,8 l Wasser durch Stuhl, Urin, Schweiß und Atmung. Dieser Flüssigkeitsverlust muss durch Nahrung und Getränke wieder ersetzt werden.

> Pro Tag werden durchschnittlich 2,8 l Wasser benötigt:
> ■ Etwa 1 bis 1,5 l werden über Getränke,
> ■ ca. 1 l wird über die Nahrung zugeführt,
> ■ 0,3 l Wasser entstehen beim Abbau der Nährstoffe in den Zellen.

Der Flüssigkeitsbedarf des Menschen ist nicht immer gleich. Er ist u. a. von **Alter, Klima, Salzgehalt der Nahrung** und der **körperlichen Arbeit** abhängig. Säuglinge und Kleinkinder haben durch die hohe Stoffwechselaktivität einen erhöhten Wasserbedarf.

Wasseraufnahme und Wasserabgabe halten sich unter normalen Umständen das Gleichgewicht. Sinkt der Wassergehalt des Körpers, tritt ein Durstgefühl auf, das zum Trinken anregt. Stark gesalzene Speisen steigern den Durst. Der erhöhte Kochsalzgehalt im Blut muss durch eine gesteigerte Wasserzufuhr ausgeglichen werden. Durch Schweißbildung bei schwerer körperlicher Arbeit, Hitze und Fieber kann der Wasserbedarf auf das Drei- bis Fünffache ansteigen. Nimmt man über längere Zeit weniger als 1 Liter Wasser zu sich, entsteht Flüssigkeitsmangel, der zu Müdigkeit, Appetitlosigkeit, Kopfschmerzen und trockener Haut führt. Ein Flüssigkeitsverlust von mehr als 20 % führt zum Tode.

Für eine **ausgewogene Flüssigkeitszufuhr** sollten (Mineral)Wasser, Kräutertee, Saftschorlen und andere kalorienarme Getränke wie z. B. fettarme Milch oder Buttermilch getrunken werden. Zucker- und alkoholhaltige Getränke wie Cola, Limonade, Fruchtsaftgetränke sowie Bier oder Wein enthalten viele »leere Kalorien«. Sie sind als Getränke ungeeignet und sollten nur gelegentlich in kleinen Mengen getrunken werden.

Die Flüssigkeitsaufnahme pro Tag kann so aussehen:

3	Tassen Kräutertee	450 ml
2	Tassen Kaffee	300 ml
1	Tasse Bouillon	150 ml
1	Glas Mineralwasser	200 ml
2	Gläser Buttermilch	400 ml
1	Glas Orangensaft 200 ml	

=	1700 ml

oder so:

4	Tassen Kaffee	600 ml
3	Gläser Cola	600 ml
1	Flasche Bier	500 ml

=	1700 ml

Getränke haben einen hohen Stellenwert in der täglichen Ernährung und sind deshalb auch Bestandteil des Ernährungskreises (s. Kap. 2.2)

KOMPETENZ-CHECK

1. Informieren Sie sich über die Herstellung und Zusammensetzung der folgenden Getränke:
   a) Fruchtsaftgetränke
   b) Fruchtnektar
   c) Limonade
   d) Sportgetränke
   e) Wellnessgetränke
   Stellen Sie Ihr Wissen auf einem Infoplakat der Klasse vor.
2. Protokollieren Sie Ihren Getränkekonsum an einem Tag.

Seelachs-Salat
Lachsersatz

Inhalt: **150 g**

Fisch-einwaage **62 g**

Zutaten: Seelachsschnitzel 41 % mit Farbstoff E 110 und E 124, Pflanzliches Öl, Wasser, Branntweinessig, Maisstärke, Weizenstärke, Zucker, Eigelb, Salz, Stabilisatoren (Guarkernmehl, Johannisbrotkernmehl), Konservierungsstoffe (Kaliumsorbat, Natriumbenzoat), Würze, Aroma, Rauch.

1.4.9 ZUSATZSTOFFE

Bei einem Colagetränk kann man folgende Zutatenliste lesen: Wasser, Zucker, Kohlensäure, Farbstoff E 150, Säuerungsmittel E 338, Koffein, natürliche Aromastoffe. Neben den »natürlichen« Inhaltsstoffen enthält das Getränk sogenannte Zusatzstoffe, die Aussehen und Geschmack wesentlich bestimmen.

> Zusatzstoffe werden den Lebensmitteln zur Beeinflussung ihrer Beschaffenheit oder zur Erzielung bestimmter Eigenschaften oder Wirkungen zugesetzt. Zusatzstoffe sind keine natürlichen Roh- oder Inhaltsstoffe. Sie sind kennzeichnungspflichtig. Ihre Verwendung ist im Lebensmittelrecht festgelegt.

Ohne **Konservierungsstoffe** würden viele Lebensmittel frühzeitig verderben. Süßspeisen, Cremes, Soßen und Suppen könnten ohne den Einsatz von Dickungsmitteln nicht hergestellt werden. Light-Getränke erhalten durch Süßstoffe ihre »Süße ohne Kalorien«.

> Zusatzstoffe haben bei der Herstellung und Verarbeitung von Lebensmitteln verschiedene Aufgaben:
> - Verlängerung der Haltbarkeit, z. B. Konservierungsstoffe, Antioxidantien
> - Verbesserung des Geschmacks, z. B. Geschmacksverstärker, Aromastoffe
> - Verbesserung des Aussehens, z. B. Farbstoffe, Bleichmittel, Klärhilfsmittel
> - Verbesserung der Beschaffenheit, z. B. Geliermittel, Dickungsmittel
> - Erhöhung des Nährwertes, z. B. Vitamine, Mineralstoffe

Die Zutatenliste führt alle Zutaten und Zusatzstoffe eines Lebensmittels in mengenmäßig absteigender Reihenfolge auf.

Die Zusatzstoffe müssen mit der Gruppenbezeichnung (wenn vorhanden), gefolgt von der Einzelbezeichnung oder der E-Nummer (z. B. Antioxidationsmittel, Sorbinsäure) aufgeführt werden.

Die Lebensmittelkennzeichnungs-Verordnung regelt die Angaben auf der Zutatenliste.

Zusatzstoffe in Lebensmitteln

Lebensmittel	Farbstoffe	Aromastoffe	Emulgatoren	Gelier-, Verdickungsmittel	Konservierungsstoffe	Antioxidantien
Süßwaren, Konditoreiwaren	■	■	■	■	■	■
Fertigsuppen, Fertigsoßen	–	■	■	■	■	■
Dessert- und Cremespeisen	■	■	■	■	■	–
Wurst- und Fleischwaren	–	■	■	■	■	■
Brot	■	–	–	–	■	■
Bier, Fruchtsaft, Limonade	■	–	–	–	■	■

Der Einsatz der Zusatzstoffe wird hinsichtlich der erlaubten Menge, die einem Lebensmittel zugesetzt werden darf, und der Anwendungsbereiche streng geregelt.

Eine Zulassung erfolgt nur dann, wenn die Verwendung des Zusatzstoffes
- technologisch notwendig ist,
- nicht zur Täuschung des Verbrauchers führt,
- gesundheitlich unbedenklich ist.

Die WHO (World Health Organization) hat für alle Zusatzstoffe sogenannte **ADI-Werte** festgelegt. Der ADI-Wert (**a**cceptable **d**aily **i**ntake = tolerierbare Tagesdosis) gibt die Menge eines Stoffes in mg pro kg Körpergewicht an, die ein Mensch ohne gesundheitliche Bedenken pro Tag aufnehmen kann.

Viele Menschen reagieren heute auf bestimmte Zusatzstoffe mit Unverträglichkeiten oder allergischen Reaktionen. Zur Information des Verbrauchers müssen alle Zutaten des Lebensmittels – auch die Zusatzstoffe – auf der Verpackung gekennzeichnet werden.

Die Zusatzstoffe werden durch E-Nummern gekennzeichnet (Lebensmittelkennzeichnungs-Verordnung), die in der Europäischen Union vereinheitlicht sind. In der EU sind Höchstmengen für die Zugabe festgelegt.

> **Zutaten:** Glucosesirup, Zucker, Gelatine, Dextrose, Säuerungsmittel: Zitronensäure, färbende Auszüge aus Früchten und Pflanzen, Aroma, Öl pflanzlich, Überzugsmittel: Bienenwachs gelb, Canaubawachs, Karamellsirup

Zutatenliste einer Fruchtgummipackung

Farbstoffe

In den Lebensmitteln kommt es während der Lagerung durch die Einwirkung von Licht, Sauerstoff und Wärme zu unerwünschten Farbveränderungen. Zur Erhaltung eines appetitlichen Aussehens werden bestimmte Lebensmittel mit Farbstoffen gefärbt.

Nach ihrer Herkunft werden die Farbstoffe unterschieden in:
- natürliche Farbstoffe, die in der Natur vorkommen,
- naturidentische Farbstoffe, die künstlich hergestellt werden und den natürlichen Farbstoffen entsprechen,
- synthetische Farbstoffe, die in der Natur nicht vorkommen,
- anorganische Farbstoffe, die aus Mineralien oder Metallen gewonnen werden.

Farbstoffe dürfen nicht zugesetzt werden, um eine höhere Lebensmittelqualität vorzutäuschen. Z. B. Zuckercouleur (bewirkt eine intensive Braunfärbung) darf für Brot und Kleingebäck, ebenso bei allen Lebensmitteln, aus deren Verkehrsbezeichnung hervorgeht, dass sie mit Malz, Karamell, Schokolade, Kaffee oder Tee hergestellt werden, nicht mehr verwendet werden.

> **Ziel der Verwendung von Farbstoffen ist:**
> - eine gleichmäßige Farbgebung, z. B. bei Gemüse- und Obstkonserven,
> - eine intensivere Färbung, z. B. bei Konfitüre, Bonbons, Cremespeisen,
> - eine Wiederherstellung der Farbe, die durch Lagerung und Verarbeitung verblasst ist, z. B. bei Gemüse- oder Obstkonserven,
> - eine Färbung von farblosen Produkten, z. B. Margarine, Pudding, Käse.

Die Nummern E 100 bis E 180 kennzeichnen Farbstoffe. Nach dem Lebensmittelrecht sind u. a. die Farbstoffe Vitamin B_2 (E 101), Beta-Carotin (E160) und Betanin (E 162) für alle Lebensmittel zugelassen. Die übrigen zugelassenen Farbstoffe dürfen nur bestimmten in der Zusatzstoffzulassungs-Verordnung namentlich aufgeführten Lebensmitteln zugesetzt werden. Von den heute verwendeten Farbstoffen gehören die meisten zu den Vitaminen, Provitaminen oder natürlichen Farbstoffen wie Chlorophyll, Carotinoide und Rote-Bete-Farbstoff. Sie sind gesundheitlich unbedenklich und müssen nur dann auf der Packung deklariert werden, wenn durch den Zusatz eine bessere Lebensmittelqualität vorgetäuscht werden kann (z. B. ein höherer Eigehalt bei Nudeln, denen Vitamin B_2 (E 101) zugesetzt wird – sie müssen den Hinweis »eingefärbt« tragen). Die Farbstoffe müssen auf der Zutatenliste aufgeführt werden.

Synthetische Lebensmittelfarbstoffe werden vor der Zulassung untersucht, sodass keine Gesundheitsgefahr für den Verbraucher besteht. Viele Menschen reagieren heute auf synthetische Farbstoffe mit allergischen Reaktionen.

Wie werden die Farbstoffe auf der Verpackung gekennzeichnet?

- *Hinweis »gefärbt« oder »mit Farbstoff« in unmittelbarer Nähe der Verkehrsbezeichnung, z. B. »Himbeerbonbons mit Farbstoff«.*
- *auf der Zutatenliste als E-Nummer oder chemische Bezeichnung*

Die E-Nummern in Lebensmitteln
Kleines Lexikon der Zusatzstoffe

Konservierungsstoffe

Konservierungsstoffe hemmen die Mikroorganismen in ihrem Wachstum oder töten sie sogar ab. Die Haltbarkeit wird dadurch verlängert.

Bei den Konservierungsstoffen unterscheidet man:

Oberflächenbehandlungsstoffe:

Sie dürfen nur auf der Oberfläche von Lebensmitteln aufgebracht werden, z. B. bei Zitrusfrüchten und Bananen, um Schimmelbildung zu verhindern. Sie müssen mit der Bezeichnung des verwendeten Konservierungsstoffes kenntlich gemacht werden – »konserviert mit« oder »mit Konservierungsstoffen«. Schalen behandelter Zitrusfrüchte dürfen auch nach dem Waschen nicht verzehrt werden!

Konservierungsstoffe, die dem Lebensmittel zugesetzt und verzehrt werden, z. B.:

- **Sorbinsäure, Sorbate** (z. B. in Feinkostwaren und Margarine)

- **Benzoesäure, Benzoate** (z. B. in Gemüse-, Obstkonserven, Marinaden)

- **PHB-Ester** (in Fischkonserven)

- **Schweflige Säure** (Sulfit, E 220) wird dem Wein schon seit über 200 Jahren als Konservierungsstoff zugesetzt. Sulfite wirken als Farbstabilisator und hemmen das Wachstum von Wildhefen, die zu Fehlgärung führen können. Einen sehr hohen Gehalt an schwefliger Säure haben Trockenobst (Pfirsiche, Aprikosen, Birnen – 2000 mg/kg) und Weinbeeren

- **Natriumnitrit (E 250)** führt in Wurst, Schinken und Fleischwaren zur **Ausbildung der** Pökelröte. Die Pökelung von Fleischwaren stellt auch heute noch das wirksamste Verfahren zur Verhütung von Lebensmittelvergiftungen durch das gefährliche Bakterium Clostridium botulinum dar, das durch Erhitzung nicht abgetötet werden kann (s. S. 4). Nitrit bildet insbesondere unter Hitzeeinwirkung zusammen mit Eiweißbaustoffen krebsauslösende Nitrosamine, z. B. beim Überbacken von Salami oder gekochtem Schinken mit Käse (Pizza oder Toast-Hawaii). Der Käse sollte also erst kurz vor Ablauf der Garzeit darübergegeben werden.

Bei der Lebensmittelkennzeichnung stehen die Nummern E 200 bis E 330 für Konservierungsstoffe. Da kein Konservierungsstoff gleichermaßen gegen alle Mikroorganismen wirkt, werden in der Lebensmittelverarbeitung oft mehrere Konservierungsstoffe gleichzeitig zugesetzt. Allergiker oder allergiegefährdete Personen sollten Konservierungsstoffe wie Benzoesäure oder PHB-Ester meiden.

Oberflächenbehandlungsstoffe
z. B.:

- *Diphenyl (E 230)*
  Orthophenylphenol (E 231) sind zur Behandlung von Zitrusfrüchten und ihren Schalen zur Herstellung von Orangeat und Zitronat zugelassen.
- *Thiabendazol (E 233) ist nur für die Schalenoberfläche zugelassen. Es darf nicht mitverzehrt werden!*

Seit November 2005 muss der Zusatz von mehr als 10 Milligramm Schwefeldioxid und Sulfite pro Liter Wein gekennzeichnet werden mit dem Zusatz »enthält Sulfit«.
Die Angabe muss an »gut sichtbarer Stelle, in deutscher Sprache, deutlich lesbar und unverwischbar« auf dem Etikett stehen. Nur bei Weinen, die vor diesem Zeitpunkt hergestellt wurden, finden Käufer keine Information über den Zusatz.

Antioxidantien

Auch Sauerstoffeinwirkung kann zu einem Verderb von Lebensmitteln führen. Antioxidantien binden den Sauerstoff der Luft und erhalten die Lebensmittelqualität. Ohne Antioxidantien kommt es zu hohen Verlusten der Vitamine A und C, Speisefette werden schneller ranzig und die lebensmitteleigenen Farbstoffe in Obst und Gemüse werden abgebaut.

Antioxidantien werden z. B. Margarine, Ölen, Wurst, Käse, Fruchtsaftgetränken und Obst- und Gemüsekonserven zugesetzt.

Man unterscheidet u. a.:
- **natürliche Antioxidantien**, z. B.:
  Vitamin C (Ascorbinsäure), E 300
  Vitamin E (Tocopherol), E 306 bis 309
  Milchsäure, E 270
  Citronensäure, E 330
  Sie haben keine negativen Auswirkungen auf die Gesundheit, da sie natürliche Bestandteile von Lebensmitteln sind und im Körper abgebaut werden können.
- **synthetische (künstliche) Antioxidantien**, z. B.
  Gallate, E 310 bis 312
  Sie können allergische Reaktionen auslösen und sollten gemieden werden.

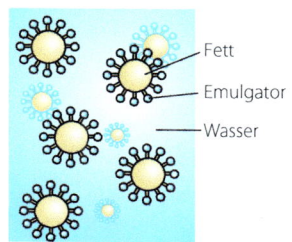

Wirkung eines Emulgators

Emulgatoren

Emulgatoren sind Stoffe, die Wasser und Fetttröpfchen stabil miteinander vermischen. Dabei taucht der wasserfreundliche Teil des Emulgators in die Wasserphase ein. Das fettfreundliche Ende taucht in die Ölphase ein. Emulgatoren werden im menschlichen Körper wie Fettsäuren abgebaut – sie sind gesundheitlich unbedenklich.

Es gibt **natürliche Emulgatoren**, z. B. Lecithin aus dem Eidotter. Die meisten Emulgatoren sind **synthetische Emulgatoren**.

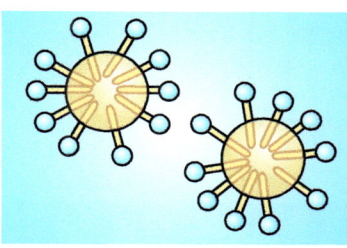

Öl-in-Wasser-Emulsion (Milch)

Die wichtigsten Emulgatoren sind:
- Lecithin, E 322
- Mono- und Diglyceride von Speisefetten, E 470a, E 471

Einsatz der Emulgatoren in der Lebensmittelverarbeitung:

Margarine	stabile Verteilung von Wasser und Fettphase
Wurstwaren	verhindert Fettabscheidung während der Lagerung
Schokolade	gleichmäßige Verteilung der Kakaobutter in der Schokoladenmasse – keine Fettreifbildung
Backwaren	bessere Porung, lockere Krumenstruktur, das vorzeitige Weichwerden der Kruste wird verhindert
Desserts	schaumige, cremige Beschaffenheit bleibt erhalten

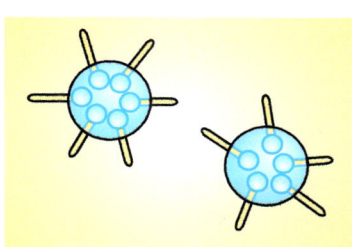

Wasser-in-Öl-Emulsion (Butter)

Süßstoffe und Zuckeraustauschstoffe

Süßstoffe sind natürliche oder synthetische Verbindungen, die eine erheblich höhere Süßkraft als der Haushaltszucker haben.

Folgenden Lebensmitteln dürfen Süßstoffe zugesetzt werden:
- brennwertverminderten Erfrischungsgetränken
- Kaugummi
- brennwertverminderten Milcherzeugnissen
- süßen Suppen, Soßen, Puddings, Gelee- oder Cremespeisen
- Zuckerwaren, Marzipan- und Nugaterzeugnissen
- Mayonnaise, Feinkostsalaten, Salatsoßen
- Meerrettich, Speisesenf, Würzsoßen
- Gemüse-/Sauerkonserven, Obstkonserven

Folgende Süßstoffe sind zurzeit zugelassen:

Süßstoffe		Süßkraft in Relation zur Saccharose (= 1)
Acesulfam	E 950	200-fache
Aspartam	E 951	200-fache
Cyclamat	E 952	35- bis 45-fache
Saccharin	E 954	450- bis 550-fache
Stevioglycosid	E 960	300-fache

Die zugelassenen Süßstoffe gelten als gesundheitlich unbedenklich! Die tolerierbare Tagesdosis (ADI-Wert, s. S. 87) sollte nicht überschritten werden!

Um diese Höchstmengen nicht zu überschreiten, verwenden die Hersteller oft Süßstoffmischungen (z. B. Saccharin und Cyclamat) – diese haben eine höhere Süßkraft.

Bei Kindern kann der ADI-Wert von 7 mg/kg Körpergewicht beim Trinken von mit Cyclamat gesüßten Erfrischungsgetränken leicht überschritten werden.

Relative Süßkraft der Zucker-austauschstoffe im Vergleich zu Saccharose	
Saccharose	1,0
Sorbit, E 420	0,6
Xylit, E 967	1,0
Mannit, E 421	0,5
Fructose	1,2

Saccharin hat mit zunehmender Konzentration einen unangenehmen bitteren Nachgeschmack. Der Handel bietet daher Gemische aus **Cyclamat** und Saccharin im Verhältnis 10:1 an (s. a. S. 151).

Der Süßstoff Stevioglycosid wird aus dem Kraut der südamerikanischen Stevia-Pflanze gewonnen und ist unter der Nummer »E 960« in die Liste der als Zusatzstoff zugelassenen Süßstoffe 2011 aufgenommen worden. Es ist ein natürliches Produkt, was nach Süßholz schmeckt, keine Kalorien besitzt und nur in kleinen Mengen zum Süßen benötigt wird.

Es darf zum Süßen diverser Lebensmittel eingesetzt werden, etwa für alkoholfreie Erfrischungsgetränke, Speiseeis, Milchprodukte und Konfitüren.

Süßstoffe liefern keine Energie und werden z. B. in der Ernährung von Übergewichtigen und Diabetikern eingesetzt. Mit Süßstoff hergestellte Lebensmittel wirken sich nicht negativ auf die Zahngesundheit aus.

Lebensmittel, die Süßstoffe enthalten, müssen z. B. den Hinweis »mit Süßstoff gesüßt« tragen. Der Name des verwendeten Süßstoffes muss in der Zutatenliste aufgeführt sein.

Der Süßstoff **Aspartam** (und damit gesüßte Lebensmittel) enthält die Aminosäure Phenylalanin und darf von Personen mit Phenylketonurie nicht verzehrt werden. Produkte, die Aspartam enthalten, müssen mit einem Warnhinweis versehen sein: »**enthält Phenylalanin**«.

Zuckeraustauschstoffe

Hierzu gehören u. a. Fructose, Sorbit, Mannit und Xylit. Zuckeraustauschstoffe werden aus Einfachzuckern (z. B. Sorbit aus Glucose) gewonnen. Sie besitzen einen ähnlichen Energiewert wie die Kohlenhydrate (8–17 kJ/g), können jedoch im Unterschied zu den Zuckern ohne das Hormon Insulin verstoffwechselt werden (s. S. 151).

Zuckeraustauschstoffe werden bei der Herstellung von **Diabetikererzeugnissen** verwendet. Da manche Zuckeraustauschstoffe bei gleicher Energiemenge eine geringere Süßkraft als Haushaltszucker liefern, sind sie für energiereduzierte Lebensmittel ungeeignet.

Verwendung der Zuckeraustauschstoffe:
- Sorbit   in Marmelade und Gebäck, Konfekt
- Fructose   in Diabetikerkonfitüren, -gebäck, -schokolade
- Mannit   in Eiscreme, Süßigkeiten
- Xylit   in Kaugummi

Zuckeraustauschstoffe werden im Dünndarm nur langsam resorbiert und führen bei übermäßigem Verzehr häufig zu **Durchfällen**. Lebensmittel, die Zuckeraustauschstoffe enthalten, müssen entsprechend gekennzeichnet werden.

Fructosemalabsorbtion (Unverträglichkeit) s. S. 163.

Mit Sorbit hergestellte Marmelade

Dickungsmittel

Dickungsmittel **binden Wasser** – die Produkte **quellen auf** und bilden **Gele**. Dickungsmittel verringern durch die Wasseraufnahme die Energiedichte (Kilokalorien je 100 Gramm Lebensmittel) und werden daher bei der Produktion von kalorienreduzierten Lebensmitteln eingesetzt.
Viele Lebensmittelrohstoffe enthalten natürliche Dickungs- und Gelierstoffe, z. B. Beerenfrüchte und Äpfel das Pektin (Herstellung von Konfitüre).

Natürliche Dickungsmittel	Verwendung in Lebensmitteln
Agar-Agar E 406	Eiscreme, tiefgefrorene Kleingebäcke mit Himbeeren, Cremeschnitten
Alginate E 400 bis 405	Desserts, Eiscreme, Pudding, Barbecue-Soßen, Dressings
Obstpektine E 440	Desserts, Gelees, Konfitüren, Obstkuchen, Puddings, Marmelade
Johannisbrotkernmehl E 410	Geleeanteil in Kleingebäck, fertige Salate, Salatcreme
Guarkernmehl E 412	Fertigsoßen, fertige Salate, Milchshakes, Fruchtgetränke
Traganth E 413	Salatdressing, Schmelzkäse, Kuchendekoration
Carrageen E 407	Biskuits, Desserts, Babynahrung, Eiscreme, Salatdressings
Gummi arabicum E 414	fertige Kuchenmischungen
Gelatine	Desserts, Fruchtgummi, Obst- und Sahnetorten

Beim Verzehr von natürlichen Dickungsmitteln wurden bisher keine gesundheitlichen Nebenwirkungen beobachtet.

Chemische Lockerungsmittel

Chemische Lockerungsmittel werden vor allem bei der Herstellung von Backwaren eingesetzt. Sie entwickeln während des Backens Gase, z. B. **Kohlenstoffdioxid** und **Wasserdampf**, die sich mit zunehmender Erwärmung ausdehnen und zu einer Lockerung des Gebäcks führen – das Gebäckvolumen vergrößert sich. Die bekanntesten chemischen Lockerungsmittel sind:

Chemische Lockerungsmittel	Verwendung
Backpulver	Massen- und Mürbeteiggebäcke
Hirschhornsalz	flache Mürbeteig- und Lebkuchengebäcke
Pottasche	Lebkuchen
Natron	fein gesäuerte Lagerteige, z. B. Lebkuchen

Chemisch veränderte natürliche Verdickungsmittel:

Methylcellulose, E 461
Cremesuppen in Dosen, Backzutaten, fertige Kuchenmischungen

modifizierte Stärke
Cremes, Desserts, Füllungen, Geleeartikel, Gummibonbons

Pottasche setzt Kohlenstoffdioxid nur bei Säureeinwirkung frei; sie wird in fein gesäuerten Lebkuchenteigen verwendet und gibt dem Gebäck einen laugigen Geschmack.

Hirschhornsalz bildet beim Erhitzen Kohlenstoffdioxid, Ammoniak und Wasserdampf. Da Ammoniak in feuchten Gebäcken gesundheitsschädlichen Salmiakgeist bildet, darf Hirschhornsalz nur in flachen Trockengebäcken verwendet werden.

Natron wird zur Lockerung in leicht sauren Teigen eingesetzt. Die Säure setzt das Kohlenstoffdioxid aus dem Natron frei.

Backpulver enthält neben Natron auch Phosphat und andere saure Salze, die bei Hitzeeinwirkung aus dem Natron das Kohlenstoffdioxid freisetzen.

> **Chemische Lockerungsmittel müssen genau dosiert werden!**
> - Zu niedrige Zugabe führt zu wenig gelockerten, dichten Gebäcken,
> - zu hohe Zugabe führt zu breitlaufenden, aufgetriebenen Gebäcken.

Für eine phosphatverminderte Ernährung für Kinder mit hyperkinetischem Syndrom (»Zappelphilipp«) sind Rührteige mit Backpulver ungeeignet. Der Handel bietet jedoch auch Weinsteinbackpulver ohne Phosphat an.

Aromastoffe und Geschmacksverstärker

Lässt man mehrere Versuchspersonen in einem Blindversuch den Geschmack von zwei Erdbeerfruchtzubereitungen testen – eine Sorte mit »natürlichen Aromen«, die andere Sorte mit »naturidentischen Aromen« -, dann bevorzugen die meisten die mit naturidentischen Aromen pürierten Früchte.

Künstlich aromatisierte Lebensmittel werden oft wegen ihres sehr intensiven Geschmacks gegenüber den natürlichen Lebensmitteln bevorzugt.

> **Aromastoffe** sind konzentrierte Zubereitungen, die den Lebensmitteln einen besonderen Geruch und Geschmack verleihen. Sie sind zum direkten Verzehr nicht geeignet.

200 g Joghurt mild mit Erdbeer-zubereitung
mit 3,5 % Fett im Milchanteil

ZUTATEN:
Joghurt mild, 19 %, Erdbeerzubereitung (Calciumlactat, Magnesiumcitrat, Vitamin E, natürliche Aromen), Zucker

Aromastoffe werden in drei Gruppen unterschieden:

- **Natürliche Aromastoffe** werden aus natürlichen pflanzlichen oder tierischen Rohstoffen gewonnen, z. B. Vanille.
- **Naturidentische Aromastoffe** werden synthetisch hergestellt und sind chemisch gleich aufgebaut wie die natürlichen Aromastoffe.
- **Künstliche Aromastoffe** werden chemisch hergestellt und konnten in natürlichen Rohstoffen bisher noch nicht nachgewiesen werden.

Aromatisierte Lebensmittel regen den Appetit an – so läuft einem schon bei dem Geruch, z. B. von Vanille, das Wasser im Munde zusammen.

Geschmackspapillen auf der Zunge nehmen fünf Geschmacksrichtungen wahr: salzig, sauer, süß, bitter und umami (umami = wohlschmeckend, würzig). Umami kennzeichnet den Geschmack nach Glutamat.

Geschmacksverstärker verstärken den Geschmack und/oder den Geruch eines Lebensmittels bzw. mindern Geschmacksfehler.

Als **Geschmacksverstärker** werden u. a. verwendet:

- Glutaminsäure E 620
- Natriumglutamat E 621
- Natriuminosinat E 631

Natriumglutamat ist der am häufigsten verwendete Geschmacksverstärker. Ob süß, salzig, sauer oder bitter, Glutamat gibt allen Speisen – Fertiggerichten, Tütensuppen oder Fischkonserven – das gewünschte Geschmacksprofil.

Empfindliche Menschen reagieren schon auf 1 bis 2 g Glutamat **mit allergischen Reaktionen** – Kopfschmerzen, Krämpfe, Schweißausbrüche, sogar Asthmaanfälle können auftreten. Bei allergieunempfindlichen Personen ist kein schädigender Einfluss bekannt.

Glutamat muss auf Lebensmittelverpackungen nur als »Geschmacksverstärker« gekennzeichnet sein. Die Nummern **E 620 bis E 640** kennzeichnen die Geschmacksverstärker..

Das Lebensmittelrecht regelt den Gehalt an Natriumglutamat:

- *in Lebensmitteln:* maximal 1 % (10 g pro kg)
- *in Soßen:* maximal 2 %
- *in Würzmitteln:* maximal 50 %
- *Babykost* darf kein Glutamat enthalten!

KOMPETENZ-CHECK

1. *Tauschen Sie Ihre Praxiserfahrungen zum Einsatz von Zusatzstoffen in der Verarbeitung von Lebensmitteln aus.*
2. *Erstellen Sie eine Übersicht der verschiedenen Zusatzstoffe und ihrer Aufgaben bei der Lebensmittelverarbeitung.*
3. *Informieren Sie sich im Lebensmittelhandel über das Angebot an Fertiggebäcken und die in ihnen enthaltenen Lockerungsmittel.*
4. *Erklären Sie einer neuen Auszubildenden die Verarbeitungseigenschaften der verschiedenen chemischen Lockerungsmittel.*
5. *Nennen Sie die Unterschiede von Aromastoffen und Geschmacksverstärkern.*
6. *Listen Sie Unterschiede von Süßstoffen und Zuckeraustauschstoffen auf und stellen Sie ihre Bedeutung in der Ernährung dar.*
7. *Erstellen Sie ein Lernplakat »Dickungs- und Geliermittel«.*
   Stellen Sie darin übersichtlich die in der Lebensmittelverarbeitung häufig verwendeten Dickungs- und Geliermittel, die entsprechenden Lebensmittelgruppen und die jeweiligen Wirkungen dar.
8. *Sorbinsäure hat den ADI-Wert 25 – erläutern Sie die Bedeutung dieses Wertes für die Ernährung auch anhand von Lebensmitteln, die Sorbinsäure enthalten.*
9. *Vergleichen Sie Vanillezucker und Vanillinzucker nach Geruch, Geschmack und Aussehen. In welchen Lebensmitteln ist Vanille bzw. Vanillin verarbeitet? Vergleichen Sie die jeweiligen Preise.*
10. *Untersuchen Sie folgende Lebensmittel auf ihre Zutaten:*
    - *Fertiggerichte, z. B. Hühnerfrikassee, Gulasch*
    - *Tüten-, Dosensuppen, z. B. Spargelcremesuppe*
    - *Feinkostsalate, z. B. Waldorfsalat, Fleisch-, Heringssalat*
    Stellen Sie die Unterschiede im Vergleich zu selbst hergestellten Produkten dar.

Vanillegeschmack

Natürliche »Vanille« gewinnt man aus den Schoten der Orchideenart Vanilla planifolia. Der Aromastoff wird künstlich hergestellt und dann als »Vanillin« bezeichnet.

Recherchieren Sie die Zulassungsbedingungen für Stevia.

Fruchtsaft / **Nektar** / **Limonade**

Lebensmittelqualität auf den ersten Blick?
Optisch unterscheiden sich die Getränke wenig. Erst die sensorische Prüfung und genaue Analyse der Inhaltsstoffe zeigt die unterschiedliche Qualität.

Mindestqualität bei Obst und Gemüse:
- *ganz*
- *gesund*
- *sauber*
- *frei von Schädlingen und durch Schädlinge verursachte Schäden*
- *frei von fremden Geruch oder Geschmack und von sichtbaren Fremdstoffen*
- *frei von übermäßiger äußerer Feuchtigkeit*
- *genügend entwickelt*

Qualitätssiegel der deutschen Landwirtschaftsgesellschaft
Warenzeichen (»Bioland«, »Demeter«, »Eco vin« für Lebensmittel aus ökologischem Landbau) kennzeichnen die Lebensmittelqualität auf rechtlicher Grundlage.

1.5 LEBENSMITTELQUALITÄT

Die Qualität umfasst die Summe aller Eigenschaften und Merkmale eines Lebensmittels. Erzeuger, Verbraucher und Lebensmittel verarbeitende Betriebe stellen jeweils andere Anforderungen an die Qualitätsbeurteilung.

1.5.1 QUALITATIVE BEURTEILUNG VON LEBENSMITTELN

Der Genusswert umfasst alle Merkmale eines Lebensmittels, die der Verbraucher mit seinen Sinnen (sensorisch) wahrnimmt, z. B. Farbe, Aroma (Geschmack und Geruch) und Konsistenz.

Der Nähr-/Gesundheitswert beurteilt den Gehalt an wertgebenden Inhaltsstoffen und die gesundheitliche Bedeutung eines Lebensmittels, z. B.
- Nährstoffdichte und Energiegehalt
- Gehalt an Ballaststoffen und gesundheitsfördernden Stoffen, wie z. B. Vitaminen und Mineralstoffen
- Bekömmlichkeit, Verdaulichkeit
- Gehalt an wertmindernden Schadstoffen, Mikroben, Zusatzstoffen

Der ökologische Wert gewinnt eine größere Bedeutung – Einsatz von Pflanzenschutz- und Tierarzneimitteln, Energieverbrauch bei Produktion und Transport sowie Massentierhaltung stören nachhaltig unser Ökosystem.

Der Eignungswert hat je nach Zielgruppe verschiedene Merkmale, z. B.
- für den Verbraucher: Preis, Haltbarkeit, küchentechnische Eignung
- für den Landwirt: Ertragsfähigkeit, Ernteeigenschaften, Marktwert
- für den Fabrikanten: Lagerfähigkeit, Verarbeitungseigenschaften, Sensorik

Für Obst und Gemüse gelten Mindesteigenschaften – , z. B. ganz, gesund, frisch, sauber, frei von fremdem Geruch oder Geschmack und frei von übermäßiger äußerer Feuchtigkeit. Die Güteklassen gliedern sich wie folgt:
- **Klasse Extra** – hervorragende Qualität, sortentypisch in Form, Größe und Färbung
- **Klasse I** – frische, einwandfreie Ware, sortentypisch, ohne Fehler
- **Klasse II** – marktfähige Qualität, Fehler in Form, Farbe oder Oberfläche sind zulässig

Diese Einteilung sagt nichts über den Geschmack oder Nährwert aus.

Güteklassen sind Bestandteile der Qualitätsnormen und gelten im gesamten EU-Bereich für bestimmte Obst- und Gemüsearten, z.B. Äpfel, Birnen, Erdbeeren, Salate, Tomaten und Zitrusfrüchte.

Klasse I – dicht stehende Blume

Klasse II – etwas lose stehende Blume, leichte Quetschung

1.5.2 EINFLUSSFAKTOREN AUF DIE LEBENSMITTELQUALITÄT

Die Lebensmittelqualität wird maßgeblich durch Züchtung und Erzeugung, Transport und Lagerung sowie durch die Lebensmittelverarbeitung bestimmt. Auf einige Einflussfaktoren soll beispielhaft eingegangen werden:

Züchtung und Erzeugung

In der **konventionellen Landwirtschaft** führen die Züchtung neuer, ertragreicher Sorten und ein hoher Einsatz von Mineraldünger und Pestiziden zu einem höheren Gehalt an Nitrat und Pestiziden als in ökologisch produzierten Nahrungsmitteln. Die Fleischqualität wird durch die Art der Tierhaltung sowie durch die Fütterung maßgeblich beeinflusst.

Ökologisch arbeitende Landwirte verzichten auf leicht lösliche Mineraldünger, synthetische Pflanzenschutzmittel und Masthilfsmittel. Als Düngemittel dienen Kompost, Humus und Gesteinsmehle. Für ökologisch erzeugte Lebensmittel gibt es seit dem 1. Juli 2010 ein Bio-Siegel. Das neue Bio-Blatt gilt in ganz Europa.

Der **Treibhausanbau** stellt ganzjährig ein vielfältiges Angebot an Gemüse und Obst zur Verfügung. Treibhausware weist jedoch meist höhere Nitratgehalte auf als Freilandgemüse und -salate.

Ausländisches Obst und Gemüse werden für den Transport in unreifem Zustand geerntet und mit Konservierungsstoffen behandelt (s. a. S. 88).

Die **Gentechnik** hat bisher in Deutschland noch keine praktische Bedeutung in der Lebensmittelproduktion. Gentechnisch veränderte Pflanzen und Nutztiere sowie Milch- und Wursterzeugnisse werden aber bereits in den Versuchslabors entwickelt (s. S. 101).

Transport und Lagerung

Gemüse, Salate und Obst sind nach der Ernte am wertvollsten. Transport und Lagerung führen bei den meisten Lebensmitteln zu Qualitätsverlusten, z. B. Farbveränderungen, Verlust an Aromastoffen und Vitaminen, Welken und Austrocknen bis hin zum Verderb. Die Qualitätseinbußen sind abhängig von der **Lagerdauer, Lagertemperatur** und **Luftfeuchtigkeit, Verpackung** sowie von der **Behandlung** der gelagerten Lebensmittel. Eine sofortige Verarbeitung vermindert den Wertverlust.

Lebensmittelverarbeitung

Das Waschen von Gemüse und Kartoffeln, das Kühlen der Milch, das Zuschneiden garfertiger Fleischteile sind Maßnahmen, die der Verbraucher als qualitätsverbessernd schätzt. Gesundheitsschädliche Stoffe werden durch mechanische und thermische Bearbeitung vermieden oder entfernt. Die Verdaulichkeit vieler roher Lebensmittel wird durch das Erhitzen erhöht, die Nährstoffe können dadurch besser ausgenutzt werden.

Die Lebensmittelverarbeitung führt also zu vielen erwünschten Qualitätsveränderungen: Je nach Prozessführung kommt es aber auch zu Verlusten an wertgebenden Inhaltsstoffen, z. B. Vitaminen und Mineralstoffen durch Schälen, Auslaugen oder Erhitzen (s. S. 80 f.). Verarbeitete Lebensmittel weisen daher oft niedrigere Gehalte an essenziellen Nahrungsinhaltsstoffen auf.

Das Lebensmittelrecht schützt den Verbraucher vor wirtschaftlichen und gesundheitlichen Schädigungen. Es orientiert sich an dem Lebensmittel-, Bedarfsgegenstände- und Futtermittelgesetz (LFGB), das verbietet,

1. *»Lebensmittel für andere derart herzustellen, dass ihr Verzehr geeignet ist, die Gesundheit zu schädigen«.*

2. *»Stoffe, deren Verzehr geeignet ist, die Gesundheit zu schädigen, als Lebensmittel in den Verkehr zu bringen«.*

Die Höchstmengenverordnung legt Höchstmengen an Rückständen in pflanzlichen und tierischen Lebensmitteln auf der Grundlage der ADI-Werte fest.

Mikroplastik im Essen

„Mikroplastik" sind unlösliche Kunststoffteilchen oder -fasern (< 1 mm), die bei der Zersetzung von Kunststoffverpackungen entstehen. Sie kommen in der Umwelt - Luft, Wasser, Boden - überall vor und belasten z. B. Agrarprodukte und Meerestiere. In Lebensmitteln werden geringe Mengen, in Mehrwegkunststofflaschen jedoch ein erhöhter Anteil an Mikroplastik-Partikeln nachgewiesen.

DE-ÖKO-OXX
EU-/Nicht-EU-Landwirtschaft

Hauptkriterien	Teilkriterien	
	Art	**Ziele**
Eignungswert	Angebotsvielfalt und Abwechslung	differenzierte Lebensmittelauswahl, vielfältige Zubereitung, definierte Angebotshäufigkeiten
	Portionsgrößensicherung	angemessene und definierte Portionsgrößen, exakte Portionierung
	kosten- und preisgünstiges Angebot	Vollkostendeckung (einschl. Gewinn) bei geringen Kosten und niedrigem Preis
Gesundheitswert	ausreichende Energie- und Nährstoffzufuhr, Bekömmlichkeit	Zufuhr von Energie und Nährstoffen gemäß DGE-Empfehlungen
	Begleitstoffminimierung oder -vermeidung	Vermeidung von allergenen Lebensmitteln und von Zusatzstoffen
	Keim- und Schadstoff-minimierung	Wareneingangskontrolle, fachgerechte und planmäßige Verarbeitung, Einsatz funktioneller und hygienischer Betriebsmittel, Personalhygiene
Genusswert	angemessene sensorische Qualität	Einhaltung einer mindestens mittleren Qualitätsstufe bei Farbe, Form, Konsistenz, Geruch und Geschmack von Speisen
	ansprechende Darbietung der Speisen	ansprechende Garnierung, ausreichende Gefäßgröße und Servier-temperatur, keine Kleckse
	Berücksichtigung von Verzehrgewohnheiten	Berücksichtigung von Wünschen, Vorlieben und Abneigungen aufgrund regionaler und altersabhängiger Präferenzen
Ökologischer Wert	ökologische Produktion	Lebensmittel aus ökologischer Erzeugung
	regionale Produktion	umweltschonende Lebensmittelproduktion

Novel Food sind Lebensmittel, die
- nach neuen Produktionsverfahren hergestellt werden,
- aus Insekten, Mikroorganismen, Pilzen oder Algen bestehen oder aus diesen isoliert werden,
- aus gentechnisch veränderten Organismen hergestellt werden,
- eine neue molekulare Zusammensetzung aufweisen.

Beispiele:
- Olestra – unverdaulicher Fett-ersatzstoff
- Joghurt mit transgenen Kulturen
- Quorn – Fleischersatz aus Schim-melpilzkulturen

Ein Burger aus der Petrischale
Die Erzeugung von Fleisch aus Zell-kulturen wir in Laborstudien erprobt: In-Vitro-Fleisch ist eine Lösung für Menschen, denen Klima- und Tier-schutz am Herzen liegt. Der Energie-verbrauch ist jedoch weit höher – ebenso der Preis.

Bei der Speiseplanung und dem Einkauf werden Entscheidungen für eine **qualitäts- und nachhaltigkeitsorientierte Warenbeschaffung** getroffen, z. B.:

▶ **Saisonale, regionale Produkte** – sie ermöglichen einen abwechslungsreichen Speiseplan. Bei der Nutzung regionaler Produkte entfallen lange Transportwege. Frische und gleichbleibende Qualität sind in der Regel gegeben.

▶ **Biologische Lebensmittel, Produkte aus artgerechter Tierhaltung** – sie schonen die Umwelt, sind weniger mit «Schadstoffen» belastet und haben eine hohe Qualität.

▶ **Fair gehandelte Lebensmittel** – z. B. Kaffee, Tee, Kakao – gewährleisten, dass die Bauern in den Herkunftsländern einen fairen Preis für ihre Produkte bezahlt bekommen. Sie sind oft teurer als konventionelle Rohwaren.

Die Qualität der Rohwaren wirkt sich wesentlich auf die Speisenqualität aus, daher sollte die Beschaffung der Waren nicht ausschließlich preisorientiert erfolgen.

1.5.3 NOVEL FOOD

Neuartige Lebensmittel und Lebensmittelzutaten (Novel Food) entstehen in neuen Produktionsverfahren, in denen aus pflanzlichen und tierischen Rohstoffen gezielt Grundbausteine, z. B. Fette, Eiweiße oder Kohlenhydrate, isoliert und daraus maßgeschneiderte neuartige Lebensmittel hergestellt werden. Nicht mehr die Qualität der Rohwaren, sondern technische Möglichkeiten bestimmen die geschmacklichen und sonstigen Eigenschaften. Der Zusatz von Aroma- und Süßstoffen, Farbstoffen, Fettersatz- u. a. Zusatzstoffen ermöglicht, dass Aussehen und Geschmack immer gleich sind.

Gentechnisch erzeugte Lebensmittel

Gentechnisch hergestellte Lebensmittelzusatzstoffe, Süßstoffe, Enzyme (Labersatz in der Käseherstellung) und Mikroorganismen (Backhefe) werden in der Lebensmittelproduktion eingesetzt.

Die Gentechnik kann die Züchtung und den Produktionsaufwand in der Landwirtschaft vereinfachen und die Erträge steigern. Bei pflanzlichen Lebensmitteln kann der Nährstoffgehalt erhöht, der Geschmack und die Resistenz gegen Pflanzenkrankheiten verbessert werden. Der Fleischansatz und die Milchleistung von Nutztieren können wesentlich gesteigert werden.

25 % mehr Milchausbeute durch gentechnische Züchtung

> Die Langzeitwirkung von gentechnisch veränderten Organismen auf Umwelt und Gesundheit ist bisher noch nicht ausreichend untersucht, mögliche Risiken müssen noch abgeklärt werden!
>
> Im Interesse der Verbraucher sind gentechnisch veränderte Lebensmittel, Zusatzstoffe und technologische Hilfsmittel deutlich zu kennzeichnen.

Werden in der Gemeinschaftsverpflegung gentechnisch veränderte Lebensmittel verwendet, müssen diese mit dem Hinweis »enthält gentechnisch veränderte …« auf der Speisekarte oder am Büfett gekennzeichnet sein.

Schöpfung aus dem Gentechniklabor – Sinn oder Unsinn?

- *krankheitsresistente Zuckerrübe*
- *Antimatschtomate*
- *Kühe mit höherer Milchleistung*
- *Schweine mit 40 % höherem Fleischansatz*
- *cholesterinarmes Hühnerei*

1.5.4 FUNCTIONAL FOOD

»Functional Foods« sind in der Regel natürliche Lebensmittel, die mit bestimmten **Nährstoffergänzungen** – Antioxidantien, Mineralstoffen, Vitaminen, sekundären Pflanzenstoffen – angereichert worden sind. Sie haben zusätzlich zu ihrem **üblichen Ernährungswert** eine **positive Wirkung auf das Wohlbefinden und die Leistungsfähigkeit**. Auch Lebensmittel, bei denen bestimmte Inhaltsstoffe (Immunogene), die z.B. eine Lebensmittelunverträglichkeit auslösen können, entfernt worden sind, gehören zu den Functional Foods.

Probiotische Lebensmittel sind z.B. Joghurterzeugnisse, Quark, Käse, Müslis, Salami und Fruchtsäfte. Sie enthalten bestimmte Arten von Milchsäurebakterien, die den Weg durch den Magen-Darm-Trakt größtenteils überleben und sich vorübergehend im Dickdarm ansiedeln. Sie üben einen positiven Einfluss auf die Gesundheit aus und wirken Darmstörungen entgegen.

ACE-Getränke sind Erfrischungsgetränke, vorwiegend aus Mischungen von Orangen- und Karottensaft. Sie werden mit antioxidativen Vitaminen – Beta-Carotin, Vitamin C und E – angereichert (das »A« in ACE bezieht sich auf das Beta-Carotin, eine Vorstufe des Vitamin A). Auf dem Markt sind auch tiefgefrorene Gemüsemischungen mit antioxidativen Vitaminen.

Wellness-Produkte enthalten neben Vitaminen Zusätze von Kräuterauszügen, wie z.B. Melisse und Johanniskraut. Sie sollen für ein besseres Wohlbefinden sorgen. Auch sekundäre Pflanzenstoffe werden eingesetzt, so z.B. Grüntee-Extrakt in Joghurt oder Fruchtsaft oder Omega-3-Fettsäuren in Brot oder Margarine.

Energy-Drinks werden vor allem zur Leistungssteigerung eingesetzt. Ihre belebende Wirkung geht vom Koffein aus, das darin in etwa der doppelten Menge wie in herkömmlichen Erfrischungsgetränken (z.B. Cola-Getränke) enthalten ist. Einige Energy-Drinks enthalten Taurin, das laut Werbung eine belebende Wirkung haben soll. Weitere Inhaltsstoffe sind Zucker und Zuckerabkömmlinge.

So arbeitet die Gentechnologie

Gene (= Erbmaterial im Zellkern) mit bestimmten erwünschten Eigenschaften werden den Zellen eines Organismus entnommen und in vermehrungsfähige Zellen eines anderen Organismus eingebracht. Der Stoffwechsel und die Eigenschaften dieser »Empfänger«-Zellen werden dabei gezielt verändert – die Zelle entwickelt neue Eigenschaften, die der Mensch für seine Zwecke nutzen kann. Über Zellkulturen werden die gentechnisch gewonnenen Organismen mit den neuen Eigenschaften vermehrt.

Near-water-drinks (»Wasser mit Geschmack«) sind Getränke auf Wasserbasis und enthalten neben Quell-, Mineral- und Tafelwasser auch Stoffe wie Fruchtsaftkonzentrate, Sauerstoff, Kräuter, Vitamine oder auch Koffein sowie Zucker oder Süßstoffe und Säuerungsmittel. Es gibt sie in verschiedensten Geschmacksrichtungen.

In der Europäischen Union werden funktionelle Lebensmittel lebensmittelrechtlich wie herkömmliche Lebensmittel behandelt, der Begriff »funktionelle Lebensmittel« ist nicht geschützt. Nach bundesdeutschem Lebensmittelrecht sind Aussagen, die sich auf die Beseitigung, Linderung oder Verhütung von Krankheiten beziehen, wie z. B. »gut für die Gesundheit« oder »stärkt die Abwehrkräfte«, im Zusammenhang mit den Lebensmitteln verboten. § 17 LMBG (Irreführungsverbot) und § 18 LMBG (Verbot der krankheitsbezogenen Werbung) müssen beachtet werden!

Funktionelle Lebensmittel und ihre Wirkungen

Wirksubstanzen	Angestrebte Wirkungen	Beispiele
probiotische Milchsäurebakterien	wirken positiv auf die Darmbakterien	Milchprodukte, Salami, Müslis (= probiotische Lebensmittel)
Ballaststoffe	fördern die Vermehrung der Darmbakterien	Joghurterzeugnisse, Müslis
Antioxidantien	schützen vor freien Radikalen	ACE-Getränke, spezielle Gemüsemischungen
Omega-3-Fettsäuren	schützen vor Herz-Kreislauf-Erkrankungen	Omega-Eier, Omega-Brot, Erfrischungsgetränke, Margarine
Kräuterauszüge	steigern das Wohlbefinden	Joghurterzeugnisse, Getränke

Functional Food

Die Health-Claims-Verordnung regelt, dass ernährungsphysiologisch ungünstige Lebensmittel nicht mit »positiven Gesundheits-Image-Angaben« beworben werden dürfen.

Health-Claims-Verordnung definiert drei Claims (s. S. 12)
- *nährwertbezogen*
- *gesundheitsbezogen*
- *bezogen auf die Minderung eines Krankheitsrisikos*

1.5.5 PROTEINANGEREICHERTE LEBENSMITTEL

Der Handel bietet zahlreiche Lebensmittel, die mit Proteinen angereichert sind, wie Müsli, Brot, Trinkmilch, Quark, Käse, Bortaufstrich, Pudding, Joghurt und Schokoriegel, an.

Das Eiweiß soll beim Muskelaufbau helfen – vor allem fitnessorientierte Menschen, aber auch ältere Menschen (sie essen weniger und mögen weniger Fleisch) sind angesprochen. Bei einer vollwertigen Ernährung kann auf proteinangereicherte Lebensmittel verzichtet werden.

KOMPETENZ-CHECK

1. *Die Verpflegungsqualität wird auch von den Erwartungen der Essensteilnehmer bestimmt.*
   a) Erstellen Sie einen Katalog mit Gästeerwartungen.
   b) Wie berücksichtigen Sie die Erwartungen in der Praxis?
2. *Leisten funktionelle Lebensmittel in der Ernährung einen wichtigen Beitrag? Diskutieren Sie diese Frage in der Klasse.*
3. *Ob Novel-, Functional- oder Superfood: die Konsumwelt ist im Wandel. Diskutieren Sie!*

1.5.6 SUPERFOODS

Superfoods ist der trendige ungeschützte Marketingbegriff für Lebensmittel, die einen sehr hohen Gehalt an wertvollen Inhaltsstoffen, z. B. Vitamine, Mineralstoffe, sekundäre Pflanzenstoffe, mehrfach ungesättigte Fettsäuren, haben sollen. Es sind häufig pflanzliche Lebensmittel, die selten frisch, sondern meist hochverarbeitet als angereicherte Lebensmittel (z. B. Brot mit Chiasamen) oder in Kapsel- und Pulverform zur Nahrungsergänzung angeboten werden. Auch natürlich vorkommende Lebensmittel wie z. B. Grünkohl oder Heidelbeeren verdienen durch ihren hochwertigen Nährstoffgehalt diese Bezeichnung. Eine pflanzenbetonte vielseitige Ernährung stellt einen deutlichen Mehrgewinn für Gesundheit und Umwelt sicher.

Superfood (Beispiele)
- ■ **Grünes:** *Wildkräuter, Algen, Spinat, Avocado*
- ■ **Kohl:** *Weiß-, Rot, Grün- Rosenkohl, Brokkoli*
- ■ **Beeren / Obst:** *Heidelbeeren, Acerola, Aronia, Papaya, Datteln, Granatapfel*
- ■ **Nüsse / Samen:** *Mandeln, Walnüsse, Lein- und Chiasamen*
- ■ **Wurzeln:** *Ingwer, Kurkuma, Meerrettich*
- ■ **Sonstiges:** *Kakao, Carob*

1.5.7 CONVENIENCE-PRODUKTE

Wörtlich übersetzt heißt Convenience Food »bequeme Lebensmittel«. Convenience Produkte sind vorgefertigte Lebensmittel, die in großer Auswahl als Halbfertig- und Fertigprodukte angeboten werden. Sie ersparen zeit- und personalaufwendige Vor- und Zubereitungsarbeiten und erleichtern die Lagerung und Vorratshaltung. Nach den Verarbeitungsstufen unterscheidet man:

Halbfertigprodukte sind vorgefertigte Nahrungsmittel, die in der Küche noch fertig zubereitet und gegart werden müssen. Nach dem Aufbereitungsgrad unterscheidet man:

■ Küchenfertige Lebensmittel
Die Vorbereitungsarbeiten sind bereits abgeschlossen; sie müssen mit Zutaten fertig zubereitet und gegart werden.

Beispiele:
Gefriergemüse, Backmischungen, geputzte Blattsalate, ausgenommenes Geflügel/Fisch

■ Garfertige Lebensmittel
Die Vor- und Zubereitungsarbeiten sind durchgeführt; sie müssen noch gegart werden.

Beispiele:
gewürzte/panierte Fleischstücke, Teigwaren, Trockensuppen, vorfrittierte Pommes frites, Kartoffelklöße im Kochbeutel, backfertiger Kuchen

■ Verzehrfertige Lebensmittel
Sie können nach dem Auspacken sofort verzehrt werden.

Beispiele:
Obstkonserven, Desserts, Puddings, Fertigmenüs

Der **Nährstoffgehalt** von Convenience-Produkten unterscheidet sich häufig wesentlich von dem frisch zubereiteter Speisen, z. B. sind Zucker-, Fett- und Kochsalzgehalt bei vielen Produkten erhöht, der Vitamin- und Mineralstoffgehalt hingegen durch Nährstoffverluste bei der Lebensmittelverarbeitung meist erniedrigt. Viele Convenience-Produkte enthalten Zusatzstoffe.

Appetitliche Gerichte sind mit Convenience-Produkten schnell zubereitet. Rohkostsalate und Obst- oder Gemüsesäfte gleichen mögliche Vitaminverluste der Convenience-Produkte aus.

Ob in der Küche vorgefertigte oder frische Ware eingesetzt werden sollte, kann nur durch einen Vergleich von Kosten, Arbeitszeit und Speisenqualität entschieden werden. Convenience-Produkte sind meist teurer und belasten durch ihre aufwendige Verpackung die Umwelt.

Fast jeder zweite Haushalt verwendet wenigstens 2-mal in der Woche Convenience-Produkte zum Mittagessen. Zusätzlich kommen abends zwei- bis siebenmal wöchentlich Fertigprodukte oder Fertiggerichte, z. B. Pizzen, Nudelgerichte, auf den Tisch. Besonders stark zugenommen hat die Nachfrage nach Tiefkühlkost sowie nach Komplettmenüs.

Schonende technologische Herstellungsverfahren (z. B. Gefriertrocknen, Tiefkühlen) der Convenience-Produkte ermöglichen eine weitgehende Erhaltung der Lebensmittelinhaltsstoffe und verlängern die Haltbarkeit. Luftdichte Verpackungen schützen die Produkte vor negativen Veränderungen und garantieren Nährwerterhaltung und Hygiene.

Kartoffeln bilden den idealen Rohstoff für Convenience-Produkte, ihre Verarbeitung zu Convenience Food soll hier beispielhaft dargestellt werden.

Nach der technologischen Herstellung unterscheidet man drei verschiedene Produktgruppen:

■ **Tiefkühlprodukte**
Tiefkühlen ist die vielseitigste Methode zum Konservieren. Tiefkühlprodukte enthalten keine chemischen Zusätze oder Konservierungsmittel.

■ **Wärmebehandelte Produkte**
Eine Wärmebehandlung bei Temperaturen von ca. 100 °C macht die Produkte keimfrei. In Dosen aus Weißblech halten sich die Inhalte besonders gut. Mit Innenlackierung sind sie zusätzlich geruchsneutral. Kunststoff-Verbundbeutel mit Aluminiumschicht sind ebenfalls beliebte Behälter. Für relativ kurzfristige Bevorratung werden auch vakuumierte Kunststoffbeutel benutzt.

■ **Trockenprodukte**
Dafür eignen sich besonders Produkte aus pürierten Kartoffeln, denen das Wasser entzogen wurde, oder auch Chips.

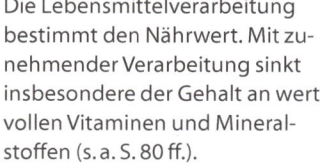

Je nach Aufbereitungsgrad unterscheidet man **4 Fertigungsstufen:**

■ **küchenfertig**
z. B. vorfrittierte oder tiefgekühlte Pommes frites

■ **garfertig**
z. B. Kartoffelflocken für Kartoffelpüree

■ **aufbereitet**
z. B. Kroketten, lose tiefgekühlt, Rösti in der Dose oder im Beutel

■ **tischfertig/verzehrfertig**
z. B. Pommes chips, Kartoffelsalat im Beutel

Die Lebensmittelverarbeitung bestimmt den Nährwert. Mit zunehmender Verarbeitung sinkt insbesondere der Gehalt an wertvollen Vitaminen und Mineralstoffen (s. a. S. 80 ff.).

Für die Herstellung von schmackhaften ansprechenden Speisen müssen viele vorgefertigte Produkte durch besondere Zutaten vervollständigt und verfeinert werden. So kann man **Tiefkühlgemüse** zur Verfeinerung des Geschmacks Gewürze, Butter, Kräuter, Sahne, Crème fraîche oder angeschwitzte Speck- oder Zwiebelwürfel zugeben. Beim Anrichten werden die Gemüse je nach Sorte mit Schinkenscheiben umwickelt, überbacken oder in andere Gemüse, z. B. Paprika / Tomaten, gefüllt.

Auch in der Großküche selbst können vorgefertigte Produkte im Voraus hergestellt werden, z. B.

- Salatsoßen, in Behälter gefüllt und gekühlt
- Suppen, portionsweise gekühlt, sterilisiert oder tiefgekühlt
- Blattsalate, in dichten Behältern gekühlt
- gegartes Fleisch, portionsweise mit/ohne Soße gekühlt oder tiefgekühlt

Convenience-Produkte haben viele Vorteile, aber auch Nachteile, die bei der Verwendung berücksichtigt werden sollten.

Convenience-Produkte belasten die Umwelt:

- *aufwendige Verpackung (Kunststoff, Aluminium, Papier)*
- *hoher Energieverbrauch durch Erzeugung und Lagerung*
- *lange Transportwege bis zum Endverbraucher*
- *hohe Nährstoffverluste bei der Verarbeitung*

Vorteile der Convenience-Produkte	Nachteile der Convenience-Produkte
<ul><li>Einsparung von Zeit/Arbeitskraft/ Energie</li><li>niedrigere Wareneinsatzkosten</li><li>leichtere Vorratshaltung</li><li>ein von der Jahreszeit unabhängiges Nahrungsmittelangebot</li><li>kürzere Garzeiten</li><li>Energieeinsparung</li><li>Vereinfachung schwieriger Herstellungsprozesse</li><li>gleichbleibende Qualität</li><li>konsequente Hygiene- und Laborkontrolle in allen Prozessstufen</li></ul>	<ul><li>höherer Preis als frische Waren</li><li>höherer Gehalt an Zusatzstoffen</li><li>Einbußen in Aroma und Geschmack</li><li>weniger Variationsmöglichkeiten</li><li>niedrigerer Vitamin- und Mineralstoffgehalt als bei frischen Lebensmitteln</li><li>niedrigere Nährstoffdichte</li><li>vorgegebene Geschmacksrichtung</li></ul>

In welchem Umfang Convenience-Produkte eingesetzt werden sollen, ist z. B. von der Größe und Ausstattung des Betriebes bzw. der jeweiligen Haushaltssituation sowie von den Bedürfnissen der Verpflegungsteilnehmer abhängig.

KOMPETENZ-CHECK

1. *Welche Vorteile bietet die Verwendung von Convenience-Produkten im Vergleich zu frischen Lebensmitteln? Begründen Sie anhand Ihrer Praxiserfahrungen.*
2. *Erkunden Sie das Angebot an Convenience-Produkten in Ihrem Supermarkt. Beurteilen Sie bei verschiedenen Convenience-Produkten Nährwert, Zeitersparnis bei der Speisenherstellung und Verpackungsanfall im Vergleich zu konventionell aus Rohwaren zubereiteten Speisen.*
3. *Stellen Sie ein vollständiges Mittagsmenü aus Convenience-Produkten zusammen. Welche Überlegungen müssen bei der Herstellung des Mittagessens sowie bei den übrigen Mahlzeiten berücksichtigt werden, damit die Versorgung mit Vitaminen gedeckt wird?*
4. *Sie möchten zum Mittagessen einen Gemüseeintopf anbieten. In welchen Fertigungsstufen werden Convenience-Produkte angeboten? Vergleichen Sie Qualität, Preise und den für die Speisenherstellung notwendigen Arbeitseinsatz.*
5. *Wie können die folgenden Halbfertigprodukte – Suppen, Soßen, Kartoffelklöße – bei der Weiterverarbeitung verfeinert werden?*
6. *Machen Sie eine Aufstellung der Erzeugnisse, die kostengünstiger im eigenen Betrieb vorgefertigt werden können.*

Convenience-Produkte

Obst und Gemüse der Jahreszeit aus regionalem Anbau bevorzugen

auf weniger aufwendige Lebensmittelverpackungen achten

weniger Fleisch und Wurstwaren, mehr Obst, Gemüse und Getreideprodukte verzehren

»Zu gut für die Tonne«
▶ *Informieren Sie sich unter www.zugutfuerdietonne.de*
▶ *Das Bundesernährungsministerium für Ernährung und Landwirtschaft hat in einer Initiative »Zu gut für die Tonne« Resterezepte gesammelt (s. a. S. 13).*

1.6 LEBENSMITTELAUSWAHL UND SPEISENANGEBOTE

Eine auf den Alltag abgestimmte Ernährung fördert Leistungsfähigkeit und Wohlbefinden und trägt zur Erhaltung der Gesundheit bei. Die gemeinsame Mahlzeit ermöglicht Erholung und stellt soziale Kontakte her.

1.6.1 MAHLZEITENGESTALTUNG

Leistungsfähigkeit und Konzentrationsfähigkeit werden wesentlich durch die Ernährung beeinflusst. Eine bedarfsgerechte Kost mit fünf kleineren, gleichmäßig über den Tag verteilten Mahlzeiten vermeidet Leistungstiefs und beugt Ermüdungserscheinungen vor. Daher sollten neben den drei Hauptmahlzeiten – Frühstück, Mittag- und Abendessen – zwei Zwischenmahlzeiten – 2. Frühstück und Nachmittagsimbiss – verzehrt werden. Die Mahlzeiten sollten in Ruhe und in angenehmer Atmosphäre eingenommen werden.

Regeln zum Aufstellen, Zusammenstellen und Planen von Mahlzeiten

1. **Lebensmittel der Saison/Region bevorzugen**
   Diese sind preisgünstig, außerdem qualitativ hochwertig in Aroma, Aussehen und Geschmack.

2. **Abwechslung bei der Lebensmittelauswahl und Farbgestaltung**
   »Das Auge isst mit« – die Mahlzeit sollte optisch ansprechend gestaltet werden.

3. **Ausgewogenheit von leichten und schweren Speisen**
   Die Speisen sollten so ausgewählt werden, dass ihr Verzehr das körperliche Wohlbefinden erhält. Leichte Speisen sind zu bevorzugen. So ist z.B. ein Menü, bestehend aus Backofenkartoffeln, Putenschnitzel mit Gemüsen der Saison und Obstsalat, in der Kombination der Speisenkomponenten ausgewogener als ein Menü aus Kroketten, Cordon bleu, Brokkoli mit holländischer Soße und Eis.

4. **Bekömmlichkeit der Speisen**
   Sie ist von den Ernährungsgewohnheiten, dem Gesundheitszustand und dem Lebensalter abhängig und wird von jedem Menschen unterschiedlich beurteilt. Lebensmittelauswahl, Menge und Zubereitungsart müssen daher auf die Bedürfnisse der Essensteilnehmer abgestimmt werden.

5. **Energiearmes Getränkeangebot**
   Mineralwasser, Saftschorlen, Kräuter- und Früchtetees zur ausreichenden Versorgung mit Flüssigkeit.

Bei der Zusammenstellung der Mahlzeiten soll auf eine **vollwertige Ernährung** mit einem hohen Anteil an Nahrungsmitteln hoher Nährstoffdichte geachtet werden (s. S. 138). Die Energiezufuhr soll entsprechend den individuellen Leistungsanforderungen auf den Tag verteilt (vgl. Aufstellung links) und an den **persönlichen Energiebedarf** angepasst werden.

Zusätzlich sind der Ernährungskreis (s. Kap. 2.2.1) sowie die 10 Regeln der DGE (s. Kap. 2.4.1) zu beachten.

1.6.2 FRÜHSTÜCK – PAUSENFRÜHSTÜCK

Ein ausgewogenes Frühstück ist eine gute Grundlage für den Start in den neuen Tag. Es hilft außerdem, den hohen Leistungsanforderungen in Schule, Ausbildung und Beruf gewachsen zu sein. Während in Großverpflegungseinrichtungen, wie z.B. Krankenhäusern, Altenheimen oder Kantinen, meist nur ein Frühstück angeboten wird, gibt es im Familienhaushalt häufig ein erstes und ein zweites Frühstück.

Frühstücksangebote

Das Frühstück sollte aus verschiedenen Brot- oder Kleingebäcksorten, Butter, Marmelade oder Honig bestehen. Als Eiweißträger bieten sich Käse, Quark, Wurst, Schinken und Eier an. Eine Auswahl an Obst und Gemüse sowie Obst- und Gemüsesäfte decken den Vitaminbedarf.

Man unterscheidet
- das einfache Frühstück aus verschiedenen Brot- und Kleingebäcksorten, Butter, Marmelade, Honig und einem Heißgetränk, z.B. Kaffee, Tee, Kakao oder Milch,
- das erweiterte Frühstück, das außerdem Wurst, Schinken, Käse, Eierspeisen, Frischobst und Gemüse, Fruchtsäfte und Müsli beinhaltet.

Einfaches Frühstück für eine Person	
Kaffee, Kakao oder Tee	2 Tassen, ca. ¼ Liter
Kondensmilch	10 g (= 2 Kaffeelöffel)
Zucker/Würfelzucker	10 g (= 2 Kaffeelöffel oder 2 St.)
Brot/Kleingebäck	80 g
1 Portion Butter	20 g
1 Portion Marmelade/Honig	20 g (= 2 Teelöffel)

Erweitertes Frühstück für eine Person	
1 Portion Käse	30 g (= 1 Scheibe)
1 Portion Wurst	30 g (= 1 Scheibe)
1 Portion Quark	50 g (= 1 gehäufter Esslöffel)
1 Frühstücksei/Rührei	50 g
Müsli + Milch/Joghurt	50 g

Frühstück – so oder so!?

▶ Beispiel 1: deftig-kräftig

1. Frühstück
1 Weizen- oder Sesamvollkornbrötchen
10 g Butter
1 Scheibe gekochter Schinken
1 Glas Orangensaft/1 Tasse Kakao

Pausenfrühstück
1 Scheibe Vollkornbrot (40 g)
10 g Butter
20 g Frischkäse
Schnittlauchröllchen/Radieschen

▶ Beispiel 2: für »Süße«

1. Frühstück
2 EL Getreideflocken 6-Korn-Mischung
1 TL Honig
1 Becher Naturjoghurt
150 g Frischobst der Saison
1 Tasse Milchkakao

Pausenfrühstück
1 Vollkorncroissant (50 g)
1 Apfel/Birne/Obst der Jahreszeit

▶ Beispiel 3: für Frühstücksmuffel

1. Frühstück
1 Glas Vollmilch (⅛ l) oder Kakao
Orangensaft oder Früchtemilch aus:
100 g Erdbeeren oder Bananen …
1 TL Honig, etwas Zitronensaft
⅛ l Milch

Pausenfrühstück
z.B. Obst, Milchprodukte, Vollkornback-
waren

Verteilung der Energiezufuhr auf 5 Mahlzeiten

Tagesenergiebedarf in %	
1. Frühstück	20 bis 25
2. Frühstück	10
Mittagessen	30 bis 35
Imbiss	10
Abendessen	25

Im Krankenhaus werden die einzelnen Komponenten für die Mahlzeiten vom Patienten auf einer Auswahlkarte zusammengestellt.

Weich gekochte Frühstückseier dürfen nicht an Personen mit hohem Infektionsrisiko (Kleinkinder, Kranke, Alte) abgegeben werden.

					Mo	Di	Mi	Do	Fr	Sa	So

Vollkost Früh

Name: *Frau Schulze*   Zimmer: *S 10*

KA	Station	Getränke				Brot	
■	1	Bohnenkaffee ☒	Butter 10 g ☒	Quark ☐		Mischbrot	1 2 3 4
	2	Kaffee entkoff. ☐	Butter 20 g ☐	Käse ☐		Weißbrot	1 2 3 4
	3	Früchtetee ☐	Diätmargarine 10 g ☐	gek. Ei ☒		Vollkornbrot	1 2 3 4
	4	schwarzer Tee ☐	Diätmargarine 20 g ☐	Wurst ☐		Leinsamenbrot	☒ 2 3 4
	5	Pfefferminztee ☐	Konfitüre ☐			Knäckebrot	1 2 3 4
	6	heiße Milch ☐	Diätkonfitüre ☐			Zwieback	1 2 3 4
	7	Zucker ☐	Honig ☒			Brötchen	☒ 2 3 4
	8	Süßstoff ☐					
	9	Kondensmilch 2x ☒					

Pausenfrühstück so – oder so?

Schokoriegel, Milchschnitte und Backwaren sind als 2. Frühstück nicht zu empfehlen:
- *kariogene Wirkung*
- *niedriger Vitamin-/Mineralstoff- und hoher Energiegehalt*
- *geringer Sättigungswert*
- *machen müde und unkonzentriert*
- *begünstigen Übergewicht*

Frühstücksbüfett

In der Gemeinschaftsverpflegung, in Tagesstätten und Altenheimen wird das Frühstück meist als Büfett angeboten (s. S. 244). Leicht verdauliche, vollwertige Nahrungsmittel und Speisen sind im Trend und werden von den Kunden gerne verzehrt.

Pausenfrühstück – praktische Tipps

Es sollte attraktiv zubereitet und schonend verpackt sein
- Brotsorte, Belag und Obst-, Gemüsebeilage öfter mal wechseln
- saftige Beilagen (Quarkzubereitungen, Feinkostsalate, geschnittenes Gemüse) nicht auf das Brot, sondern in separate Dosen legen
- Schulfrühstück in Pergamentpapier und Frühstücksbox verpacken (Klarsichtfolie und Alufolie belasten als Abfall die Umwelt!)
- als Getränk Saftschorlen oder Mineralwasser anbieten
- es kann schon am Abend zubereitet und im Kühlschrank verpackt aufbewahrt werden – so bleibt es appetitlich frisch!

Zwischenmahlzeiten

Sie verhindern das Absinken der Leistungsfähigkeit. Sie sollen auffrischen, ohne zu belasten – darum dürfen sie nicht zu schwer und zu umfangreich sein. Einige Vorschläge für gesunde Zwischenmahlzeiten:
- **Obst der Saison, z. B. Äpfel, Birnen, Bananen, Apfelsinen** (sie sind im Unterschied zu Beerenobst gut transportfähig!)
- rohes Gemüse (ganz, geschnitten), z. B. Möhren, Radieschen, Kohlrabi, Tomaten
- Milch und Milcherzeugnisse, evtl. mit frischem Obst zubereitet – als Richtmaße gelten 150 g für Kinder, 250 g für Erwachsene
- Vollkornbackwaren mit Käse, Wurst oder Schinken
- Müsli aus Getreideflocken, Nüssen, Früchten, Milch

KOMPETENZ-CHECK

Sie machen die Bestellung für das Frühstücksbüfett und die Lunchpakete einer Gruppe von 40 Schulkindern der 4. Klasse für den nächsten Tag fertig.
Erstellen Sie einen Vorschlag für die Zusammenstellung der Lebensmittel (Auswahl, Mengen, Zubereitung).

1.6.3 MITTAGESSEN

Das Mittagessen deckt ein Drittel der täglichen Versorgung mit Nährstoffen. Es besteht meist aus drei Gängen, **Vorspeise**, **Hauptgang** und **Nachspeise**, die in Aussehen, Geschmack, Nährwert und Zubereitung sinnvoll aufeinander abzustimmen sind. Bei der Zusammenstellung der Speisen sind zu berücksichtigen:

Jahreszeit, z. B.:

▶ **saisonbedingte Rohwaren** bevorzugen: Saisonkalender beachten
▶ je nach Jahreszeit unterschiedliche Speisen anbieten
▶ **in der warmen Jahreszeit:** leicht verdauliche, frische Gerichte, z. B. kalte Vorspeisen, Auswahl an Salaten, kurz gebratene kleine Fleischgerichte, Eis oder frisches Obst als Dessert,
▶ **in der kalten Jahreszeit:** kräftige, wärmende Speisen, z. B. warme Vorspeisen (Suppen), Fleischgerichte mit kräftiger Soße, Gemüse und stärkehaltige Beilagen, Cremespeise oder Crêpe als Dessert

Personenorientierung, z. B.:

▶ **ältere Menschen** bevorzugen leicht verdauliche, fett- und energiearme Speisen
▶ **Patienten im Krankenhaus** benötigen eine Auswahl verschiedener Menüs, z. B. Normalkost, leichte Vollkost, Diabetes-Diät
▶ **Kinder in einer Ganztagesbetreuung** bevorzugen kindgerechte Gerichte
▶ **Teilnehmer eines Kongresses** erwarten leichte, ausgewählte Speisen und Gerichte in kleinen Mengen
▶ **Veganer** verzehren nur Speisen aus pflanzlichen Lebensmitteln

Ernährungsphysiologische Gesichtspunkte, z. B.:

▶ **Energie- und Nährstoffgehalt** müssen auf die Essensteilnehmer abgestimmt werden
▶ **Nahrungsmittelunverträglichkeiten** oder **ernährungsmitbedingte Krankheiten** sind zu berücksichtigen

Beispiele für Speisenfolgen eines Mittagessens in einer/m

betreuten Grundschule	Altenheim	Kantine (Bank)
Tomatensuppe	Kraftbrühe	Kraftbrühe
Putenschnitzel (paniert)	Hühnerfrikassee	Putenbrustfilet
Kartoffelpüree	Reis	Kroketten
Erbsen und Möhren	Kopfsalat	gemischter Salat
Vanillepudding	Schokoladencreme	Obstsalat

KOMPETENZ-CHECK

1. *Erstellen Sie einen Wochenspeiseplan für Mai für das Mittagessen*
   a) in einem Jugendgästehaus mit 100 Jugendlichen (ca. 10 Vegetarier),
   b) in einer Einrichtung der stationären Altenhilfe.
   Welche Getränke sollten angeboten werden?
2. *Stellen Sie eine Auswahl an kleinen Gerichten zusammen, die den Verpflegungsteilnehmern in einer Senioreneinrichtung mit Restaurant anstatt der Speisen aus der Wochenkarte angeboten werden können.*

Appetitliches Mittagessen

Sommer-Wochenspeiseplan

Montag:
Tomatensuppe
Kräuteromelett mit Pilzen
grüner Salat
Beerenquarkspeise

Dienstag:
Gemüsebrühe
Paprika-Gulasch, Reis
gemischter Salat
Stachelbeercreme

Mittwoch:
gemischter Salat
Reis-Gemüse-Pfanne
Dessertpfannkuchen mit Beerenobst

Donnerstag:
Gurkenkaltschale
Filetsteaks, Folienkartoffeln
gemischte Gemüse der Saison
Frischobst

Freitag:
Spinatsuppe
gebr. Fischfilet, Kartoffel-Gurken-Salat
Birnen in Schokoladensoße

Samstag:
Gemüseeintopf
rote Grütze mit Vanillesoße

Sonntag:
Gemüsebrühe mit Einlage
Schweinebraten in Kräuterkruste
Herzoginkartoffeln, Brokkoli
Buttermilchspeise mit Himbeermus

Serviervorschlag
für ein Abendessen

Menüs werden nach der Auswahl der
Speisen und dem Anlass unterschieden:

- *Grundmenü: aus 3 Gängen*
- *erweitertes Menü: aus 4 bis*
  6 Gängen
- *Menüangebot für den Alltag*
  aus 3 Gängen;
  enthält auch einfachere Gerichte
- *Menüangebot für Sonn-, Feiertage*
  aus 3, seltener 4 Gängen;
  mit ausgewählteren Gerichten
- *Menüangebote für besondere*
  Anlässe, z.B.
  – Familienfeiern
  – Sommerfest
  – Empfänge
- *Speisen und Gerichte mit hohem*
  Qualitätsanspruch (Preis)

1.6.4 ABENDESSEN

Das Abendessen soll vollwertig, leicht verdaulich und nicht zu umfangreich sein. Neben einer Auswahl an verschiedenen Brotsorten, Wurst und Käse sollten Gemüse oder Obst angeboten werden. Ein ergänzendes Angebot an Salaten oder einfachen, leicht bekömmlichen warmen Gerichten sorgt für Abwechslung und regt den Appetit an. Kräuter- oder Früchtetee, Saftschorlen und Mineralwasser decken den Flüssigkeitsbedarf und sind anregenden oder zuckerreichen Getränken vorzuziehen.

Hierzu ein paar Vorschläge:

- Brot, Butter, Käse, Kräuterrührei, Gemüsebeilage
- Brot, Butter, Käse/Wurst, Gemüsetorte, Obst
- Kräuterbaguette, Mozzarella mit Tomaten
- Kräuterquark mit Pellkartoffeln
- überbackener Toast, Salate
- Reissalat oder Schinkenreis, gemischter Salat

Diabetiker nehmen zusätzlich eine Spätmahlzeit ein, z. B. eine Scheibe Brot oder einen Joghurt, vgl. S. 149 ff.

Kostenkalkulation für die Mahlzeiten

Im Privat- und im Großhaushalt wird im Allgemeinen durch eine rationelle Einkaufsplanung sowie durch einen Wechsel von einfacheren und anspruchsvolleren Speisen in der Wochenspeiseplanung ein günstiges Preis-Leistungs-Verhältnis des Speisenangebotes erreicht, vgl. Wochenspeiseplan S. 105.

1.6.5 ZUSAMMENSTELLEN VON GERICHTEN UND MENÜS

Beim Zusammenstellen von Gerichten und Menüs sollten die Jahreszeit, die Erwartung der Gäste sowie ernährungsphysiologische Gesichtspunkte beachtet werden (s. S. 106 f. und S. 119 f.). Ein weiteres Kriterium ist der Anlass, der wesentlich die Auswahl und Ausgestaltung der Speisen bestimmt.

Unterschieden werden folgende Begriffe:

- **Speise**
  Sie wird aus einzelnen Nahrungsmitteln zubereitet, z. B. Pellkartoffeln, Kartoffelklöße, Kartoffelpüree.

- **Gericht**
  Mehrere Speisen werden kombiniert, z. B. Pellkartoffeln und Heringssalat.

- **Menü**
  Mehrere Speisen und Gerichte werden in einer harmonischen Reihenfolge zusammengestellt, z. B. Vorspeise, Hauptgericht, Nachspeise, Kaffee.

Bei der Planung eines Menüs sollten die folgenden Regeln beachtet werden:

1. **Das Hauptgericht wird zuerst festgelegt.**
   Danach werden Vorspeise und Dessert, je nach Anlass weitere Gänge geplant.

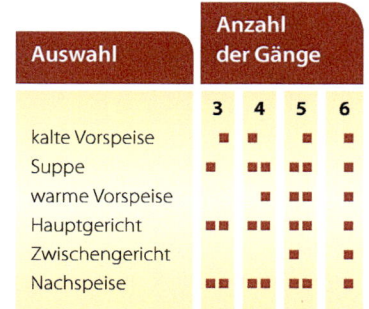

Auswahl	Anzahl der Gänge			
	3	4	5	6
kalte Vorspeise	■	■		■
Suppe	■	■■	■■	■
warme Vorspeise		■	■■	■
Hauptgericht	■■	■■	■■	■
Zwischengericht			■	■
Nachspeise	■■	■■	■■	■

2. Lebensmittel der Saison werden bevorzugt.
Erdbeeren im Januar, Spargel im Dezember sollten vermieden werden.

3. Abwechslung in der Speisenfolge
▶ in der **Auswahl der Rohwaren** (nicht: Tomatensuppe – gefüllte Tomaten als Hauptgericht)
▶ bei der **Speisenherstellung** (nicht: überbackene Zwiebelsuppe – Lasagne als Hauptgericht)
▶ in der **Bindung** (nicht Spargelcremesuppe – Fisch in Weinsoße als Hauptgericht)

4. Ergänzung der Mahlzeitenbestandteile
▶ Zu **kurz gebratenen Fleischgerichten** passen Beilagen wie Kartoffelkroketten, Gratinkartoffeln.
▶ Zu **soßenhaltigen Fleischgerichten** eignen sich Reis, Nudeln, Klöße, Getreide, die Soße aufnehmen.

5. Abwechslung und Harmonie der Speisenfarben
▶ fördern den Appetit und Genuss beim Verzehr.
▶ Nach einer hellen Speise sollte eine dunkle oder farblich hervorgehobene Speise folgen, z. B. klare Ochsenschwanzsuppe, Kalbsmedaillons in Rahmsoße, Spätzle, bunte Gemüse, Obstsalat.

6. Leichte und schwere Speisen wechseln sich ab
Genuss und Bekömmlichkeit werden erhöht – lästige Pfunde vermieden, z. B. Tomatensuppe – Schweinerückensteak mit Kräuterbutter, Folienkartoffeln, gemischter Salat, rote Grütze mit Vanillesoße.

Bei der Versorgung von Personen zu unterschiedlichen Anlässen sind zusätzlich die Menüregeln von S. 190 f. zu beachten.

Kidsmenü

Harmonie der Farben

KOMPETENZ-CHECK

1. *Machen Sie Vorschläge für ein vollwertiges Pausenfrühstück*
   – *für einen 10-jährigen Jungen, der herzhafte Kost bevorzugt,*
   – *für einen 10-jährigen Jungen, der gerne »süß« isst.*
2. *Erläutern Sie einer neuen Auszubildenden die Kriterien, die bei der Planung eines Menüs zu beachten sind.*
3. *Sie sollen anlässlich der Feier eines 70. Geburtstages ein Abendessen für 25 Personen zubereiten. Die Gastgeberin wünscht ein leichtes 3-Gänge-Menü, da sie überwiegend ältere Gäste eingeladen hat.*
4. *Informieren Sie sich in Ihrem Betrieb über die Planungsgrundlagen bei der Erstellung eines Wochenkostplanes.*
5. *Im Islam und im Judentum gibt es jeweils eine spezielle Ernährungskultur. Es wird „halal" oder „koscher" gekocht (s. S. 137). Wie lässt sich diese Kost in der Großküche umsetzen?*
6. *Erstellen Sie jeweils einen geeigneten Menüvorschlag (Februar/Mai) für eine Kindertagesstätte. In der Einrichtung werden Kinder aus der Türkei, Syrien und dem Irak betreut.*
7. *Erstellen Sie einen Wochenspeiseplan für das Mittagessen in einer Einrichtung für Menschen mit Behinderungen (60 Bewohner). Begründen Sie Ihre Speisenauswahl.*

„Ernährung geht durch den Magen"
Die Ernährung hat einen großen Einfluss darauf, wie es Migranten gelingt, sich zu integrieren. Die eigene Esskultur ist für viele Menschen in einem fremden Land ein emotionaler Anker. Bei der Verköstigung in Einrichtungen ist dies zu berücksichtigen.

Welche Vorteile ergeben sich, wenn bei der Schulverpflegung mit der 5-am-Tag-Kampagne zusammengearbeitet wird? Recherchieren Sie.

MATHE-CHECK

Aufgabe 1

In einem Privathaushalt wird eingekauft: 5 kg Kartoffeln, 255 g Lauch, ½ kg Möhren, 1,3 kg Zwiebeln, 0,375 kg Sellerie.

a) Wie viel wiegt das Gemüse? Wandeln Sie dazu die Gewichtsangaben in kg um!

b) Von den 5 kg Kartoffeln werden am Montag 950 g entnommen, am Dienstag 0,255 kg, am Mittwoch ¼ kg, am Donnerstag 1340 g und am Freitag 1,122 kg. Wie viel kg Kartoffeln sind am Samstag noch vorhanden?

c) Die 0,375 kg Sellerie werden für ein Rezept in 15 g große Stücke zerteilt. Wie viele Stücke erhält man?

Aufgabe 2

Der Schälverlust beim Putzen von Kartoffeln beträgt 20 %.

a) Es werden 2,5 kg Kartoffeln verarbeitet. Wie viel kg bleiben nach Abzug des Schälverlusts übrig?

b) Nach dem Putzen wiegen die Kartoffeln noch 20 kg. Wie viel kg Kartoffeln wurden eingekauft?

c) Für ein Kartoffelgratin werden pro Portion 250 g Kartoffeln gerechnet. Wie viel kg Kartoffeln müssen eingekauft werden, wenn das Gratin für 40 Personen zubereitet werden soll?

Aufgabe 3

4,5 kg Schweinebraten zu 4,99 € / kg wiegen nach dem Garen noch 3,8 kg.

a) Wie viel kosten die 4,5 kg Schweinebraten?

b) Berechnen Sie den Garverlust

c) Für ein Mittagessen werden 46 Portionen Schweinebraten zu je 120 g benötigt. Wie viel kg Schweinebraten müssen eingekauft werden?

Aufgabe 4

Für 100 Portionen Kartoffelpüree benötigt man: 25 kg Kartoffeln, 50 g Salz, 5 l Wasser, 4 l Milch (1,5 % Fett), 10 g Muskatnuss.

a) Rechnen Sie das Rezept für 1 Portion um!

b) Berechnen Sie die Zutaten für 145 Portionen!

c) Berechnen Sie die Kosten für 80 Portionen Kartoffelpüree!

Aufgabe 5

Lässt man geschälte Kartoffeln lange in Wasser liegen, gehen 15 % Vitamin C je Stunde durch Auslaugen verloren. Wäscht man sie dagegen kurz in fließendem Wasser, gehen nur 3 % verloren.

a) 100 g Kartoffeln enthalten 12 mg Vitamin C. Wie viel mg Vitamin C sind in den Kartoffeln nach einer Stunde im Wasser noch enthalten?

b) Wie viel mg Vitamin C sind in einer Portion Kartoffeln (250 g) nach einer Stunde im Wasser noch enthalten?

c) Die Kartoffeln für das Mittagessen wurden um 8:00 Uhr geschält und bis 12:00 Uhr im Wasser gelagert. Wie viel mg beträgt der Vitamin C-Verlust für eine Portion Kartoffeln (250 g)? Wie viel mg Vitamin C ist dann noch in der Portion Kartoffeln enthalten?

Aufgabe 6

Der Energiebedarf von Frau Holl beträgt 8600 kJ.

a) Die Kohlenhydratzufuhr sollte 55 % des Tagesbedarfs betragen. Berechnen Sie die Kohlenhydratzufuhr von Frau H.!

b) 1 g Kohlenhydrate liefert im Körper 17 kJ. Wie viel g Kohlenhydrate sollte Frau H. laut der berechneten Kohlenhydratzufuhr täglich zu sich nehmen?

c) Roggenbrot liefert pro 100 g 45,7 g Kohlenhydrate. Wie viel g Roggenbrot müsste Frau H. verzehren, um ihren täglichen Kohlenhydratbedarf zu decken? Beurteilen Sie das Ergebnis!

ENGLISH-CHECK

Practice: Role Play

You work in a restaurant when an English-speaking customer comes in. He (she) wants to sit down and eat a pizza and drink a mineral water. The phrases below will help you.

Cover the right part and translate!

The waiter/waitress

What can I do for you?	*Was kann ich für Sie tun?*
Can I help you?	*Darf ich Ihnen helfen?*
Can I take your coat?	*Darf ich Ihren Mantel nehmen?*
Would you follow me, please?	*Folgen Sie mir, bitte.*
Can I take your order, sir/madam?	*Darf ich Ihre Bestellung aufnehmen?*
What would you like to start with?	*Womit möchten Sie beginnen?*
What would you like to drink?	*Was möchten Sie trinken?*
What would you like for dessert?	*Was möchten Sie als Dessert?*
Anything to drink?	*Etwas zu trinken?*
Do you want a dessert?	*Möchten Sie ein Dessert?*
Is everything all right?	*Ist alles in Ordnung?*
Did you enjoy your meal?	*Hat es Ihnen geschmeckt?*

The customer

A table for two, please.	*Einen Tisch für zwei, bitte.*
May we sit at this table?	*Dürfen wir uns an diesen Tisch setzen?*
The menu, please.	*Die Speisekarte, bitte.*
The steak for me, please.	*Das Steak ist für mich.*
A salad, please.	*Einen Salat, bitte.*
I'll have the same.	*Ich möchte das Gleiche.*
That's all, thank you.	*Das ist alles, danke.*
Can I have the bill (AE: check), please?	*Kann ich bitte die Rechnung haben?*
The rest is for you.	*Der Rest ist für Sie. (Trinkgeld)*
I'd prefer red wine.	*Ich bevorzuge roten Wein.*
Please bring us another beer.	*Bringen Sie uns bitte noch ein Bier.*
Could I have chips (AE: French Fries) instead of salad?	*Könnte ich bitte Pommes anstelle von Salat haben?*
What can you recommend?	*Was empfehlen Sie?*

EDV-CHECK

Einen Menüplan mit Word gestalten

1. Text in gewünschter Form tippen
2. Schriftart, -größe und Textausrichtung formatieren

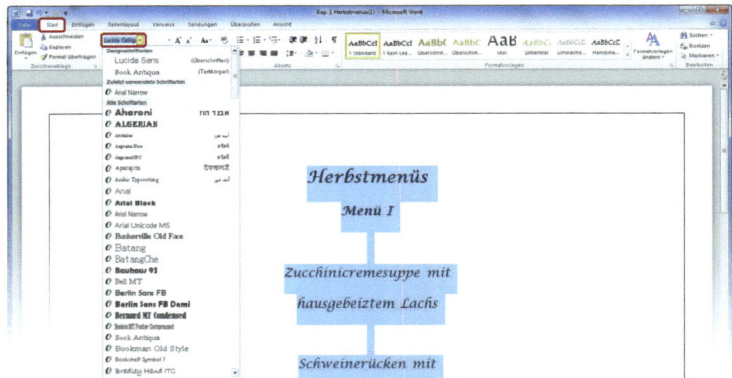

3. Form oder Symbol zwischen den Gängen einfügen und bearbeiten

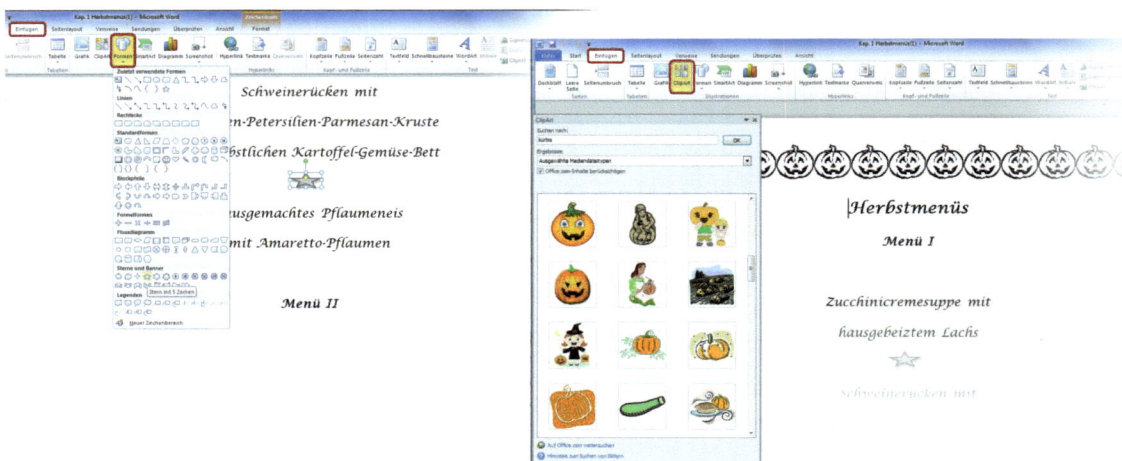

4. Passenden Rahmen ergänzen

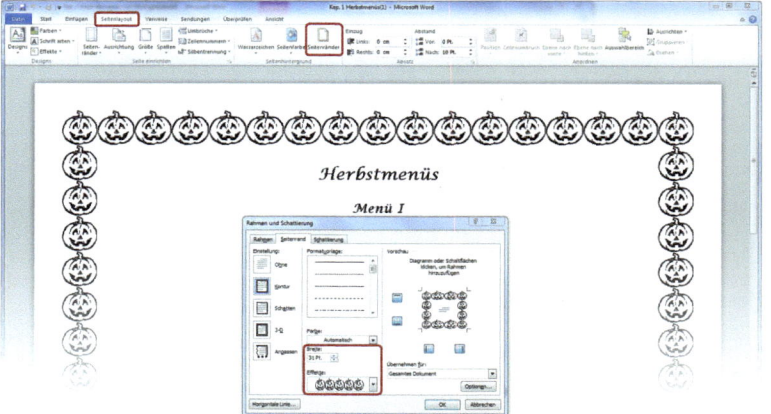

Herbstmenüs

Menü I

Zucchinicremesuppe mit

hausgebeiztem Lachs

Schweinerücken mit

Pistazien-Petersilien-Parmesan-Kruste

auf herbstlichen Kartoffel-Gemüse-Bett

hausgemachtes Pflaumeneis

mit Amaretto-Pflaumen

Menü II

Kürbis-Melonencremesuppe

mit rotem Curry

Süßkartoffelauflauf

mit Feta und Pinienkernen

hausgemachtes Heidelbeer-Quark-Eis

auf Mango-Salat

2 PERSONEN VERPFLEGEN

Ein abwechslungsreiches, vollwertiges und appetitliches Speisenangebot in einem freundlich gestalteten Umfeld versorgt den Menschen mit den Nährstoffen, die er zum Leben braucht, und steigert sein Wohlbefinden. Das Essen hat damit einen wichtigen Einfluss auf die Gesundheit und Lebensqualität des Menschen.

Immer mehr Menschen verpflegen sich außer Haus oder nutzen mobile Mahlzeitendienste. Die verschiedenen Anbieter, z. B. Betriebskantinen, Schulmensen, »Essen auf Rädern« oder auch der Bäcker, halten ein vielfältiges Angebot vor, das die unterschiedlichen Bedürfnisse der Essenskunden berücksichtigt.

Eine gesundheitsfördernde Lebensmittelauswahl, eine Speiseplangestaltung, die den jeweiligen Nährstoffbedarf berücksichtigt, und eine angenehme Atmosphäre beim Essen sind Kernelemente einer hochwertigen Verpflegung.

Insbesondere in Einrichtungen der Gemeinschaftsverpflegung müssen sich die Mitarbeiter in der Küche und Hauswirtschaft ihrer Verantwortung für eine gesunde und ausgewogene Ernährung bewusst sein und über die dazu notwendigen Fachkenntnisse verfügen. Entsprechende betriebliche Rahmenbedingungen in den Bereichen Küche und Ausgabe sowie eine fachkundige Speiseplangestaltung und Nahrungszubereitung sind wesentliche Voraussetzungen für ein hochwertiges Speisenangebot. Bei der Speiseplanung, dem Einkauf und der Zubereitung sollten auch die Aspekte Umwelt und Nachhaltigkeit (z. B. saisonale und regional erzeugte Lebensmittel, Mehrwegverpackungen, Einsatz von Geschirr und Besteck etc.) berücksichtigt werden.

Kompetent in den Beruf

- Zusammenhang von Ernährung und Gesundheit erläutern.
- Speisen für verschiedene Personengruppen, Anlässe und Kostformen planen und herstellen.
- Nährwertberechnungen auch EDV gestützt durchführen.
- Arbeitsabläufe kontrollieren und optimieren sowie eigenverantwortlich planen.
- Einen auf die Bewohner abgestimmten Service durchführen und für das Wohlbefinden der Tischgäste sorgen.
- Systeme zur Speiseverteilung und Ausgabe im Hinblick auf Kundenfreundlichkeit und Arbeitsorganisation bewerten.
- Ernährungsbedingte Erkrankungen beschreiben können und die jeweiligen Diäten zubereiten.
- Speisepläne sowie Tages- und Wochenkostpläne für bestimmte personengruppen erstellen.
- Maßnahmen zur Qualitätssicherung bei der Speisenherstellung kennen und beachten.

2.1 ERNÄHRUNG UND GESUNDHEIT

»Der Mensch ist, was er isst.«

20 Milliarden Krankenkosten durch zu dicke Bäuche

Essen – ein Vergnügen oder ein Problem?

An manchen Tagen denk' ich nur ans Essen

Milliarden für Essen und Trinken

Vegan ist trendig, aber auch gesund?

Fettverliebt aus tiefer Seele

Fasten und Einnahme von Abführmitteln hilft Magersüchtigen ihren Körper von dem Essen zu reinigen.

Sattsein macht erst mal glücklich und zufrieden

Chronische Eiweiß-unterernährung in den ersten Lebensjahren kann zur verminderten Entwicklung von Gehirnzellen führen

Dicke leben gefährlich!

Zu viel, zu süß, zu fett

Hidden Hunger

Essen heute – Genuss oder Selbstmord mit Messer und Gabel?

Die **Deutsche Gesellschaft für Ernährung** (DGE) weist auf eine zu hohe Zufuhr von Energie, Fetten, Zucker und Alkohol hin. Gleichzeitig sei ein hoher Anteil der Bevölkerung nicht ausreichend mit Vitaminen, Mineralstoffen und Ballaststoffen versorgt. Die DGE empfiehlt zur Förderung der Gesundheit und der Lebensqualität die Einhaltung der **10 Regeln der DGE** (s. S. 136). Neben einer vollwertigen Ernährung werden hier auch Bewegung und Sport sowie ein sinnvolles Essverhalten empfohlen.

Eine zu hohe Energieaufnahme führt zu Übergewicht, dieses wiederum begünstigt die Entstehung anderer ernährungsmitbedingten Krankheiten, s. a. S. 144 f.

Zusätzlich ist der Kochsalzkonsum sehr hoch. Dadurch steigt das Risiko, an Bluthochdruck zu erkranken. Insbesondere Fertiggerichte, Feinkostprodukte und Fast Food enthalten viel Kochsalz.

Ein zu niedriger Verzehr von Vollkornerzeugnissen, Kartoffeln und Gemüse führt zu einem Mangel an Ballaststoffen. Dies kann zu Obstipation (Verstopfung) führen. Ballaststoffarme Getreideerzeugnisse (z. B. Weißbrot, Feinbackwaren, geschälter Reis) haben einen viel geringeren Sättigungswert als Vollkorn-

Einige Ursachen ernährungsmitbedingter Erkrankungen:

zu viel	Folgen
Energie, Fett Cholesterin	Arteriosklerose Herzinfarkt, Fettsucht
Zucker	Karies
Kochsalz	Bluthochdruck
Purine	Gicht
Alkohol	Leberzirrhose

zu wenig	Folgen
Ballaststoffe	Verstopfung
Jod	Kropf
Calcium	Osteoporose
Eisen	Anämie (Blutarmut)

Ernährungsprobleme heute!

■ **Überernährung:**
  Die Energiezufuhr ist höher als der Energiebedarf: Übergewicht.

■ **Einseitige Ernährung:**
  Der Bedarf an lebensnotwendigen Nährstoffen wird nicht gedeckt. Mangelerscheinungen treten auf.

■ **Nahrungsmittelallergie:**
  Bestimmte Inhaltsstoffe in Nahrungsmitteln (Allergene) können bei empfindlichen Menschen eine allergische Reaktion mit Juckreiz, Hautausschlag, Durchfall etc. auslösen.

■ **Nahrungsmittelunverträglichkeit:**
  Durch fehlende/zu geringe Bildung bestimmter Verdauungsenzyme werden bestimmte Lebensmittel nicht mehr vertragen.

Allergieauslösende Lebensmittel

Allergenkennzeichnung ist Pflicht

Diese Allergene müssen angegeben sein (s. S. 12)
– *Glutenhaltiges Getreide (z. B. Weizen, Roggen, Hafer)*
– *Krebstiere*
– *Eier*
– *Fische*
– *Erdnüsse*
– *Soja*
– *Milch (einschließlich Laktose)*
– *Mandeln, Nüsse, Pistazien*
– *Sellerie*
– *Senf*
– *Sesamsamen*
– *Schwefeldioxid und Sulphite*
– *Lupinen*
– *Weichtiere*
→ *im Zutatenverzeichnis oder mit*
– *dem Hinweis „enthält".*
Auch bei **unverpackter Ware** *ist eine Information über Allergene Pflicht.*

produkte – schon kurze Zeit nach dem Verzehr stellt sich wieder ein Hungergefühl ein. Der Mehrverzehr an Nahrung begünstigt die Entstehung von Übergewicht.

Unter den Mineralstoffen ist Calcium ein besonders kritischer Nährstoff. Eine calciumreiche Ernährung mit Milch und Milchprodukten, die möglichst schon in jungen Jahren beginnen sollte, beugt einer erhöhten Knochenbrüchigkeit vor.

Essen heute: Fast Food, Süßigkeiten und Limonade

Eine zu niedrige Jodzufuhr kann zur Entstehung eines Kropfes durch Schilddrüsenunterfunktion führen. Mindestens einmal wöchentlich Seefisch auf dem Speiseplan und die Verwendung von Jodsalz bei der Speisenzubereitung können Abhilfe schaffen.

Die Eisenversorgung von jungen Frauen reicht oft nicht aus. Es kommt zu Anämien (Blutarmut) mit Blässe und Müdigkeit. Grünes Blattgemüse und Fleisch enthalten gut verfügbares Eisen. Durch den gleichzeitigen Verzehr von Vitamin-C-reichem Gemüse oder Obst wird die Eisenaufnahme verbessert.

Viele Gesundheitsstörungen werden durch bestimmte Nahrungsinhaltsstoffe ausgelöst. Karies entsteht durch den Verzehr von zuckerhaltigen Lebensmitteln bei gleichzeitiger fehlender Mundhygiene.

Nahrungsmittelallergien und **Nahrungsmittelunverträglichkeiten** nehmen zu.
Mögliche Ursachen können z. B. sein:
■ eine zunehmende Verwendung von Zusatzstoffen bei der Herstellung von Lebensmitteln,
■ der Trend zum Verzehr vorgefertigter Speisen und Speisenhilfen sowie von Feinkost- und Fertiggerichten,
■ der steigende Verzehr exotischer Früchte und Gemüse.

Allergien oder Unverträglichkeiten (s. a. S. 163) werden häufig durch die folgenden Lebensmittel ausgelöst:
■ **pflanzliche Lebensmittel,** z. B.:
■ Steinobst, Nüsse, Getreide, exotische Früchte, Hülsenfrüchte, Gewürze, Sojabohnen, Tomaten
■ **tierische Lebensmittel,** z. B.: Kuhmilch bei Säuglingen, Hühnerei, Schalentiere
■ **Zusatzstoffe,** z. B.: Konservierungsstoffe, Geschmacksverstärker, Farbstoffe, Schwefelverbindungen

KOMPETENZ-CHECK

1. *Ermitteln Sie, welche Lebensmittelinhaltsstoffe in den abgebildeten Lebensmitteln, vgl. Randspalte, hauptsächlich enthalten sind. Welche lebensnotwendigen Inhaltsstoffe fehlen?*
2. *Welche Folgen könnte ein häufiger Verzehr dieser Lebensmittel langfristig für die Gesundheit haben?*
3. *Nennen Sie weitere Beispiele für eine einseitige Ernährung.*

2.1.1 VERDAUUNG UND STOFFWECHSEL

Die Nahrung liefert dem Körper **Energie- und Baustoffe.** Durch die **Verdauung** wird die aufgenommene Nahrung in ihre kleinsten Bausteine zerlegt. Das Blut transportiert diese zu den Körperzellen, wo sie im sogenannten **Zellstoffwechsel** verwertet werden.

Die **Verdauung** erfolgt in dem etwa sechs Meter langen **Verdauungstrakt.**

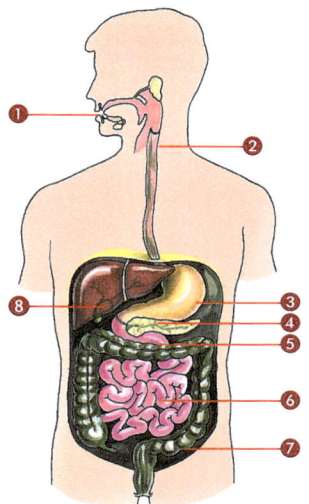

Die Verdauung hat folgende Funktionen:
- mechanische Zerkleinerung der Nahrung
- chemischer Abbau der Nahrung in ihre kleinsten Bausteine
- Aufnahme der Nährstoffe ins Blut und in die Lymphflüssigkeit
- Ausscheidung von unverdaulichen Nahrungsbestandteilen

Die verschiedenen Verdauungsorgane produzieren Verdauungssäfte, die jeweils ganz bestimmte **Enzyme** enthalten. Jedes Enzym ist auf den Abbau bestimmter Nahrungsinhaltsstoffe spezialisiert.

Die Verdauungsorgane

❶ Mund	❺ Zwölffinger-
❷ Speiseröhre	darm
❸ Magen	❻ Dünndarm
❹ Bauchspeichel-	❼ Dickdarm
drüse	❽ Gallenblase

Im **Mund** wird die Nahrung durch Kauen zerkleinert und mit **Speichel** vermischt, den die Speicheldrüsen absondern. Das Speichelenzym **Amylase** baut die Stärke zu kleinen Bruchstücken und zum süß schmeckenden Malzzucker ab. Schluckbewegungen befördern den Speisebrei durch die Speiseröhre in den Magen.

Im **Magen** wird die Nahrung mit dem **Magensaft** vermischt. Er enthält **Schleim,** der die Magenschleimhaut vor der Selbstverdauung schützt, sowie **Salzsäure** und das Enzym **Pepsin.** Die Salzsäure führt zu einer Gerinnung der Eiweißstoffe. Dadurch werden die Eiweißstrukturen aufgelockert und können durch das Pepsin besser in kleinere Eiweißbruchstücke gespalten werden. Je nach Zusammensetzung bleibt der Speisebrei zwei bis vier Stunden im Magen, besonders fettreiche Nahrung, z. B. Ölsardinen, bis zu neun Stunden. Der Schließmuskel des Magens, der **Pförtner,** gibt die Nahrung in Portionen an den obersten Dünndarmabschnitt, den **Zwölffingerdarm,** ab.

Verdauungssaftproduktion pro Tag

	1,0 l	Speichel
+	2,5 l	Magensaft
+	0,9 l	Bauchspeichel
+	0,7 l	Gallensaft
+	1,5 l	Darmsaft
=	6,6	Liter insgesamt

In den **Zwölffingerdarm** münden die **Gallenblase** sowie die **Bauchspeicheldrüse** und geben ihre Verdauungssäfte ab. Der Gallensaft, der in der Leber produziert und in der Gallenblase gespeichert wird, emulgiert die Fette in kleine Tröpfchen. Diese können von dem Fett spaltenden Enzym **Lipase** besser zerlegt werden. Der **Bauchspeichel** enthält Enzyme für den Abbau der Kohlenhydrate, Fette und Eiweiße – im Zwölffingerdarm werden also alle Nährstoffe weiter abgebaut.

Durch die Darmbewegungen (Peristaltik) wird der Speisebrei in den zweiten Abschnitt des **Dünndarms** transportiert. Die Dünndarmschleimhaut sondert den **Darmsaft** ab, dessen Enzyme den Abbau der Nährstoffe abschließen.

Bei der Verdauung werden
- Kohlenhydrate in Einfachzucker,
- Eiweiße in Aminosäuren,
- Fette in Glycerin und Fettsäuren zerlegt.

Die kleinsten Nahrungsbausteine und Wasser werden durch die Dünndarm-wand aufgenommen (**resorbiert**) und an das **Blut** (z. B. Einfachzucker, Ami-nosäuren, kurzkettige Fettsäuren) oder an die **Lymphe** (z. B. langkettige Fett-säuren) abgegeben. Von hier gelangen sie zu den Körperzellen, in denen sie **verstoffwechselt** werden. Kohlenhydrate und Fette sind wichtige **Energieliefe-ranten** bzw. Brennstoffe. Eiweiß, Wasser und Mineralstoffe dienen als **Baustoffe** vor allem zum Aufbau von Körperzellen. Vitamine und Mineralstoffe **regulieren die Stoffwechselvorgänge**.

Im **Dickdarm** werden die unverdaulichen Nahrungsbestandteile durch Darm-bakterien weiter zerlegt. Der Speisebrei wird durch Wasserentzug noch weiter eingedickt und durch den **Mastdarm** als Stuhl ausgeschieden.

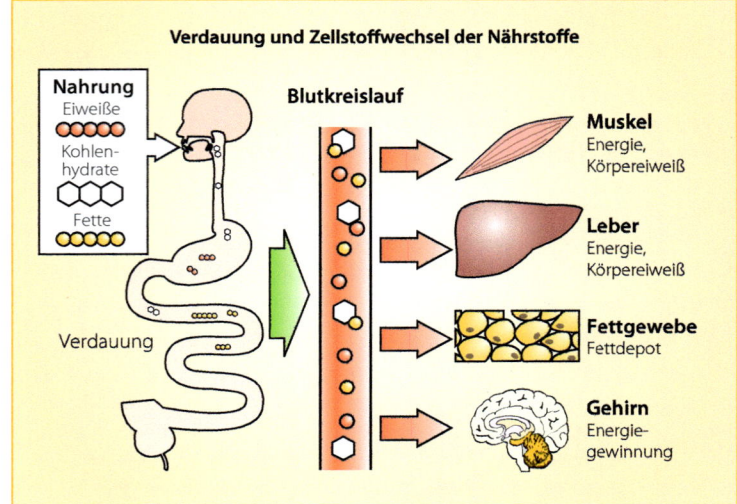

Verdauung und Zellstoffwechsel der Nährstoffe

Nahrungsaufnahme und Verdauung werden auch durch das **Lebensalter** be-einflusst. Bei dem kleinen Kind erfordern das noch nicht vollständig ausgebil-dete Gebiss sowie die erst anlaufende Produktion der Verdauungssäfte eine kindgerechte Ernährung.
Im Alter stellen ein verlangsamter Stoffwechsel, Kauprobleme, Appetitlosigkeit und abnehmendes Geschmacksempfinden sowie eine schlechtere Resorp-tion der Nährstoffe besondere Anforderungen an die tägliche Kost (s. S. 132 ff.).

KOMPETENZ-CHECK

1. *Nennen Sie Speisen, die*
   a) leicht verdaulich,
   b) schwer verdaulich sind.
2. *Eine Ältere-Damen-Runde wünscht für ein Mittagessen drei Angebote für ein leicht verdauliches 4-Gänge-Menü. Erstellen Sie Auswahlkriterien und erarbeiten Sie drei Menüvorschläge.*
3. *Überlegen Sie, warum Menschen, denen die Gallenblase entfernt wurde, eine fettreiche Ernährung nicht mehr vertragen.*
4. *Erstellen Sie eine Übersicht, in der Sie die Verdauungsvorgänge in den ein-zelnen Verdauungsorganen verständlich darstellen.*

2.1.2 HUNGER UND SÄTTIGUNG

Im Gehirn regelt die Hirnanhangdrüse den Bedarf des Körpers an Nahrung über **Hunger** und **Sättigung**.

Hunger entsteht, wenn dem Körper Nährstoffe und Energie fehlen, d. h. bei niedrigem **Blutzuckerspiegel** (z. B. nach langen Esspausen oder körperlicher Arbeit). Steigt der Blutzucker nach einer kohlenhydratreichen Mahlzeit wieder an, tritt eine Sättigung ein.

Auch der **Füllungszustand des Magens** beeinflusst die Nahrungsaufnahme. Ein leerer Magen signalisiert Hunger (Magenknurren). Ballaststoffe, Eiweiße und höherer Fettgehalt verlängern die Verweildauer der Speisen im Magen und führen zu einer lang anhaltenden Sättigung.

Stress, Langeweile, Kummer und Schönheitsideale führen dazu, dass viele Menschen Hunger und Sättigung nicht mehr richtig wahrnehmen können. Diese Außensignale lösen **Appetit** aus oder »schlagen uns auf den Magen«. **Appetit** ist ein Verlangen des Körpers nach Nahrung, ohne dass eine Mangelsituation vorliegt. Auch der Verstand übernimmt eine bewusste Steuerung des Essverhaltens. Jugendliche mit Essstörungen wie Magersucht unterdrücken das Hungergefühl und verweigern die Nahrungsaufnahme.

Die ständige Verfügbarkeit eines reichlichen Angebotes an Nahrungsmitteln führt dazu, dass viele Menschen nicht mehr auf ihre Körpersignale »hören«.

Süße Versuchung – Außensignale lösen Appetit aus

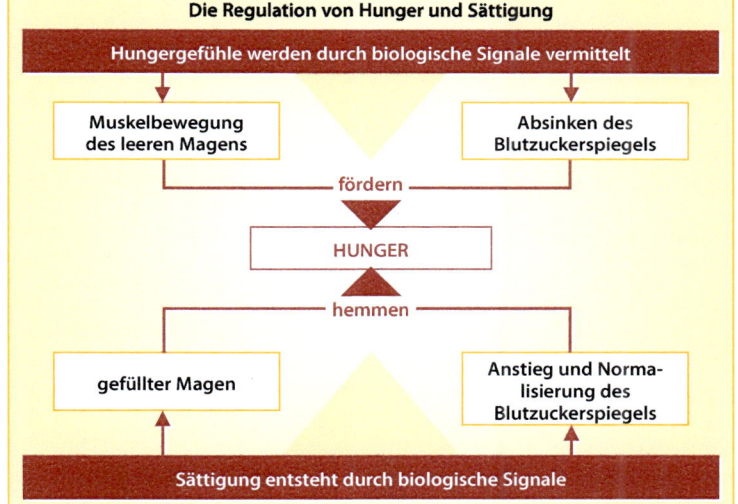

Die Regulation von Hunger und Sättigung

Hungergefühle werden durch biologische Signale vermittelt

Muskelbewegung des leeren Magens	Absinken des Blutzuckerspiegels

fördern

HUNGER

hemmen

gefüllter Magen	Anstieg und Normalisierung des Blutzuckerspiegels

Sättigung entsteht durch biologische Signale

Die Hunger-Sättigungs-Regulation wird über Hormone – Insulin, Schilddrüsenhormon und Wachstumshormon – beeinflusst (vgl. S. 149).

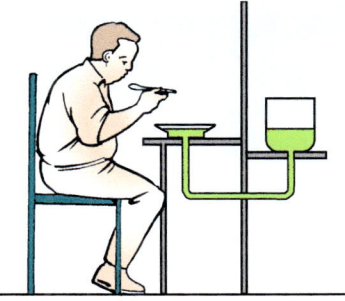

Versuchspersonen essen Suppe aus einem Teller, der durch eine Öffnung im Boden ständig mit neuer Suppe gefüllt wird. Insbesondere Personen mit Gewichtsproblemen aßen weiter – ohne ein Sättigungsgefühl zu verspüren.

KOMPETENZ-CHECK

1. *Alte Menschen und Kinder leiden öfter unter anhaltender Appetitlosigkeit. Überlegen Sie mögliche Ursachen. Welche Maßnahmen gegen Appetitlosigkeit schlagen Sie vor?*
2. *Stellen Sie Lebensmittel zusammen, die*
   - *eine lang anhaltende Sättigung bewirken,*
   - *nur kurze Zeit sättigen.*
3. *Zeigen Sie Fehler in der Ernährungserziehung von Kindern auf, die zu einer Störung der Hunger-Sättigungs-Regulation führen können.*

2.1.3 ERNÄHRUNGSGEWOHNHEITEN

Tagesempfehlung für einen Erwachsenen

(etwa 9600 kJ/2300 kcal)

- 🟨 *250 g Brot (4 bis 6 Scheiben)*
- 🟨 *200 g Kartoffeln*
  oder 35 g Reis, roh
  oder 35 g Nudeln, roh
- 🟨 *mind. 200 g Gemüse*
- 🟨 *mind. 75 g Salat*
- 🟨 *200 bis 250 g Obst*
- 🟨 *ca. 500 g Milch- oder Milchprodukte, z. B. ¼ l Milch*
  + 1 Glas Buttermilch
  + 2 Scheiben Käse
- 🟨 *2-mal/Woche Fleisch (max. 150 g)*
- 🟨 *3-mal/Woche Wurst (max. 50 g)*
- 🟨 *1- bis 2-mal/Woche Fisch (ca. 150 g)*
- 🟨 *nicht mehr als 3 Eier pro Woche*
- 🟨 *etwa 35 g sichtbares Fett, z. B. 20 g Streichfett (Butter, Margarine) + 15 g Kochfett (10 g Butter/Margarine + 5 g Öl)*

Ernährungsgewohnheiten und Esskultur werden in der Kindheit durch die Ernährungserziehung und das Essverhalten der Erwachsenen geprägt.

> **Ernährungsverhalten wird durch die Erziehung geprägt, z. B.:**
> - 🟥 Mahlzeitenrhythmus
> - 🟥 Form und Regeln beim Einnehmen der Mahlzeiten
> - 🟥 Lebensmittelauswahl und Essensvorlieben

Beim Eintritt in den Kindergarten und die Schule lernt das Kind neue Ernährungsweisen kennen, die es gerne nachahmt. So wünscht sich der kleine Max, der bisher Salat nicht mochte, als Pausenfrühstück ein belegtes Brot mit Salatblatt und Radieschen. Die kindliche Neugier »vielleicht schmeckt das Müsli ja doch lecker?« und die Fähigkeit, Zusammenhänge zu erkennen: »wenn ich viele Bonbons esse, werden meine Zähne krank«, bieten eine große Chance, das Ernährungsverhalten positiv zu beeinflussen. Bei Jugendlichen haben die Essgewohnheiten der Freunde und die Werbung einen hohen Einfluss.

Veränderte Lebensformen führen dazu, dass Kinder heute häufig allein essen. Mahlzeiten an der Imbissbude, Snacks und Tellergerichte ersetzen das gemeinsame Essen mit der Familie. Dabei werden oft Lebensmittel mit einem hohen Energiegehalt und einer niedrigen Nährstoffdichte verzehrt, die nicht lange sättigen – Übergewicht ist eine häufige Folge.

Das Speisenangebot und die Essgewohnheiten in Deutschland sind regional unterschiedlich und durch das Zusammenleben vieler Kulturen in den letzten Jahren vielseitig erweitert worden. Religiös oder kulturell bedingte Ablehnungen bestimmter Nahrungsmittel und Speisen müssen in der Gemeinschaftsverpflegung berücksichtigt werden.

Frühstück einmal ganz anders

> **Essen wird durch Herkunft und Religion geprägt:**
> - 🟥 Hindus essen kein Kalb- und Rindfleisch.
> - 🟥 Bei Moslems sind Schweinefleisch und Alkohol verboten.
> - 🟥 Juden essen kein Schweinefleisch; Fleisch- und Milchprodukte werden nicht zusammen gegessen.
>
> **Essen wird regional geprägt:**
> - 🟥 Süddeutschland: z. B. Teigwaren, Mehlspeisen, Leberknödel
> - 🟥 Norddeutschland: Kartoffelgerichte, Fisch, Fleischgerichte, Kohlspeisen
> - 🟥 Italien: Pasta, Pizza, Salate und Gemüsegerichte mit Olivenöl, Käse

KOMPETENZ-CHECK

1. *Erklären Sie, welche Bedeutung die Ernährung in Ihrem Leben hat. Wodurch wurde Ihr Ernährungsverhalten besonders geprägt?*
2. *Sammeln Sie Beispiele dafür, wie unsere Ernährung heute durch andere Kulturen geprägt wird.*
3. *Welche Aspekte sind bei der Zubereitung eines Mittagessens für eine Kindergruppe, zu der auch türkische Kinder gehören, zu berücksichtigen?*
4. *Wählen Sie Speisen und Getränke aus, die Sie anlässlich einer »Italienischen Woche« in einer Kantine anbieten könnten.*

2.2 NÄHRSTOFF- UND ENERGIEBEDARF

Nährstoff- und Energiebedarf müssen individuell an Lebensalter, körperliche Aktivität und Gesundheitszustand angepasst werden. Eine ausgewogene Ernährung versorgt den Körper bedarfsdeckend mit allen lebensnotwendigen Stoffen.

2.2.1 ERNÄHRUNGSKREIS, DREIDIMENSIONALE LEBENSMITTELPYRAMIDE

Der Ernährungskreis der Deutschen Gesellschaft für Ernährung e.V. (DGE) dient als Wegweiser für eine vollwertige Ernährung. Er teilt das reichhaltige Lebensmittelangebot in sieben Gruppen ein und erleichtert so die tägliche Lebensmittelauswahl. Je größer ein Kreissegment ist, desto größere Mengen sollten täglich aus der Gruppe verzehrt werden. Lebensmittel aus kleinen Segmenten sollten sparsam verwendet werden. Für eine abwechslungsreiche Ernährung sollte die Lebensmittelvielfalt der einzelnen Gruppen genutzt werden.

Getränke bilden mit einer täglichen Trinkmenge von 1,5 Litern mengenmäßig die größte Lebensmittelgruppe. Danach folgen die pflanzlichen Lebensmittel Getreideprodukte, Kartoffeln, Gemüse sowie Obst. Sie stellen die Basis einer vollwertigen Ernährung dar und liefern Kohlenhydrate, reichlich Vitamine, Mineralstoffe, Ballaststoffe und sekundäre Pflanzenstoffe. Tierische Lebensmittel – möglichst fettarm – ergänzen in kleineren Portionen den täglichen Speiseplan. Sie versorgen den Körper mit hochwertigem Protein, Vitaminen und Mineralstoffen. Fett und fettreiche Lebensmittel sollten eher selten verzehrt werden. Dabei ist die Qualität entscheidend, denn hauptsächlich liefern pflanzliche Öle die essenziellen Fettsäuren.

1 Getreide, Getreideprodukte, Kartoffeln **5** Fleisch, Wurst, Fisch und Eier
2 Gemüse, Salat **3** Obst **6** Öle und Fette **7** Getränke
4 Milch und Milchprodukte

Was innerhalb einer Gruppe ➕ empfehlenswert ist ➖ weniger empfehlenswert ist
Die abgebildeten Lebensmittel stehen stellvertretend für die Vielfalt der jeweiligen Lebensmittelgruppen

Mengenvorschläge für den Tageskostplan einer erwachsenen Person:

Gruppe 1: Getreide, Getreideerzeugnisse, Kartoffeln 30 %
Brot 200–300 g (4–6 Scheiben) oder
Brot 150–250 g (3–5 Scheiben) und
50–60 g Getreideflocken
Kartoffeln 200–250 g (gegart) oder
Teigwaren 200–250 g (gegart) oder
Reis 150–180 g (gegart)
Vollkornprodukte sind zu bevorzugen

Gruppe 2: Gemüse, Salate 26 %
Ca. 400 g Gemüse, z. B.
Gemüse 300 g (gegart) + Rohkost/Salat 100 g oder
Gemüse 200 g (gegart) + Rohkost/Salat 200 g

Gruppe 3: Obst 17 %
Mind. 2–3 Portionen Obst (250 g)

Gruppe 4: Milch, Milchprodukte 18 %
200–250 g Milch/Joghurt
50–60 g Käse
fettarme Produkte bevorzugen

Gruppe 5: Fleisch, Wurst, Fisch, Ei 7 %
Pro Woche:
300–600 g Fleisch und Wurst
fettarme Produkte bevorzugen
80–150 g fettarmer Seefisch,
70 g fettreicher Seefisch
bis zu 3 Eier (inkl. verarbeitetes Ei)

Gruppe 6: Fette, Öle 2 %
15–30 g Butter, Margarine
10–15 g Öl (z. B. Raps-, Soja-, Walnussöl)

Gruppe 7: Getränke
Insgesamt mindestens 1,5 Liter, bevorzugt energiearme Getränke

(Die Angaben in der Tabelle beziehen sich auf 1 Tag mit Ausnahme der Gruppe 5, hier sind Gesamtmengen für 1 Woche genannt. Die unteren Werte gelten für eine niedrigere Energiezufuhr, die oberen Werte orientieren sich an einer höheren Energiezufuhr).

Lebensmittel
pflanzlichen
Ursprungs

Lebensmittel
tierischen
Ursprungs

Speisefette
und Öle

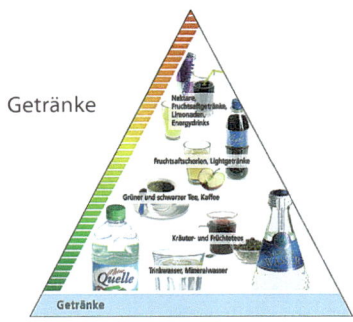

Getränke

Die **Dreidimensionale Lebensmittelpyramide** besteht aus dem DGE-Ernährungskreis auf der Pyramidenunterseite und den vier Pyramidenseiten, die jeweils eine Lebensmittelgruppe abbilden (s. Abb.). An der **Spitze der Pyramide** stehen die »weniger empfehlenswerten« Lebensmittel, z. B. Produkte aus hellen Mehlen wie Weißbrot. Diese haben eine geringere Nährstoffdichte (z. B. wenig Vitamine/Mineralstoffe, »leere Kalorien«) – sie sollten sparsam verwendet werden und seltener verzehrt werden. Die Lebensmittel am Pyramidenfuß sind besonders empfehlenswert, wie z. B. Vollkornprodukte, Obst und Gemüse.

Die vier Lebensmittelgruppen der Pyramidenseiten:

1. **Lebensmittel pflanzlichen Ursprungs:** z. B. Gemüse, Salate, Obst, Brot, Müsli und andere Frühstückszerealien, Backwaren
Kriterien: z. B. Energiedichte; Nährstoffdichte (z. B. Gehalt an Vitaminen, Mineralstoffen), Ballaststoffgehalt
2. **Lebensmittel tierischen Ursprungs:** z. B. Milchprodukte, Geflügel, Fleisch, Wurst, Fisch, Eier
Kriterien: Energiedichte; Nährstoffdichte (z. B. Calcium, Eisen, B-Vitamine), Fettqualität (gesättigte Fettsäuren, Omega-3-Fettsäuren)
3. **Speisefette und Öle:** z. B. Butter, Margarine, Pflanzenöle
Kriterien: Anteil essenzieller Fettsäuren; Cholesterin-, Vitamin-E-Gehalt
4. **Getränke:** z. B. Mineralwasser, Säfte, Limonadengetränke, Kräutertee
Kriterien: Energiegehalt, Gehalt an Zucker, essenziellen Nährstoffen, Vitaminen, sekundären Pflanzenstoffen, anregenden Substanzen oder Süßungsmitteln.

Den vier Pyramidenseiten kann man z. B. folgende Empfehlungen entnehmen:
- **»Essen Sie mehr Vollkornprodukte und weniger helle Getreideprodukte«.**
Vollkornprodukte sind reich an Ballaststoffen, Vitaminen und Mineralstoffen.
- **»Gemüse, Salate, Obst – fünfmal am Tag«**
Diese Lebensmittel enthalten reichlich Vitamine, Mineralstoffe, Ballaststoffe und sekundäre Pflanzenstoffe. Sie sättigen und sind meist relativ kalorienarm. Mindestens 400 g Gemüse und 250 g Obst sollen es laut DGE der Gesundheit zuliebe sein.
- **»Nüsse – ein wertvoller Bestandteil der Ernährung«**
Nüsse liefern hochwertiges Eiweiß und sind reich an Vitaminen, Mineralstoffen und ungesättigten Fettsäuren.
- **»Fisch – gut für Herz und Kreislauf«**
Fisch liefert hochwertiges, bekömmliches Eiweiß. Er ist meist fettarm und reich an ungesättigten Fettsäuren. Seefische sind eine wichtige Jodquelle.
- **»Rapsöl – guter Omega-3-Fettsäuren-Lieferant«**
Rapsöl und Walnussöl enthalten die wertvollen Omega-6-Fettsäuren und Omega-3-Fettsäuren. Olivenöl, Sonnenblumenöl und Weizenkeimöl sind ebenso empfehlenswert. Streichfette (mit einem höheren Anteil an gesättigten Fettsäuren) sollten sparsam verwendet werden.
- **»Wasser – das Lebenselixier«**
Kalorien- und zuckerfreie Getränke, z. B. Mineralwasser, Tees und Schorlen, sind zu bevorzugen.

Aus der Dreidimensionalen Ernährungspyramide wird der **Ernährungskompass.**

2.2.2 ENERGIEBEDARF

Der menschliche Körper benötigt ständig Energie, auch wenn er sich in Ruhe befindet. Diese Energie nimmt er mit der Nahrung auf. Der Energiegehalt der Nahrung wird in **Kilojoule** (kJ) oder **Kilokalorien** (kcal) gemessen.

Auch »kleine Genüsse« enthalten viel Energie:
1 Stück Käsetorte 1325 kJ
1 Praline 270 kJ
1 Glas Cola 200 kJ
1 Bratwurst mit Pommes 3 865 kJ

Im menschlichen Körper liefern
- 1 g Fett = 37 kJ
- 1 g Eiweiß = 17 kJ
- 1 g Kohlenhydrate = 17 kJ

1 kcal = 4,2 kJ
1 kJ = 0,239 kcal

Der **Gesamtenergiebedarf** setzt sich zusammen aus dem

	Grundumsatz	= Energie zur Erhaltung der Körperfunktionen
+	**Leistungsumsatz**	= Energie für körperliche und geistige Arbeit
+	**Thermogenese**	= Energie für Verdauung, Resorption, Erhaltung der Körpertemperatur
=	**Gesamtenergiebedarf**	

Der **Grundumsatz** bezeichnet die Energiemenge, die ein Mensch bei **völliger Ruhe,** nüchtern, bei einer Temperatur von 20 °C benötigt. Stress, Krankheiten und Schilddrüsenüberfunktion erhöhen den Grundumsatz. Junge Menschen haben einen höheren Grundumsatz, im Alter sinkt der Grundumsatz.

Für die Berechnung des Grundumsatzes gilt:
4,2 kJ pro kg Körpergewicht und Stunde

Bei der Berechnung wird das Normalgewicht (s. S. 144) zugrunde gelegt.

Beispiel: *Sabine, 60 kg, 170 cm:*
60 · 4,2 kJ · 24 = 6048 kJ

Grundumsatz je Tag (nach DGE und Wirths)

Alter	Mann 172 cm, 70 kg	Frau 165 cm, 60 kg
15 – 18 Jahre	7 900 kJ	6 200 kJ
19 – 35 Jahre	7 300 kJ	6 000 kJ
36 – 50 Jahre	6 800 kJ	5 600 kJ
51 – 65 Jahre	6 200 kJ	5 200 kJ
66 – 75 Jahre	5 800 kJ	5 000 kJ

Ein erheblicher Teil des Energieumsatzes entsteht durch körperliche Arbeit. Früher wurde der **Gesamtenergiebedarf** aus der Summe von Grundumsatz, Leistungsumsatz und Thermogenese berechnet. Heute berechnet man den Gesamtenergiebedarf mithilfe des **PAL-Wertes.**

Der **PAL** – **»Physical Activity Level«** – erfasst den Einfluss körperlicher Tätigkeiten auf den täglichen Energiebedarf. Das bedeutet: Der PAL erhöht den Grundumsatz um einen bestimmten Faktor, z.B. bei sitzender Tätigkeit um 1,4 bis 1,5, bei überwiegend gehender und stehender Tätigkeit (z.B. Hausarbeit, Verkäufer) um 1,8 bis 1,9, vgl. Tab. S. 122.

Um den Gesamtenergiebedarf am Tag zu berechnen, wird der Grundumsatz mit dem entsprechenden PAL multipliziert:

Leistungsumsatz bei Tätigkeiten in der Freizeit (Kraut, Wirths u.a.)

Tätigkeiten	Energieverbrauch
Fernsehen	0,4 kJ/min
Schreiben	2,1 kJ/min
Wäsche mangeln	20,5 kJ/min
Betten machen	12 kJ/min
Fenster putzen	14 kJ/min
Staub saugen	13,4 kJ/min
Gehen	5,4 kJ/min
Rad fahren	13,4 kJ/min
Gymnastik	16 kJ/min
Schwimmen	19 kJ/min
Fußball spielen	50 kJ/min

Gesamtenergieumsatz = PAL · Grundumsatz

Geeignete Zwischenmahlzeiten:

1 Glas Buttermilch (200 ml)	290 kJ
1 Früchtejoghurt (175 g)	490 kJ
1 Apfel, mittelgroß (125 g)	260 kJ
1 Banane, klein (125 g)	420 kJ
250 g Erdbeeren	350 kJ
1 Vollkornbrot mit Frischkäse	440 kJ
1 Stück Obstkuchen (100 g)	930 kJ
1 Glas Apfelsaft (200 ml)	390 kJ
1 Glas Orangensaft (200 ml)	410 kJ
100 ml Milch mit 10 g Cornflakes	400 kJ
1 Vollkornbrötchen mit 25 g Geflügelwurst	490 kJ

PAL-Werte (Energiebedarf) bei verschiedenen Tätigkeiten

Arbeitsschwere und Freizeitverhalten	PAL[1,2]	Beispiele
ausschließlich sitzende oder liegende Lebensweise	1,2	alte, gebrechliche Menschen
ausschließlich sitzende Tätigkeit mit wenig oder keiner anstrengenden Freizeitaktivität	1,4 bis 1,5	Büroangestellte, Feinmechaniker
sitzende Tätigkeit, zeitweilig auch zusätzlicher Energieaufwand für gehende und stehende Tätigkeiten [2]	1,6 bis 1,7	Laboranten, Kraftfahrer, Studierende, Fließbandarbeiter
überwiegend gehende und stehende Arbeit [2]	1,8 bis 1,9	Hausfrauen, Verkäufer, Kellner, Mechaniker, Handwerker
körperlich anstrengende berufliche Arbeit [2]	2,0 bis 2,4	Bauarbeiter, Landwirte, Waldarbeiter, Bergarbeiter, Leistungssportler

1 PAL (= Physical Activity Level), durchschnittlicher täglicher Energiebedarf für körperliche Aktivität als Mehrfaches des Grundumsatzes
2 Für sportliche Betätigungen oder für anstrengende Freizeitaktivitäten (30 bis 60 Minuten, 4- bis 5-mal je Woche) können zusätzlich pro Tag 0,3 PAL-Einheiten zugelegt werden.

Wird mit der Nahrung mehr Energie aufgenommen als der Körper verbraucht, spricht man von **positiver Energiebilanz**. Sie führt zu einer Gewichtszunahme. Bei einer **negativen Energiebilanz** wird das gespeicherte Fett abgebaut – es kommt zu einer Gewichtsabnahme.

2.2.3 NÄHRSTOFFBEDARF

Eine vielseitige und ausgewogene Kost versorgt den Körper bedarfsdeckend mit allen lebensnotwendigen Nährstoffen. Besonders Heranwachsende haben einen hohen Energie- und Nährstoffbedarf, da sie im Wachstum sind.

Der Ernährungsbericht weist darauf hin, dass die Bundesbürger im Durchschnitt zu viel Fett und Eiweiß und zu wenig Kohlenhydrate aufnehmen. Auch der hohe Anteil an **zuckerhaltiger Nahrung**, die viel »leere Kalorien« enthält, aber nur kurze Zeit sättigt, wirkt sich ungünstig auf die Nährstoffversorgung aus.
Bei Heranwachsenden und älteren Menschen muss besonders auf eine ausreichende und hochwertige **Eiweißzufuhr** geachtet werden.

Vitamine, **Mineralstoffe** und **sekundäre Pflanzeninhaltsstoffe** werden als Schutz- und Reglerstoffe benötigt, sie müssen täglich in ausreichender Menge mit der Nahrung zugeführt werden.

Der tägliche **Ballaststoffbedarf** wird mit 30 g pro Tag angegeben.

Die **Menge** und **Zubereitungsart** der aufgenommenen Lebensmittel bestimmen den Nährstoff- und Energiegehalt unserer Nahrung. Die Nährstoffzufuhr sollte auf den individuellen Bedarf abgestimmt sein.

Der **Nährstoffbedarf pro Tag** kann auf zwei Arten berechnet werden:

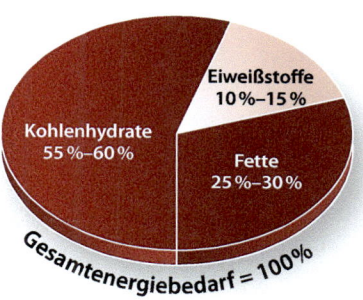

Verteilung des Gesamtenergiebedarfs auf die Nährstoffe

Berechnung nach dem Gesamtenergiebedarf:
Der Energiebedarf sollte zu
- 55 bis 60 % mit Kohlenhydraten,
- 10 bis 15 % mit Eiweiß,
- 25 bis 30 % mit Fett gedeckt werden.

Beispiel: Berechnung des Eiweißbedarfs (in Gramm) für einen 15-jährigen Jungen mit einem Gesamtenergiebedarf von 12 550 kJ

10 % bis 15 % des Energiebedarfs werden durch Eiweiß gedeckt:

$$100\,\% = 12\,550 \text{ kJ}$$

$$15\,\% = \frac{12\,550 \text{ kJ} \cdot 15\,\%}{100\,\%} = 1\,882 \text{ kJ}$$

1 g Eiweiß = 17 kJ $1\,882 \text{ kJ} = \dfrac{1 \text{ g} \cdot 1\,882 \text{ kJ}}{17 \text{ kJ}} = \mathbf{110 \text{ g}}$

Der tägliche Bedarf für den 15-Jährigen beträgt 110 g Eiweiß.

Eiweißbedarf in g/kg Körpergewicht pro Tag:

Neugeborene	∅ 2,2
Kinder	∅ 1,0
Schwangere (ab 4. Monat)	0,8 (+ 10 g)
Stillende	0,8 (+15 g)
Senioren > 65 J.	1,0

Berechnung nach dem Körpergewicht:
Sie wird bei Personen mit einem niedrigen Energiebedarf empfohlen. **Ausgehend von dem Normalgewicht** sollte die tägliche Nahrung **bei Erwachsenen pro Kilogramm Körpergewicht** folgende Zusammensetzung haben:
- 0,8 g Eiweiß/kg Körpergewicht (Kinder und Senioren 1,0 g/kg)
- 0,7 bis 0,8 g Fett/kg Körpergewicht
- 4 bis 7 g Kohlenhydrate/kg Körpergewicht

Beispiel: Berechnung des Fettbedarfs für einen Mann, 170 cm, 70 kg

Fettbedarf pro kg Körpergewicht = 0,7 bis 0,8 g Fett
0,7 g · 70 = **49 g Fett** bzw.   0,8 · 70 = **56 g Fett**

Der tägliche Bedarf dieses Mannes beträgt 49 bis 56 g Fett.

KOMPETENZ-CHECK

1. *Ermitteln Sie Ihren eigenen Energie- und Nährstoffbedarf am Tag.*
2. *Vergleichen Sie Ihre Energieaufnahme für einen Tag mit Ihrem Energiebedarf.*
3. *Ermitteln Sie energiearme Zwischenmahlzeiten für*
   a) ein Schulkind,   b) Jugendliche,   c) Senioren.
4. *Berechnen Sie Ihren persönlichen täglichen Nährstoffbedarf.*
5. *Protokollieren Sie die von Ihnen verzehrten Lebensmittel an einem Tag. Berechnen Sie die Fett- und Energieaufnahme und vergleichen Sie diese mit ihrem Bedarf.*
6. *Die Zubereitung bestimmt den Fett- und Energiegehalt der Nahrung. Berechnen Sie den Fett- und Energiegehalt von 200 g*
   a) Pellkartoffeln,   b) Bratkartoffeln,   c) Pommes frites.

Empfohlene Nährstoffzufuhr durch das Mittagessen für Personen (19 – 65 Jahre) mit überwiegend sitzender Tätigkeit:

Energie (kcal)	*2 999*
(kJ)	*717*
Protein (g)	*≤ 36*
Kohlenhydrate (g)	*≥ 90*
Fett (g)	*≤ 24*
Ballaststoffe (g)	*≥ 10*
Vitamin C (mg)	*33*
Calcium (mg)	*333*
Eisen (mg)	*5*
Jod (µg)	*67*

Nährstoffe und Energie sollten nach Möglichkeit auf fünf Mahlzeiten verteilt werden.

Die empfehlenswerte Aufteilung der Energiezufuhr:

1. Frühstück	25 %
2. Frühstück	10 %
Mittagessen	30 %
Nachmittag	10 %
Abendbrot	25 %

Beachtet werden sollte dabei die DGE-Regel (s. S. 136):
»Obst und Gemüse – nimm 5 am Tag.«
In jeder der fünf Mahlzeiten sollte also eine Portion Obst oder Gemüse sein.

Fitmacher für zwischendurch

Vollkornbrot mit Hüttenkäse, Kräutern und Gurke

Müsli mit frischen Früchten

Tageskostplan von Frau H., 65 Jahre, 68 kg

Lebensmittel	E (kJ)	EW (g)	F (g)	K (g)
Frühstück				
100 g Vollkornbrot	808	6,8	1,2	39
15 g Butter	475	0,1	12,5	–
1 Sch. Schnittkäse	296	7	4,2	–
20 g Honig	272	–	–	16
2 Tassen Kaffee				
mit 10 g Zucker	168	–	–	10
Mittagessen				
150 g Hackfleischsoße	1630	10	18	47
150 g Kartoffeln	438	3	0,2	22
150 g Möhren				
mit 5 g Fett	284	0,9	4,7	5
130 g Birne	300	0,7	0,4	16
Kaffee				
1 St. Obstkuchen	930	3,9	3,5	32
2 Tassen Kaffee				w
mit 10 g Zucker	168	–	–	10
Abendessen				
100 g Grahambrot	832	?	?	40
15 g Butter	475	0,1	?	–
20 g Bierschinken	141	?	?	–
30 g Edamer				
(40 % Fett i.Tr.)	415	?	?	–
2 Tassen Tee				
mit 10 g Zucker	168	–	–	10
Gesamtzufuhr	**7812 kJ**	**?**	**?**	**248 g**

KOMPETENZ-CHECK

1. Berechnen Sie den täglichen Energie- und Nährstoffbedarf von Frau H., vgl. oben. Frau H. ist gehbehindert und verrichtet nur leichte körperliche Arbeit.
2. Berechnen Sie die Fett- und Eiweißzufuhr in dem Tageskostplan.
3. Vergleichen Sie die Nährstoff- und Energiezufuhr im Tageskostplan mit dem tatsächlichen Energie- und Nährstoffbedarf der alten Dame.
4. Machen Sie konkrete Vorschläge, wie die Frau ihren Tageskostplan bedarfsdeckend gestalten könnte.

2.3 ERNÄHRUNG IN VERSCHIEDENEN LEBENSPHASEN

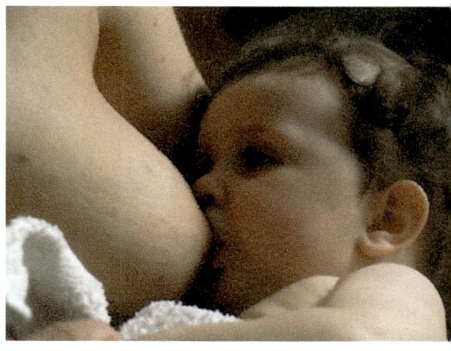
Stillkind

Jede **Lebensphase** des Menschen stellt an die Ernährung besondere Anforderungen. So unterscheidet sich der Stoffwechsel von Kindern und Jugendlichen von dem des Erwachsenen deutlich durch die Anforderungen des körperlichen Wachstums. Hierdurch ergibt sich ein jeweils unterschiedlicher Nährstoffbedarf.

Der Nährstoffbedarf muss außerdem individuell an die **körperliche Aktivität** und den **Gesundheitszustand** angepasst werden.

2.3.1 ERNÄHRUNG DES SÄUGLINGS

Der Säugling hat aufgrund seines **starken Wachstums** – im ersten Lebensjahr verdreifacht sich das Geburtsgewicht – einen besonders hohen Nährstoffbedarf.

Muttermilch ist für den Säugling in den ersten Lebensmonaten die optimale Nahrung. Sie enthält alle notwendigen Nährstoffe in einer Zusammensetzung, die an das Wachstum und die noch begrenzte Verdauungsleistung des Säuglings ideal angepasst ist. Die in ihr enthaltenen Abwehrstoffe (Immunglobuline) schützen das Kind vor Infektionskrankheiten. Das Eiweiß der Muttermilch wird gut vertragen, sodass Allergien, die häufig bei einem zu frühen Verzehr von Kuhmilch auftreten, nicht entstehen. Der Säugling kann auf **Verlangen gestillt werden**, ohne dass die Gefahr einer Überfütterung besteht. Das Stillen stärkt die **Mutter-Kind-Beziehung** und wirkt sich positiv auf die spätere soziale und emotionale Entwicklung aus. Die Stillkommission Deutschland empfiehlt das ausschließliche Stillen des Säuglings bis zur Vollendung des sechsten Lebensmonats.

Wird nicht gestillt, kann das Kind mit **Fertigmilchnahrungen**, die in ihrer Zusammensetzung der Muttermilch angepasst sind, ernährt werden. Sie werden überwiegend aus Kuhmilch hergestellt und haben einen bedarfsgerechten Nährstoffgehalt.

Der Nährstoffgehalt in Muttermilch und Kuhmilch pro 100 g:

	Mutter-milch	Kuh-milch
Kohlenhydrate	6,9 g	4,7 g
Fette	4,1 g	3,5 g
Eiweiße	1,2 g	3,3 g
Wasser	87,6 g	87,5 g

Nährstoffbedarf im 1. Lebensjahr

Energie
Die Gesamtenergiezufuhr muss eine altersgemäße Gewichtszunahme ermöglichen (ca. 2 300 bis 3 300 kJ).

Fette
decken ca. 45 % der Energiezufuhr ab; ca. 6 bis 8 g Fett pro kg Körpergewicht täglich.

Kohlenhydrate
decken 45 % der Energiezufuhr ab; ausreichende Versorgung ist Voraussetzung für optimalen Aufbau von Körpereiweiß.

Eiweiß
Eiweißbedarf sinkt von der Geburt bis zum 12. Monat von 2,7 auf 1,1 g pro kg Körpergewicht am Tag; Eiweiß in Muttermilch ist biologisch hochwertiger als in Kuhmilch.

Vitamin- und Mineralstoffbedarf im 1. Lebensjahr

Vitamine

Vitamin A: 0,5 bis 0,6 mg
zusätzliche Gabe von Karottensaft

Vitamin D: 10 μg
Mutter- und Kuhmilch enthalten nicht genug Vitamin D; Vitamin-D-Gabe als Tablette, Tropfen (vom Kinderarzt verordnet)

Vitamin B_1: 0,2 bis 0,4 mg
Muttermilch deckt den Bedarf; Kuhmilch mit Haferflocken anreichern

Vitamin C: 50 bis 55 mg
Muttermilch deckt den Bedarf; bei Kuhmilchernährung Gabe von Obst- und Gemüsesäften

Mineralstoffe

Calcium: ca. 220 bis 400 mg
Muttermilch deckt den Calciumbedarf, wenn Vitamin D ausreichend ist; Vitamin D und Milchzucker erhöhen Calciumaufnahme; 500 ml Kuhmilch = Bedarf

Eisen: ca. 6 bis 8 mg
Eisenvorrat des Säuglings reicht für ca. 3 Mon.; Milchnahrung deckt den Bedarf nicht – Gabe von Obst-/Gemüsesaft, ab 6. Mon. 2-mal wöchentlich Fleisch

Fluorid: ca. 0,25 bis 0,5 mg
Fluoridtabletten empfohlen

Industriell hergestellte Babykost:
- *Milchfertigbrei*
- *Getreide-Obst-Brei*
- *Obstmus*
- *Babymenüs*
- *Juniorenmenüs*

Säuglingsmilchnahrungen werden in Deutschland aufgrund der Kohlenhydratkomponenten in zwei Gruppen eingeteilt:

■ **»Pre«**
Diese Nahrung enthält Laktose als einziges Kohlenhydrat und ist in ihrer Zusammensetzung dem Nährstoffgehalt der Muttermilch angepasst. Sie dient als erste Nahrung bei nicht gestillten Säuglingen.

■ **»1« Anfangsnahrung**
Sie enthält außer Laktose zusätzlich Stärke und ggf. weitere Kohlenhydrate (meist Maltodextrine, selten Saccharose)
und sättigt länger. Ein Mahlzeitenrhythmus sollte eingehalten werden.

■ **»2«, »3« Folgenahrung**
Folgenahrung kann ab dem 5./8. Monat gefüttert werden. Sie besteht aus einer Kuhmilchmischung mit modifizierten Fett- und Stärkekomponenten sowie Zusätzen an Vitaminen und Mineralstoffen.

■ **Hypoallergene »HA«-Nahrung**
Sie enthält speziell veränderte Eiweiße und ist besonders für allergiegefährdete Säuglinge geeignet. Sie wird je nach Alter der Säuglinge in »HA 1« und »HA 2« angeboten.

Bei der Zubereitung der Säuglingsmilch muss die Anleitung auf der Packung beachtet werden, um Ernährungsfehler vorzubeugen.

Die **Selbstzubereitung von Säuglingsmilch** ist weder aus Kuh-, Ziegen- oder Stutenmilch noch aus Mandel-, Reis- oder Frischkorn-»Milch« zu empfehlen, da kein ausreichender Nährstoffgehalt erreicht wird. Die ausschließliche Ernährung mit solchen Milchsorten kann zu Wachstumsstörungen beim Säugling führen.

Vollmilch (als Brei) darf ab dem 7. Monat verwendet werden (mit dem Kinderarzt absprechen!). Bei einer bereits bestehenden **Kuhmilchallergie** berät der Kinderarzt.

Bei der Zubereitung von Milchnahrungen beachten:
▶ die Angaben des Herstellers
▶ die Qualität des Trinkwassers:
  – Nitratgehalt < 20 mg/l
  – bakteriologisch einwandfrei

Beikost ersetzt ab dem **5. Monat** schrittweise einen Teil der Milch. Hierzu zählen verschiedene Breie, Obstmus, Tee, Mineralwasser und Säfte. Meist wird zuerst reines Karottenmus (oder Pastinake) gefüttert, das später mit Kartoffeln, leicht verdaulichen Gemüsen sowie Zugabe von Fleisch ergänzt wird.

Ab dem **6. Monat** erhält das Kind **einen Vollmilchgetreidebrei** mit Obst. Wird die Milch zu früh durch einen reinen Obst-Gemüse-Brei ersetzt, ist eine Eiweißunterversorgung möglich. Getreideerzeugnisse wie Gerste, Roggen, Hafer und Weizen dürfen erst im 6. Lebensmonat gegeben werden. Sie enthalten **Gluten** (Klebereiweiß), das bei zu früher Einführung in der Ernährung **Zöliakie** (Schä-

Das schmeckt gut!

digung des Darms mit Verdauungs-störungen) auslösen kann. Für eine gute Kieferentwicklung ist der Säug-ling mit einem Löffel zu füttern.

Am **Ende des 1. Lebensjahres**, sobald das Kind die ersten Zähne hat, wird die Breimahlzeit allmählich durch Brot, Gemüsegerichte und Obst er-setzt. Für die Entwicklung und Erhal-tung gesunder Zähne sollten dem Kind weder Zucker noch zuckerhal-tige Lebensmittel angeboten werden.

Als Getränke können Kräuter- oder Früchtetee sowie Mineralwasser gereicht werden. Zuckerhaltige Getränke, z. B. Fruchtsaftgetränke oder Limonaden, soll-ten nicht angeboten werden.

Ernährungsplan für Säuglinge

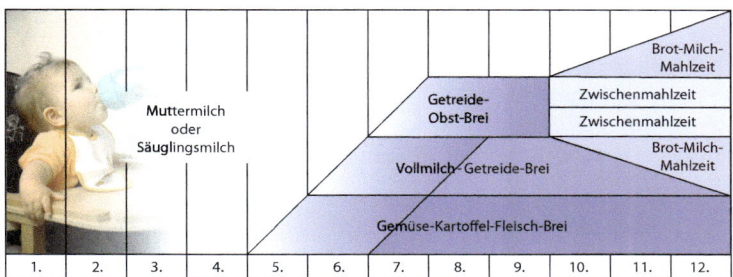

Der Ernährungsplan für das erste Lebensjahr

Säuglingsmilchnahrungen im Überblick	
Pre	Säuglingsanfangsnahrung / Säuglingsmilchnahrung; Zusammensetzung ist der Muttermilch sehr ähnlich; bis 12 Monate
1	Säuglingsanfangsnahrung; enthalten neben Milch-zucker auch sättigende Stärke, bis 12 Monate
2, 3	Folgenahrung im Beikostalter können neben Milch-zucker und Stärke auch andere (überflüssige) Zucker-arten und Aromen enthalten Beikostfütterung ab 5. Monat möglich
HA (hypo-allergen)	für allergiegefährdete Säuglinge (als Pre, 1 oder 2)

Bei der Zubereitung von Zwischenmahlzeiten sind zu beachten:
- die Eignung der Rohware (Frische, Schadstoffgehalt etc.)
- hygienische Maßnahmen bei der Verarbeitung
- keine Zuckerzusätze in Speisen und Getränken (nur ungesüßte Tees)

Rezepte für Babybreie:

Gemüse-Kartoffel-Fleisch-Brei (ab 5.–7. Monat):

20 bis 30 g	mageres Fleisch in wenig Wasser weich
90 bis 100 g	kochen Gemüse klein schnei-
40 bis 60 g	den und mit Kartoffeln (schälen und klein schneiden) dünsten
8 bis 10 g	Pflanzenöl untermen-gen und pürieren

Vollmilch-Getreide-Brei (ab 6.–8. Monat):

200 ml	Vollmilch oder Säuglings-milch 3,5 % mit
20 g	Vollkorn-Getreideflocken (Haferflocken, Grieß) auf-kochen
20 g	Obstsaft oder Obstpüree (Vitamin-C-reich) unter-rühren

Vollmilch-Getreide-Flasche (ab 7. Monat):

225 ml	Vollmilch
5 g	Getreide (lösliche Haferflocken)
7 g	Milchzucker

Die Hälfte der Milch kochen, Getreideflocken einstreuen und kurz aufkochen. Milchzucker unterrühren, restliche Milch zugeben und kräftig aufschütteln.

Beachten Sie die Regeln für eine nährstoffschonende Zubereitung!

Verteilung der Gewichtszunahme während der Schwangerschaft bei einer Gesamtzunahme von 12,5 kg:

Mutter

Uterus (Gebärmutter)	970 g
Brust	405 g
Blut	1 250 g
Wasser	1 680 g
Fett	3 345 g

Kind

Fetus	3 400 g
Plazenta (Mutterkuchen)	650 g
Fruchtwasser	800 g

KOMPETENZ-CHECK

1. *Informieren Sie sich über die angebotenen Arten von Fertigmilchnahrungen und stellen Sie ihre besonderen Merkmale vor.*
2. *Erläutern Sie die Empfehlung »der Säugling sollte bis zum 6. Monat glutenfrei ernährt werden!« Zeigen Sie auf, wie diese Ernährung in der Praxis durchgeführt werden kann.*
3. *Informieren Sie sich über das Angebot an Babykost im Handel und erstellen Sie eine Übersicht mit den angebotenen Produkten. Stellen Sie diese in der Klasse vor.*
4. *Stellen Sie verschiedene Zwischenmahlzeiten für den Säugling zwischen dem 7. und dem 12. Lebensmonat zusammen. Bereiten Sie eine kleine Auswahl im Unterricht selbst zu.*

2.3.2 ERNÄHRUNG IN DER SCHWANGERSCHAFT UND STILLZEIT

Gewichtszunahme der Schwangeren

BMI	Empfohlene Gewichtszunahme
< 19,8	12,5 – 18,0 kg
19,8 – 26	11,5 – 16,0 kg
> 26	7,0 – 11,5 kg

Der Mehrbedarf an Energie in der Schwangerschaft (durchschnittlich 840 kJ/Tag) ist enthalten in:

400 kJ	800 kJ
1 Scheibe Vollkornbrot	
	+ TL Butter
	+ 1 Scheibe Käse
Vollmilchjoghurt	
	+ 1 EL Haferflocken
	+ ½ Apfelsine
	+ ½ Banane
2 Kartoffeln	
	+ 1 Port. Gemüse
	+ TL Butter
1 Schokoriegel (20 g)	
	+ 2 Gläser Cola

Die Ernährung in der Schwangerschaft und Stillzeit muss den hormonellen und körperlichen Veränderungen der Mutter und dem Bedarf des Kindes angepasst werden. Mit einer vielseitigen, vollwertigen und schadstoffarmen Kost, die Genussmittel einschränkt, können die Gesundheit der Schwangeren und Stillenden und die gesunde Entwicklung des Kindes gefördert werden.

Der **Energiebedarf** der Schwangeren wird durch eine zusätzliche Aufnahme von durchschnittlich 840 kJ/Tag gedeckt. Die Empfehlung »Essen für zwei« ist falsch und kann zu einem anhaltenden Übergewicht führen. Die Gewichtszunahme während der gesamten Schwangerschaft hängt von dem Ausgangsgewicht der Schwangeren ab und sollte nicht mehr als 10 bis 16 kg betragen.

Als Faustregel für die durchschnittliche Gewichtszunahme von 10–12 kg während der Schwangerschaft gilt:

1. SS-Drittel	Im ersten Schwangerschaftsdrittel (SS-Drittel) kann es unter anderem durch schwangerschaftsbedingte Übelkeit sogar zu einer Gewichtsabnahme kommen. Etwa ab der 12. Schwangerschaftswoche beginnt die schwangerschaftsbedingte Gewichtszunahme.
2. SS-Drittel	250 bis 300 Gramm pro Woche
3. SS-Drittel	400 bis 500 Gramm pro Woche bis zur 40. SS-Woche, dann stagnierend. Über 600 Gramm Zunahme von Arzt abklären lassen.

Für **Stillende** wird in den ersten vier Monaten nach der Geburt eine zusätzliche Energiezufuhr von 2700 kJ/Tag empfohlen. Danach sollte unterschieden werden, ob die Mutter weiter voll oder nur teilweise stillt. Die DGE empfiehlt pro 100 ml Muttermilch eine Energiemehraufnahme von 500 kJ.

Der **Eiweißbedarf** erhöht sich erst ab dem 4. Monat der Schwangerschaft. Von diesem Zeitpunkt an wird eine tägliche Zulage von 10 g Eiweiß erforderlich. Der Eiweißbedarf sollte mit biologisch hochwertigem Eiweiß gedeckt werden, vgl. S. 73. Der Eiweißbedarf in der Stillzeit ist von der Milchmenge abhängig. Im Durchschnitt wird eine Zulage von 15 g Eiweiß/Tag empfohlen. Das ist in zwei Gläsern Milch oder einer Scheibe Käse und einem Joghurt enthalten.

Die Fettzufuhr kann während der Schwangerschaft und Stillzeit auf 35 % der Energiezufuhr angehoben werden. Maximal 50 % der Fettzufuhr sollten über Koch- und Streichfette, der Rest über »versteckte Fette« aufgenommen werden.

Der **Kohlenhydratbedarf** bei Schwangeren und Stillenden beträgt 55 % des Gesamtenergiebedarfs. Stark zuckerhaltige Nahrungsmittel sind zu meiden – sie begünstigen bei genetischer Veranlagung die Entstehung eines Schwangerschaftsdiabetes.

Bei der Mineralstoffzufuhr muss der höhere Bedarf an **Calcium, Phosphor, Magnesium** und **Eisen** beachtet werden, vgl. Empfehlungen für die Mineralstoffzufuhr. Die Einnahme von Eisenpräparaten lässt sich in der Schwangerschaft in vielen Fällen nicht vermeiden.

Die **Jod**versorgung hat Einfluss auf die normale Entwicklung des Kindes. Der Bedarf ist in der Schwangerschaft mit 230 μg/Tag und in der Stillzeit mit 260 μg/Tag erhöht. Der vermehrte Verzehr jodhaltiger Lebensmittel wie Salzwasserfische, Brokkoli sowie mit Jod angereichertes Speisesalz wird empfohlen.

Die **Kochsalzzufuhr** sollte während der Schwangerschaft nicht erhöht werden.

Vitamin A ist besonders im 2. und 3. Schwangerschaftsdrittel für die Lungenentwicklung des Kindes wichtig und muss ausreichend zugeführt werden. Werden Vitamin-A-reiche tierische Lebensmittel (z. B. Leber – hoher Schwermetallgehalt!) nicht verzehrt, kann der Bedarf durch eine ausreichende Beta-Carotin-Zufuhr über Gemüse (z. B. Spinat, Grünkohl, Brokkoli, Karotten) gedeckt werden. Beta-Carotin wird im Körper in Vitamin A umgewandelt. Die Resorption des Beta-Carotins aus Gemüse hängt vor allem von der Zubereitung ab.

Der Bedarf an **B-Vitaminen** und an **Vitamin C** in der Schwangerschaft und Stillzeit ist nur leicht erhöht und wird durch eine gemischte Kost gedeckt.

Der **Folsäurebedarf** der Schwangeren ist wegen des hohen Folsäurebedarfs des Fötus auf 550 μg erhöht. Stillende Mütter haben einen Tagesbedarf von 450 μg. Es empfiehlt sich die Einnahme eines Folsäurepräparates.

Etwa 1 bis 1,5 l **Flüssigkeit am Tag** werden in der Schwangerschaft empfohlen.

Geeignete Getränke sind natriumarme Mineralwässer und Gemüsesäfte, Kräutertees, fettarme Milch und verdünnte Fruchtsäfte. Bei stillenden Frauen ist der Flüssigkeitsbedarf je nach der Stillmenge erhöht. Die **Genussmittel** Kaffee und schwarzer Tee sind in begrenztem Maße (2 Tassen/Tag) erlaubt, **Alkohol** und **Nikotin** sind zu meiden.

Rohes Fleisch, z. B. Tatar oder Mett, rohe Eier und Rohmilch sowie Rohmilchkäse sollten in der Schwangerschaft nicht verzehrt werden. Sie können Krankheitserreger enthalten, die bei dem Kind eine sogenannte **Toxoplasmose** mit schweren Organschäden verursacht.

Calcium-Quellen

Ausreichende Calciumzufuhr ist besonders wichtig!

1000 mg Calcium stecken in:

   1 Becher Joghurt
+ 1 Glas (200 ml) Milch
+ 1 Scheibe (40 g) Emmentaler
+ 1 Portion (150 g) Milcheis
oder
   150 ml Milch
+ 2 Scheiben (60 g) Gouda
+ 2 Scheiben (100 g) Vollkornbrot
+ 200 g Brokkoli

Empfohlene Lebensmittelauswahl für Schwangere und stillende Frauen

Reichlich:	Gemüse, Salate, Obst, Getreideprodukte, Kartoffeln, Reis, fettarme Milch und Milchprodukte, Seefisch
Mäßig:	tierische Lebensmittel: Wurst, Fleisch, Geflügel, Eier
Sparsam:	zuckerhaltige Lebensmittel und zuckerreiche Getränke, fettreiche Lebensmittel

KOMPETENZ-CHECK

1. *Fassen Sie die wesentlichen Empfehlungen für die Ernährung der schwangeren und stillenden Frau zusammen und erstellen Sie eine Checkliste mit praktischen Tipps für ihre tägliche Ernährung.*
2. *Suchen Sie in der Nährstofftabelle Lebensmittel*
   a) mit einem hohen Folsäuregehalt,
   b) mit einem hohen Jodgehalt.

2.3.3 ERNÄHRUNG VON KINDERN UND JUGENDLICHEN

Fehlernährung gefährdet die Gesundheit der Jugendlichen
Jugendliche bevorzugen Fast Food, Snacks und Fertiggerichte, dazu Limonaden- und Colagetränke. Nur jeder zweite Schüler im Alter von 12 bis 15 Jahren frühstückt morgens zu Hause, nur jeder vierte nimmt ein Pausenbrot mit in die Schule. Vom 13. bis zum 21. Lebensjahr steigt der Alkoholkonsum stark an. Gesundheitliche Probleme wie Übergewicht, Infektanfälligkeit, Essstörungen und Leistungsschwäche stellen sich ein.

In der **Wachstumsphase** ist eine bedarfsorientierte vollwertige Ernährung eine wesentliche Voraussetzung für eine gesunde körperliche und geistige Entwicklung. Der im Aufbau befindliche Körper braucht Eiweiß, **Mineralstoffe** und **Vitamine.** Der Energiebedarf steigt in Abhängigkeit vom Wachstum (hoher Grundumsatz) und der körperlichen Aktivität der Heranwachsenden an, vgl. Tab. S. 121.

Nährstoff- und Energiebedarf für Kinder/Jugendliche pro Tag

	4–6 Jahre	13–14 Jahre	15–18 Jahre
Energie (kJ)	6 100	9 400	10 500
Eiweiß (g)	16	45	46
Fett (g)	51	78	81
Kohlenhydrate	219	316	373

Der Speiseplan sollte die Bedürfnisse der Kinder berücksichtigen
- ■ *Fleisch, Geflügel oder Fisch nicht scharf anbraten, sondern dünsten*
- ■ *Gemüse schonend garen, nicht/wenig salzen*
- ■ *Kohlarten und Hülsenfrüchte meiden*
- ■ *Abwechselnd Kartoffeln, Reis, Nudeln anbieten*
- ■ *Statt Salz und scharfen Gewürzen mit Kräutern abschmecken*
- ■ *Als Dessert: Pudding, Quarkspeise, Frischobst*

Süße Quarkspeisen mit Früchten, Obstsalat, Milchshakes oder Vollkornkekse stillen auch den Appetit auf »Süßes«.

Bei **kleinen Kindern** ist das Gebiss noch nicht voll ausgebildet – Fleisch, Körnergerichte, Kohl und Hülsenfrüchte etc. sind u. U. nicht geeignet. Geschmacksvorlieben sollten berücksichtigt, das Essen appetitlich angerichtet werden.

Der **Kohlenhydratbedarf** sollte 50 bis 60 % des Energiebedarfs decken. Stärke- und ballaststoffhaltige Kohlenhydrate wie Vollkornprodukte, Gemüse, Kartoffeln oder Reis und Obst sind zu bevorzugen. Zucker begünstigt die Entstehung von Übergewicht und Zahnkaries. Kleine Mengen an Süßigkeiten, z. B. ein Riegel Schokolade oder 30 g Gummibärchen, dürfen gegessen werden. Danach sollten die Zähne geputzt werden.

Der **Fettbedarf** (30 bis 35 % des Gesamtenergiebedarfs) deckt den höheren Energiebedarf ab. Hochwertige pflanzliche Fette sind zu bevorzugen. Der Verzehr von **versteckten Fetten**, z. B. in Fast Food, Snacks oder Chips, führt oft zu einer zu hohen Fettaufnahme – etwa 30 % der Kinder sind übergewichtig.

Ausgewogene Zwischenmahlzeiten

Der **Eiweißbedarf** von Kindern und Jugendlichen wird durch das Wachstum bestimmt. Er sinkt altersabhängig von 1,0 g/kg Körpergewicht bei Ein- bis Vierjährigen auf 0,9 g/kg Körpergewicht bei älteren Kindern und Jugendlichen. Eine gemischte Kost aus tierischem und pflanzlichem Eiweiß deckt den Eiweißbedarf. Eine **vegane** Kost, die ganz auf tierisches Eiweiß verzichtet, deckt meist nicht den Bedarf an **unentbehrlichen Aminosäuren** und ist ungeeignet.

Mineralstoffe und Vitamine werden durch eine gemischte Kost, die reichlich frisches Obst, Salate und Gemüse sowie Vollkornprodukte enthält, ausreichend zugeführt. Das Wachstum von Knochen und Zähnen erfordert viel **Calcium**. So verfügt das Neugeborene nur über etwa 25 bis 30 g Calcium, der Erwachsene hat 800 bis 1300 g Calcium in seinen Knochen gespeichert. Bis zum 20. Lebensjahr werden 90 % der Knochenmasse angelegt. Ein Liter Milch oder die entsprechende Menge Milchprodukte täglich decken den Calcium- und Vitamin D-Bedarf. Dieser liegt z. B. bei Jugendlichen bei 1200 mg/Tag.

Der **Eisenbedarf** ist besonders bei jungen Mädchen oft nicht ausreichend gedeckt. Ein Mangel führt zu Müdigkeit und Leistungsschwäche. Mageres Fleisch, Wurstwaren, Vollkornprodukte und grüne Gemüse sind wichtige Eisenquellen.

Jodmangel tritt häufig in der Pubertät auf und kann zur Ausbildung eines Kropfes führen. Regelmäßiger Verzehr von Seefisch und die Verwendung von Jodsalz decken den Jodbedarf. In Absprache mit dem Arzt können Jodtabletten eingenommen werden.

Der **Flüssigkeitsbedarf** liegt bei etwa 1500 ml beim kleinen Kind, ältere Kinder und Jugendliche benötigen 2000 bis 2500 ml Flüssigkeit. Rund die Hälfte sollte durch Getränke gedeckt werden. Geeignet sind Mineralwasser, verdünnte Obstsäfte oder ungesüßte Tees, nicht jedoch Limonaden und Colagetränke.

Die **optimierte Mischkost (Optimix)** ist ein Ernährungskonzept, das insbesondere in Gemeinschaftseinrichtungen eine vollwertige Ernährung gewährleistet und den Kindern Freude an gesundem Essen zu vermitteln versucht:

- ■ Pflanzliche Lebensmittel und Getränke sind die Ernährungsbasis.
- ■ Tierische Lebensmittel in geringen Mengen ergänzen das Angebot.
- ■ Fette und zuckerfreie Lebensmittel werden sehr sparsam verzehrt.

Die optimierte Mischkost berücksichtigt zusätzlich die Auswahl von:
- ■ mindestens zweimal pro Woche frischen Kartoffeln,
- ■ mindestens zwei- bis dreimal frischem Obst,
- ■ mindestens zwei- bis dreimal Rohkost oder frischem Salat.

Ca. 15 % der Kinder und Jugendlichen haben einen „versteckten Hunger" (Hidden Hunger). Trotz hoher Energieaufnahme treten Vitamin- und Mineralstoffmangel auf. 8 % dieser Kinder sind übergewichtig und adipös (s. a. S. 78).

So machen Vitamine Spaß

Durchschnittliche empfohlene Trinkmenge pro Tag (Referenzwerte)

Kleinkind (1 bis 4 Jahre)	0,8 l
Kind (4 bis 8 Jahre)	0,9–1 l
Kind (9 bis 13 Jahre)	1,2 l
Jugendlicher	1,5 l

Die **»Bremer Checkliste«** gibt konkrete Empfehlungen für einen abwechslungsreichen vollwertigen Wochenspeiseplan (5 Tage) in der Gemeinschaftsverpflegung.
- ▶ 1 Fleischgericht
- ▶ 1 Eintopf-/Auflaufgericht
- ▶ 1 Seefischgericht
- ▶ 1 vegetarisches Vollwertgericht
- ▶ 1 freies Gericht

Zudem sollte es
- ▶ 2- bis 3-mal frisches Obst als Nachtisch,
- ▶ 2- bis 3-mal Rohkost oder frischen Salat,
- ▶ mind. 2-mal frische Kartoffeln geben.

KOMPETENZ-CHECK

1. Vergleichen Sie den Nährwert verschiedener Fast Food-Gerichte mit anderen Zwischenmahlzeiten für Jugendliche, z. B. Käsebrot, Apfel, Joghurt.
2. Die Fettzufuhr vieler Jugendlicher übersteigt die Empfehlungen der DGE. Nennen Sie mögliche Ursachen. Zeigen Sie Möglichkeiten auf, wie Fett eingespart werden kann.
3. Viele Kinder sind übergewichtig. Schon ein Zuviel von nur 440 kJ/Tag führt in zwei Monaten zu einer Gewichtszunahme von 1 kg. Welche Lebensmittelmenge entspricht jeweils 440 kJ?
   - a) ? g Weizenmischbrot   b) ? g Salami   c) ? g Gouda, 45 % F. i. Tr.
   - d) ? g Vollmilchjoghurt mit Früchten   e) ? g Schokolade
   - f) ? g Pommes frites   g) ? g Eiscreme   h) ? g Chips

Energiegehalt von Fast Food-Gerichten:

Bratwurst mit Pommes	3 560 kJ
Bratwurst mit Brötchen	2 900 kJ
Pommes mit Mayonnaise	1 900 kJ
Hamburger	1 090 kJ
Chicken McNuggets	1 200 kJ
Salat mit Käse, Schinken und Dressing	1345 kJ
Cola-Getränk (0,3 l)	550 kJ
Milchshake (0,3 l)	1 630 kJ
Schlemmerbaguette mit Schinken, Käse, Salat	1850 kJ

Verteilung des Gesamtenergiebedarfs des älteren Menschen:

9500 kJ	7500 kJ
2300 kcal	1800 kcal

15 %   Eiweiß
30 %   Fett
55 %   Kohlenhydrate
30 g   Ballaststoffe
        verteilt auf 5 Mahlzeiten

2.3.4 ERNÄHRUNG DES ÄLTEREN MENSCHEN

Die Körperzusammensetzung verändert sich mit dem Alter:

Ein 25-Jähriger hat ca.
45 % Muskelmasse,
26 % Fettgewebe.

Ein 70-Jähriger hat ca.
27 % Muskelmasse,
41 % Fettgewebe.

Die Körperzusammensetzung wird wesentlich durch den Trainingszustand des Menschen bestimmt.

Frau S., 72 Jahre alt, lebt seit dem Tode ihres Mannes vor zwei Jahren allein in ihrer Mietwohnung. Das Gehen fällt ihr sehr schwer, sie ist mager und blass; ein Einkaufsdienst besorgt einmal wöchentlich ihre Lebensmittel. Frau S. berichtet: »Das Mittagessen koche ich noch selbst, oft für zwei oder drei Tage auf Vorrat, dann muss ich das Essen nur noch aufwärmen. Häufig habe ich gar keinen Appetit, dann esse ich nur, weil ich muss. Sonntags speise ich in der Gaststätte gegenüber, da schmeckt es immer noch so gut wie früher. Meinen Nachmittagskaffee lasse ich mir nicht nehmen. Dazu bringt mir meine Nachbarin jeden Tag ein gutes Stück Torte mit. Abends brauche ich nicht mehr viel – ein Stück Butterbrot und eine Tasse Tee reichen mir meistens!«

Bei älteren Menschen verschlechtert sich der Ernährungszustand oft durch eine **einseitige Ernährung**. Die Ursachen hierfür können vielseitig sein, z. B. Kauprobleme, schlechte Augen, Verwirrtheit, Unlust zum Kochen oder Einsamkeit.

Es treten **Mangelerscheinungen** auf, die den Alterungsprozess beschleunigen und die körperliche und geistige Leistungsfähigkeit einschränken.

Bei alten Menschen kann das Essen auch plötzlich eine hohe Bedeutung im Leben haben. Als Folge tritt **Überernährung** auf, die die Entstehung von Diabetes, Bluthochdruck und anderen Stoffwechselkrankheiten begünstigt.

Der **Energiebedarf** sinkt mit zunehmendem Lebensalter, da der Grundumsatz und meist auch die körperliche Aktivität abnehmen. Der Gesamtenergiebedarf des älteren Menschen beträgt durchschnittlich 1800 bis 2300 Kalorien oder 7500 bis 9500 kJ. Grundsätzlich entscheidet aber die persönliche Verfassung über den Bedarf an Nahrungsenergie und Nährstoffen.

Aufgrund des relativ niedrigen Gesamtenergiebedarfs des alten Menschen müssen verstärkt Lebensmittel mit **hoher Nährstoffdichte** ausgewählt werden.

Der Grundumsatz sinkt mit dem Lebensalter

Alter Jahre	Frau kJ	Mann kJ
25 bis 50	5 600	7 300
51 bis 64	5 300	6 600
> 65	4 900	5 900

(bezogen auf das Referenzgewicht)

Besonders wichtige Nährstoffe im Alter sind:
- hochwertiges Eiweiß
- die Vitamine A und D, B-Vitamine und Vitamin C
- die Mineralstoffe Calcium, Eisen und Magnesium

Medikamente, Alkohol und Rauchen begünstigen einen Vitaminmangel, besonders bei den Vitaminen C, B_2, B_6 und Folsäure.

Der **Eiweißbedarf** für Erwachsene über 65 Jahre beträgt 1,0 g/kg Körpergewicht. Der Verzehr von Fleisch, Wurst und Eiern sollte eingeschränkt werden, da sie viel Cholesterin, Fett und Purine enthalten. Bei der Kostzusammenstellung sollte der Ergänzungswert von pflanzlichen und tierischen Eiweißen ausgenutzt und Gerichte aus Kartoffeln, Getreide und Hülsenfrüchten mit fettarmen Milchprodukten berücksichtigt werden. Durch die Verarbeitung von Eiklar in Aufläufen oder Suppen kann der Proteingehalt aufgewertet werden.

Der **Kohlenhydratbedarf** liegt bei 50 bis 60 % des Gesamtenergiebedarfs. Mit zunehmendem Alter lässt die **Insulinproduktion** nach. Einfach- und doppelzuckerhaltige Lebensmittel, wie Kuchen, Mehlspeisen und Süßigkeiten, sollten nur eingeschränkt verzehrt werden, da sie schnell zu einem hohen Blutzuckeranstieg führen. Dadurch wird die Entstehung eines **Altersdiabetes** begünstigt. Bei der Zubereitung süßer Gerichte können gegebenenfalls Süßstoffe verwendet werden.

Die Kost sollte reichlich Vollkornprodukte, Obst, Gemüse und Salate enthalten und auf fünf bis sechs Mahlzeiten verteilt sein.

Fett hat den höchsten Energiegehalt, deshalb muss die Fettzufuhr insbesondere im Alter auf maximal 60 g Fett pro Tag reduziert werden. Damit die empfohlene Fettzufuhr nicht überschritten wird, müssen vor allem die »versteckten Fette« in Käse, Fleisch und Wurstwaren eingeschränkt werden. Viele dieser Nahrungsmittel gibt es auch in mageren Zusammensetzungen.

Der **Vitamin- und Mineralstoffbedarf** erhöht sich teilweise im Alter.

Die Fähigkeit der Haut zur Vitamin-D-Bildung ist im Alter herabgesetzt; nur durch eine vermehrte Vitamin-D-Zufuhr können ein Vitamin-D-Mangel und damit ein Knochenabbau verhindert werden. Lebertran, Fettfische (Hering und Makrele), angereicherte Margarine und Eigelb enthalten viel Vitamin D.

Vitamin B$_{12}$ wird im Alter schlechter resorbiert. Eine höhere Zufuhr ist daher erforderlich. Fleisch, Fisch, Eier, Milch und Käse sind ergiebige Vitamin-B$_{12}$-Lieferanten.

Vitamin-A-Mangel tritt bei vielen Senioren auf und kann zu Hautschäden und Sehstörungen führen.

Die **Vitamin-C**-Resorption im Alter ist reduziert. Die besten Vitamin-C-Quellen sind Obst und Gemüse und die aus ihnen hergestellten Säfte.

Der **Mineralstoffbedarf** ist im Alter nur leicht verändert. Auf eine ausreichende **Calciumzufuhr** (s. S. 85, 86) muss besonders geachtet werden, um der Altersknochenbrüchigkeit (Osteoporose) vorzubeugen. Diese tritt bei der älteren Bevölkerung – besonders bei Frauen – auf. Durch den Abbau von Calcium aus der Knochensubstanz können sich die Knochen verformen und leichter brechen.

Natürliche Vitamin-C-Quellen:
1. frische oder tiefgefrorene Kräuter
2. Obst- und Gemüsesäfte
3. Rohkostsalate zu den Mahlzeiten
4. Zitrussäfte für Kompotte,
   z. B. Nachspeisen
5. Frischobst oder Obstsalate

Altersbedingte Veränderungen:
- Kaufähigkeit ist beeinträchtigt
- Verdauungssaftproduktion sinkt
- Geschmacksempfinden nimmt ab
- Darmperistaltik ist verlangsamt
- Nährstoffresorption nimmt ab
- erhöhter Flüssigkeitsverlust
- Grundumsatz sinkt
- Knochenbrüchigkeit steigt
- Appetit nimmt ab
- Verstopfungsneigung tritt auf
- Durstempfinden nimmt ab

Mittagsverpflegung für einen alten Menschen – so oder so?

Welche der abgebildeten Mahlzeiten würden Sie einem alten Menschen mit geringem Appetit und Neigung zu Verstopfung anbieten? Begründen Sie Ihre Meinung.

Empfehlungen für die Vitamin- und Mineralstoffzufuhr pro Tag:

Nährstoffe	Frau/Mann
Vitamine	
A	0,8 mg/1,0 mg
D	10 µg
B_1	1,0 mg
B_2	1,2 mg
B_6	1,2 mg/1,4 mg
B_{12}	3,0 µg
C	100 mg
Mineralstoffe	
Calcium	1000 mg
Kalium	2000 mg
Magnesium	300 mg/350 mg
Eisen	10 mg
Jod	180 µg

Beispiel für den Menüservice eines Anbieters von »Essen auf Rädern«:

14-tägige Lieferung von Tiefkühlmenüs:
- Standard in Menübeuteln (Vollkost und Diabetikerkost)
- à la carte in Menüschalen (Angebot verschiedener Kostformen, Auswahl aus einem Bildkatalog)
- Wochenkarton in Menüschalen (Vollkost und Diabetikerkost)
- Suppen (12-Stück-Sortiment)
- Desserts (12-Stück-Sortiment)
- Tiefkühlbox und Aufwärmgerät werden gegen Leihgebühr zur Verfügung gestellt.

Der **Flüssigkeitsbedarf** im Alter entspricht einer **Trinkmenge von 1,5 bis 2 l täglich.** Der Wasserbestand des Körpers nimmt im Alter von etwa 75 % auf 50 % ab. Es kommt zu einem größeren Flüssigkeitsverlust über die Haut als bei jüngeren Menschen. Da das **Durstgefühl** des alten Menschen abnimmt, muss besonders auf eine ausreichende Flüssigkeitszufuhr geachtet werden. Getränke wie Gemüsesäfte, Mineralwasser, Kräutertees und verdünnte Fruchtsäfte sollten immer zu den Mahlzeiten angeboten werden. Obst und Milchprodukte als Zwischenmahlzeit unterstützen die Flüssigkeitszufuhr.

Mobile Mahlzeitendienste

Viele alte Menschen können sich und ihre Angehörigen nicht mehr selbst mit Mahlzeiten, insbesondere mit einem warmen Mittagessen, versorgen. »Essen auf Rädern« unterstützt die Selbstständigkeit zu Hause und ermöglicht die regelmäßige Versorgung mit vollwertigen Mahlzeiten.

Die Unternehmen halten unterschiedliche Angebote bereit, z. B. tägliche Lieferung von frisch zubereiteten, warmen portionierten Menüs oder wöchentlich gelieferte, tiefgefrorene Menüs, die selbst erwärmt werden müssen. Die Standardangebote bestehen aus einer Vorspeise (Suppe), einem Hauptgericht und einem Dessert (Suppe und Dessert müssen jedoch oft extra bezahlt werden).

Kriterien bei der Entscheidung für ein Angebot von »Essen auf Rädern«:
- ▶ Welche Lager- und Aufwärmmöglichkeiten hat der Haushalt?
- ▶ Ist der alte Mensch noch in der Lage, sich die Menüs aufzuwärmen?
- ▶ Welche Kostformen werden angeboten, z. B. Diabetesdiät, pürierte Kost, Vollwertkost etc.?
- ▶ Welche Auswahlmöglichkeiten gibt es (Standard oder à la carte)?
- ▶ Wie sieht das Preis-Leistungs-Verhältnis aus (Qualität, Service und Lieferbedingungen des Menüangebotes)?

Da der Anteil an frischem Obst, Gemüse und Salaten bei »Essen auf Rädern« häufig sehr niedrig ist, muss bei den übrigen Mahlzeiten auf eine ausreichende Versorgung mit vitamin- und mineralstoffreichen Lebensmitteln geachtet werden. Obst- und Gemüsesäfte, frisches Obst oder ein Salat verbessern die Versorgung.

KOMPETENZ-CHECK

1. *Vergleichen Sie den Nährstoffbedarf des alten Menschen mit dem von jüngeren Erwachsenen.*
2. *Frau W. leidet unter Appetitlosigkeit. Machen Sie Vorschläge für appetitanregende Zwischenmahlzeiten/Mittagessen.*
3. *Geben Sie Tipps, wie ältere Menschen zum Trinken angeregt werden können und wie in der täglichen Verpflegung der Flüssigkeitsbedarf gedeckt werden kann.*
4. *Erstellen Sie eine Checkliste mit praktischen Tipps für die Ernährung von Senioren.*
5. *Insbesondere ältere Frauen sind osteoporosegefährdet. Machen Sie Vorschläge, wie der tägliche Calciumbedarf gedeckt werden kann.*
6. *Erkunden Sie das Angebot an mobilen Mahlzeitendiensten in Ihrer Region und erstellen Sie eine Übersicht.*
7. *Zeigen Sie, wie das Essen von mobilen Mahlzeitendiensten bei den anderen Mahlzeiten des Tages sinnvoll ergänzt werden kann.*

2.4 ERNÄHRUNGSFORMEN

Eine **Ernährungsform** bezeichnet die Zusammensetzung der Nahrung in Bezug auf die Auswahl, Qualität und Menge der verzehrten Lebensmittel. Immer mehr Menschen bevorzugen heute eine Alternative zu der »**normalen Kost**« und ernähren sich mit **alternativen Ernährungsformen**, die sich von der üblichen Nahrungsmittelerzeugung und -verarbeitung unterscheiden und eine überwiegend pflanzliche Ernährung beinhalten. Die vegetarische Ernährung, die Vollwerternährung sowie die Makrobiotik sind Beispiele hierfür.

Vor allem gesundheitliche, ökologische, ethische und religiöse Gründe beeinflussen die Entscheidung für eine alternative Ernährung. Alternative Ernährungsformen bieten viele positive Ansätze für eine gesunde und bedarfsgerechte Versorgung. Ihr alleiniger Einsatz ist jedoch nicht für alle Personen und Altersgruppen geeignet.

2.4.1 VOLLKOST

Die Vollkost ist eine **ausgewogene Mischkost**. Sie ermöglicht eine vielseitige Ernährung mit **pflanzlichen und tierischen Lebensmitteln**.

Eine abwechslungsreiche Zusammenstellung des Speiseplanes sowie eine nährstoffschonende Zubereitung der Lebensmittel, vgl. S. 26 und S. 76 f., gewährleisten eine vollwertige Ernährung, die den Energie-, Nährstoff- und Wirkstoffbedarf deckt.

Bei der Vollkost wird auf eine hohe Ballaststoffzufuhr geachtet. Ein hoher Ballaststoffgehalt ist enthalten in:

Eiweiß wird täglich ca. 0,8 g pro kg Körpergewicht (Normalgewicht!) benötigt. Etwa die Hälfte des täglichen Eiweißverzehrs sollte von pflanzlichen Lebensmitteln stammen. Eine Ergänzung mit Milchprodukten und magerem Fleisch, Geflügel und Fisch wertet das pflanzliche Eiweiß auf und sichert eine bedarfsgerechte Eiweißversorgung, vgl. S. 66 und S. 123.

Durch Kombination von pflanzlichem und tierischem Eiweiß kann der Eiweißbedarf auch mit wenig Fleisch gedeckt werden:
- Milch-Kartoffelbrei
- Pellkartoffeln mit Quark
- Brot mit Käse
- Reis mit gedünstetem Fisch
- Getreideflocken mit Milch

Kohlenhydrate sollen 55 % des täglichen Energiebedarfs decken, mindestens zwei Drittel davon in Form von Vielfachzuckern in Kartoffeln, Gemüse, Obst und Getreideprodukten. Ballaststoffreiche Lebensmittel sind zu bevorzugen. Maximal ein Drittel soll aus Einfach- und Doppelzuckern in Zucker, Süßwaren und Limonaden bestehen, vgl. S. 53.

Fette sollten sparsam verwendet werden, vgl. S. 60. Der Verzehr von pflanzlichen Fetten, die reich an mehrfach ungesättigten Fettsäuren sind, ist zu bevorzugen. Aber auch Butter und andere tierische Fette können bei der Vollkost verwendet werden.

Je mehr lebenswichtige Nährstoffe ein Lebensmittel im Verhältnis zu seinem Energiegehalt enthält (= hohe Nährstoffdichte), umso wertvoller ist es für eine gesunde Ernährung.

Täglich benötigen wir ca. 0,8 g Eiweiß für jedes Kilo Körpergewicht

Mehr als die Hälfte der täglichen Energie sollte aus Kohlenhydraten bestehen

25 bis 30 % der täglichen Energie sollten aus Fetten stammen

Hoher Ballaststoffgehalt:
- *ungeschälter Reis, Vollkornnudeln*
- *Vollkornbrot, Gemüse*
- *Obst, Weizenvollkornmehl*

Obst und Gemüse liefern reichlich Vitamine und Mineralstoffe

Nährstoffdichte =

$$\frac{\text{Nährstoffgehalt (mg/g/100 g)}}{\text{Brennwert (kJ/MJ/100 g)}}$$

Mediterrane Ernährung – was verbirgt sich dahinter?

Die mediterrane Ernährung ist eine traditionelle Ernährungsform, die insbesondere in den Olivenanbaugebieten Kretas und den mittleren und südlichen Regionen Italiens anzutreffen ist.

Diese Kost besteht im Wesentlichen aus pflanzlichen Lebensmitteln wie verschiedenen Getreideprodukten, Gemüse (inkl. Salaten, Hülsenfrüchten) und Obst, die täglich und reichlich verzehrt werden. Olivenöl ist das hauptsächlich verwendete Zubereitungsfett. Nussöle (z. B. Walnussöl) sind Alternativen zum Olivenöl.

Als tierische Produkte stehen täglich Käse (z. B. Feta, Mozzarella), mehrmals wöchentlich Geflügel, Eier und Fisch auf dem Speiseplan. Rotes Fleisch (wie Lamm, Hammel, Schwein) wird eher selten verzehrt.

Weitere Merkmale dieser traditionellen Ernährung sind der niedrige Verarbeitungsgrad der Produkte, die Bevorzugung saisonal verfügbarer Produkte, regelmäßiger Rotweinkonsum, ein eher mäßiger Süßwarenkonsum und der Verzehr von Oliven, Nüssen, Kernen oder Rosinen als »Snacks«.

(Verbraucherdienst 45-4/00; gekürzt)

Mediterrane Kost

Vollwertig essen fördert Leistung und Wohlbefinden. Die **10 Regeln der DGE** (Deutschen Gesellschaft für Ernährung) helfen, gesund und genussvoll zu essen. Eine gemeinsame Mahlzeiteneinnahme, ausreichend Zeit beim Essen und Esskultur unterstützen ein gesundheitsförderndes Essverhalten.

1 **Lebensmittelvielfalt genießen**

2 **Gemüse und Obst – nimm „5 am Tag"**

3 **Vollkorn wählen**

4 **Mit tierischen Lebensmitteln die Auswahl ergänzen**

5 **Gesundheitsfördernde Fette nutzen**

6 **Zucker und Salz einsparen**

7 **Am besten Wasser trinken**

8 **Schonend zubereiten**

9 **Achtsam essen und genießen**

10 **Auf das Gewicht achten und in Bewegung bleiben**

Die Nachhaltigkeit hat einen hohen Stellenwert in der vollwertigen Ernährung. So sollen überwiegend pflanzliche Lebensmittel und Getreideprodukte verzehrt und beim Kauf von Fleisch und Fisch auf eine nachhaltige Herkunft (s. S. 143) geachtet werden.

Im Judentum ist „koscher" (rein) das Merkmal für die Auswahl von Nahrungsmitteln und der Zubereitung von Speisen,
- Fleisch z. B.: Rind, Lamm, Ziege
  (Tiere, die Wiederkäuer sind und gespaltene Hufe haben, nach bestimmten Vorschriften geschlachtet);
- Geflügel, sofern es keine Raubvögel sind;
- Fische, die sowohl Schuppen als auch Flossen haben;
- Milch ist erlaubt, darf jedoch nicht gemeinsam mit Fleisch verarbeitet und verzehrt werden.

Eier, Fische, Gemüse oder Früchte gelten als „parwe" („neutral"), sie sind weder milchig noch fleischig und können mit allen koscheren Lebensmitteln verarbeitet und verzehrt werden.
- Nicht koscher sind bluthaltige Lebensmittel.

Um in der Mittagsverpflegung eine ausgewogene und bedarfsdeckende Ernährung zu ermöglichen, bieten empfohlene Portionsmengen eine Orientierung. Die folgende Tabelle gibt eine Hilfestellung bei der Erstellung der wöchentlichen Speisepläne.

	Häufigkeit	Portionsmenge
Fleisch, gegart	1–2 ·	100 g
Seefisch, gegart	1 ·	150 g
vegetarische Gerichte Beispiele:	2–3 ·	
– Eintopf	1 ·	500 g
– Gemüseauflauf / Gratin	1 ·	500 g
– Gemüsebratling	1 ·	150 g
Gemüse / Salat	7 ·	
– Gemüse, gegart	4 ·	200 g
– Blattsalat und Rohkost	3 ·	100 g
Stärke- (Kohlenhydrat-) komponente	5 ·	
– Kartoffeln gegart	3 ·	200 g
– Reis, gegart	1 ·	180 g
– Teigwaren, gegart	1 ·	250 g
Dessert	5 ·	
– Milchspeise	3 ·	150 g
– Obst (roh oder gegart)	2 ·	150 g
Zubereitungsfett (Rapsöl)	5 ·	10 g

Die Beachtung religiös begründeter Speisenvorschriften ist Voraussetzung für ein multikulturelles Speisenangebot in der Gemeinschaftsverpflegung. Im Islam werden Lebensmittel in Halal (erlaubt) oder Haram (verboten) eingeteilt:

Halal:
- das Fleisch von Pflanzenfressern wie Huhn, Rind, Schaf, (nach bestimmten Vorschriften geschlachtet).
- Frischmilch
- frisches Obst
- Gemüse
- Eier
- pflanzliche Öle

Haram:
- Schweinefleisch
- Gelatine
- Alkohol
- bluthaltige Lebensmittel

Bei der Auswahl von verarbeiteten Lebensmitteln ist sorgfältig zu prüfen, dass sie keine dieser Zutaten enthalten.

KOMPETENZ-CHECK

Fallbeispiel:
Sie sind als Hauswirtschafterin in einem Privathaushalt tätig:
Herr E.: 40 Jahre, leichte körperliche Tätigkeit als Kaufmann
Frau E.: 38 Jahre, leichte körperliche Tätigkeit als Sekretärin
Hannah: 8 Jahre, turnt in der Freizeit, normalgewichtig, Vegetarierin
Marc: 12 Jahre, leicht übergewichtig, keine sportliche Aktivität
Die Familie nimmt die drei Hauptmahlzeiten gemeinsam ein.

1. Erstellen Sie einen Wochenspeiseplan für die drei Hauptmahlzeiten.
2. Geben Sie Tipps, wie der unterschiedliche Energie- und Nährstoffbedarf der Familienmitglieder bei der Zubereitung der Mahlzeiten berücksichtigt werden kann.

2.4.2 VEGETARISCHE ERNÄHRUNG

Vegetarier verzehren keine Lebensmittel, die von getöteten Tieren stammen, das schließt Fleisch, Fisch und Schalentiere ebenso ein wie Speck und Schlachtfette. Klimaschutz, Tierethik und Welternährung sind Gründe für eine vegetarische Ernährung, ebenso gesundheitliche Vorteile wie z. B. ein geringeres Risiko

Buchweizenschnitten mit Kräuterquark, ein Beispiel sowohl für halal als auch für koscher

Veganer

+

= Lacto-Vegetarier

+

= Ovo-Lacto-Vegetarier

Vegetarier müssen in ihrer Ernährung besonders achten auf:
Vitamin B$_{12}$
Vitamin B$_2$
Calcium
Eisen
Omega-3-Fettsäuren
Jod
Zink

für Bluthochdruck, Diabetes oder Herz-Kreislauferkrankungen. Dabei muss aber auf eine ausreichende Zufuhr aller notwendigen Nährstoffe geachtet werden, z. B. durch eine abwechslungsreiche vollwertige Ernährung.

Je nach Verzehr tierischer Lebensmittel gibt es drei Formen des Vegetarismus:

- **Ovo-Lacto-Vegetarier** (ovo = Ei, lacto = Milch):
  Sie verzehren neben pflanzlichen Lebensmitteln Eier, Milch und Milcherzeugnisse.
- **Lacto-Vegetarier:**
  Sie verzehren pflanzliche Lebensmittel sowie Milch und Milcherzeugnisse.
- **Veganer** (= strenge Vegetarier):
  Sie verzichten auf den Verzehr aller tierischen Lebensmittel und Honig und essen ausschließlich pflanzliche Lebensmittel.

Vegetarier verzehren überwiegend naturbelassene Lebensmittel wie Salate, Gemüse- und Obstrohkost sowie Vollkornprodukte – sie bevorzugen Produkte aus biologischem Anbau. Zucker und zuckerhaltige Lebensmittel werden häufig abgelehnt. Sie sind dadurch reichlich mit Polysacchariden (Stärke) und Ballaststoffen sowie mit mehrfach ungesättigten Fettsäuren versorgt. Der Verzicht auf tierische Lebensmittel bedingt eine niedrige Gesamtfett-, Purin- und Cholesterinaufnahme.

Bei einem Verzicht auf Fleisch muss besonders auf eine ausreichende Versorgung mit den darin enthaltenen Nährstoffen – Eiweiß, Eisen und Vitamin B$_{12}$ – durch andere Nahrungsmittel geachtet werden. Sie kommen außer in Fleisch auch in Milch und Milchprodukten, Vollkornprodukten, Hülsenfrüchten, Nüssen, Hefeflocken und Eiern vor.

Fleisch kann durch andere Lebensmittel ersetzt werden:

	Eisen (mg)	Eiweiß (g)
100 g Fleisch enthalten	**2,5**	**18**
75 g Käse	0,3	17
2 Eier	2	13
120 g Hülsenfrüchte	2,4	8
50 g Getreide	2,5	4
130 g Tofu	2,4	10
80 g Nüsse	2,4	14

Die **vegane Ernährung** verzichtet auf alle tierischen Produkte – auf Fleisch, Fisch, Eier, Milchprodukte und Honig.

Besonders bei Kindern und älteren Menschen sowie Schwangeren und Stillenden kann die vegane Ernährung zu einer **Unterversorgung** mit Eiweiß und Vitamin B$_2$ und B$_{12}$ sowie mit Eisen, Calcium, Zink und Jod führen. Von dieser Ernährungsform wird daher bei diesen Personengruppen abgeraten.

Veganes Mittagsmenü

Ovo-lakto-vegetabiles Mittagsmenü

Eine Richtung der veganen Ernährung ist die **Pflanzenrohkost** (Schnitzer-Kost), bei der die erlaubten Nahrungsmittel – Obst, Gemüse, Nüsse, Getreide und Ölsaaten – nur in roher Form verzehrt werden. Außerdem werden Produkte aus biologischem Anbau bevorzugt. Der Eiweiß- und Energiebedarf ist bei der Rohkost meist nicht ausreichend gedeckt. Nicht erhitzte Lebensmittel sind oft schwer verdaulich, die enthaltenen Nährstoffe werden nicht vollständig aufgeschlossen. **Mangelerscheinungen** und Unterernährung können auftreten.

Die Nachfrage nach veganen Lebensmitteln steigt – viele Konsumenten wollen ihren **ökologischen Fußabdruck** (Verbrauch an Ressourcen in der Umwelt) reduzieren und suchen nach gesünderen und nachhaltigen Alternativen zu den herkömmlichen Lebensmitteln. Viele **neue Produkte** erobern den Markt – z. B. Käse aus Cashews, Fleisch und Wurst aus Soja, Erbsen oder Pilzen, vegane Meeresfrüchte und Hamburger, Pilzextrakte für Soßen und Suppen.

Durch den hohen technologischen Einsatz bei der Be- und Verarbeitung sowie lange Transportwege sind diese Lebensmittel jedoch nicht immer klimaschützender. Nur eine geschickte Lebensmittelauswahl stellt sicher, dass die Ernährung nachhaltig ist.

> Allein durch pflanzliche Lebensmittel kann die Zufuhr von Vitamin B_{12} nicht gewährleistet werden. Veganer müssen dieses Vitamin separat zuführen, da es für die Blutbildung, die Zellteilung und das Nervensystem lebensnotwendig ist. Auch auf die Versorgung mit Calcium muss bei veganer Ernährung ein besonderes Augenmerk gelegt werden.

2.4.3 VOLLWERTERNÄHRUNG

»Die Nahrung soll so natürlich wie möglich sein« – so lautet die Grundregel der Vollwerternährung nach ihrem Begründer Werner Kollath (1942). Jeder Verarbeitungsvorgang vermindert den Gehalt an Inhaltsstoffen. Je naturbelassener ein Lebensmittel ist, desto mehr lebenswichtige Inhaltsstoffe enthält es.

Die **Vollwerternährung** ist eine überwiegend lakto-vegetabile Ernährungsform, bei der gering verarbeitete Lebensmittel bevorzugt werden. Gesundheitlich wertvolle, frische Lebensmittel werden zu genussvollen und bekömmlichen Speisen zubereitet. Die hauptsächlich verwendeten Lebensmittel sind Gemüse und Obst, Vollkornprodukte, Kartoffeln, Hülsenfrüchte sowie Milch und Milchprodukte, daneben können auch geringe Mengen an Fleisch, Fisch und Eiern enthalten sein. Die Zubereitung erfolgt schonend aus frischen Nahrungsmitteln und mit wenig Fett. Die gegarten Speisen sollten unmittelbar verzehrt und nicht warm gehalten werden.

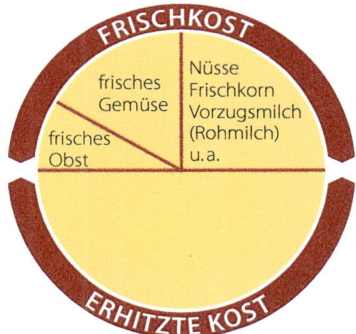

Zusammensetzung der Vollwerternährung

Die Vollwerternährung verwendet hauptsächlich:
- Vollkornprodukte
- Hülsenfrüchte
- Gemüse und Obst
- Milch und Milchprodukte
- Kartoffeln
- ungehärtete Pflanzenfette

Sie enthält auch geringe Mengen an Fleisch, Fisch und Eiern.

> Die Vollwerternährung spricht keine Verbote aus, sondern nur die Empfehlung, »minderwertige« Produkte zu meiden.

KOMPETENZ-CHECK

1. *Informieren Sie sich über die Gießener vegane Lebensmittelpyramide. Notieren Sie die aufgeführten Lebensmittelgruppen und Verzehrsempfehlungen und nehmen Stellung dazu.*
2. *Recherchieren Sie mit Calcium angereicherte pflanzliche Milchalternativen. Bewerten Sie den technologischen Einsatz und stellen Sie Preisvergleiche zu Kuhmilch auf.*

Vollwertmenü

Aspekte der Vollwerternährung

Zusätzlich zur Gesundheitsverträglichkeit der Ernährung werden im Sinne der Nachhaltigkeit auch die Umwelt-, Wirtschafts- und Sozialverträglichkeit des Ernährungssystems berücksichtigt. Das bedeutet unter anderem, dass Erzeugnisse aus ökologischer Landwirtschaft sowie regionale und saisonale Produkte verwendet werden. Weiterhin wird auf die Verpackung geachtet und Lebensmittel aus fairem Handel mit sogenannten Entwicklungsländern werden verwendet.

Mit Vollwerternährung sollen hohe Lebensqualität – besonders Gesundheit –, Schonung der Umwelt, faire Wirtschaftsbeziehungen und soziale Gerechtigkeit weltweit gefördert werden.

> **Stark bearbeitete Lebensmittel sollten gemieden werden:**
> - Fertigprodukte
> - Auszugsmehle (Type 405)
> - Stärke
> - Zucker und Zuckerwaren
> - Limonaden und Fruchtsaftgetränke
> - alkoholische Getränke

Etwa die Hälfte der Nahrung besteht aus nicht erhitzter Frischkost.

Die Vollwerternährung versorgt den Körper mit allen lebenswichtigen Nährstoffen und ist als **Dauerkost geeignet**. Sie berücksichtigt **gesundheitliche Aspekte ebenso wie ökologische, z. B.** Schonung der Umwelt oder **gesellschaftliche Aspekte, z. B.** fairen Handel mit Entwicklungsländern.

Bei der Lebensmittelauswahl wird eine Einteilung in vier Wertstufen vorgenommen. Sie soll dem Verbraucher die praktische Umsetzung erleichtern.

Einteilung der Lebensmittel nach Wertstufen

I Sehr empfehlenswert	II Ebenfalls empfehlenswert	III Weniger empfehlenswert	IV Nicht empfehlenswert
Zustand des Nahrungsmittels			
Unerhitzte Lebensmittel	Erhitzte Lebensmittel	Stark verarbeitete Lebensmittel	Isolierte Lebensmittelbestandteile
Empfohlene Zufuhrmenge			
Etwa die Hälfte der Nahrungsmenge	Etwa die Hälfte der Nahrungsmenge	Nur selten verzehren	Möglichst vermeiden
Beispiele			
Gekeimtes Getreide, Vollkornschrot, unerhitztes Frischgemüse, Frischobst, gekeimte und blanchierte Hülsenfrüchte, Nüsse, Samen, Ölfrüchte, Vorzugsmilch, Rohmilchkäse, Mineralwasser, Kräuter- und Früchtetee, frische Kräuter	Vollkornprodukte, erhitztes Gemüse, Obst- und Gemüsesäfte, Kartoffeln, erhitzte Hülsenfrüchte, Butter, kaltgepresste und unraffinierte Öle, pasteurisierte Milch und Milchprodukte, Fleisch und Eier (je 1- bis 2-mal pro Woche), Fisch (1-mal pro Woche), Leitungswasser, Getreidekaffee, getrocknete Kräuter, jodiertes Salz, unerhitzter Honig	Auszugsmehlprodukte, Gemüsekonserven, Kartoffelprodukte, Sojamilch, Tofu, extrahierte und raffinierte Öle, H-Milch, Fleisch- und Wurstwaren, Fleisch- und Fischkonserven, Tafelwasser, Bohnenkaffee, schwarzer Tee, Kakao, Bier, Wein, Gewürzextrakte, Kochsalz, erhitzter Honig, Melasse, Zuckerrübensaft	Isolierte Stärke, Farbstoffe oder Vitamine und Mineralstoffe, Sojakonzentrat, gehärtete Margarine, Sterilmilch, Kondensmilch, Milchpuver, Eipulver, Schmelzkäse, Innereien, Limonaden, Instant-Getränke, Spirituosen, Süßwaren, Süßstoffe

2.4.4 SONSTIGE ALTERNATIVE ERNÄHRUNGSFORMEN (ÜBERBLICK)

Kostform	Durchführung	Bewertung
Makrobiotik	Überwiegend pflanzliche Kost mit hohem Getreideanteil; geringer Verzehr von Milch und Milchprodukten, Fleisch, Geflügel, Obst, Auszugsmehl, Zucker, Konserven, wenig Flüssigkeit; Ausgewogenes Verhältnis zwischen **Yin und Yang**	**positiv:** hoher Ballaststoffgehalt, niedriger Fett-, Zucker- und Genussmittelkonsum **negativ:** Mangel an Calcium, Eisen, Vitamin D und C sowie Eiweiß **Einseitige Kostform**
Anthroposophische Ernährung	Weitgehend lakto-vegetabile Kostform mit Produkten aus biologisch-dynamischem Anbau; schonende Nahrungszubereitung, hoher Rohkostanteil	**positiv:** vergleiche lakto-vegetabile Kost (Vorteile) **negativ:** Mangelversorgung bei reiner Pflanzenernährung **Als Dauerkost geeignet!**
Basische Ernährung	Weitgehend vegetabile Ernährungsform mit ca. 80 % **basischen** Lebensmitteln (Obst, Gemüse, Salate, Pilze, Kräuter) sowie **neutralen** (hochwertige Pflanzenöle) und 20 % **sauren Lebensmitteln** (Wurst, Fleisch, Fisch, Eier, Milch-, Weißmehlprodukte, Zucker). Saison, Regionalität und Qualität werden beachtet.	**positiv:** sehr gute Versorgung mit Nähr-, Wirk- und Ballaststoffen und sekundären Pflanzenstoffen, geringer Fett-, Zucker- und Genussmittelkonsum; ein ausgeglichener Säure-Basen-Haushalt fördert Gesundheit und Wohlbefinden. **negativ:** Mangel an Calcium, Eisen und Jod bei ungeschickter Lebensmittelauswahl **Als Dauerkost bedingt geeignet!**
Fit for Life – wenig Kohlenhydrate: low carb	Getrennte Aufnahme von Eiweiß und Kohlenhydraten; Verzehr überwiegend wasserhaltiger Nahrungsmittel (rohes Gemüse, Salate, Obst); weniger Milch und Milchprodukte; die »Energieleiter« regelt die Ernährung	**negativ:** keine bedarfsdeckende Ernährung über einen längeren Zeitraum; wissenschaftlich unbegründete Grundlagen **Als Dauerkost ungeeignet!**

Makrobiotik
- Yin: Pflanzen, die über der Erde wachsen
- Yang: Tierische Lebensmittel und unterirdische Pflanzenteile

Eine Ernährungsform, die zum Abend hin weniger Kohlenhydrate enthält oder auch für mindestens 12 Stunden keine Nahrungsaufnahme vorsieht (Intervallfasten), kann für eine Entlastung des Organismus sorgen. Das Wohlbefinden wird gefördert.

Rudolf Steiner begründete um die Jahrhundertwende die anthroposophische Ernährung. Sie gilt heute als das Grundprinzip dessen, was den Bio-Gedanken ausmacht.

Die Energieleiter (Fit for Life)

morgens/vormittags
frische Früchte und Fruchtsäfte

mittags
frischer Gemüsesaft, Salate, gedämpftes Gemüse, Nüsse, Körner, Brot, Kartoffeln

abends
Fleisch, Geflügel, Fisch, Milchprodukte

Machen Sie unter Zuhilfenahme des Internets Vorschläge, wie bei einer veganen Ernährung der Bedarf an Calcium, Eisen und Vitamin B_{12} ausreichend gedeckt werden kann .

1. Nennen Sie die drei Grundformen des Vegetarismus und stellen Sie jeweils die Unterschiede dar. Welche Form wäre für eine Familie mit kleinen Kindern geeignet?
2. Führen Sie eine Pro-und-Kontra-Diskussion zu dem Thema: »Vegetarismus – eine gesunde und umweltverträgliche Kostform« durch.
   Eine zweite Diskussion kann eine vegane Ernährungsform mit einschließen. Ist diese nachhaltig?
3. Sammeln Sie Rezepte von vegetarischen Gerichten für ein Mittagessen (achten Sie dabei auf eine ausreichende Versorgung mit Eiweiß, Calcium und Eisen).
4. Stellen Sie die Unterschiede zwischen einer gemischten Kost und der Vollwerternährung dar.
5. Vollwerternährung kann von jedermann als Dauerkost praktiziert werden! Stellen Sie dar, was bei der Ernährung von kleinen Kindern oder älteren Menschen bei der Lebensmittelauswahl und Zubereitung berücksichtigt werden muss.
6. Vergleichen Sie anhand von ausgewählten Beispielen Vollwertprodukte mit herkömmlichen Produkten bzgl. Kosten, Nährstoffgehalt und Geschmack.

2.4.5 BIOPRODUKTE

Bioprodukte müssen nach den Bestimmungen der EU-Öko-Verordnung produziert werden. Diese Rechtsvorschrift garantiert einheitliche Standards für den ökologischen Landbau (z. B. kein Einsatz von genetisch veränderten Pflanzen, von synthetischen Pflanzenschutzmitteln oder mineralischem Dünger) und für die Lebensmittelproduktion (z. B. keine radioaktive Bestrahlung zur Konservierung, kein Einsatz von gentechnisch veränderten Organismen).

Bioland ist der größte Verband in Deutschland. Bioland-Betriebe arbeiten nach strengen Richtlinien und verzichten auf Gentechnik, Massentierhaltung, Pestizide und chemisch-synthetische Dünger.

Durch die EU-Rechtsvorschriften für den ökologischen Landbau ist die Kennzeichnung vorverpackter Bio-Lebensmittel mit dem EU-Logo vorgeschrieben. Deklariert werden so Produkte aus dem ökologischen Landbau und Bio-Lebensmittel, die einen Verarbeitungsschritt in der Europäischen Gemeinschaft erfahren. Zusätzlich kann das nationale deutsche Bio-Siegel verwendet werden.

Für Bio-Lebensmittel gilt:
- Bestrahlung ist verboten
- keine Gentechnik bei der Erzeugung und Verarbeitung

»Bioprodukte« müssen besonders gekennzeichnet werden:

95 % der Zutaten aus ökologischem Anbau:
▶ in der Verkehrsbezeichnung Hinweis auf die Öko-Herkunft

mind. 70 % der Zutaten aus ökologischem Anbau:
▶ auf Etikett in Nähe von Verkehrsbezeichnung Hinweis auf Öko-Anteil; Zutatenliste nennt ökologisch bzw. konventionell erzeugte Zutaten.

mind. 50 %, max. 70 % der Zutaten aus ökologischem Anbau:
▶ Hinweis auf Zutaten aus ökologischem Anbau nur in der Zutatenliste

weniger als 50 % Zutaten aus ökologischem Anbau:
▶ kein Hinweis auf dem Etikett über die ökologische Herkunft

Deutsches Biosiegel

DE-ÖKO-OXX
EU-/Nicht-EU-Landwirtschaft

EU-Bio-Logo

- kein Einsatz von chemisch-synthetischen Dünge- und Pflanzenschutzmitteln
- artgerechte Tierhaltung; die Tiere dürfen nicht mit Antibiotika und Leistungsförderern behandelt werden
- Farb-, Hilfs- und Aromastoffe sind nur eingeschränkt erlaubt, Geschmacksverstärker werden nicht eingesetzt.

Lange vor der EU-Öko-Verordnung haben sich ökologisch wirtschaftende Bauern in acht Bio-Anbauverbänden, **NATURLAND, DEMETER, GÄA, BIOLAND, ECOVIN, BIOKREIS, ANOG und BIOPARK** organisiert. Sie erzeugen ihre Produkte nach eigenen Richtlinien, die strenger als die EU-Vorgaben sind. Jeder Verband hat sein eingetragenes Verbandszeichen, mit dem seine Produkte gekennzeichnet sind.

www.demeter.de
*Das **Demeter** Bio-Siegel garantiert eine biologisch-dynamische Erzeugung nach den Demeter-Richtlinien in der Tradition des Anthroposophen Rudolf Steiner (s. S. 141).*

Worauf Sie beim Einkauf achten sollten!
Wenn Sie das Bio-Siegel nicht auf Lebensmitteln finden, dann …
- achten Sie auf die Verbandszeichen der Öko-Anbauverbände und auf Öko-Handelsmarken des Lebensmittelhandels.
- achten Sie auf die Codenummer der Kontrollstelle, die allein oder zusammen mit dem Namen der Kontrollstelle angegeben sein muss (z. B. DE-099-Öko-Kontrollstelle).
- achten Sie auf die Kennzeichnung der Produkte, denn … nicht alle »Bio-Produkte« enthalten wirklich biologisch erzeugte Lebensmittel.

Auch Fisch trägt eine entsprechende Kennzeichnung bei nachhaltiger Herkunft

95 %	70 %
Joghurt Blaubeere **3,8 % Fett**	**Joghurt Kirsche 3,8 % Fett**
Joghurt* mild, Rohrohrzucker* braun, Blaubeeren* (8 %), Verdickungsmittel (Pektin, Johannisbrotkernmehl)	70 % der Zutaten landwirtschaftlichen Ursprungs sind nach den Grundregeln für die biologische Landwirtschaft gewonnen worden. Joghurt* mild, Rohrohrzucker* braun, Kirschen* (7 %), Verdickungsmittel (Pektin, Johannisbrotkernmehl), Rote-Bete-Saft-Konzentrat, Zitronensaftkonzentrat*
* aus kontrolliert biologischem Anbau	* aus kontrolliert biologischem Anbau

Kennzeichnung von Lebensmitteln bei
* 95 % ökologischen Zutaten   * 70 % ökologischen Zutaten

DE-ÖKO-OXX
EU-/Nicht-EU-Landwirtschaft

Begriffe wie „veggie" sind werbliche Aussagen, die lebensmittelrechtlich nicht definiert sind. Eine verbindliche Regelung gibt es bisher nicht. Das in 2015 eingeführte EcoVeg-Gütesiegel kennzeichnet pflanzliche Lebensmittel in Bio-Qualität, verknüpft also »Eco«=ökologisch/bio und »veggie«= pflanzlich.

KOMPETENZ-CHECK

1. *Die Flut der Bio-Siegel nimmt beständig zu. Verschaffen Sie sich im Internet einen Überblick über die wichtigsten Bio-Siegel. Woran erkennt man „echte" Bioprodukte?*
2. *Informieren Sie sich auf einem Biohof mit Direktvermarktung über die Erzeugung und Vermarktung der Produkte.*
3. *Erkunden Sie das Angebot (sowie die Preise) an Bioprodukten auf dem Wochenmarkt/ im Supermarkt. Vergleichen Sie es mit dem in einem Naturkostladen. Halten Sie jeweils die Besonderheiten und Unterschiede fest.*

Das Internet hilft, Betriebe in Ihrer Region zu finden, die Direktvermarktung anbieten.

2.5 ERNÄHRUNGSMITBEDINGTE ERKRANKUNGEN – DIÄTEN UND SONDERKOSTFORMEN

Wie lange machen Sie schon diese **Gemüsediät?**

»Der Mensch ist, was er isst« – Essen beeinflusst Gesundheit und Wohlbefinden. Falsche Ernährungsgewohnheiten führen zur Entstehung von Zivilisationskrankheiten wie Bluthochdruck, Fettstoffwechselstörungen und Diabetes. Bewegungsmangel, Stress, genetische Anlagen und ein höheres Lebensalter der Bevölkerung verstärken das Gesundheitsrisiko. Fast jeder dritte Bundesbürger stirbt heute an den Folgen von ernährungsabhängigen Erkrankungen.

Bei ernährungsmitbedingten Erkrankungen werden oft Diäten oder Sonderkostformen durchgeführt, eine Umstellung der Lebensweise ist zusätzlich erforderlich.

Ernährungsabhängige Krankheiten:

1. *Mangelkrankheiten,* z. B.
- *Kropf – Jodmangel*
- *Anämie – Eisenmangel*
- *Osteoporose – Calciummangel*

2. **Stoffwechselkrankheiten,** z. B.
- *Diabetes mellitus*
- *Gicht*
- *Fettstoffwechselstörungen*

3. **Organerkrankungen,** z. B.
- *Leberererkrankungen*
- *Gallensteine*

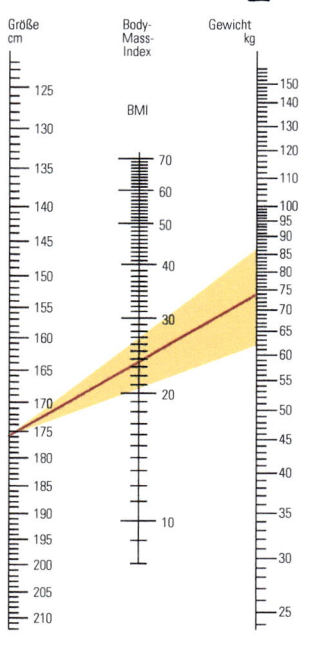

Diät ist eine nach bestimmten Anforderungen zusammengestellte Kost, die nach ärztlicher Anordnung für einen bestimmten Menschen erstellt wird (z. B. Gewichtsreduktion bei Adipositas).

Sonderkostform ist eine Kost, die aus gesundheitlichen oder weltanschaulichen Gründen den Verzehr bestimmter Lebensmittel verbietet oder stark einschränkt (z. B. veganische Kost).

2.5.1 ÜBERGEWICHT

Bundesweit sind ca. 65 % der untersuchten Männer und Frauen übergewichtig, jedes 7. Kind hat Übergewicht. Die Tendenz ist steigend. Der Body-Mass-Index und der Broca-Index ermitteln, ob das persönliche Gewicht im grünen Bereich liegt.

Der Body-Mass-Index (BMI) hat sich mittlerweile zur Beurteilung des Körpergewichtes durchgesetzt.

Altersgruppe	erwünschter BMI
19 bis 24 Jahre	19 bis 24
25 bis 34 Jahre	20 bis 25
35 bis 44 Jahre	21 bis 26
45 bis 54 Jahre	22 bis 27
55 bis 64 Jahre	23 bis 28
> 64 Jahre	24 bis 29

Berechnung:
Der BMI berechnet das Verhältnis von Körpergewicht in Kilogramm zur Körpergröße in Meter zum Quadrat.

$$BMI = \frac{Körpergewicht\ (kg)}{(Körpergröße\ in\ m)^2}$$

Normalgewicht: BMI ist 19–25
Übergewicht: BMI ist 25–30
Adipositas: BMI > 30

Beispiel: Katrin, 1,60 m, 60 kg, 19 Jahre alt:

$$\frac{60\ kg}{1,60\ m \cdot 1,60\ m} = 23,4\ g/m^2 \quad Katrin\ ist\ normalgewichtig.$$

Aufgabe: Informieren Sie sich, wie der BMI bei Jugendlichen aussieht.

Größe cm / Body-Mass-Index / Gewicht kg

Body-Mass-Index-Normogramm

Bei sehr muskulösen Menschen (z. B. Bodybuilder) kann es bei der Anwendung des BMI zu einer Fehleinschätzung kommen. In diesem Fall sollte zusätzlich die Körperfettverteilung gemessen werden.
Ein Maß für die Körperfettverteilung ist der Quotient aus Taillen- und Hüftumfang.

$$\text{Körperfettverteilung} = \frac{\text{Taillenumfang in cm}}{\text{Hüftumfang in cm}}$$

Ein erhöhtes Risiko besteht, wenn der Wert bei Frauen höher als 0,85 und bei Männern höher als 1,00 ist.
Der früher verwendete Broca-Index kann nur bei Personen mit durchschnittlicher Körpergröße verwendet werden, da er kleine Menschen benachteiligt.

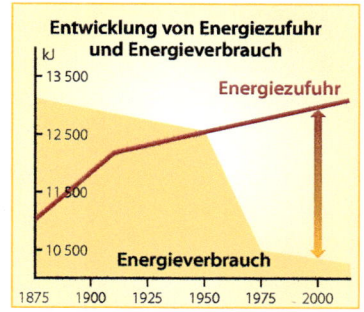

Berechnung des Broca-Index:

Normalgewicht in kg	= Körpergröße in cm − 100
Idealgewicht für Männer in kg	= Normalgewicht − 10 %
Idealgewicht für Frauen in kg	= Normalgewicht − 15 %

Ursache des Übergewichtes ist eine positive Energiebilanz, d. h., es wird mehr Energie mit der Nahrung aufgenommen, als der Körper tatsächlich verbraucht. Seit den 80er-Jahren hat sich der Lebensstil in Deutschland stark verändert. Körperliche Arbeit und Bewegung gehen zurück. Viele Nahrungsmittel sind hoch verarbeitet, enthalten viel Fett bzw. Zucker und damit viel Energie. Nur wenige Menschen nehmen regelmäßige Mahlzeiten ein, beim Essen zwischendurch wird aber meist mehr gegessen als der Körper tatsächlich benötigt. Ein normales Hunger-Sättigungs-Gefühl kann sich nur schwer einstellen oder geht sogar verloren.

Außenreize wie Werbung und ein jederzeit und überall zur Verfügung stehendes vielseitiges Nahrungsangebot verführen permanent zum Essen.

Die genetische Veranlagung beeinflusst ebenso die Entstehung von Übergewicht. Etwa 70 % der Eltern von fettleibigen Kindern sind ebenfalls übergewichtig. Nur 9 % der Kinder normalgewichtiger Eltern weisen Übergewicht auf.

Ob draußen oder unterwegs? Überall lockt das permanente Nahrungsangebot

Ursachen für Übergewicht:
1. Bewegungsmangel
2. Erniedrigter Energiebedarf durch:
   - geringeren Grundumsatz (z. B. höheres Lebensalter, Wechseljahre)
   - Schilddrüsenunterfunktion
   - niedrige Wärmeabgabe des Körpers
3. Störung der Hunger-Sättigungs-Regulation durch:
   - falsche Ernährungserziehung
   - Essen bei Stress, aus Langeweile oder Frust

Übergewicht gilt als wichtigster Risikofaktor vieler Krankheiten.

Zur Vermeidung von Übergewicht muss
▶ die Kost bedarfsgerecht und vollwertig zusammengestellt,
▶ das Ernährungsverhalten geschult,
▶ die körperliche Aktivität gesteigert werden.

Übergewicht entsteht langsam!
Ein Kilogramm Fettgewebe speichert die Energie von ca. 25 000 kJ (6 000 kcal). Schon eine Energiemenge von nur 250 kJ (60 kcal) pro Tag zu viel kann allmählich zu einer Gewichtszunahme von
- *10 g/Tag,*
- *70 g/Woche,*
- *280 g/Monat,*
- *3360 g/Jahr*

und damit zu Übergewicht führen.

So beugen Sie Übergewicht vor:

- ► *Essen Sie regelmäßig.*
- ► *Nehmen Sie sich Zeit.*
- ► *Genießen Sie das Essen.*
- ► *Essen Sie nicht beim Fernsehen.*
- ► *Verzichten Sie auf Fast Food und Fertiggerichte.*
- ► *Schreiben Sie sich eine Einkaufsliste vor dem Einkauf.*
- ► *Bewegen Sie sich in der Freizeit.*
- ► *Reduzieren Sie den Verzehr von zucker- und fettreichen Speisen sowie Alkohol.*

Aspekte einer geeigneten Reduktionskost:

- ► *energiearme Lebensmittel mit hoher Nährstoffdichte*
- ► *ballaststoffreiche Kost*
- ► *mindestens 4200 kJ/1000 kcal täglich*
- ► *fettarme, nährstoffschonende Zubereitung*
- ► *fünf kleine Mahlzeiten pro Tag,*
- ► *hohe Flüssigkeitszufuhr – keinen Alkohol!*
- ► *langsam essen, gut kauen*

Reduktionsdiäten helfen beim Abnehmen

Vorrangiges Ziel einer Reduktionsdiät sollte neben einer Körpergewichtsabnahme die langfristige Umstellung des Ernährungsverhaltens sein. Das »persönliche Wohlfühlen« sollte ebenso eine Rolle spielen. Mit der Diät sollten alle essenziellen Nährstoffe wie Eiweiß, Vitamine, Mineralstoffe und Spurenelemente sowie Flüssigkeit dem Bedarf entsprechend zugeführt werden. Auch sollte sie hinsichtlich ihres zeitlichen und finanziellen Aufwandes leicht durchführbar sein. Bewegung unterstützt eine erfolgreiche Gewichtsreduktion.

Die am besten geeignete Reduktionskost ist eine energiereduzierte Mischkost. Ziele sind eine langsame Gewichtsabnahme (100 bis 150 g/Tag) und eine langfristige Umstellung des Ernährungsverhaltens. Auch das Freizeitverhalten (mehr Bewegung!) sollte überdacht werden.

Tageskostplan für eine Reduktionskost (1380 kcal, 5770 kJ)

	kcal	kJ
1. Frühstück: (385 kcal/1600 kJ)		
1 Brötchen (45 g) oder 2 Sch. Toast/1 Sch. Mischbrot (je 50 g)	125	522
10 g Butter oder 20 g Halbfettmargarine	75	314
20 g Honig oder 20 g Konfitüre	50	209
30 g Schinken oder 15 g Salami		
oder 30 g Käse (45 % F.i.Tr.)	85	355
100 g Apfel oder 200 g Grapefruit oder 0,2 l Gemüsesaft	50	209
2. Frühstück: (110 kcal/460 kJ)		
150 g Orange oder 100 g Birne oder 100 g Joghurt natur	50	209
1 Scheibe Knäckebrot (10 g), 15 g Putenbrust	60	251
Mittagessen: (390 kcal/1630 kJ)		
125 g Rind- oder 135 g Schweinefleisch, sehr mager, oder		
50 g Bratwurst oder 220 g Kabeljaufilet	170	710
5 g Butter oder 4 g Öl oder 5 g Margarine	40	167
120 g Kartoffeln oder 75 g Nudeln oder 90 g Reis, gekocht	100	418
150 g Blumenkohl oder Rotkohl oder Paprika oder		
220 g Tomaten oder 50 g grüne Erbsen oder		
50 g Schwarzwurzeln	40	167
(Blattsalate, Gurken, Chicorée ohne Berechnung)		
4 g Öl oder 10 g Sahne	40	167
Kaffee: (120 kcal/502 kJ)		
1/2 Brötchen, 5 g Butter, 20 g Diätkonfitüre oder		
100 g Naturjoghurt und 50 g Apfel und 50 g Birne oder		
1/4 l Buttermilch und 2 St. Butterkekse oder		
50 g Obstkuchen	120	502
Abendessen: (325 kcal/1359 kJ)		
1 Sch. Vollkornbrot (50 g) oder 3 Sch. Knäckebrot (30 g)	125	522
10 g Butter oder 20 g Halbfettmargarine	75	314
20 g Kochschinken und 35 g Cornedbeef oder 25 g Leber-		
wurst oder 1 Spiegelei (mit 1 TL Öl) oder 100 g Hüttenkäse	110	460
65 g Gewürzgurke oder 90 g Tomate oder 80 g Radieschen	15	63
Spätmahlzeit		
Obst oder Gemüsesaft	50	209
(Kaffee, Tee und Mineralwasser ohne Berechnung)		

Das Angebot an Reduktionsdiäten ist nahezu unüberschaubar. Die verschiedenen Diäten unterscheiden sich in der Höhe der zugeführten Energiemenge, in der Zusammensetzung sowie in der Art, wie die Nährstoffe zur Verfügung gestellt werden.

Welche Diät ist aber wirklich empfehlenswert?

Extremdiäten sind **Modediäten** mit fett-, eiweiß- oder kohlenhydratbetonter Kost. Sie verwenden vorrangig eine Lebensmittelgruppe (z. B. Schroth-Kur, Eier-Mayo-Diät, Atkins-Diät) und erzielen anfangs eine rasche Gewichtsabnahme. Bei längerer Anwendung treten Nährstoffmangel und Gesundheitsstörungen auf.

Formuladiäten bestehen aus pulverisierten oder flüssigen Nährstoffgemischen mit konstantem Nährstoffgehalt. Der Gehalt an Vitaminen, Mineralstoffen, Eiweiß und die Nährstoffrelation sind genau bilanziert.

Nulldiäten sind nur bei extremem Übergewicht zu empfehlen und sollten nur unter ärztlicher Leitung durchgeführt werden. Es werden keine Nährstoffe (0 Kilojoule) aufgenommen!

Die **energiereduzierte Mischkost** (z. B. Brigitte-, Brotdiät) ist eine ausgewogene Kostform mit einem hohen Nährstoffgehalt und geringer Energiedichte. Der hohe Ballaststoffgehalt gewährleistet eine gute Sättigung. Da das Wiegen und Kalorienberechnen der Lebensmittel entfällt, ist sie leicht durchführbar. Sie bewirkt eine langfristige Gewichtsabnahme und wirkt auch auf eine Veränderung des Ernährungsverhaltens hin.

Alle Reduktionsdiäten, die einen hohen Gewichtsverlust in kurzer Zeit versprechen, sind nicht zu empfehlen. Der Stoffwechsel reagiert auf den zu hohen Nahrungsentzug genauso wie auf einen Hungerzustand: Er scheidet vermehrt Wasser aus, das Körperfett wird anfangs schnell, dann immer langsamer abgebaut. Der Grundumsatz sinkt stark ab. Wird nach der Diät wieder normal gegessen, werden die Fettdepots sofort wieder aufgefüllt und das Körpergewicht schnellt in die Höhe (Jo-Jo-Effekt).

Bewertung ausgewählter Reduktionsdiäten:

Kohlenhydratreiche Diäten, z. B.
- *Schroth-Kur: einseitig, zu wenig Flüssigkeit, Nährstoffmangel möglich, keine Verhaltensänderung*
- *7-Tage-Körner-Kur: ausgewogen, eintönig, keine Verhaltensänderung*

Proteinreiche Diäten, z. B.
- *Eier-Kur: einseitig, hohe Cholesterinzufuhr, Nährstoffmangel bei längerer Anwendung, keine Verhaltensänderung.*

Fettreiche Diäten, z. B.
- *Atkins-Diät: einseitig, langfristig gesundheitsgefährdend, keine Verhaltensänderung*

Energiereduzierte Diäten, z. B.
- *Brigitte-Diät: ausgewogen, Verhaltensänderung möglich.*
- *Fit for Life: schwer durchzuhalten, Nährstoffmangel möglich.*

Formula-Diäten, z. B.
- *Herbalife: teuer, geringe Geschmacksvariation, keine Änderung des Ernährungsverhaltens*

Der richtige Weg zum Normalgewicht?

1. Frühstück ▶ 490 kcal/2048 kJ
2 Tassen Kaffee, Kondensmilch (10 % Fett), 1 Brötchen, Butter, Honig, 1 Ei

Mittagessen ▶ 0 kcal/0 kJ

Kaffee ▶ 741 kcal/3114 kJ
2 Tassen Kaffee/Tee mit 2 Stück Würfelzucker und Kondensmilch, 2 Stück Apfeltorte mit Schlagsahne

Abendessen ▶ 802 kcal/3419 kJ
*1 Sch. Mischbrot mit Rührei,
1 Sch. Schwarzbrot mit Mettwurst,
2 kleine Tomaten, 1 Flasche Bier*

Tagesbilanz ▶ 2033 kcal/8581 kJ

Ist das der richtige Weg?

K O M P E T E N Z - C H E C K

1. *Bewerten Sie Ihr eigenes Körpergewicht anhand des BMI.*
2. *Welche Ernährungsursachen führen häufig zu Übergewicht? Überprüfen Sie daraufhin Ihre eigene Ernährung. Welche Rolle spielen Elternhaus und Freunde bei der Prägung des Ernährungsverhaltens?*
3. *Nennen Sie fünf energiereiche Getränke. Ermitteln Sie mit der Nährwerttabelle den Energiegehalt in 250 ml dieser Getränke.*
4. *Erstellen Sie eine Liste mit Lebensmitteln, die für eine Reduktionsdiät geeignet sind. Begründen Sie Ihre Auswahl.*
5. *Erstellen Sie einen Tageskostplan mit 5000 kJ/1200 kcal für einen Übergewichtigen mit überwiegend sitzender Tätigkeit.*

Verführerischer Snack am Abend?

2.5.2 MAGERSUCHT UND BULIMIE

Ein Auslöser der Magersucht und der Bulimie ist das derzeit gültige Schlankheitsideal. Das Streben nach der »Traumfigur« wird durch Werbung und Medien unterstützt. Jugendliche sind durch die körperlichen und seelischen Veränderungen in der Pubertät verunsichert und daher besonders anfällig für diese Ideale. Menschen mit niedrigem Selbstwertgefühl sind besonders gefährdet. Etwa 3 Prozent der 15- bis 30-jährigen Frauen und zunehmend auch junge Männer leiden unter Essstörungen. Die Betroffenen werden immer jünger.

Magersucht (Anorexia nervosa) ist eine schwerwiegende Essstörung, bei der sich die Betroffenen in einigen Fällen zu Tode hungern. Anorexie bedeutet »Appetitminderung«, hierbei ist nicht der Appetit, sondern das Essverhalten gestört. Die Magersucht hat oft psychische Ursachen (Minderwertigkeitsgefühle, hoher Leistungsdruck, Ablehnung der Weiblichkeit etc.).

Eine Betroffene blickt auf ihre Krankheit zurück …

»Ich heiße Susanne und bin ess-brech-süchtig: Nachdem ich meine Essstörung endlich begriffen hatte, stehe ich heute vor dem Spiegel und freue mich über mich selbst.
Ich habe begonnen, mich lieb zu haben. Ich habe aufgehört, mich wertlos zu fühlen und an mir herumzumäkeln. Ich habe aufgehört, perfekt zu sein und hinter einem Schönheitsideal »Traumfrau«, herzurennen, ohne es je zu erreichen.
Jetzt lebe ich einfach, drehe mich nicht mehr den ganzen Tag zwischen Kühlschrank und Waage. Es ist schön, wieder zu spüren, ich lebe und es ist gut so. Während meiner Ess-Brech-Sucht habe ich nicht gelebt. Mir ist bewusst geworden, dass ein Leben mit der Sucht der gerade Weg in den Tod ist.«

Typisch für die Magersucht sind:
- hohe Gewichtsabnahme und deutliches Untergewicht (mehr als 15 Prozent unter dem Normalgewicht),
- extreme Gewichtskontrolle (mehrmals am Tag), irrationale Angst vor Gewichtszunahme,
- verzerrte Wahrnehmung der eigenen Figur und des Körpergewichts,
- übermäßige sportliche Aktivitäten,
- Ausbleiben der Menstruation.

Magersüchtige vermeiden bei ihrem Bestreben, immer noch mehr Gewicht zu verlieren, nicht nur kalorienreiche Nahrung, sie verzichten sogar auf die Nahrungsaufnahme, verwenden zusätzlich Abführmittel und Entwässerungsmedikamente, was zu extremem Nährstoffmangel und Elektrolytstörungen führt. Die Sterblichkeit liegt bei etwa 10 %.

Bulimie ist eine Essstörung, die durch das Auftreten von Essanfällen, zwanghaftes Erbrechen oder Abführen gekennzeichnet ist. Die Bulimie beginnt oft im Alter von 15 bis 18 Jahren, häufig schließt sie an eine vorangegangene Magersucht an. Bulimiker sind meist normalgewichtig. Sie werden von häufigen »Fressanfällen« heimgesucht und versuchen, ihr Gewicht durch Erbrechen, Hungern, Diäten, viel Sport und den Missbrauch von Abführ- oder Brechmitteln zu kontrollieren. Die Essanfälle treten mehr oder weniger regelmäßig auf. Während der Essanfälle haben Bulimiker keine Kontrolle über sich selbst und über die Nahrungsmengen, die sie verschlingen.

Essstörungen haben schwere gesundheitliche Folgen:
- *Entzündungen der Speiseröhre*
- *Zahnschädigung*
- *Elektrolytmangel (z. B. Kreislauf- und Herzrythmusstörung)*
- *Nierenfunktionsstörungen*
- *Hormonstörungen (z. B. Ausbleiben der Menstruation, Bluthochdruck, Schwindel)*
- *Vitamin- und Mineralstoffmangelkrankheiten*
- *Depressionen*
- *Schwächung der Immunabwehr*

Magersüchtige und Bulimieerkrankte versuchen ihre Krankheit möglichst lange zu verbergen. Betroffene brauchen professionelle Hilfe. Häufig ist eine stationäre Behandlung erforderlich, in der die Betroffenen selbst wieder Verantwortung für ihr Essverhalten und Körpergewicht übernehmen. Die Betroffenen lernen dabei schrittweise, ihr steigendes Körpergewicht auszuhalten. Eine frühzeitige Behandlung ist aber für eine vollständige Genesung bedeutsam.

KOMPETENZ-CHECK

1. *Zunehmend jüngere Mädchen sind von Magersucht und Bulimie betroffen. Lesen Sie das Fallbeispiel und diskutieren Sie in Kleingruppen, wie man diesen Essstörungen vorbeugen kann.*
2. *Informieren Sie sich über die dritte Art von Essstörung »Binge Eating«!*

2.5.3 DIABETES MELLITUS (ZUCKERKRANKHEIT)

Über acht Millionen Menschen sind in der Bundesrepublik Deutschland von der Zuckerkrankheit, Diabetes mellitus, betroffen. Die Bauchspeicheldrüse des Diabetikers produziert zu wenig oder überhaupt kein **Insulin** mehr. Fehlt Insulin, kann die Glucose aus dem Blut nicht in die Körperzellen gelangen, wo sie zur Energiegewinnung benötigt wird. Der Zuckerstoffwechsel ist dadurch gestört und der Blutzuckerspiegel steigt über den Normalwert an.

Die Regulation des Blutzuckerspiegels ist eine wichtige Voraussetzung für die Leistungsfähigkeit und das Wohlbefinden. Der normale Blutzuckerspiegel beträgt 80 bis 120 mg Glucose/100 ml Blut. Er wird durch die Hormone Insulin und Glukagon reguliert. Beide Hormone werden in der Bauchspeicheldrüse gebildet.

Insulin senkt den nach einer kohlenhydratreichen Mahlzeit angestiegenen Blutzuckerspiegel, indem es die Glucoseaufnahme in die Zelle fördert. Sinkt der Blutzuckerspiegel nach längerem Fasten oder bei körperlicher Aktivität unter den Normalwert ab, scheidet die Bauchspeicheldrüse Glukagon aus. Dieses veranlasst in der Leber den Abbau von Glykogen zu Glucose – der Blutzuckerspiegel steigt und pendelt sich so wieder auf den Normalwert ein.

Zwei Hauptformen des Diabetes mellitus werden unterschieden:

Der **Typ-I-Diabetes** (früher: Jugenddiabetes) tritt meist bei Kindern und Jugendlichen auf. Die Bauchspeicheldrüse bildet kein Insulin (absoluter Insulinmangel). Während des ganzen Lebens muss regelmäßig Insulin gespritzt werden.

Der **Typ-II-Diabetes** (früher: Altersdiabetes) betrifft vor allem ältere Menschen. Durch starkes Übergewicht sind auch zunehmend jüngere Menschen von dieser Diabetesform betroffen. Es wird zwar noch Insulin produziert, aber zu wenig (relativer Insulinmangel). Übergewicht und falsche (zuckerreiche) Ernährung haben zu einer Erschöpfung der Insulin produzierenden Zellen geführt. Bei Normalisierung des Körpergewichts und Einhaltung einer Diabetesdiät reicht die körpereigene Insulinproduktion häufig wieder aus.

Wird die Blutzuckerkrankheit nicht behandelt, treten Stoffwechselentgleisungen auf, die zu typischen Symptomen (Krankheitsmerkmalen), z.B. Durst, Müdigkeit, Gewichtsverlust und Leistungsschwäche, führen. Langfristig entstehen Spätschäden wie Sehstörungen, Nierenschäden und Durchblutungsstörungen.

Diabetes ist nicht heilbar. Bei einer guten Blutzuckereinstellung, **ausgewählter Kost und Bewegung**, kann der Diabetiker aber ein relativ normales Leben führen. Eine auf Diabetes abgestimmte Ernährung ist ein Schwerpunkt bei der Behandlung. Sie soll extreme Blutzuckerspitzen vermeiden und das normale Körpergewicht erhalten oder dies nach Übergewicht wieder herstellen.

Überzuckerung

mg/ml

Nierenschwelle 180

nach dem Essen 140

normaler Blutzucker 100

60

Zucker im Urin nachweisbar

Unterzuckerung

Der Blutzuckerspiegel:

Unter 60 mg/100 ml liegt eine Unterzuckerung, über 140 mg/100 ml eine Überzuckerung vor. Ab 180 mg/100 ml Blutzucker wird Glucose im Urin ausgeschieden.

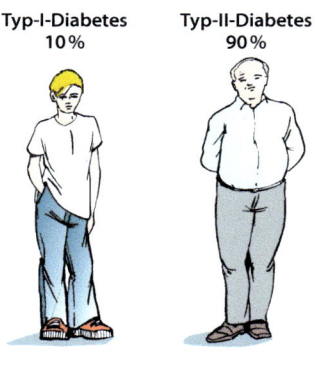

Typ-I-Diabetes **Typ-II-Diabetes**
10 % 90 %

Virusinfektion zerstört die Inselzellen

Überernährung, Erschöpfung der Insulinproduktion

Die beiden Diabetes-Typen: Typ I und Typ II

Gesunde Kost für Diabetiker

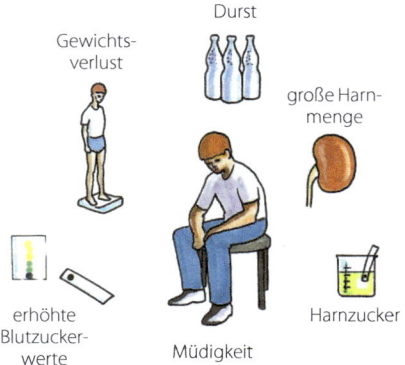

Durst

Gewichts-
verlust

große Harn-
menge

erhöhte
Blutzucker-
werte

Harnzucker

Müdigkeit

Krankheitssymptome bei Diabetes

1 KE = 10 g Kohlenhydrate
1 BE = 12 g Kohlenhydrate

Diabetiker brauchen keine spezielle Diät.

Ihre Ernährung **ist eine vollwertige Mischkost**. Empfehlenswert ist eine Angleichung an die mediterrane Ernährung (s. S. 136). Sie enthält nach den Empfehlungen der Deutschen Gesellschaft für Ernährung bezogen auf die Gesamtenergiezufuhr:

- 50 bis 60 % Kohlenhydrate,
- bis 30 % Fett,
- bis 20 % Eiweiß.

Vor allem ballaststoffreiche Lebensmittel wie Getreideprodukte, Gemüse und Salate sollen bevorzugt werden. Sie führen zu einem langsamen Blutzuckeranstieg. Bei Obst muss der Gehalt an Einfachzucker beachtet werden.

Sechs bis sieben kleinere Mahlzeiten ermöglichen eine gleichmäßige Kohlenhydrataufnahme, starke Blutzuckerschwankungen können hierdurch leichter vermieden werden. Die Kalorienmenge ist auf den persönlichen Energiebedarf abzustimmen. Bei Übergewicht wird eine Reduktionsdiät empfohlen.

Der Fettverzehr ist einzuschränken. Fettreiche Milchprodukte sowie Wurst- und Fleischwaren sollten durch fettarme Produkte ersetzt und tierische Fette reduziert werden. Hochwertige Pflanzenöle und Margarine enthalten ungesättigte Fettsäuren und sollten wegen ihrer günstigen Auswirkung auf die Blutgefäße bevorzugt werden (20 % einfach und mehrfach ungesättigte Fettsäuren, 10 % gesättigte Fettsäuren). Die mit der Nahrung aufgenommenen Kohlenhydrate erhöhen den Blutzuckerspiegel.

Für einen Diabetiker ist es daher wichtig, dass er weiß, welche Menge anrechenbarer Kohlenhydrate die verzehrten Lebensmittel enthalten. So kann er entsprechend der zugeführten Kohlenhydratmenge seine blutzuckersenkenden Medikamente richtig dosieren.

Die Berechnung der aufgenommenen Kohlenhydratmenge in der Tageskost erfolgt in **Kohlenhydrateinheiten (KE)** – nur noch selten in der alten Maßeinheit Broteinheit (BE).
»1 KE ist die Menge eines Nahrungsmittels, welche 10 g Kohlenhydrate enthält.«

Kohlenhydrataustauschtabellen geben an, welche Nahrungsmittelmengen einer BE entsprechen. Mithilfe dieser Austauschtabellen kann sich der Diabetiker seinen persönlichen Speiseplan zusammenstellen.

Viele Salate und Gemüsesorten enthalten so wenig Kohlenhydrate, dass sie in beliebiger Menge verzehrt werden können. In der »Freien Liste« sind diese Lebensmittel aufgeführt.

Ohne Anrechnung der Kohlenhydrate sind erlaubt, z. B.:

in beliebiger Menge	bis 200 g/Tag	bis 100 g/Tag
Chinakohl, Eisbergsalat, Blattsalat, Gurke, Tomate, Spinat, Radieschen, Spargel, Kohlrabi, Brokkoli, Blumenkohl, Wirsing, Pilze, Sellerie	Möhren, Bohnen, Paprika, Kürbis, Lauch, Zucchini, Aubergine, Rote Bete, Rotkohl, Grünkohl, Steinpilz	Artischocke, grüne Erbsen, Mais, Fenchel, Oliven, Schwarzwurzeln, Meerrettich, Zwiebeln

Auf Zucker und Honig sollte weitgehend verzichtet werden, da sie zu einem schnellen Blutzuckeranstieg führen. Auf das Süßen mit Zuckeraustauschstoffen wie Fruchtzucker, Sorbit und Mannit sollte ebenfalls verzichtet werden. Diese können zwar ohne Insulin im Körper verwendet werden, enthalten jedoch viel Energie und wirken sich somit negativ auf die Energiebilanz des Tages aus.

Süßstoffe können zum Süßen von Getränken und Speisen verwendet werden. Dies sind u.a. Saccharin, Cyclamat, Aspartam und Acesulfam. Im Handel gibt es auch Mischungen aus Saccharin und Cyclamat. Manche Süßstoffe können mitgebacken oder gekocht werden, andere erhalten hierbei einen bitteren Geschmack und können daher nur in kalten Speisen und Getränken verarbeitet werden. Süßstoffe haben keine Kalorien und müssen nicht berechnet werden.

Seit 2013 dürfen Lebensmittel, die Zuckeraustauschstoffe anstatt Zucker verwenden, nicht mehr als „Diabetikerlebensmittel" gekennzeichnet werden. Wissenschaftliche Studien zeigen, dass Diabetiker keine speziellen Nahrungsmittel brauchen.

Die Aufnahme von Zuckeraustauschstoffen – Sorbit und Fructose – kann zu Völlegefühl, Blähungen und Durchfall führen (s. S. 163).

Süßstoffe

Handelsnamen von Süßstoffen:

»Natreen Süße«	Cyclamat/ Saccharin
»Süssin Tabletten«	Saccharin
»Sukrinetten«	Saccharin
»Assugrin Nutra Sweet«	Aspartam
»Schneekoppe Süßkraft«	Cyclamat/ Saccharin

Mit der BE-Tabelle lassen sich kohlenhydrathaltige Nahrungsmittel einfach gegeneinander austauschen, so wird die Zusammenstellung der Tageskost des Diabetikers erleichtert.

KOMPETENZ-CHECK

1. *Ermitteln Sie anhand des Tageskostplans in der Randspalte, welche Lebensmittel bei der Diabetikerkost eingesetzt werden sollten.*
2. *Erklären Sie die Begriffe »Broteinheit« bzw. »Kohlenhydrateinheit«.*
3. *Ein Diätjoghurt mit einem Gewicht von 250 g enthält insgesamt 30 g Kohlenhydrate. Sie möchten aber nur 1,5 BE essen.*
4. *In Ihrer Einrichtung werden mehrere Diabetiker verköstigt. Erstellen Sie eine Checkliste für die Diabetikerkost.*
5. *Erklären Sie die Unterschiede zwischen Süßstoffen und Zuckeraustauschstoffen. Informieren Sie sich im Handel über die angebotenen Produkte und stellen Sie diese in der Klasse auf einem Plakat vor.*
6. *Stellen Sie die im Handel angebotenen Diabetikerspezialprodukte auf einer Liste übersichtlich zusammen. Welche Produkte würden Sie einem Diabetiker empfehlen?*
7. *Erarbeiten Sie einen Tageskostplan mit 16 BE, 60 g Fett und 1700 kcal.*
8. *Stellen Sie zwei Vorschläge für ein 1. Frühstück (2 BE) sowie ein Schulfrühstück (3 BE) für einen 12-jährigen Jungen zusammen.*
9. *Entwickeln Sie mehrere Beispiele für geeignete Zwischenmahlzeiten mit jeweils 1 BE/2 BE.*

Tageskostplan für einen Diabetiker als Orientierung (13 BE, 50 g Fett, 1510 kcal/6312 kJ)		
Lebensmittel	**kcal**	**kJ**
1. Frühstück: 60 g Roggenschrotbrot 10 g Halbfettmargarine 30 g Geflügelwurst 1 Apfel	190	794
2. Frühstück: 50 g Roggenbrot 10 g Halbfettmargarine 30 g Truthahnwurst 1 Tomate	220	920
Mittagessen: Rindergulasch 30 g Naturreis 100 g Kopfsalat in Joghurts. 150 g Fruchtjoghurt	570	2 383
Kaffee: ¼ l Buttermilch 160 g Erdbeeren	150	627
Abendessen: Tomatensuppe Griechischer Salat 1 Vollkornbrötchen	340	1 421
Spätmahlzeit: 130 g Grapefruit oder 100 g Apfel	40	167,2

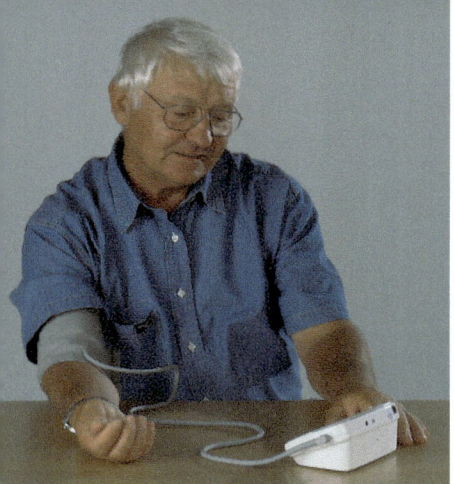

Bei einem Blutdruckwert von mehr als 160/90 mm Hg liegt Bluthochdruck vor

Kochsalzreduzierte Diäten:

Kochsalzarme Diät:
Sie enthält 3 g Kochsalz/Tag,
dies entspricht 1200 mg Natrium/Tag.

Streng kochsalzarme Diät:
Sie enthält nur 1 g Kochsalz/Tag,
dies entspricht 400 mg Natrium/Tag
(1 TL Kochsalz ≙ 5 g Kochsalz).

Salzreiche Lebensmittel

in 100 g Nahrungsmittel sind enthalten:	g Salz
Schinken, roh	4,5
Wurst, im Durchschnitt	1,5 bis 2
Hartwurst	3,5
Bückling	1,8
Matjesfilet	6,4
Doppelrahmfrischkäse	1,5
Schnittkäse	1,5 bis 3,3
Camembert	1,8 bis 2,4
Schmelzkäse	3,1
Brot	0,7 bis 1,1
Salzstangen	4,6
Gewürzgurken	2,4

2.5.4 BLUTHOCHDRUCK (HYPERTONIE)

Etwa 25 Prozent der Bevölkerung haben Bluthochdruck, zunehmend auch Kinder und Jugendliche. Im Alter von über 65 Jahren ist jeder Zweite betroffen. Der Arzt spricht vom Bluthochdruck, sobald der Blutdruck ständig über 160/90 mm Hg* liegt. Übergewicht, Alkohol, hoher Kochsalzverbrauch, Rauchen und Stress sind an der Entstehung beteiligt.
Bluthochdruck gilt als wichtiger Risikofaktor für die Entstehung von Herzinfarkt, Schlaganfall und Nierenerkrankungen.

Die Diät bei Bluthochdruck ist ein wichtiger Teil der Behandlung.

Merkmale der Bluthochdruckdiät:
- kochsalzarm und kaliumreich
- bedarfsgerechte Energiezufuhr
- Reduktionsdiät bei Übergewicht
- niedriger Anteil an leicht verdaulichen Kohlenhydraten
- weniger als 30 % Fett (hoher Anteil essenzieller Fettsäuren)
- wenig Alkohol

Kochsalz sollte pro Tag nicht mehr als 3 bis 6 g aufgenommen werden. Tatsächlich werden etwa 10 bis 15 g Kochsalz verzehrt. Das ist die 2- bis 3-fache Menge, die der Körper benötigt.

Chemisch ist Kochsalz Natriumchlorid (NaCl), eine Verbindung aus Natrium (Na) und Chlor (Cl). Natrium hat ein beträchtliches Bindungsvermögen für Wasser; **1 g Kochsalz bindet etwa 100 g Wasser.** Eine hohe Kochsalzaufnahme führt daher zu einer Zunahme der Flüssigkeitsmenge in den Geweben (Ödeme) und in der Blutflüssigkeit – es kommt zu einem Blutdruckanstieg.

Kalium senkt den Blutdruck. Kaliumreiche Lebensmittel, wie z. B. frisches Gemüse und Obst (besonders Bananen) sowie Nüsse, sollten daher in der täglichen Kost nicht fehlen.

Übergewicht begünstigt Bluthochdruck. Eine energiereduzierte Kost und körperliche Aktivität senken das Übergewicht und führen so zu einer Normalisierung des Blutdrucks.

Ein niedriger Fettverzehr mit einem hohen Anteil an essenziellen Fettsäuren wirkt blutdrucknormalisierend.

Diätprodukte, die speziell ohne Salz hergestellt sind, werden mit der Bezeichnung »natriumarm« oder »für natriumarme Diät geeignet« gekennzeichnet. Als Ersatzmittel für Salz bietet der Handel Diätsalz an, das anstelle von Natrium Kalium oder Magnesium enthält. Der Geschmack weicht jedoch deutlich von dem des Kochsalzes ab.

Koffeinhaltige Getränke wie Kaffee oder schwarzer Tee sollten nicht zu oft und zu stark getrunken werden. Ihre Inhaltsstoffe (Koffein/Tein) erhöhen den Blutdruck.

Alkohol in Maßen (1 Glas Wein oder 1 Flasche Bier) am Abend ist nicht verboten (Energiegehalt beachten! 1 g Alkohol liefert 29,4 kJ/7kcal).

* Angabe, wie viel Millimeter einer Quecksilbersäule bei der Messung hochgedrückt werden, abgekürzt in mm Hg

Kochsalzreiche Lebensmittel	Kochsalzarme Lebensmittel
gepökelte, geräucherte Fleischwaren (z. B. Kasseler, Schinken)	alle rohen Fleischsorten (Tatar, Schnitzel, Steak)
Wurstwaren	salzarme Wurstsorten
Käse (Schmelzkäse, Schafskäse)	salzarme Frischkäse
marinierter, gesalzener, geräucherter Fisch, Fischkonserven	Fisch, frisch/tiefgefroren
viele Gemüsekonserven	Gemüse, frisch/tiefgefroren
Fertigsuppen, -soßen, -salate, -gewürze	Kräuter, Gewürze
Brot, Backwaren, z. B. Salzstangen, Laugengebäck, Käsegebäck, Pizza	salzarmes Brot und Gebäck
gesalzene Nüsse, Chips etc.	Obst, frisch/tiefgefroren, als Kompott oder Saft

Kochsalzreiche Lebensmittel (vgl. Tabelle oben) sollten gemieden werden. Auf das Nachsalzen beim Essen kann verzichtet werden.

Weniger Salz in der Kost, d.h. …

- kein Kochsalz zum Kochen, stattdessen Kräuter, Gewürze, Zwiebeln oder Knoblauch verwenden,
- bei Tisch nicht nachsalzen,
- auf fertige Gewürzmischungen, Senf, Ketchup, Fleischextrakt und Salatdressing verzichten,
- salzreiche Lebensmittel meiden,
- frische Lebensmittel bevorzugen,
- auf Fertiggerichte verzichten,
- Garverfahren, die den Eigengeschmack der Lebensmittel erhalten, bevorzugen,
- natriumarmes Mineralwasser auswählen – Kennzeichnung beachten!

Hinweis:
Das Geschmacksempfinden für Salz steigt beim dauerhaften Verzehr salzarmer Kost wieder an!

KOMPETENZ-CHECK

1. Zeigen Sie anhand von ausgewählten Rezepten, wie Fleisch- und Fischgerichte sowie Gemüsegerichte ohne Kochsalz und salzhaltige Fertigwürzen schmackhaft zubereitet werden können.
2. Informieren Sie sich im Getränkehandel über den Natriumgehalt in verschiedenen Mineralwässern. Wählen Sie Mineralwassersorten aus, die bei Bluthochdruck geeignet sind.
3. Fallbeispiel: Frau Schmidt hat Bluthochdruck und soll eine kochsalzarme Diät einhalten. So sieht ihr Tageskostplan aus:

Frühstück:	2 Scheiben Weizenmischbrot, 10 g Margarine, 30 g Gouda, Konfitüre, Kaffee.
2. Frühstück:	1 Brötchen, 30 g gekochter Schinken, 40 g Essiggurken
Mittagessen:	150 g Kartoffeln, 100 g Sauerkraut, 125 g Bratwurst
Abendessen:	2 Scheiben Weizenvollkornbrot, 10 g Margarine, 30 g Salami, 75 g Brathering, 50 g Mixed Pickles, Kräutertee
Imbiss:	100 g Kartoffelchips

a) Wie viel mg Natrium nimmt Frau Schmidt an diesem Tag auf?
b) Wie könnte Frau S. ihren Tageskostplan ändern, damit er den Anforderungen einer natriumarmen Kost entspricht?
c) Stellen Sie geeignete Lebensmittel für ein kochsalzarmes Mittagessen/Abendessen (Wochenspeiseplan) zusammen.

Brot mit natriumarmem Belag

Nahrungsfette enthalten
Triglyceride und Cholesterin

2.5.5 FETTSTOFFWECHSELSTÖRUNGEN

Störungen des Fettstoffwechsels, sogenannte Hyperlipoproteinämien, treten bei etwa 35 % der Deutschen auf. Die Triglyceride und das Cholesterin im Blut sind erhöht. Ihre Normalwerte liegen beim Erwachsenen bei etwa 200 mg/ 100 ml Blut.

> **Triglyceride** oder **Neutralfette** werden vom Körper zur Energiegewinnung und -speicherung gebraucht. Pflanzliche Fette sind wegen ihres Gehaltes an mehrfach ungesättigten Fettsäuren zu bevorzugen. Tierische Fette enthalten hohe Mengen an gesättigten Fettsäuren und Cholesterin.

> **Cholesterin** kommt nur in tierischen Lebensmitteln vor. Sein Anteil in der Nahrung beträgt 0,3 bis 0,8 g/Tag. Die Leber stellt etwa 1 bis 1,5 g/Tag selbst her. Cholesterin erfüllt im menschlichen Körper wichtige Aufgaben:
> - Aufbau der Zellmembranen
> - Vitamin-D-Bildung
> - Bildung des Gallensaftes
> - Aufbau von Hormonen

Erhöhte Blutfettwerte verursachen zunächst keine Beschwerden. Über viele Jahre lagern sich jedoch Fett und Cholesterin an den Gefäßwänden ab und führen zu Gefäßverengungen mit Durchblutungsstörungen. Organe, wie z.B. Herz und Gehirn, werden nur noch ungenügend mit Blut versorgt. Herzinfarkt und Schlaganfall können die Folge sein.

Wird über lange Zeit zu viel Energie in Form von Fetten und zuckerreichen Lebensmitteln aufgenommen, steigen die Triglyceridwerte. Auch zu viel Alkohol erhöht den Blutfettspiegel. Ein hoher Anteil tierischer Fette in der Nahrung führt langfristig zu einem Anstieg des Cholesterinspiegels.

Bei der Senkung der Blutfette spielt die Ernährungsumstellung eine wichtige Rolle.

Einfluss der Nahrung auf den Cholesterinspiegel:

STEIGT

- zu viel Nahrungscholesterin
- zu viel gesättigte Fettsäuren
- zu hohe Energieaufnahme

normaler Blutcholesterin-wert: 200 mg/100 ml Blut

SINKT

- ballaststoffreiche Kost
- hoher Anteil an ungesättigten Fettsäuren
- angepasste Energiezufuhr

Merkmale der Diät bei Fettstoffwechselstörungen

Maßnahmen	Wirkt besonders auf	
	Triglyceride	Cholesterin
Einschränkung der Energiezufuhr	+	+
geringer Verzehr gesättigter Fette	–	+
Vermeidung cholesterinreicher Lebensmittel	–	+
bevorzugter Verzehr von Fetten mit einem hohen Gehalt an mehrfach ungesättigten Fettsäuren	–	+
Einschränkung des Zucker- und Alkoholkonsums	+	–

+ wirkt   – ohne Wirkung

Die Fettzufuhr muss reduziert werden. Magere Wurstsorten, wie z. B. Geflügelwurst, roher und gekochter Schinken, Fleischwaren in Aspik sowie Käsesorten mit einem Fettgehalt unter 30 % sind geeignet. Fettarme Garverfahren sollten bevorzugt werden. Als Streich- und Kochfette sind pflanzliche Fette wie Margarine, Sonnenblumen-, Maiskeim- oder Olivenöl, die reichlich ungesättigte Fettsäuren enthalten, anstelle von Butter oder Kokosfett zu verwenden.

Ballaststoffe senken den Blutfettspiegel. Ballaststoffreiche Lebensmittel, z. B. Vollkornprodukte, Salat und Gemüse, sollten jeden Tag verzehrt werden. Mindestens zwei Seefischmahlzeiten pro Woche, z. B. Hering, Lachs und Makrele, wirken sich günstig auf den Blutfettspiegel aus. Reduktion eines bestehenden Übergewichtes, Bewegung und eine medikamentöse Behandlung unterstützen die Senkung zu hoher Blutfettwerte.

Tipps für einen Tageskostplan bei erhöhtem Cholesterinspiegel

1. Frühstück:
Vollkorn- oder Graubrot, Halbfettmargarine, magerer Aufschnitt oder Käse (20 oder 30 % F. i. Tr.), Obst, magere Milchprodukte, Tee oder Kaffee; höchstens 2-mal in der Woche ein Ei

2. Frühstück:
fettarme Milchprodukte, Obst

Mittagessen:
Kartoffeln, Vollkornreis oder Vollkornnudeln; mageres Fleisch, Geflügel oder Fisch; Gemüse, Salat, fett- und zuckerarmer Nachtisch, z. B. Obstsalat, Kompott, Früchtequark etc.

Imbiss:
fettarme Milchprodukte, Obst, leichtes Vollkorngebäck

Abendessen:
Vollkorn- oder Graubrot; Halbfettmargarine, magerer Wurst- und Käseaufschnitt, Kräuterquark, Rohkostsalat, Obst, Tee, Mineralwasser

Empfehlungen für die Ernährung bei Fettstoffwechselstörungen:

- niedrige Fettzufuhr (< 30 % der Gesamtenergiezufuhr)
- wenig gesättigte Fettsäuren
- hoher Anteil ungesättigter Fettsäuren
- viel Seefisch mit hohem Gehalt an mehrfach ungesättigten Fettsäuren (Omega-3-Fettsäuren)
- niedrige Cholesterinzufuhr
- hoher Anteil ballaststoffreicher Kost
- Obst, Gemüse, Salate: 5-mal am Tag
- wenig zuckerhaltige Lebensmittel
- wenig Alkohol
- Gewichtsreduktion

Lebensmittel mit hohem Cholesteringehalt

Lebensmittel (pro 100 g)	Cholesterin (mg)
Hühnerei (1 Ei: 280 mg)	417
Hühnereidotter	1 650
Fleisch	70
Bratwurst	150
Butter	280
Schlagsahne	110
Doppelrahmfrischkäse	100
Leber (Schwein)	340
Krabben	150
Mayonnaise (80 % Fett)	140
Eiernudeln	140
Biskuit	280
Speck	100

Menüvorschlag für eine fett- und cholesterinreduzierte Ernährung

Ernährung bei Fettstoffwechselstörungen

z. B.	empfehlenswert	ungeeignet, z. B.
Brot/Getreide-produkte	Vollkornbrot, Knäckebrot, Hefeteig, Quark-Öl-Teig, Haferflocken, Naturreis	Weißbrot, Toast Kuchen, Torten, Pudding, Eierteigwaren
Milch/Milch-produkte	fettarme Milch und Milchprodukte, fettarmer Käse	Kondensmilch, Sahne und Sahneprodukte, Käsesorten mit mehr als 30 % Fett, Eiscreme
Kartoffeln	Pellkartoffeln, gekochte und pürierte Kartoffeln	Rösti, Pommes frites, Bratkartoffeln, Kartoffel-chips
Gemüse	alle Sorten als Frischkost, mit wenig Pflanzen-fett zubereitet	Gemüsezubereitungen in Konserven
Obst	alle Arten	gezuckertes und eingemachtes Obst
Fett/Öl	Distelöl, Sonnenblumenöl, Maiskeimöl, Diät-margarine	Schmalz, Butter, Speck, Palmkernfett, Mayon-naise
Fleisch	mageres Fleisch	fette Fleischsorten, Innereien
Wurst	magere Schinken- und Bratensorten, fettarme Wurst (weniger als 15 %)	fetthaltige Wurst (mehr als 15 %)
Fisch	magere See- und Süßwasserfische	Fischkonserven in Soßen, Öl und Mayonnaise, Fischstäbchen, geräucherter Aal u. Ä.
Eier	Eiweiß	Eigelb
Getränke	Tee, mäßig Kaffee, Mineralwasser, naturreine Obstsäfte, Gemüsesäfte	Limonaden, Cola- und Fruchtsaftgetränke, alle alkoholischen Getränke

Es wurden noch nie so viele Obst- und Gemüsesorten angeboten wie heute; man muss die Vielfalt nur in der Küche nutzen.

KOMPETENZ-CHECK

1. Erstellen Sie anhand der Nährwerttabelle eine Liste mit Lebensmitteln, die kein/wenig Cholesterin enthalten.
2. Ermitteln Sie mithilfe einer Nährwerttabelle je fünf fettarme Wurst- und Käsesorten und berechnen Sie jeweils den Fett- und Cholesteringehalt in einer Portion.
3. Geben Sie praktische Tipps, wie der Fettverzehr in der täglichen Kost ge-senkt werden kann.
4. Frau H. hat einen Blutcholesterinspiegel von 270 mg/100 ml. Zum Früh-stück isst sie jeden Tag zwei frische Brötchen, dünn mit Butter bestrichen. Ihre Nachbarin rät ihr, auf die Butter zu verzichten. Was halten Sie davon? Welche Tipps würden Sie Frau H. geben?
5. Erklären Sie einer neuen Auszubildenden die Besonderheiten der Kostzu-sammensetzung bei erhöhtem Blutfettspiegel.
6. Erstellen Sie einen Tageskostplan mit fünf Mahlzeiten, der insgesamt 40 g Fett und höchstens 300 mg Cholesterin enthält.

2.5.6 GICHT (HYPERURIKÄMIE)

Die Stoffwechselkrankheit Gicht ist schon lange bekannt. In früheren Zeiten litt nur die wohlhabende Bevölkerung, die sich einen üppigen Lebensstil mit Völlerei, hohem Fleisch- und Alkoholkonsum leisten konnte, an Gicht. Heute ist die Gicht zur Volkskrankheit geworden – 5 bis 10 % der erwachsenen Männer haben erhöhte Harnsäurespiegel (Hyperurikämie), 3 % von ihnen erkranken im Laufe ihres Lebens an Gicht. Frauen sind selten betroffen.

Gicht unterteilt sich in die **primäre** und die **sekundäre** Gicht. Die sekundäre Form kann durch eine Nierenkrankheit ausgelöst worden sein. Die Entstehung der primären Gicht wird bei entsprechender Veranlagung durch **purinreiche Ernährung**, hohen **Alkoholkonsum** und **Übergewicht** gefördert.

Wilhelm Busch: »Das Zipperlein«

Bei der Gicht lagern sich **Harnsäurekristalle** im Gewebe, in den Nieren und in den Gelenken ab und verursachen sehr schmerzhafte Entzündungen (das sogenannte »Zipperlein«). Unter der Haut von Fingern, Ellenbogen und Ohrläppchen entstehen Gichtknoten. Im Laufe der Erkrankung können sich schmerzhafte Gelenkveränderungen entwickeln – die Beweglichkeit der betroffenen Gelenke ist dann stark eingeschränkt. In den Nieren bilden sich **Harnsäuresteine**, die Koliken auslösen und zu Nierenfunktionsstörungen führen können.

Harnsäure entsteht beim Abbau von Purinen. **Purine** sind Bestandteile des Zellkerns und kommen in allen lebenden Zellen vor. Ein Teil der im Blut gelösten Harnsäure entsteht im Körper selbst beim Abbau von Körperzellen; der andere Teil stammt aus der Nahrung. Tierische Lebensmittel wie Innereien und Fleisch enthalten besonders viele Purine, pflanzliche Lebensmittel wie Gemüse und Salate nur geringe Mengen.

Wenn die Konzentration der Harnsäure im Blut über 6,4 mg/100 ml Serum ansteigt, kommt es zur Bildung von Harnsäurekristallen, die sich im Gewebe ablagern und dadurch einen Gichtanfall auslösen können.

Beim gesunden Menschen stehen die Bildung und Ausscheidung von Harnsäure in einem Gleichgewicht. Überschüssige Harnsäure wird über die Nieren ausgeschieden. Dadurch wird der Harnsäurespiegel im Blut auf einem Normalwert (bei Männern 3,5 bis 7,0 mg/100 ml; bei Frauen 2,5 bis 5,7 mg/100 ml) gehalten. Wird mehr Harnsäure gebildet oder im Körper zurückgehalten, ist das Gleichgewicht gestört und die Harnsäurekonzentration im Blut steigt an.

Eine purinarme Ernährung bewirkt eine Senkung des Harnsäurespiegels im Blut. Purin- bzw. harnsäurearme Lebensmittel sollten deshalb bevorzugt werden. Purine kommen reichlich in Innereien sowie in Fleisch und Fisch vor. Täglich sollten daher nicht mehr als 100 bis 120 g Fleisch oder Fisch verzehrt werden, entweder als Bestandteil einer warmen Mahlzeit oder als Brotbelag. Auch der Puringehalt in pflanzlichen Lebensmitteln muss berücksichtigt werden, so enthalten z. B. grüne Erbsen, Spinat und Feldsalat beachtliche Purinmengen. **Lebensmitteltabellen** geben den Puringehalt umgerechnet in Harnsäure an, vgl. Tabelle S. 158.

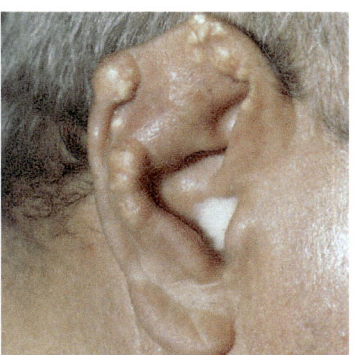

Gichtknoten am Ohr

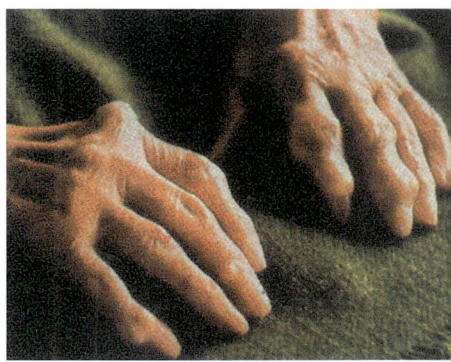

Gichtknoten an den Händen

Harnsäuregehalt von Lebensmitteln

Lebensmittel (100 g)	Harn- säure (mg)
Fleisch, Geflügel und Wurst	
Filet, Kotelett (Schwein)	150
Hackfleisch (halb/halb)	140
Roastbeef (Rind)	140
Leber	240
Kalbsbries	900
Hähnchen, gegrillt	240
Schinken	70
Bierschinken	140
Leberwurst	114
Fisch	
Seelachsfilet	70
Kabeljau	120
Heringsfilet	210
Thunfisch in Öl	290
Milch und Milchprodukte	
alle Milchprodukte	0
Käse	
alle Käsesorten	0
Eier	
1 Hühnerei, ca. 60 g	1
Fette	
Butter, Margarine, Öle	0
Backwaren	
Vollkorn-, Mischbrot	40
Weißbrot	20
Gemüse	
Bohnen, weiß	180
Spinat	70
Tomate, Paprika, Salat	10
Obst	0 bis 5
Nüsse	
Erdnüsse	100
Hasel-/Walnüsse, Mandeln	25

Die Diät bei Hyperurikämie und Gicht hat zum Ziel:
- Verringerung der Purinzufuhr mit der Nahrung
- Normalisierung des Körpergewichtes
- Einschränkung des Alkoholkonsums

Nach dem Puringehalt werden unterschieden:
- **streng purinarme Kost** mit 300 mg Harnsäure/Tag oder 2000 mg Harnsäure/Woche. Sie wird als Übergangskost nach einem Gichtanfall und bei sehr hohen Harnsäurewerten gegeben.
- **purinarme Kost** mit 500 mg Harnsäure/Tag oder 3000 mg Harnsäure/Woche. Sie ist als Dauerkost bei Hyperurikämie und Gicht geeignet.

Die **Normalisierung des Körpergewichts** führt meistens zu einer Senkung des Harnsäurespiegels. Das Übergewicht sollte langsam durch eine energiereduzierte Mischkost abgebaut werden. Eine Nulldiät kann zu einem hohen Anstieg des Harnsäurespiegels führen und sollte daher nicht durchgeführt werden.
Alkohol fördert die Harnsäurebildung und hemmt die Harnsäureausscheidung. Alkoholische Getränke sollten nur in kleinen Mengen eingenommen werden. Täglich sollten 1,5 bis 2 l **Flüssigkeit** aufgenommen werden. Kalorienarme Getränke wie Mineralwasser, Kräuter- oder Früchtetee, Gemüsesäfte und verdünnte Fruchtsäfte sind zu bevorzugen und fördern die Harnsäureausscheidung.
Bei einem Gichtanfall hat der Betroffene meist keinen Appetit. Ausreichende Flüssigkeitszufuhr durch **Saftfasten** unterstützt die Genesung.

Tageskostpläne bei Hyperurikämie und Gicht

Beispiel 1:	Beispiel 2:
1. Frühstück (90 mg Hs): Brötchen, Vollkornbrot, Butter, Schinken, Kräuterquark, Honig, Kaffee/Tee	**1. Frühstück (50 mg Hs):** Toastbrot, Butter, Ei, Quark, Konfitüre, Kaffee/Tee
2. Frühstück (22 mg Hs): Croissant, Fruchtsaft (verdünnt)	**2. Frühstück (0 mg Hs):** Dickmilch, Apfelsaft
Mittagessen (187 mg Hs): Reis, Putengeschnetzeltes (aus: Putenbrust, Suppengemüse, Zwiebeln), Kopfsalat, frisches Obst, Mineralwasser	**Mittagessen (70 mg Hs):** Gemüsetopf (Weißkohl, Lauch Möhren, Paprika, Tomaten), Reis, Quarkspeise mit Früchten, Mineralwasser
Imbiss (12 mg Hs): Rührkuchen, Kaffee/Tee	**Imbiss (0 mg Hs):** Fruchtjoghurt, Kaffee/Tee
Abendessen (47 mg Hs): Käsesalat (aus: Emmentaler, Apfel, Gewürzgurke, Zwiebel, Joghurt), Mischbrot, Kräutertee	**Abendessen (35 mg Hs):** Rührei, Rohkostsalat (Gurke, Kopfsalat, Tomate, Joghurt) Käse, Toastbrot, Kräutertee

KOMPETENZ-CHECK

1. *Berechnen und vergleichen Sie den Harnsäuregehalt der beiden Tageskostpläne. Welche Lebensmittel würden Sie bei Beispiel 1 austauschen, um die Harnsäurezufuhr zu erniedrigen? Welche Lebensmittel würden Sie als Ersatz jeweils vorschlagen?*
2. *Wie könnte das Speiseangebot bei einem Sommerfest im Freien gestaltet werden, wenn Fleisch- und Fischgerichte nur eingeschränkt angeboten werden sollen?*

2.5.7 MAGEN- UND DARMBESCHWERDEN

M. Schmidt, Taxifahrer, hat häufig Magenbeschwerden. Vor allem, wenn er bei Stress viel Kaffee trinkt, raucht und sich keine Zeit zum Essen nimmt, hat er Schmerzen und ein unangenehmes Druckgefühl in der Magengegend. Sein Arzt stellt eine Magenschleimhautentzündung – Gastritis – fest.

Magen-Darm-Erkrankungen sind heute sehr häufig, jeder Dritte ist davon betroffen. Stress und Aufregung, aber auch falsche Ernährung, zu viel Alkohol, starker Kaffeegenuss – vor allem auf nüchternen Magen – und übermäßiges Rauchen sind die Ursachen.

Magenbeschwerden äußern sich durch Sodbrennen, Druckempfindlichkeit, Völlegefühl oder Appetitlosigkeit. Häufig wird zu viel Magensalzsäure produziert, die die empfindliche Magenschleimhaut angreift. Dadurch kann es zu einer Magenschleimhautentzündung oder langfristig sogar zu einem Magengeschwür kommen. Kaffee, Alkohol und Zigaretten fördern die Bildung von Magensalzsäure. Bei lang anhaltenden Beschwerden sollte immer der Arzt aufgesucht werden.

Ruhe und eine leichte Vollkost haben sich in der Behandlung von Magenerkrankungen bewährt.

Die **leichte Vollkost** entlastet die erkrankten Verdauungsorgane und fördert so den Heilungsprozess. Sie wird bei Magenschleimhaut-, Gallenblasen- und Leberentzündungen sowie bei Gallensteinen verordnet. Diese Kost ist eine vollwertige Ernährung, die sich von der »normalen« Ernährung dadurch unterscheidet, dass sie bestimmte Speisen, die nicht vertragen werden, meidet und fettarme, schonende Garverfahren einsetzt.

Folgende Empfehlungen sollten bei der leichten Vollkost beachtet werden:
▶ Keine zucker- und fettreichen Lebensmittel verarbeiten.
▶ Kohlensäurehaltige Getränke, Kaffee und Alkohol meiden.
▶ Auf Salz und scharfe Gewürze (Paprika, Pfeffer, Chili, Senf und Knoblauch) verzichten, stattdessen Kräuter einsetzen.
▶ Keine stark blähenden Lebensmittel wie Zwiebeln, Kohl, Gurken oder Hülsenfrüchte verwenden.
▶ Auf gebratene und geröstete Speisen verzichten.
▶ Zu heiße sowie zu kalte Speisen und Getränke meiden.
▶ Fünf bis sechs kleine Mahlzeiten am Tag einnehmen.
▶ Langsam essen und die Nahrung gut durchkauen.

üppige Mahlzeiten · Alkohol, Nikotin · seelische Einflüsse · hastiges Essen · zu kalt · zu heiß · zu fett · Stress, Kummer · Infektionen · Vergiftungen · zu starke Gewürze · Fehlleistungen der Verdauungsdüsen · Arzneimittelmissbrauch

Viele Ursachen können Magen-Darm-Erkrankungen auslösen

Durchfall wird häufig durch Unverträglichkeiten, z. B. gegen Gluten, Lactose oder Fructose ausgelöst, s. S. 163.

Fünf kleine Mahlzeiten über den Tag verteilt sind bekömmlicher als drei üppige Menüs.

KOMPETENZ-CHECK

1. *Entwickeln Sie ein Speisenangebot für die leichte Vollkost, das arbeitsorganisatorische Überlegungen bei der Speisenherstellung berücksichtigt (vgl. auch Tab. S. 165).*
2. *Stellen Sie Zwischenmahlzeiten und kleine Gerichte für das Abendessen (leichte Vollkost) in einer Senioreneinrichtung/einem Kinderheim für eine Woche zusammen.*

Lebensmittelauswahl bei leichter Vollkost

Lebensmittel	Empfehlenswert	Nicht empfehlenswert
Gemüse, Salate	nicht blähende, leicht verdauliche Sorten (Möhren, Kohlrabi, Kopfsalat, Tomaten); fettarm und schonend gegart oder als Rohkost fein zerkleinert	blähende, schwer verdauliche Sorten (Kohl, Zwiebeln, Hülsenfrüchte)
Obst	nicht blähendes, reifes Obst (Bananen, Pfirsiche, Äpfel, Birnen, Erdbeeren); als Rohkost oder Kompott	unreifes, blähendes Obst (Pflaumen, Trauben, Feigen); zuckerhaltige Obstkonserven
Backwaren	fettarme Sorten, z. B. Hefegebäck, Biskuit	fettreiche Sorten, z. B. Blätterteig, Siedegebäck, Sahne- und Cremetorten
Fleisch	mageres Fleisch, in Folie gegart, gekocht	fettes Fleisch, gebraten, geräuchert, scharf gewürzt
Wurstwaren	fettarme Sorten, z. B. Geflügelwurst, Sülzwurst, milder Schinken	fettreiche Wurstsorten, z. B. Mettwurst, Salami, Blutwurst, stark geräucherter Schinken
Fisch	Magerfisch, z. B. Seelachs, Kabeljau, Scholle, Forelle; gedünstet, gekocht	Fettfisch, z. B. Makrele, Aal, Hering, Räucherfisch
Milch und Milchprodukte	fettarme Milchsorten, fettarme Käsesorten	fettreiche, gezuckerte Milchprodukte, fettreiche, stark gesalzene Käsesorten
Kräuter	frische, tiefgefrorene, getrocknete Kräuter	
Gewürze	die Verträglichkeit ist bei jedem Menschen anders	Pfeffer, Paprika, Chili, Curry
Getränke	Mineralwasser, Kräutertee, Gemüse- und Fruchtsäfte (evtl. verdünnt)	Kaffee, schwarzer Tee, Limonaden- und Colagetränke, alkoholhaltige Getränke

Jeder 3. Bundesbürger leidet an Verstopfung

Tipps zur Selbsthilfe:
- ▶ *ballaststoffreiche Kost*
- ▶ *Nahrung gut durchkauen*
- ▶ *regelmäßige kleine Mahlzeiten*
- ▶ *mindestens 2 Liter/Tag trinken*
- ▶ *ausreichend Bewegung*
- ◼ *Abführmittel meiden*

Verstopfung (Obstipation) – nichts geht mehr

Frau W. lebt seit 2 Wochen in der Senioreneinrichtung. Seit 2 Tagen klagt sie über schwere Verstopfung. Frau W. isst sehr wenig; Obst, Salate und Vollkornprodukte lehnt sie ab. Getränke lässt sie stehen, da sie nicht durstig sei. Frau W. hält sich meist in ihrem Zimmer auf.

Verstopfung bedeutet, dass die Stuhlentleerung zu selten und oft auch unter Schmerzen erfolgt. Der Stuhl ist fest und trocken. Verstopfung wird meistens von Völlegefühl, Blähungen, Bauchschmerzen und Appetitlosigkeit begleitet. Anhaltende Verstopfung kann zu Hämorriden, Darmentzündungen und sogar Darmkrebs führen.

Häufige Ursachen der Verstopfung sind **unregelmäßige** und **ballaststoffarme Ernährung**, Hektik und Stress, Bewegungsmangel sowie Flüssigkeitsmangel.

Ballaststoffe füllen den Magen und regen die Darmtätigkeit an. Der Stuhl bleibt weich, die Durchgangszeit des Speisebreis im Darm wird verkürzt.
Erwachsene sollten täglich 30 bis 40 g Ballaststoffe aufnehmen. Die Hälfte der Ballaststoffzufuhr sollte über Getreide und Getreideprodukte, der Rest über Obst und Gemüse erfolgen.

Ballaststoffgehalt im Mehl
Der Ballaststoffgehalt in den verschiedenen Mehlsorten ist unterschiedlich hoch:

Weizenmehl Type (g/100 g)		Roggenmehl Type (g/100 g)	
405	2,2 bis 4,0	815	6,5 bis 11,3
550	2,4 bis 4,2	997	7,3 bis 10,8
812	4,7	1150	8,0 bis 13,3
1050	4,2 bis 5,2	1370	9,0 bis 14,5
1700	11,6	1800	10,9 bis 14,9

Tritt trotz ballaststoffreicher Kost eine Verstopfung auf, kann zusätzlich Weizenkleie in Pudding, Joghurt, Apfelmus, Suppe, Gemüse oder Ragout zugesetzt werden. Manchmal wirkt Kleie anfangs blähend. Die Menge sollte daher langsam von drei bis zu sechs Esslöffeln über den Tag verteilt gesteigert werden. Dazu muss reichlich Flüssigkeit zugeführt werden (pro Esslöffel Kleie 250 ml).

Ballaststoffreich	Ballaststoffarm
■ Vollkorn-, Leinsamen-, Grahambrot	■ Weißbrot, Brötchen, Toastbrot
■ Vollkornbackwaren (Kuchen, Kekse etc.)	■ Backwaren (Kuchen, Biskuit, Baiser, Waffeln, Blätterteig, Torte)
■ Zuckermais, Erbsen, Bohnen	■ Kopfsalat,
■ Linsen, Rosenkohl, Brokkoli	■ Gurken, Tomaten
■ Grünkohl, Sprossen, Keimlinge	■ Teigwaren
■ Kartoffeln	■ polierter Reis
■ Naturreis	■ Banane
■ Vollkorngetreide (z. B. Hirse)	■ Cremespeisen, Puddings
■ Beerenobst	
■ Früchtedesserts, Kompotte	
■ Trockenobst (Pflaumen, Feigen, Aprikosen, Rosinen, Äpfel)	
■ Müsli	(Quelle: DGE Deutsche Gesellschaft für Ernährung)
■ Nüsse, Leinsamen	

Milchzucker – Sauermilchprodukte, z. B. Joghurt, Kefir, Dickmilch und Buttermilch, ebenso Sauerkrautsaft regen die Darmtätigkeit an.
Zu **geringe Flüssigkeitszufuhr** führt häufig zu Verstopfung. Bei Obstipation muss daher ausreichend getrunken werden (besonders bei alten Menschen beachten, deren Durstgefühl oft nachlässt). Geeignete Getränke sind Mineralwasser, Schorlen, Kräutertee. Kaffee hat eine verdauungsfördernde Wirkung. Kakao, schwarzer Tee und Rotwein sind nicht geeignet, da sie »verstopfen«.

15 g Getreideballaststoffe sind enthalten in:

ca. 4 Scheiben Roggenvollkornbrot

oder
1 Weizenbrötchen
+ *1,5 Scheiben Roggenvollkornbrot*
+ *2 Scheiben Graubrot*

oder
1 Roggenbrötchen
+ *1 Scheibe Knäckebrot*
+ *1 Scheibe Mehrkornbrot*
+ *2 Scheiben Grahambrot*

oder
Frühstücksmüsli:
2 bis 3 EL grobe Haferflocken,
1 EL Leinsamen, 1 EL Weizenkleie,
1 geriebener Apfel, 1 Becher Joghurt

Obst, Gemüse, Sauermilchprodukte regen die Darmtätigkeit an und sind für Zwischenmahlzeiten ideal geeignet

Diät bei Durchfall:

1 Tag:

keine feste Nahrung, nur Flüssigkeit, z. B. gezuckerter Tee, gesalzene Brühe, Obstsäfte, Colagetränke oder Saft von fünf Orangen + 1 TL Salz + 10 TL Glucose

2. Tag:

Schleimkost, z. B. Hafer- oder Reisschleim, Karottensuppe, geriebener roher Apfel

3. Tag:

langsamer Kostaufbau, z. B. fettarmes Eiweiß (Magerquark, Frischkäse, Geflügel); ballaststoffarme Kohlenhydrate (Nudeln, Toast, Weißbrot, Karotten), leicht verdauliche Fette (Butter, Diätmargarine, Pflanzenöle)

4. Tag:

Übergang zu normaler Kost
- *leichte Vollkost*
- *bei Fettstühlen MCT-Fette (mittelkettige Fettsäuren, 8 bis 12 C-Atome), vgl. S. 58*

Rezepte:

- *Karottensuppe:*

500 g gekochte, mit dem Kochwasser pürierte Karotten mit Wasser auf 1 Liter auffüllen und mit 3 g Kochsalz abschmecken

- *Apfeldiät:*

250 bis 300 g rohe, mit der Schale geriebene Äpfel zu jeder Mahlzeit

Bei Ihrer Internetrecherche zum Thema Verstopfung stoßen Sie immer wieder auf Anzeigen für entsprechende Medikamente. Nehmen Sie Stellung dazu.

Durchfallerkrankungen (Diarrhö)

Durchfall – nicht immer eine harmlose Darmstörung

Durchfallerkrankungen bei Säuglingen, Kleinkindern und älteren Menschen sollten unbedingt ärztlich behandelt werden. Durch den hohen Wasserverlust kommt es sehr schnell zu einer Austrocknung des Körpers, die zu schweren Gesundheitsstörungen bis hin zum Tod führen kann. Die Ursachen des Durchfalls können unterschiedlich sein: falsche Zusammensetzung der Nahrung, Nahrungsunverträglichkeiten oder Nahrungsmittelvergiftungen. Wegen des Flüssigkeits- und Mineralstoffverlustes muss viel getrunken werden. Bei anhaltendem Durchfall wird einen Tag lang auf feste Nahrung verzichtet und nur Getränke werden zugeführt. Bessert sich der Durchfall und hat der Patient wieder Appetit, kann leicht verdauliche feste Nahrung angeboten werden. Bei länger anhaltendem Durchfall sollte der Arzt verständigt werden.

Bei **Durchfall** ist die Resorption (Aufnahme) von Wasser und Mineralstoffen im Darm gestört. Der Stuhl ist breiig bis flüssig. In schweren Fällen kommt es bis zu 30 Stuhlentleerungen am Tag.

Durchfälle werden oft durch Darminfektionen, z. B. über den Verzehr verdorbener Speisen, verursacht. Aber auch Stress, Alkohol und Lebensmittelunverträglichkeiten (z. B. lactose- oder fructosehaltige Lebensmittel) können Durchfall auslösen.

Beachten Sie bei der Zusammenstellung der Tageskost!

- **Stopfende Lebensmittel**

Banane, Reis, Zucker, Weißbrot, Heidelbeeren, schwarzer Tee, Rotwein, Kakao, Schokolade

- **Abführende Lebensmittel**

Joghurt, Kefir, Buttermilch, Vollkornbrot, Sauerkraut, Frischobst, Apfelmus, Honig, Trockenobst, Kaffee

KOMPETENZ-CHECK

1. *Frau Braun, 75 Jahre, leidet schon lange an Verstopfung. Sie lebt allein und kocht noch selbst. Seit einiger Zeit wird sie von der Sozialstation hauswirtschaftlich unterstützt. Ihre tägliche Kost sieht folgendermaßen aus:*

    Frühstück: 2 Scheiben Toast, Butter, Gelee, Käse, 1 Tasse Kaffee
    Mittagessen: Suppe, 2 Kartoffeln, 2 Löffel Gemüse (aus der Dose), Fleisch, Pudding
    Abendessen: 2 Scheiben Weißbrot, Butter, Wurst, Käse, 1 Tasse Tee

    a) Stellen Sie mögliche Gründe für die Verstopfung von Frau B. dar.
    b) Machen Sie Vorschläge, den Tageskostplan umzugestalten.
2. *Erstellen Sie eine Checkliste mit Maßnahmen, die der Verstopfung entgegenwirken.*
3. *Max, 2 Jahre alt, leidet seit zwei Tagen an Durchfall. Seine Mutter versorgt ihn mit Cola und Salzstangen. Nehmen Sie dazu Stellung.*
4. *Warum ist bei lang anhaltendem Durchfall ungezuckerter Tee als Getränk ungeeignet? Empfehlen Sie geeignete Getränke.*

Zöliakie oder Sprue (Glutenunverträglichkeit)

Zöliakie ist eine Erkrankung der Dünndarmschleimhaut, die durch eine Unverträglichkeit von Gluten verursacht wird und oft bei Säuglingen und Kleinkindern (Zöliakie), ebenso bei Erwachsenen (Sprue) auftritt. Wenn Säuglinge zu früh (vor dem 6. Lebensmonat) mit glutenhaltigen Getreidebreien gefüttert werden, kann eine Zöliakie auftreten. Die betroffenen Kinder zeigen Wachstums- und Entwicklungsstörungen.

Gluten ist ein Klebereiweiß, das in solchen Fällen die Dünndarmschleimhaut schädigt, die Nährstoffe können dann nicht mehr ausreichend resorbiert werden. Als Folge treten Durchfälle, Blähungen, Appetitlosigkeit und Blutarmut auf. Die Diät bei Zöliakie verwendet glutenfreie Getreide und Lebensmittel. Der Handel bietet eine große Auswahl glutenfreier Spezialprodukte, ebenso Mehlmischungen zum Backen von Brot, Pizza, Kuchen oder zum Zubereiten von Nudeln an. Die Diät muss lebenslang beibehalten werden.

Lactose- und Fructoseunverträglichkeit

Bei **Lactoseunverträglichkeit** (-intoleranz) fehlt das Verdauungsenzym Lactase, der Milchzucker kann bei der Verdauung nicht genügend gespalten werden.

Nach dem Verzehr von Milch und Milchprodukten und damit hergestellten Lebensmitteln treten Durchfälle und Blähungen auf. Diese Lebensmittel sollten weggelassen werden. Butter und Käsesorten mit einem geringen Milchzuckergehalt werden meist vertragen und dürfen in geringen Mengen verzehrt werden, ebenso Sauermilch, Joghurt und Kefirerzeugnisse.

Beim **erworbenen Lactasemangel** hat sich das Enzym Lactase im Verlauf des Lebens zurückgebildet. Bei Zufuhr von geringen Mengen an Lactose wird die Bildung in vielen Fällen wieder aktiviert.

Diät bei Lactoseintoleranz	
■ Lactosefreie Kost	< 1 g Lactose/Tag
■ Lactosearme Kost	< 8 g Lactose/Tag

Bei einem Verzicht auf Milch und Milchprodukte muss auf eine ausreichende Versorgung mit Calcium geachtet werden, vgl. S. 80 f.

Bei **Fructoseunverträglichkeit** (-intoleranz oder -malabsorbtion) wird Fruchtzucker im Dünndarm nicht richtig resorbiert. Er gelangt in den Dünndarm, wo er von Bakterien zersetzt wird. Dabei entstehen Gase, die zu Blähungen und Bauchschmerzen führen können. Durchfälle treten auf. Bei der **angeborenen Form** muss zeitlebens eine fructosefreie Diät durchgeführt werden. Die **erworbene Fructoseintoleranz** kann oft durch eine gezielte Diät geheilt werden. Fructose kommt nicht nur in Obst und Gemüse, sondern als Süßungsmittel in immer mehr Fertigprodukten und Getränken vor.

Bei Zöliakie verboten sind

■ *glutenhaltige Getreidesorten:*
Weizen, Dinkel, Hafer, Roggen, Gerste, Grünkern sowie

■ *Lebensmittel, die obige Getreidesorten enthalten,* z. B.
Grieß, Flocken, Graupen etc., Backwaren, Müsli, Soßen, Suppen, Teigwaren, Bier, Fertiggerichte, Fleischwaren

Bei Zöliakie erlaubt sind

■ *glutenfreie Getreidesorten:*
Buchweizen, Hirse, Amaranth, Quinoa, Reis, Mais und

■ *damit hergestellte Produkte,* z. B.
Brot, Backwaren, Teigwaren, adaptierte und teiladaptierte Säuglingsnahrung

Ungeeignet bei Lactoseintoleranz:

■ *Milch, Buttermilch, Sahne*
■ *Eiscreme, Schokolade*
■ *Kondensmilch, Milchpulver*
■ *Fertiggerichte*
■ *fettreduzierte Wurst*
■ *lactosehaltiges Brot, Gebäck*

Beachte: *Viele Produkte enthalten Milch- oder Molkepulver, daher Lebensmittelkennzeichnung auf der Verpackung beachten!*

Lactosegehalt in Lebensmitteln

Lebensmittel	Lactose in g/100g
Kuhmilch, 3,5 % F.i.Tr.	4,5
Kondensmilch	9
Butter	0,5
Joghurt, 3,5 % F.i.Tr.	3
Gouda	2
Camembert	1,6
Schafkäse, Feta	0
Kekse	4,8
Milchschokolade	9,5

KOMPETENZ-CHECK

1. *Informieren Sie sich im Handel über das Angebot an glutenfreien Spezialprodukten und fertigen Sie dazu eine Liste an.*
2. *Erstellen Sie eine Wandzeitung mit Lebensmitteln und Gerichten, die bei Fructoseintoleranz nicht verzehrt werden sollten.*

In der Küche spielt sich
das Leben ab.

2.6 ARBEITSORGANISATION IN DER VERPFLEGUNG

Checkliste »Speiseplanung«

- *Zusammenstellen eines Menüs*
- *Rezeptauswahl und Bearbeitung*
- *Ermittlung des Materialbedarfs*
- *Planung des Personal-, Betriebsmittel- und Zeiteinsatzes*
- *Preiskalkulation*
- *Vorbereitung und Zubereitung*
- *Portionieren und Garnieren*
- *Speiseausgabe/Service*

Ziele für nachhaltige Entwicklung

Ziel in der Gemeinschaftsverpflegung ist es, den Essensteilnehmern ein ausgewogenes vollwertiges Speisenangebot zu ermöglichen und die Mahlzeiten in einer angenehmen Essatmosphäre mit einem freundlichen Service anzubieten. Bei der Speiseplanung ist auf Vielfalt und Abwechslung zu achten, bei der Speisenauswahl sollte das regionale und jahreszeitliche Angebot berücksichtigt werden.

Der Direktbezug der Lebensmittel von regionalen Erzeugern gewährleistet eine hohe Speisenqualität und häufig eine günstigere Kostenkalkulation. Bei mehreren Menülinien sollte ein vegetarisches Gericht angeboten werden.

Eine wesentliche Voraussetzung für die Herstellung von Speisen und Getränken in der Gemeinschaftsverpflegung ist die Einhaltung von lebensmittelrechtlichen Vorschriften und von Hygienestandards, vgl. Kap. 1.1.3. Ein Qualitätsmanagementsystem erfasst alle Arbeitsbereiche und Prozesse und legt Arbeitsabläufe, Zuständigkeiten und konkrete Ziele fest.

Speisenzubereitung außerhalb der Großküche gewinnt zunehmend an Bedeutung, etwa durch neue Wohnkonzepte für Senioren, für Menschen mit Behinderungen und Jugendliche. Hier ist eine individuellere Verpflegung möglich, die stärker die Wünsche der Bewohner berücksichtigen kann, etwa durch die gemeinsame Entwicklung eines Speiseplanes. In der Altenhilfe sind Mahlzeiten schon immer ein tagesstrukturierendes Element, denn für viele Menschen hat Essen eine hervorgehobene Bedeutung. Deshalb bieten viele Einrichtungen ihren Bewohnern eine fördernde und aktivierende Beschäftigung an, auch mit der Absicht, dadurch die Selbstständigkeit individuell zu fördern und lebenspraktische Fertigkeiten zu erhalten oder zu erwerben. In offenen Wohnküchen können die Bewohner bei der Zubereitung der Mahlzeiten aktiv mitwirken. Für die Arbeitsorganisation bedeutet dies: nicht nur die einzelnen Arbeitsschritte planen, sondern auch überlegen, wer welche Arbeiten übernehmen kann und welche Anleitungen notwendig sind. Durch aufmerksames Beobachten und Vorsorge müssen Verletzungen vermieden werden.

Nachhaltige Verpflegungskonzepte rücken immer mehr in den Blick der Tischgäste der Außer-Haus-Verpflegung. Viele von ihnen achten persönlich ganz bewusst auf einen nachhaltigen Lebensstil und suchen daher nach einem entsprechenden Angebot in der Gemeinschaftsverpflegung. Gerade in diesem Arbeitsbereich gibt es viele Möglichkeiten zur Umsetzung des Nachhaltigkeitszieles 12 „Produktion und Konsum nachhaltig gestalten". Es ist eines von 17 Zielen der Agenda 2030 für nachhaltige Entwicklung, die weltweit einen verantwortungsvollen Umgang mit den Ressourcen einfordert. Dies hat Auswirkungen auf die Planung und Durchführung der Arbeitsabläufe der Speisenproduktion (s. S. 167), von der Speisenplanung bis hin zur Entsorgung. Es kommt dabei darauf an, ökologische, soziale und wirtschaftliche Anforderungen miteinander abzustimmen. Auch die Erwartungen der Tischgäste sind zu beachten. Daher ist die Kommunikation mit ihnen genauso wichtig wie der Arbeitsorganisation.

Die Verpflegung von Personen stellt eine komplexe Dienstleistung dar, die in eine Vielzahl von Teilaufgaben gegliedert ist, die je nach Betriebsgröße von einzelnen oder mehreren Mitarbeitern durchgeführt werden. Professionelle Arbeitsplanung / Arbeitsteilung sowie ergonomische Arbeitsgestaltung und gute Teamarbeit ermöglichen in der Gemeinschaftsverpflegung die Herstellung von qualitativ hochwertigen Speisen und verringern die Arbeitsbelastung für die Beschäftigten.

Die Arbeitsorganisation in der Verpflegung unterscheidet zwei Aspekte: die **Prozessorganisation**, sie umfasst den räumlich zeitlichen Arbeitsverlauf und den Herstellungsprozess, und die **Arbeitsorganisation**, die die Arbeitsverteilung auf die einzelnen Mitarbeiter, den Geräteeinsatz und die Mitarbeiterführung beinhaltet.

Grunddateien erleichtern die Planung der Tagesproduktion

Der Arbeitsablauf bei der Speisenherstellung richtet sich nach
- dem Bearbeitungsgrad der eingesetzten Waren,
- dem Herstellungsprozess und Geräteeinsatz,
- der Bindung an den zeitlichen Nachfrageverlauf (Kopplung – Entkopplung),
- Umfang und Art des Menüangebots,
- der Anzahl der Mitarbeiter.

2.6.1 PLANUNG UND DURCHFÜHRUNG VON ARBEITSABLÄUFEN

Für die Arbeitsorganisation in Küchen werden je nach Umfang und Art des Speisenangebots **Materialbedarf**, **Betriebsmitteleinsatz**, **Arbeitszeit** und **Mitarbeitereinsatz** geplant und der Arbeitsablauf organisiert. Dieser Plan ist eine Zielvorgabe. Er ermöglicht, dass in der zur Verfügung stehenden Zeit Mahlzeiten in einer von den Verpflegungsteilnehmern erwarteten Qualität hergestellt und serviert werden können.

Nach Art der Produktion unterscheidet man verschiedene Verpflegungssysteme:

Produktionsküchen:
Rohe und vorgefertigte Waren werden
▶ *eingekauft*
▶ *gelagert*
▶ *vorbereitet*
▶ *regenerier- bzw. verzehrfertig zubereitet*
▶ *in Wärmebehältern der Ausgabeküche zugeleitet oder kühl gelagert*

Beispiel: die Zentralküche, sie versorgt separate Ausgabeküchen mit fertigen Speisen

Frischkostküchen:
Rohe und vorgefertigte Waren werden
▶ *eingekauft*
▶ *gelagert*
▶ *vorbereitet*
▶ *für den Verzehr zubereitet, portioniert und angerichtet ausgegeben*

Beispiel: Küche in einer stationären Senioreneinrichtung

Fertigungsküchen:
Fertige Speisekomponenten werden
▶ *hergestellt*
▶ *portioniert und angerichtet*
▶ *durch vollwertige Speisen, z. B. Salate, ergänzt und ausgegeben*

Regenerierküchen:
Halbfertig- und Fertigprodukte werden
▶ *eingekauft*
▶ *gelagert*
▶ *aufgewärmt (regeneriert)*
▶ *portioniert und ausgegeben*

Gastronormbehälter ermöglichen den Transport und gewährleisten die Produktqualität der Speisen

Ein **Arbeitsplan** teilt die anfallenden Arbeiten systematisch auf und ordnet sie bestimmten Mitarbeitern zu. Er muss die folgenden Informationen enthalten:
■ Datum und zur Verfügung stehende Arbeitszeit
■ anstehende Arbeiten und Arbeitsverfahren (Geräteeinsatz)
■ personelle Zuständigkeiten für bestimmte Arbeiten

Die **Arbeitsorganisation** in Verpflegungseinrichtungen ist abhängig von der Betriebsgröße und Mitarbeiterzahl, dem Geräteeinsatz sowie von Umfang und Art des Speisenangebotes. Durch den Einsatz von Convenience-Produkten (vgl. 1.5.7) wird der Arbeitsumfang bei der Vor- und Zubereitung verringert. In der Gemeinschaftsverpflegung sind oft einzelne Mitarbeiter für Teilbereiche des Menüs zuständig (Arbeitsteilung). Die zur Verfügung stehenden Maschinen und Geräte bestimmen den Arbeitsablauf. Bei der Planung ist auch zu berücksichtigen, dass unnötige Warmhaltezeiten vermieden werden. In einem Schnittstellenmanagement zwischen Küche und Essensausgabe werden die Wünsche der Essensteilnehmer sowie Bestellungen abgestimmt und festgelegt, wie der Service erfolgt.

In der Gemeinschaftsverpflegung unterscheidet man folgende Funktionsbereiche:

Funktionsbereiche in der Küche

Funktionsbereich	Einzelfunktion
Warenbeschaffung	Wareneinkauf, Warenannahme
Warenlagerung	ungekühlte Lagerung, Kühl-, Tiefkühllagerung
Vorbereitung	Gemüse-, Salatvorbereitung, Fleischvorbereitung, Geflügel-, Fischvorbereitung
Zubereitung	warme Küche, kalte Küche
Fertigung (Regenerieren)	warme Küche, kalte Küche
Speisenausgabe	Speisen- und Getränkeausgabe
Entsorgung	Spülen, Leergut und Abfälle lagern/entsorgen

Viele Großküchen bestehen aus einer **Produktionsküche**, der **Zentralküche**, die alle Speisenkomponenten – Suppen, Soßen, Menüs, Desserts – regenerier- bzw. verzehrfertig zubereitet und in Wärmebehältern (Gastronormbehältern) der Ausgabeküche zuleitet. In der **Ausgabeküche** werden die Speisen zu den Mahlzeiten aufbereitet, portioniert und ausgegeben. Einfache Produkte der kalten und warmen Küche, z. B. Salate oder Kurzgebratenes, können in der Ausgabeküche hergestellt werden. Um die sensorische sowie die ernährungsphysiologische Qualität der Speisen und eine gute Produktqualität zu sichern, sollten die Warmhaltezeiten der Speisen möglichst auf 30 Minuten minimiert werden.

Durch eine gute Planung der Arbeitsabläufe können Schwachstellen frühzeitig erkannt und die Arbeitsorganisation optimiert werden.

Ökologische Aspekte wie Energie- und Wassereinsparung (z. B. Kombigargeräte oder Heißluftdämpfer) und Abfallvermeidung (z. B. Mehrwegverpackungen, Einsatz von Geschirr und Besteck, das nach der Reinigung wieder bereitgestellt wird) müssen bei der Planung mit berücksichtigt werden.

Digitalisierung bedeutet in der Organisation der Speisenproduktion eine Vernetzung der Geräte der einzelnen Produktionsstufen, zur Verbesserung der Qualität und Wirtschaftlichkeit. Die Produktionsstufen werden zeitlich aufeinander abgestimmt, der Lebensmittelverbrauch wird erfasst und bei Bedarf angepasst, ebenso wie der Verbrauch Strom und Wasser. Durch Verbindung mit dem Warenwirtschaftssystem der Lagerhaltung und dem Kassensystem der Speisenausgabe entsteht ein komplexes System, das den Austausch betriebsinterner Daten erleichtert.

Die Arbeitsprozesse in der Produktion sind automatisiert und vernetzt.
Vorteile sind z. B.:
- **Arbeitszeit und Energie werden gespart,**
- **Arbeitssicherheit und Speisenqualität optimiert.**
- **Garprozesse werden automatisch reguliert**
- **Speisen werden punktgenau zubereitet**
- **Optimierte Lagerhaltung**

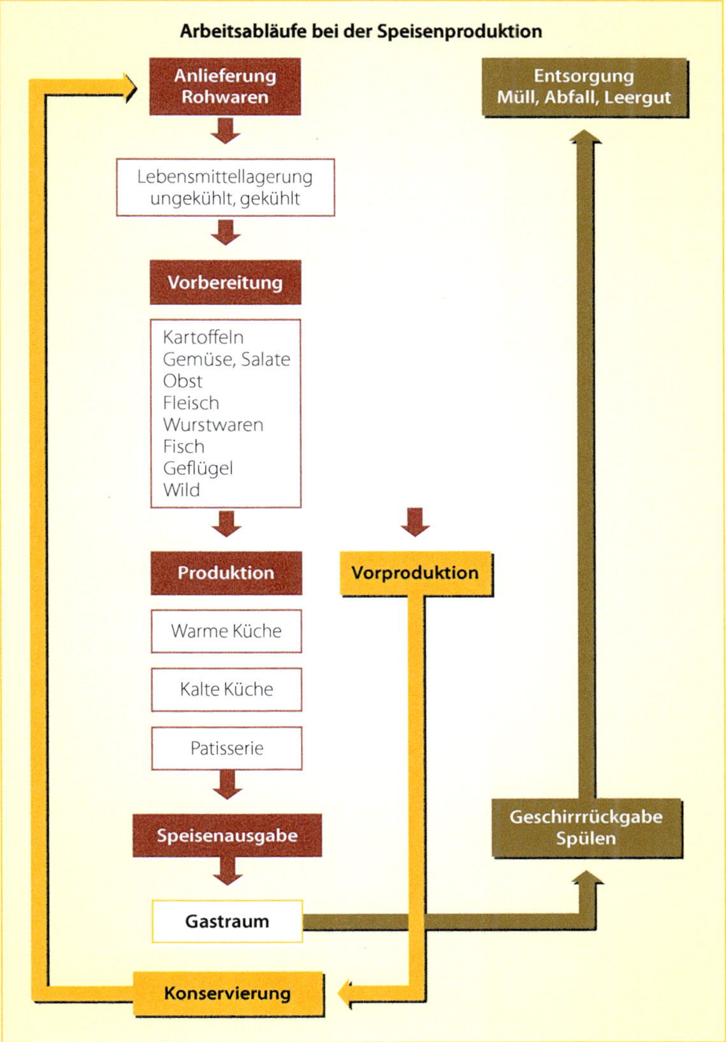

Arbeitsabläufe bei der Speisenproduktion
Anlieferung Rohwaren
Lebensmittellagerung ungekühlt, gekühlt
Vorbereitung
Kartoffeln
Gemüse, Salate
Obst
Fleisch
Wurstwaren
Fisch
Geflügel
Wild
Produktion
Vorproduktion
Warme Küche
Kalte Küche
Patisserie
Speisenausgabe
Gastraum
Konservierung
Entsorgung Müll, Abfall, Leergut
Geschirrrückgabe Spülen

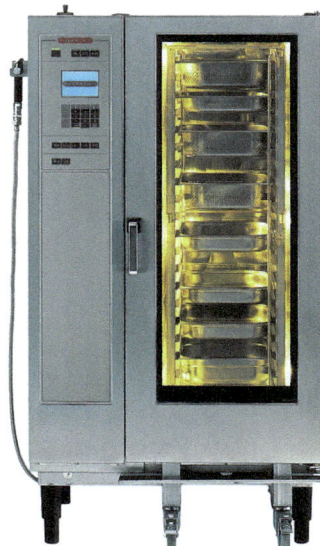

Heißluftdämpfer ermöglichen eine besonders schonende Speisenzubereitung. GN-Behälter, Bleche und Roste sind als Zubehör unverzichtbar.

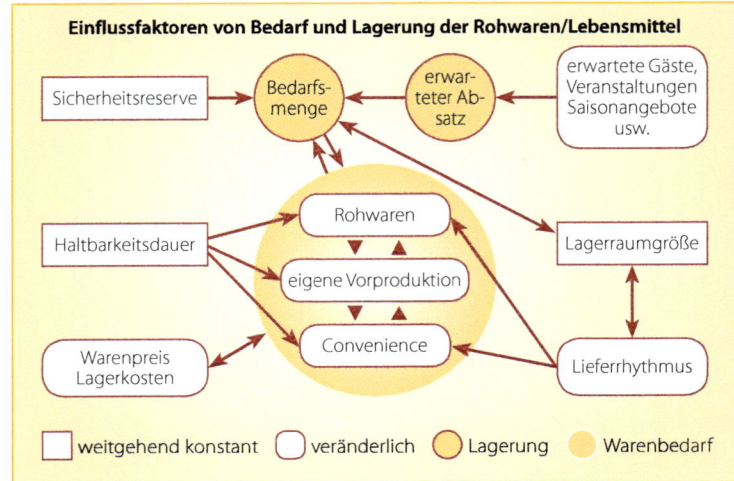

Einflussfaktoren von Bedarf und Lagerung der Rohwaren/Lebensmittel

Die Vorratsmenge im Lagerbestand sollte dem erwarteten Absatz angemessen sein. Zu geringe Lagerbestände erschweren die Bereitstellung eines die Essensteilnehmer zufriedenstellenden Verpflegungsangebotes und führen zu Mehrkosten durch Nachkauf. Zu hohe Lagerbestände können zu Qualitätsverlusten und Mehrkosten durch lange Lagerzeiten führen. Lieferrhythmus und Lagerraumgröße bestimmen u. a. die Höhe des Lagerbestandes. Zuerst eingelagerte Waren bzw. Waren mit dem kürzesten Mindesthaltbarkeitsdatum werden zuerst verbraucht.

2.6.2 FUNKTIONSBEREICHE IN DER KÜCHE

Der **Einkauf** deckt den unmittelbaren Materialbedarf, der sich aus der Anzahl der ausgegebenen Speisen ergibt. Ebenso muss die Vorratsplanung bedacht werden. Um qualitativ hochwertige Waren zu günstigen Preisen zu erhalten, ist eine Marktübersicht erforderlich. Dies geschieht durch das Einholen von Angeboten und deren Vergleich in Bezug auf Preis, Qualität und Lieferbedingungen. Auf **Nachhaltigkeit** (z. B. saisonale Produkte aus der Region, Bioprodukte, Fair-Trade-Produkte, Mehrwegverpackungen) sollte ebenso geachtet werden.

Die **Warenannahme** und **Lagerung** erfordert Kenntnisse aus dem Lernfeld 3.[1] Beim Einkauf und im Wareneingang werden alle Waren auf Qualität, Frische und Einhaltung der erforderlichen Temperatur überprüft. Die Lagerung der Lebensmittel erfolgt am besten in Warengruppen, z. B. Gemüse, Obst, Fleisch- und Wurstwaren, Trockenlager für Teigwaren, Zucker und Mehl. Lebensmittel, die andere durch ihren Geruch beeinträchtigen, z. B. Fisch, Käse und Zwiebeln, müssen getrennt gelagert werden. Außerdem ist auf eine Trennung von »rein« (Gemüse, Salate, Obst) und »unrein« (Fleisch, Geflügel, Eier) zu achten. Verderbliche Waren sind so zu sortieren, dass die zuerst gelagerten Waren zuerst verbraucht werden. Bei geöffneten Packungen wird das Anbruchdatum vermerkt. Vorbereitete Waren, die erst am nächsten Tag ausgegeben oder weiterverarbeitet werden sollen, können auf Gastronormwagen in dem Kühlraum oder in Roll-in-Kühlschränken gelagert werden. Rohe und zubereitete Speisen werden getrennt gelagert.

1 s. Band 3 dieser Fachbuchreihe, HT4203

Die **Lagerhaltung** und **Größe der Lagerzone** hängen von der Anzahl der täglich ausgegebenen Essen ab:

■ bei gekühlten Produkten mindestens der zwei- bis vierfache Tagesbedarf
■ bei umfangreicher eigener Vorproduktion der siebenfache Tagesbedarf
■ bei ungekühlt gelagerten Lebensmitteln der zehnfache Tagesbedarf

Vorbereitung: Zu Beginn werden die Waren nochmals auf ihre Qualität geprüft. Die Vorbereitung der Rohwaren erfolgt nach den Warengruppen Gemüse und Salate sowie Fleisch, Geflügel und Fisch räumlich oder zeitlich getrennt. Aus hygienischen Gründen müssen unter Umständen Zwischenreinigungen durchgeführt werden. Werden tiefgefrorene Rohwaren verwendet, sind diese in einem kühlen Raum abgedeckt aufzutauen. Sie müssen am selben Tag verarbeitet werden. Die Vorbereitung der Lebensmittel ist zeit- und personalaufwendig, daher werden in der Gemeinschaftsverpflegung häufig Convenience-Produkte eingesetzt.

Die Arbeitsabläufe bei der Vorbereitung von Gemüse zeigt folgende Abbildung.

Arbeitsablauf bei der Vorbereitung von Gemüse

Rohwaren/Arbeitsgeräte bereitstellen (= Rüsten)

schälen, putzen | **waschen, abtropfen** | **schneiden**

Die hauswirtschaftliche Fachkraft beachtet wichtige Grundlagen zur Arbeit in der Küche und leitet gegebenenfalls an:

▶ *Regeln zu Unfallverhütung, s. S. 15*
▶ *Hygiene in der Küche, s. S. 9 ff.*
▶ *Der richtige Umgang mit Messern, s. S. 28*
▶ *Techniken der Nahrungsvor- und -zubereitung*

Zubereitung: Die Berechnung des **Materialeinsatzes** anhand der Zahl der Essensteilnehmer und der Rezepturen, das genaue Abwiegen der Zutatenmengen und der Einsatz geeigneter Garverfahren sind wichtige Voraussetzung für die Qualität der Erzeugnisse, die Ermittlung des Nährstoff- und Energiegehaltes und gewährleisten die Wirtschaftlichkeit des Betriebes.

Rezepturkarteien dokumentieren den Materialeinsatz, den Arbeitsablauf und das erforderliche Zeitvolumen für die Herstellung bestimmter Speisen. Sie sind ein wichtiges Hilfsmittel für die Arbeitsplanung und Produktion.

Grundeinheit zur Berechnung des Materialeinsatzes ist das Kilogramm.

Ragouts (Rinder-, Wild-, Schweine-, Lammragout)

Menge (25 Portionen)
2,6 kg gemischtes Fleisch, ¼ l Öl, 1 kg Zwiebeln, 1½ mittlere Kellen Tomatenmark, ½ l Rotwein (nicht für Schwein und Lamm), 3 l Bouillon

Vorfertigung
Fleisch in 3-cm-Würfel schneiden, mit Salz und Pfeffer würzen (Wildgewürz bei Wild, Knoblauch bei Lamm).
In Öl anbraten, Zwiebeln hacken (Brunoise) und mit anbraten. Tomatenmark dazugeben und anrösten, mit Rotwein ablöschen, bis es Farbe annimmt, mit Bouillon auffüllen.
Ca. 40 min gar kochen, jeweils 5 Portionen in Folienbeutel füllen, evakuieren, schnellkühlen.

Vorfertigungszeit gesamt:
Zubereitung: …

Max. Lagerzeit:
7 Tage

Zubereitungszeit gesamt: …

Umrechnung von Gewichtseinheiten:

1 kg	=	1000 g
1 g	=	1000 mg
1 kg	=	2 Pfund
1 Pfund	=	500 g

In der **Zubereitung** werden Speisen für die Ausgabe gefertigt, angerichtet und für den direkten Verzehr bereitgestellt (= Fertigung). Dabei werden verschiedene Funktionen unterschieden: **Bereitstellen** (Rohwaren, Geschirr, Arbeitsgeräte), **Garen und Anrichten** sowie das **Ausgeben** der fertigen Speisen.

In der **Zubereitung** werden die Lebensmittel nach Warengruppen, z.B. Fleisch, Gemüse oder Salate, verarbeitet. Nach der Zubereitungsart unterscheidet man die »warme Küche« und die »kalte Küche«. Häufig weist die Küchenorganisation eine Posteneinteilung (= Einteilung nach Produktgruppen, z.B. Soßen, Suppen, Gemüse, Fleisch) auf. Die Aufgabenverteilung zwischen den Posten muss gut aufeinander abgestimmt sein.

Die **Zubereitung** umfasst auch die **Produktion** in Küchen. Diese entlastet Arbeitsspitzen und ermöglicht die Erweiterung des Angebots um arbeitsaufwendige Gerichte. Hier werden z.B. Soßen für den Tages- und Wochenbedarf hergestellt, Teigwaren, Gemüse oder Suppen vorgekocht. Für die Vorproduktion muss ausreichend Kühl- und Lagerraum zur Verfügung stehen.

Die Vorproduktion erleichtert die Arbeitsorganisation in der Küche und ermöglicht
- *die Organisation großer Veranstaltungen,*
- *die Vorfertigung von Gerichten durch Fachpersonal, sodass Hilfskräfte die Fertigstellung übernehmen können,*
- *die Vorfertigung zur Belieferung von Satelliten- und Ausgabeküchen, in denen die Speisen für den Verzehr fertig gestellt und an die Verpflegungsteilnehmer ausgegeben werden.*

Die **Speisenausgabe** stellt die Verbindung zwischen dem Produktions- und dem Gastbereich dar. Ein gutes Schnittstellenmanagement zwischen Küche und Ausgabe gewährleistet, dass die Speisen – ohne lange Stand- bzw. Warmhaltezeiten – mit einer hohen sensorischen und ernährungsphysiologischen Qualität an die Essensteilnehmer ausgegeben werden. Nach Aufbau und Anordnung werden verschiedene Ausgabesysteme unterschieden, vgl. S. 179 ff.

Die **Entsorgung der Abfälle** erfolgt nach einem festgelegten Entsorgungskonzept in Abhängigkeit von den anfallenden Abfall-, Müll-, und Leergutmengen. Nachhaltiges Handeln in der Küche ermöglicht, dass ein hoher Anteil des Abfalls recycelt und die Müllmenge reduziert werden kann.

Das Vorkochen darf nur erfolgen, wenn die Speisen innerhalb von drei Stunden auf max. +10 °C Kerntemperatur abgekühlt werden.

Beim Aufwärmen werden die Speisen mind. 2 Minuten auf 72 °C erhitzt.

Die **Reinigung** erfordert Kenntnisse aus dem Lernfeld 7.

Allgemeine Anforderungen an eine Gemeinschaftsverpflegung

Speisen/Getränke	1,3
Preis/Leistung	2,0
Service	3,1
Atmosphäre/Raum	3,7
Kontakt	4,2
Organisation/Info	4,6

Sechs vorgegebene Kriterien waren mit Noten zu gewichten (1 = sehr wichtig, 6 = nicht wichtig). Als wichtigstes Kriterium erweist sich für die Nutzer der Betriebskantine allgemein das Vorhandensein und die Güte von Speisen und Getränken. Auch das Preis-Leistungs-Verhältnis wird als wichtig eingeschätzt.

2.6.3 QUALITÄTSSICHERUNG BEI DER SPEISENHERSTELLUNG

Die »**Qualität**« kennzeichnet den Wert der verzehrfertigen Speisen. Qualitätssicherung hat zum Ziel, gesunde und bekömmliche Speisen und Erzeugnisse hoher Qualität herzustellen.

Die Qualität der Speisen in der Gemeinschaftsverpflegung wird durch verschiedene Faktoren bestimmt:

- Qualität der verwendeten Lebensmittel
- Speiseplan und Rezeptur sichern ein vollwertiges Speisenangebot
- verwendete Zubereitungs- und Garverfahren
- an die Verpflegungsteilnehmer angepasster Nährwert und Bekömmlichkeit
- sensorische Qualität: Geschmack, Konsistenz, Aussehen
- appetitliche Anrichtung und harmonische Farbgestaltung
- kostengünstige Kalkulation, angemessener Preis

Qualitätsstandards für die Verpflegung

Einkauf, z. B.
- *frische hochwertige Rohware*
- *ökologische Lebensmittelerzeugung*
- *Mindesthaltbarkeitsdatum*
- *geeignete Verpackung*

Lagerung, z. B.
- *Lagerdauer*
- *geeignete Lagerbedingungen*

Verarbeitung, z. B.
- *nährwertschonende Verarbeitung*
- *kurze Warmhaltezeiten*

Service, z. B.
- *saubere, angenehme Atmosphäre*
- *freundliche, zuvorkommende Bedienung*

Ausgabe, z. B.
- *sauberes, ansprechendes Geschirr*
- *Beratung bei der Speisenauswahl*

Hygiene
- *Produkt-, Betriebs- und Personalhygiene*
- *Abfallentsorgung*

Allgemeine Anforderungen an die Gemeinschaftsverpflegung/Außer-Haus-Verpflegung

Geschmack	1,3
Gesundheit	2,2
Essenpreis	2,7
Quantität	3,1

Allgemeine Anforderungen an die Gemeinschaftsverpflegung: Nutzer von Verpflegungseinrichtungen bewerten sechs vorgegebene Kriterien (1 = sehr wichtig, 5 = nicht wichtig)

Bei der Erstellung von **Qualitätsstandards** werden für die verschiedenen Speisen typische Qualitätsmerkmale festgelegt, die zur Beurteilung und Qualitätskontrolle des fertigen Erzeugnisses herangezogen werden können. Hierbei müssen die Erwartungen und die Ernährungsbedürfnisse der Essensteilnehmer bekannt sein und mit berücksichtigt werden. Alle Bereiche der Lebensmittelproduktion – Einkauf, Lagerung, Verarbeitung und Essenausgabe – sind Teile des Qualitätsmanagements und daher mit einzubeziehen. Außerdem müssen die Mitarbeiter regelmäßig geschult werden.

In der **Qualitätskontrolle** wird überprüft, ob das Produkt den Erwartungen der Essensteilnehmer sowie den Anforderungen an Nährwert und Sensorik entspricht. Dafür wird in regelmäßigen Abständen durch Interviews oder Fragebögen der Zufriedenheitsgrad der Essensteilnehmer ermittelt.
Neben einem vollwertigen Verpflegungsangebot sind auch Hygieneanforderungen sicherzustellen. Dazu gehört die Umsetzung des HACCP-Konzeptes, das die kritischen Punkte im Umgang mit Lebensmitteln erfasst.

KOMPETENZ-CHECK

1. *250 Mittagessen – Tomatensuppe, Medaillons mit Rahmchampignons, Kroketten und Mischgemüse, Bayerische Creme – sind herzustellen.*
   a) *Machen Sie eine genaue Arbeits- und Zeitplanung für Ihren Betrieb.*
   b) *Vergleichen Sie Ihren Arbeitsplan mit dem Ihrer Mitschülerinnen und ermitteln Sie Vor- und Nachteile der verschiedenen Vorgehensweisen.*
   c) *An welchen Stellen wäre eine Vorproduktion möglich?*
2. *Erläutern Sie die Durchführung der Arbeitsplanung und -organisation.*
3. *Welche Überlegungen müssen bei der Ermittlung des Materialbedarfs angestellt werden? Verdeutlichen Sie diese auch anhand eines selbst gewählten Beispiels aus Ihrem Betrieb.*
4. *Nennen Sie qualitätssichernde Maßnahmen, die bei der Lebensmittelverarbeitung in Ihrem Betrieb beachtet werden müssen.*
5. *Was müssen Sie beim Einkauf und bei der Lagerung von frischen Lebensmitteln/tiefgefrorenen Lebensmitteln beachten, um die Qualität der daraus hergestellten Speisen sicherzustellen?*
6. *Machen Sie eine Fantasiereise in die Welt der digitalen Küche in zehn Jahren.*

Fake Food – mehr Schein als Sein
Viele Lebensmittel im Handel halten nicht die Qualität, die die Werbung verspricht, z. B.
- ***Light-Wurstwaren:*** *haben oft mehr Fett als „normale" Wurst*
- ***Schwarze Oliven:*** *oft unreif geerntet und eingefärbt*
- ***Fitness-Körnerbrot:*** *ist oft normales eingefärbtes Weizenbrot*
daher, Lebensmittelkennzeichnung genau lesen! – nur wo Vollkorn draufsteht ist auch wirklich Vollkorn drin.

Die beheizten Wasserbadelemente halten die Speisen warm und erwärmen das Geschirr

Zentrale Bandportionierung in der Großküche

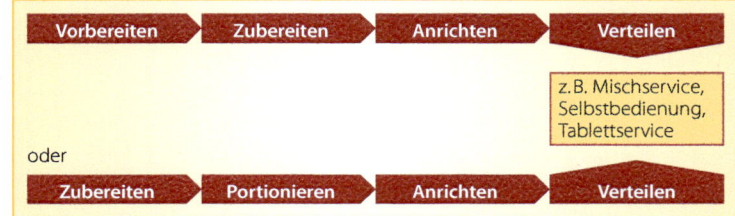

Das Essen wird im Tablettsystem unmittelbar nach der Herstellung warm verteilt

2.6.4 VERPFLEGUNGSSYSTEME

In der Gemeinschaftsverpflegung sowie im Privathaushalt ist die Nahrungszubereitung so zu organisieren, dass festgelegte Speisemengen für eine bestimmte Essenszeit zubereitet und für die Essensteilnehmer angerichtet sind.

Das Speisenangebot sollte eine ausgewogene Ernährung beinhalten, die auf die jeweilige Zielgruppe, z.B. Mensa, Schule oder Klinik, abgestimmt ist.

Der Küchenbetrieb ist auf das Verpflegungsangebot abzustimmen, indem Speisen und Getränke nach bestimmten Verpflegungssystemen hergestellt werden.

Die Verpflegungssysteme unterscheiden sich in der räumlichen und zeitlichen Kopplung von Produktion und Ausgabe sowie in der Art der verwendeten Speisenkomponenten:

1. **Warmverteilsysteme** verteilen das Essen unmittelbar nach der Zubereitung.

▶ Beim **Frischkostsystem – cook & serve** werden für die Zubereitung überwiegend frische Lebensmittel verwendet. Die Speisen werden vor Ort gekocht und unmittelbar nach der Zubereitung an die Essensteilnehmer ausgegeben. Aus wirtschaftlichen Gründen ist in der Gemeinschaftsverpflegung ein reines Frischkostsystem nur selten möglich.

▶ Bei dem **Mischkostsystem – cook & serve** kommen neben frischen Komponenten auch Convenience-Produkte zum Einsatz, z.B. Fleisch- und Gemüsekomponenten als Kühl- oder Tiefkühlware. Beilagen, wie Kartoffeln, Reis oder Nudeln und frisch zubereitete Salate, Rohkost und Desserts ergänzen die Gerichte vollwertig.

▶ **Warmverpflegung – cook and hold**
Hier werden die Speisen in einer Zentralküche zubereitet, in wärmeisolierten Transportbehältern (Thermophoren) ausgeliefert und bis zur Essensausgabe warm gehalten. Das Essen soll maximal zwei Stunden, Gemüse nicht länger als eine Stunde warm gehalten werden, da sonst Nährstoffgehalt und Geschmack sehr leiden. Die Warmhaltetemperatur muss aus hygienischen Gründen mindestens 70 °C betragen. Die Speisen sollten eine Kerntemperatur von 65 °C haben. Die langen Warmhaltezeiten beeinträchtigen bei vielen Speisen Geschmack, Farbe und Textur.

Herstellen und Servieren eines Gerichts im Warmverteilsystem

Vorbereiten	Zubereiten	Anrichten	Verteilen
			z.B. Mischservice, Selbstbedienung, Tablettservice

oder

Zubereiten	Portionieren	Anrichten	Verteilen

2. **Kaltverteilsysteme:** Die Speisen werden unmittelbar nach dem Garen heruntergekühlt und meist verpackt gekühlt oder tiefgefroren bis zum Verzehr gelagert. Unmittelbar vor dem Verzehr erfolgt die Regenerierung (Erwärmung) der Speisen. Frisch zubereiteter Salat, Rohkost, Obst oder Desserts ergänzen die Speisenkomponenten vollwertig. Das Kaltverteilsystem erfordert eine hohe Lagerhaltung, höhere Energiekosten und eine spezielle Geräteausstattung.

Herstellen und Servieren eines Gerichts im Kaltverteilsystem:

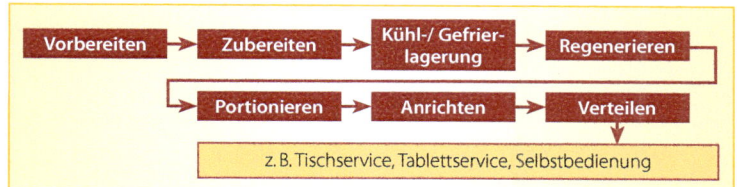

Vorbereiten → Zubereiten → Kühl-/Gefrierlagerung → Regenerieren → Portionieren → Anrichten → Verteilen → z. B. Tischservice, Tablettservice, Selbstbedienung

Portionieren

Im Kaltverteilsystem werden folgende Systeme unterschieden:
■ **Cook & Chill** (engl.: Kochen und Kühlen) hat in der Großküchenverpflegung eine zunehmende Bedeutung

Der Arbeitsablauf von Cook & Chill ist wie folgt:
1. **Garen der Speisen** (in Chargen oder Portionen) – die Speisenkomponenten werden entweder voll durchgegart oder nur zu 90 %. Für den Garprozess sind alle herkömmlichen Verfahren einsetzbar, frittierte Speisen sind nur begrenzt geeignet.
2. **Abfüllen in Gastronormbehälter** – die Heißportionierung sollte innerhalb von 30 Minuten bei > 70 °C Speisenkerntemperatur erfolgen.

Schockkühlen

3. **Kühlen** auf 2 bis 4 °C Kerntemperatur innerhalb von 90 Minuten nach dem Garende
4. **Kühllagerung** bei 0 bis 4 °C bis zu 72 Stunden
5. **Eventuell Kaltportionierung** der Speisen auf Teller oder Tabletts
6. **Regenerieren im Heißluftdämpfer** (auf ca. 65 °C Kerntemperatur in 5 bis 7 Minuten)
7. **Portionieren/Anrichten**
8. **Ausgabe der Speisen** mit einer Verzehrtemperatur von mind. 65 °C

Beachten Sie beim »Cook & Chill«!
▶ Speisen unmittelbar nach dem Garen herunterkühlen.
▶ Kaltportionierung in kühlen Räumen mit ca. 10 °C durchführen.
▶ Regenerierprogramm auf Speisen einstellen; Speisen geschickt je nach Wärmeleitfähigkeit zusammenstellen.
▶ Kerntemperatur von 65 °C beim Regenerieren über 5 bis 7 Minuten halten.
▶ Würzung je nach Rezept anpassen.
▶ Bindemittelmenge anpassen oder Bindemittel austauschen (viele Bindemittel sind nicht gefrierstabil!).
▶ Rezepturen jeweils auf ihre Tauglichkeit für »Cook & Chill« überprüfen. (Schulung des Personals erforderlich.)

Regenerieren

■ **Cook & Freeze** (engl.: Kochen und Gefrieren) weist die entsprechenden Arbeitsstufen auf, jedoch werden hier die gegarten Speisen bei −30 °C bis −40 °C schockgefroren und danach bei −18 °C gelagert.
Beim Kaltverteilsystem muss eine lückenlose Kühlkette eingehalten werden. Nach einer Regenerierung im Heißluftdämpfer kann portioniert und ausgegeben werden.

Warmhalten mit Thermohaube

Welches Verteilsystem am geeignetsten ist, hängt von vielen Faktoren ab, z. B.

- räumliche und personelle Möglichkeiten,
- Anzahl der Verpflegungsteilnehmer und deren Ansprüche,
- räumliche Entfernung von Produktionsstätte und Speisenausgabe.

KOMPETENZ-CHECK

1. Ermitteln Sie die Vorteile/Nachteile des Cook-&-Chill-Verfahrens.
2. Informieren Sie sich über den Gerätebedarf für die Ausstattung einer Küche mit Cook & Chill.
3. Nennen Sie geeignete Speisen, die im Cook-&-Chill-System angeboten werden können. Welche Speisen sollten eher frisch zubereitet werden?

2.6.5 AUSGABESYSTEME

Verpflegungsangebote sollten **wertschätzend gestaltet und serviert** werden. Die Tischgäste genießen ein appetitlich zubereitetes Speisenangebot, das ansprechend angerichtet ist und in einer angenehmen Essatmosphäre freundlich serviert wird.

Besonders Menschen mit gesundheitlichen Beeinträchtigungen können oft ihre Mahlzeit nur dann aufnehmen, wenn sie appetitlich zubereitet und auf ihren besonderen Bedarf ausgerichtet ist. Manchmal benötigen sie die Hilfe des Servicepersonals beim Zerkleinern der Speisen oder dem Verzehr. Ein wertschätzendes Speisenangebot kann für sie existentiell wichtig sein.

In der Speisenausgabe werden die fertigen Speisen an die Verpflegungsteilnehmer verteilt. Aufbau und Anordnung der Speisenausgabe werden wesentlich von dem Speisenverteilsystem, dem Speisenangebot und der Bedienungsmethode bestimmt. Die möglichen Geschirrteile, vom Tablett über das Porzellangeschirr bis hin zu Gläsern, Tassen, Besteck und Servietten, sind festzulegen. Ebenso muss das Getränkeangebot bestimmt werden. Kaffee kann z. B. in einem gesonderten Bereich eingenommen werden und entlastet damit die Speisenausgabe.

Für den Tischservice ist die Anordnung der Küchenausgabe in unmittelbarer Nähe des Gastbereichs günstig. Neben der Bedienung am Tisch wird heute die Selbstbedienung bevorzugt, die personal- und zeitsparender ist. Sogenannte

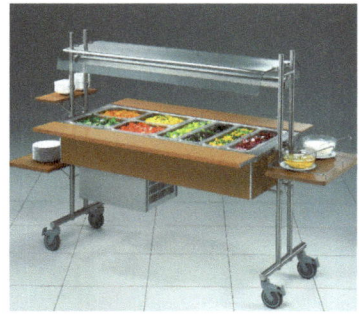

Salatbüfetts

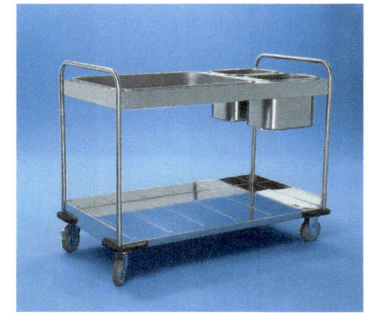

Servierwagen zum Abräumen des Geschirrs

vorgeschobene Ausgaben (z. B. Frühstücks-, Salat-, Kuchenbüfetts, Pizzaofen, Fertigungsküche) präsentieren das Speisenangebot in unmittelbarer Gastnähe. Diese Ausgabesysteme brauchen eine gute Anbindung an die Küche.

Bei Ausgabesystemen muss auch die Rücknahme von Geschirr, Essensresten und sonstigen Abfällen mit bedacht werden.

Es gibt verschiedene Systeme der Speisenausgabe:

Ausgabetheke

■ Ausgabetheke
Sie wird mit einer Auswahl an heißen Speisen (Warmhaltung erfolgt in Gastronormbehältern), kalten Gerichten, z. B. Salaten, Desserts, und Getränken beschickt. Die einheitlichen oder individuellen Menüs werden vom Ausgabepersonal für den Gast portioniert, spezielle Wünsche können berücksichtigt werden. Der Gast versorgt sich eigenständig mit Geschirr und Besteck und entsorgt dieses an der Geschirrrückgabe.

■ Bandausgabe
Sie wird bei großen Essensleistungen in Werksküchen, Mensen oder anderen Einrichtungen der Großverpflegung eingesetzt. Einheitlich zusammengestellte Menüs werden vom Gast an einem Fließband entgegengenommen. Der Gast hat keinen Einfluss auf die Zusammenstellung der Speisen und die Portionsgröße.

Das Ausgabeband reicht von der Küche bis in die Ausgabe. Im Küchenbereich werden die Geschirrteile (Menagen, dreigeteilte Teller usw.) auf das Band gesetzt und die Menübestandteile sofort portioniert. Je Menükomponente ist meist eine Kraft erforderlich. Die angerichteten Teller laufen in die Ausgabe und werden dort in Selbstbedienung abgenommen. Die Bandgeschwindigkeit ist stufenlos regelbar und beträgt im Durchschnitt 0,25 m/s, sodass der Gast drei bis vier Sekunden Zeit hat, um das Essen abzunehmen.

Obwohl die Bandausgabe ein sehr rationelles System mit einer hohen Anzahl an ausgegebenen Essen und geringem Raumbedarf ist, wird sie aufgrund des steigenden Trends zur Kostdifferenzierung und zur »Erlebnisgastronomie« immer seltener eingesetzt.

*Die **warmen Speisen** werden in Gastronormbecken heiß gehalten (ca. 65 °C).*

*Die **kalten Speisen** werden in Kühlwannen, auf Frosterplatten oder in gekühlten Kaltaufsätzen (7–12 °C) präsentiert.*

Von der Kundenseite sind die Gerichte durch Aufsatzgestelle mit Hustenschutz geschützt.

Die Speisen werden nur in saubere, noch nicht benutzte Behältnisse gefüllt. Frische Speisen dürfen nicht zu Restmengen gegeben werden.

■ Cafeteriaausgabe
Eine Auswahl an Menüs und die Beilagen können meistens frei gewählt werden, Getränke werden in einer Verkaufstheke in Selbstbedienung angeboten. Das System bietet dem Gast Komfort und einen guten Angebotsüberblick.

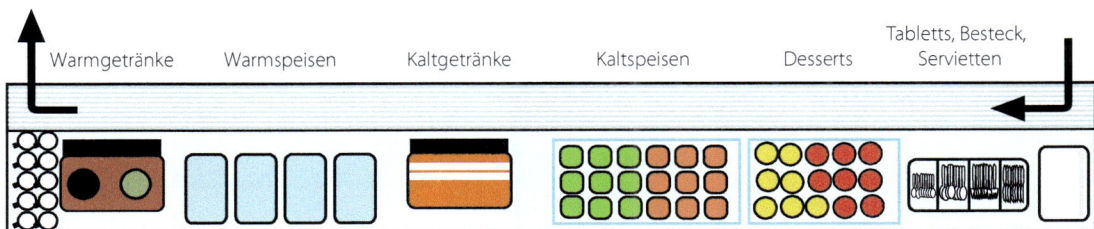

| Warmgetränke | Warmspeisen | Kaltgetränke | Kaltspeisen | Desserts | Tabletts, Besteck, Servietten |

Cafeteriaausgabe

Die Salatbar mit der Dressing-Station ist das Herzstück der Kaltausgabe

Heiße Getränke werden an separaten Ausgabestationen in Selbstbedienung angeboten

Speiserestaurant in einem Altenheim

Free-Flow-Cafeteria: Sie bietet durch die offene Gestaltung von »Funktionsinseln« eine anregende Atmosphäre, in der die Angebote der Küche besser zur Geltung kommen.

Je nach Anordnung werden z. B. die **Cafeteria-Linie** und die **mobile Cafeteria** unterschieden – beide Systeme sind sehr häufig im Einsatz.

Die **Cafeteria-Linie** ordnet die verschiedenen Ausgabegeräte nebeneinander (in Linie, in Reihe) an. Eine Tablettrutsche auf der Kundenseite dient als Unterlage zum Absetzen und Schieben des **Tabletts**. Am Anfang stehen Tabletts, häufig auch Bestecke und Servietten bereit, die von dem Tischgast selbst entnommen werden. Fahrbare **Geschirrspender** für Teller, Suppentassen oder Dessertschalen sind zwischen den Ausgabegeräten angeordnet. Die **Bezahlung** erfolgt an der Kasse am Ende der Linie.

Die Ausgabe beginnt entweder mit **kalten Speisen**, über warme Gerichte bis hin zu Heißgetränken oder mit **warmen Speisen**, danach Beilagen, Salate, Desserts sowie Kalt- und Heißgetränke.
Die Warmausgaben sind meist durch Bedienungspersonal besetzt.

Die **mobile Cafeteria** besteht aus fahrbaren Ausgabegeräten, die individuell zusammengestellt werden können. Sie wird besonders bei Kongressen und anderen Großveranstaltungen eingesetzt.

Die **Cafeteria mit Grillstand** ermöglicht in kleinen Ausgabesystemen, Kurzbratgerichte unmittelbar nach der Bestellung hinter der Cafeteria-Linie zuzubereiten.

■ Tablettsystem
In Krankenhäusern und Einrichtungen werden für die Essensteilnehmer individuelle Menüs (z. B. spezielle Diäten) in der Zentralküche auf Tabletts angerichtet und im Tablettwagen auf der Station oder im Speisesaal ausgegeben. Das Ausgabepersonal muss bei der Speiseportionierung über die individuellen Essenswünsche genau informiert sein.

■ Free-Flow-Cafeteria
Sie löst die lange Ausgabetheke in einzelne frei stehende Ausgabeeinheiten auf, die verschiedene Speisenangebote – Frühstücksbüfett, Salatbüfett, kalte Delikatessen, Suppenstation, warme Gerichte, Show-Küche (Fertigungsküche) sowie kalte und warme Getränke – anbieten. Die Gäste können sich frei bewegen und bedienen.

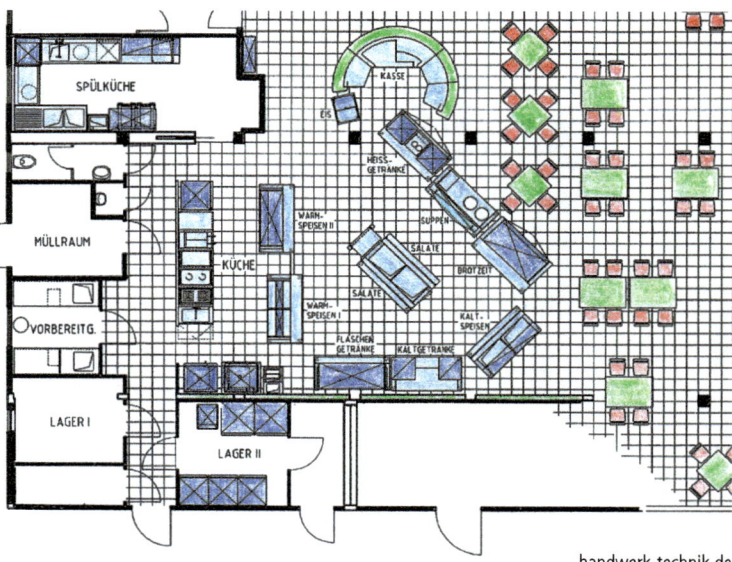

Die Ausgabetheken sind in der Regel unterteilt nach kalten Speisen – Salate, Desserts und Kuchen – und warmen Speisen einschließlich Suppen. Kalte und heiße Getränke werden meistens an einer separaten Ausgabeanlage angeboten. Salate und Dressing stehen oft in einer Salatbar mitten im Raum. Die Tischgäste können sich so von allen Seiten bedienen.

Wesentliche Vorteile dieses Systems sind z. B.

- freie Bewegung im Ausgabebereich – keine Schlangenbildung
- individuelle Speiseauswahl
- optimaler Speisenumfang und Präsentation
- chargenweises frisches Nachgaren von Menübestandteilen
- Erholungs- und Erlebniswert

Der Speiseplan bzw. das Speisenangebot muss den Verpflegungsteilnehmern zugänglich gemacht werden, z. B. an der Speisenausgabe, durch Aushang oder im Internet.

Ein wertschätzender persönlicher Service, der auf die individuellen Bedürfnisse der Essenteilnehmer eingeht, und ein appetitliches Anrichten der Speisen fördern die Zufriedenheit.

Service und Kommunikation tragen wesentlich zur Akzeptanz der Speisen bei. Das Personal an der Speisenausgabe steht in direktem Kontakt mit den Verpflegungsteilnehmern und sollte sicher und kompetent auf Fragen eingehen. Auf empfehlenswerte Gerichte, z. B. Spezialitäten oder gesundheitsfördernde Alternativen, wird hingewiesen. Das Personal erfragt die Speisenwünsche und Portionsgrößen und ist den Essensteilnehmer beim Service behilflich.

Die Meinung der Verpflegungsteilnehmer gibt wichtige Anregungen für die Auswahl der Speisen und den Service. Wird eine Kritik an das Ausgabepersonal herangetragen, sollten sich die Mitarbeiter persönlich um eine Lösung bemühen. Anregungen der Gäste werden freundlich aufgegriffen. Beschwerden und Anregungen sind immer an die Küche weiterzuleiten. Sie müssen dokumentiert und Verbesserungen umgesetzt werden.

Getränkeangebot

Um das Angebot von heißen und kalten Getränken genau zu planen, muss festgelegt werden, welche Getränke über Zapfanlagen bzw. Dispenser und welche in Flaschen oder Verpackungen verkauft werden. Kaffee hat meistens den höchsten Durchsatz, dies ist entsprechend beim Geräteeinsatz zu berücksichtigen.

Zur besseren Information der Verpflegungsteilnehmer müssen

- *Speisen/Gerichte eindeutig bezeichnet sein,*
- *nährstoffoptimierte Speisen optisch hervorgehoben werden,*
- *Fleisch und Fleischerzeugnisse und die Tierart, von der sie stammen, genau benannt sein,*
- *Gerichte, die Alkohol enthalten, deklariert sein.*

Beispiele für Serviceformen in der Gemeinschaftsverpflegung

Serviceformen	Durchführung
Bedienung am Tisch	a) **Teller-Service:** Die Speisen werden in der Küche auf dem Teller angerichtet und am Tisch serviert. b) **tischweise Portionierung:** Die Speisen werden in der Küche auf Platten/in Schüsseln angerichtet; die Portionierung erfolgt am Tisch durch die Servicekraft/den Tischgast.
Selbstbedienung	a) **Büfett:** Auswahl und Zusammenstellung der Speisen und Getränke am Büfett durch den Gast in Selbstbedienung; Hilfe bei der Speisenausgabe durch die Mitarbeiter. b) **Free-Flow:** Stände mit verschiedenen Angeboten, die z. T. vor dem Gast zubereitet werden; der Gast wählt frei aus und ist an keine Speisenfolge gebunden (Erlebnisgastronomie). c) **Ausgabetheke:** Nebeneinander angeordnete Ausgabegeräte mit einem definierten Angebot an Speisen und Getränken

KOMPETENZ-CHECK

1. *Beschreiben Sie den Ablauf der Essensausgabe in Ihrem Betrieb. Stellen Sie die Vorteile und Nachteile heraus (z. B. Komfort, Auswahl, Platz- und Personalbedarf, Kundenfreundlichkeit).*

2. *Vergleichen Sie Warmverteilsysteme, z. B. »Cook-&-Serve« mit Kaltverteilsystemen, z. B. »Cook-&-Chill«. Nennen Sie jeweils Vorteile und Nachteile.*

3. *Begründen Sie, warum die Speisen beim Cook-&-Chill-System unmittelbar nach dem Garen schockgekühlt werden.*

4. *Vergleichen Sie die folgenden Ausgabesysteme miteinander: Ausgabetheke – Fließbandausgabe – Cafeteriaausgabe.*

5. *In der Gastronomie wird häufig das Free-Flow-System eingesetzt. Überlegen Sie, welche Vorteile dieses System bietet.*

2.6.6 PREISVERGLEICH BEIM EINKAUF, PLANUNG DES MATERIALEINSATZES, BERECHNUNG VON REZEPTUREN, KOSTENKALKULATION

Brutto- oder Nettogewicht?

Beim Einkauf muss unterschieden werden zwischen

■ *Bruttogewicht*
■ *Nettogewicht*

Bruttogewicht = *Gewicht der Ware*
  + *Verpackungsgewicht*

Nettogewicht = *Gewicht der Ware*
  (*ohne Verpackung*)

Die Preiskalkulation der angegebenen Speisen muss kostendeckend und konkurrenzfähig berechnet werden. Kostengünstiger Einkauf der Rohwaren, Kalkulation der Verluste durch Vor- und Zubereitung, fachkundige Auswahl und Berechnung von Rezepten sowie die Ermittlung der Erträge sind dazu Voraussetzungen. Durch den Einsatz von Convenience-Produkten können zeitliche und personelle Kapazitäten eingespart und die Preise günstiger kalkuliert werden.

Preisvergleiche

Durch Preisvergleiche können günstige Angebote ermittelt werden. Dabei sollte aber auch die Qualität der Rohwaren berücksichtigt werden. So ist es oft günstiger, bei der Speiseplanung saisonale Produkte aus der Region zu verwenden.

Bei der Verköstigung sind nicht nur die Kosten, sondern auch Aspekte wie Qualität und Nachhaltigkeit zu berücksichtigen, z. B.

■ *regionale Herkunft*
■ *saisonaler Anbau*
■ *fairer Handel*
■ *gute Ökobilanz (ökologischer Wasserfußabdruck s. S. 83)*

Beispiel 1: Preisvergleiche helfen sparen

Von drei Direktvermarktern wird Spargel zu den folgenden Preisen angeboten:
Angebot 1: 10 kg zu 25,00 €
Angebot 2: 25 kg zu 30,00 €
Angebot 3: 5 kg zu 50,00 €
Welches Angebot ist am preisgünstigsten?

Rechnung:

Angebot 1:	Angebot 2:	Angebot 3:
10 kg = 25,00 €	???	???
1 kg = 2,50 €		

Beispiel 2: Verluste verändern den Preis

Beim Schälen des Spargels aus dem Beispiel 1 treten unterschiedliche Putzverluste auf:

Angebot 1: 15 %   Angebot 2: 25 %   Angebot 3: 35 %

Berechnen Sie für die Spargelangebote im Beispiel 1 den Materialwert von 100 g geschältem Spargel und ermitteln Sie das günstigste Angebot.

Rechnung:

Angebot 1:	Angebot 2:	Angebot 3:
100 % = 10 kg	???	???
85 % = 8,5 kg		
8,5 kg = 25,00 €	???	???
1 kg = 2,94 €		
100 g = 0,29 €	100 g = ???	100 g = ???

Beispiel 3: Beim Einkauf Zubereitungsverluste berücksichtigen

Die Metzgerei Müller liefert 12 kg Rinderbraten zu 4,50 €/kg, die Metzgerei Krause 14 kg zu 6,00 €/kg. Nach dem Garen wiegt der Braten der Firma Müller noch 9,120 kg, der Firma Krause 12,040 kg.

a) Berechnen Sie jeweils die Gewichtsverluste.
b) Berechnen Sie den neuen Warenpreis pro kg und ermitteln Sie das günstigste Angebot.

Antwort: Der Gewichtsverlust beträgt 24 % (Fa. Müller), 14 % (Fa. Krause).

Rechnung:

a) 100 % = 12 kg   100 % = 14 kg
   12 kg – 9,120 kg = 2,880 kg   14 kg – 12,040 kg = 1,960 kg
   2,880 kg = 24 %   1,960 kg = 14 %

b) 12 kg · 4,50 € = 54,00 €   14 kg · 6,00 € = 84,00 €
   9,120 kg = 54,00 €   12,040 kg = 84,00 €
   1 kg = 5,92 €   1 kg = 6,98 €

Antwort: Der Rinderbraten der Metzgerei Müller ist am günstigsten.

> Bei der Vor- und Zubereitung von Lebensmitteln ergeben sich Verluste, die bei der Kalkulation des Materialeinsatzes berücksichtigt werden müssen.

Beispiel 4: Planung der benötigten Lebensmittelmenge (Materialeinsatz)

Für ein Mittagessen für 85 Personen werden je Portion 180 g geschälte Kartoffeln benötigt. Der Schälverlust beträgt 20 %.
Wie viel kg Kartoffeln müssen bereitgestellt werden?

Rechnung:

180 g (= Gewicht der Rohware – Putzverlust) = 80 %
100 % = 225 g (Rohware pro Portion)
225 g · 85 Portionen = 19 125 g = 19,125 kg

Antwort: 19,125 kg Kartoffeln müssen für 85 Personen bereitgestellt werden.

Übungsaufgaben:

1. *25 kg Birnen mit Karton kosten 25,00 €. Der Karton wiegt 1,2 kg. Berechnen Sie den Nettopreis für 1 kg Birnen.*

2. *Machen Sie einen Preisvergleich von Portionspackungen (Butter, Marmelade, Käse, Quark, Brot) mit selbst portionierten Lebensmitteln.*

3. *Frische Möhren kosten 1,90 €/kg. Der Putzverlust beträgt 20 %. Im Tiefkühlsortiment werden 400 g Möhren für 0,99 € angeboten. Ermitteln Sie das günstigste Angebot.*

4. *4,5 kg Schweinebraten (4,50 €/kg) wiegen nach dem Garen noch 3,8 kg.*
   a) *Berechnen Sie den Garverlust.*
   b) *Berechnen Sie den Warenpreis von 100 g gegartem Schweinebraten.*
   c) *Für ein Mittagessen werden 46 Portionen Schweinebraten zu je 120 g benötigt. Wie viel kg Schweinebraten müssen eingekauft werden?*

5. *Berechnen Sie die erforderlichen Gemüsemengen, die jeweils für 40 Portionen zu je 150 g bereitgestellt werden müssen.*
   Verluste:
Blumenkohl	*30 %*
grüne Bohnen	*10 %*
Möhren	*25 %*
grüne Erbsen (mit Schoten)	*65 %*

6. *2,5 kg Rinderbraten (6,50 €/kg) verliert beim Braten 20 % Gewicht. 2,5 kg Suppenfleisch (4,00 €/kg) verliert beim Kochen 15 % Gewicht.*
   a) *Wie viele Portionen zu je 120 g können aus dem gebratenen/ aus dem gekochten Rindfleisch hergestellt werden?*
   b) *Ermitteln Sie den Preis von einer Portion gebratenem/gekochtem Rindfleisch.*

Übungsaufgaben:

1. *Berechnen Sie die Rezepturen für 80 und für 145 Personen.*

🟧 **Kartoffelpüree (100 Portionen)**

   25 kg Kartoffeln
   50 g Salz
   5 l Wasser
   4 l Trinkmilch, 1,5 %
   10 g Muskatnuss

🟧 **Rindfleischsalat (100 Portionen)**

   6 kg Rindfleisch (mager)
   4 kg Paprika (eingelegt)
   3 kg Mais in Dosen
   1 l saure Sahne
   5 g Pfeffer, weiß
   40 g Salz
   200 ml Weinessig

2. *Als Imbiss für 60 Personen wird eine Kartoffelsuppe mit Frankfurter Würstchen angeboten. Kalkulieren Sie den Selbstkostenpreis für das Essen. An Betriebskosten entstehen 7,50 €.*

🟧 **Kartoffelsuppe: (100 Personen)**

200 g Butter	*(0,90 €/250 g)*
2 kg Sellerie	*(1,90 €/kg)*
2 kg Porree	*(3,00 €/kg)*
2 kg Möhren	*(3,00 €/kg)*
5 kg Kartoffeln	*(10,00 €/25 kg)*
22 l klare Brühe	*(0,95 €/l)*
50 g Salz	*(0,54 €/500 g)*
20 g Zucker	*(0,80 €/kg)*
10 g Majoran	*(2,00 €/50 g)*
50 g Petersilie	*(1,45 €/50 g)*

🟧 **Frankfurter Würstchen**

   (0,80 €/Stück)

3. *Erstellen Sie die Rezeptur des Kartoffelgratins für 28 Personen.*

🟧 **Kartoffelgratin (10 Portionen)**

   1,5 kg geschälte Kartoffeln
   0,6 l Schlagsahne
   0,2 kg Reibekäse
   0,07 kg Butter
   0,001 kg Knoblauch
   Kalkulieren Sie den Preis für das Gratin und vergleichen Sie diesen mit den Kosten für die entsprechenden Convenience-Produkte. Verwenden Sie die Lebensmittelpreise aus Ihrem Supermarkt!

Beim Putzen von 12 kg Rosenkohl entstehen 1,5 kg Abfall.

a) Ermitteln Sie den Putzverlust in Prozent.
b) Für die Mittagsverpflegung werden 65 Portionen Rosenkohl zu je 150 g benötigt. Wie viel kg Rosenkohl müssen eingekauft werden?

Rechnung:

a) 12 kg = 100 %
   1,5 kg = 12,5 %

Antwort: Der Putzverlust beträgt 12,5 Prozent.

b) 65 Portionen · 0,150 kg = 9,750 kg (garfertiger Rosenkohl)
   87,5 % = 9,750 kg
   100 % = 11,142 kg

Antwort: 11,142 kg Rosenkohl müssen eingekauft werden.

Berechnung von Rezepturen

Rezepturen werden allgemein für 10 oder 100 Personen aufgestellt. Mit einem Umrechnungsfaktor lassen sie sich auf die gewünschte Personenzahl/Anzahl Portionen umrechnen.

Beispiel 5: Weincreme (Originalrezept für 100 Personen)

Rechnen Sie die Rezeptur für Weincreme auf 280 Personen um.

Zutaten

800 g Zucker
40 Eidotter (600 g)
3,5 l Weißwein
10 g Zitronensaft
120 g Gelatine (Blatt-), weiß
40 Eiklar
1,5 l Sahne, 30 %

Rechnung:

Ermittlung des Umrechnungsfaktors:

$$\frac{\text{Portionen}}{\text{Rezepturmenge}} = \frac{280}{100} = 2{,}8$$

Alle Zutaten werden mit dem Faktor 2,8 multipliziert.

Kostenkalkulation

Aus den Materialkosten der Rezeptzutaten und den Betriebskosten (Kosten für Personal, Energie, Mieten und Abschreibungen) wird der Selbstkostenpreis errechnet. Rechnet man den Gewinn sowie die Mehrwertsteuer dazu, erhält man den Verkaufspreis.

Kalkulation des Verkaufspreises:

Materialkosten
+ Betriebskosten
_____
= Selbstkostenpreis

+ Gewinn
+ Mehrwertsteuer (= 19 %)
_____
= Verkaufspreis

Beispiel 6: Für den Weihnachtsbasar werden Nussplätzchen hergestellt.

Für den Teig werden verwendet:
600 g Mehl (0,30 €/kg), 600 g Butter (0,90 €/250 g), 600 g Zucker (0,80 €/ kg), 750 g Haselnüsse (0,75 €/250 g), 8 Eier zu je 55 g (0,15 €/Stück).

Für die Glasur werden benötigt:
800 g Puderzucker (0,40 €/250 g), 8 Esslöffel Zitronensaft zu je 15 g (= 4 Zitronen, 0,40 €/Stück).

a) Wie teuer sind die Zutaten für das Gebäck (Materialkosten)?
b) Wie viel Gramm Plätzchen erhält man, wenn durch das Backen 20 % Gewichtsverlust entsteht?
c) Ermitteln Sie den Verkaufspreis für 250 g Nussplätzchen. An Betriebskosten müssen 15,00 € berücksichtigt werden.

Rechnung:

a)
Mehl	0,18 €
Butter	2,16 €
Zucker	0,48 €
Haselnüsse	2,25 €
Eier	1,20 €
Puderzucker	1,28 €
Zitronensaft	+ 1,60 €

Materialkosten = 9,15 €

Antwort: Die Zutaten kosten 9,15 €.

b) Gewicht der ungebackenen Plätzchen: 100 % = 3910 g
Gewicht nach dem Backen: 80 % = 3128 g

Antwort: Man erhält 3128 g Plätzchen.

c) Gesamtpreis = 9,15 € + 15,00 € = 24,15 €

Verkaufspreis:
Materialkosten	9,15 €
+ Betriebskosten	15,00 €
Selbstkostenpreis	24,15 €

3128 g = 24,15 €
100 g = 0,77 €
250 g = 1,93 € Selbstkostenpreis

Selbstkostenpreis/250 g	= 1,93 €
+ Gewinn 10 %	= 0,193 €
+ Mehrwertsteuer 19 %	= 0,367 €
Verkaufspreis	2,49 €

Übungsaufgaben:

1. *Sie stellen für das Café Ihrer Schule Vanillekipferl her.*

   Vanillekipferl (Grundrezept)
   250 g Mehl
   100 g geriebene Mandeln
   100 g Zucker
   150 g Butter
   1 Vanillinzucker
   2–3 Esslöffel Puderzucker

a) *Sie stellen die 6-fache Rezeptmenge her. Kalkulieren Sie die Materialkosten. Verwenden Sie die Lebensmittelpreise aus Ihrem Supermarkt.*
b) *Wie viel Gramm Plätzchen erhalten Sie, wenn durch das Backen 15 % Backverlust entstehen?*
c) *Ermitteln Sie den Verkaufspreis für 100 g Vanillekipferl. An Betriebskosten sind 20,00 € zu berücksichtigen.*

2. *Sie sollen für einen Café-Nachmittag für 35 Senioren ein Kuchenbüfett herstellen: Käsekuchen, gedeckter Apfelkuchen, Streuselkuchen.*

a) *Wählen Sie die Rezepte aus und kalkulieren Sie die benötigte Kuchenmenge.*
b) *Kalkulieren Sie die Materialkosten (Preise aus Ihrem Supermarkt) und die Betriebskosten.*
c) *Kalkulieren Sie den Preis pro Person.*

Übungsaufgaben:

1. *Grüne Bohnen werden in verschiedenen Handelsformen angeboten:*

in Dosen:
850 ml, 255 g Aufguss   1,40 €

tiefgefroren:
500 g netto   1,80 €

Frischgemüse:
1 kg   2,50 €
(12 % Vorbereitungsverlust)

Berechnen Sie jeweils den Materialpreis für eine 120-g-Portion.

2. *Im Kinderhort (4- bis 6-jährige Kinder) werden für die Herstellung von Hamburgern 65 Frikadellen zubereitet.*

Rezept für 1 kg Hackfleischmasse (= 10 Frikadellen):
0,4 kg Rinderhackfleisch
0,4 kg Schweinehackfleisch
0,1 kg eingeweichtes Weißbrot
1 Ei
0,05 kg Zwiebeln, Salz, Pfeffer

a) *Wie viel kg Hackfleischmasse werden benötigt?*
b) *1 kg Rinderhack kostet 4,50 €.*
1 kg Schweinehack kostet 3,50 €.
Berechnen Sie den Kilopreis des gemischten Hackfleisches.
c) *Sammeln Sie die Rezepturen von Fleischgerichten, die aus Hackfleisch hergestellt werden.*

3. *Kalkulieren Sie die Preisunterschiede bei der Verwendung von selbst hergestellten Produkten und Convenience-Produkten bei:*

- *100 Portionen Möhren*
- *100 Portionen Rotkohl*
- *100 Portionen Kartoffelklöße*
- *100 Portionen Schaschlik*

Unter welchen Bedingungen ist die Verwendung von Convenience-Produkten kostengünstiger als die eigene Herstellung aus den Rohwaren?

Convenience-Produkte sparen Zeit und Geld !??

Durch den Einsatz von Convenience-Produkten können Betriebskosten (z. B. Kosten für Arbeitszeit und Energie) eingespart werden. Der Preis für die hergestellten Speisen kann so günstiger kalkuliert werden.

Wenn es die zeitlichen und personellen Ressourcen erlauben, sollten Convenience-Produkte der Stufen 0 bis 2 (z. B. küchenfertige, garfertige Lebensmittel) bevorzugt werden, da sie aufgrund des niedrigeren Verarbeitungsgrades ernährungsphysiologisch wertvoller sind.

Beispiel 7: Herstellung eines Mittagessens für 75 Personen eines Seniorenwohnheimes

Für ein Mittagessen wird das folgende Menü hergestellt:
Kartoffelklöße, Gulasch, Rotkraut, Schokoladencreme

a) Sie wollen das Gulasch selbst schneiden. Welche Fleischteile sind für die Herstellung von Gulasch geeignet (beachten Sie die Qualität sowie die Kosten)?
b) Wählen Sie die Rezepturen für das Menü aus.
c) Kalkulieren Sie anhand der Rezepte die Mengen an Lebensmitteln, die Sie für die Herstellung von Gulasch und Rotkraut benötigen. Beachten Sie dabei, dass bei der Bearbeitung des Fleisches ca. 10 % Parierverlust und 15 % Garverlust auftreten. Der Garverlust des Gemüses beträgt 12 %. Für jede Person sollen 100 g servierfähiges Fleisch und 120 g Gemüse zur Verfügung stehen.
d) Für Kartoffelspeisen werden meist Convenience-Produkte verwendet. Vergleichen Sie Preise und Qualität von selbst hergestellten Klößen mit denen der Convenience-Erzeugnisse.

Der Handel hat ein großes Angebot an Convenience-Produkten.

MATHE-CHECK

Aufgabe 1

Der Grundumsatz einer 19-jährigen Auszubildenden beträgt 6100 kJ. Sie hat 2 Stunden Wäsche gemangelt, 1 Stunde Fenster geputzt, 30 min Staub gesaugt, 3 Stunden Betten gemacht und war 45 min Schwimmen.

a) Berechnen Sie den Leistungsumsatz!
b) Wie groß ist der Gesamtenergiedarf?
c) Ermitteln Sie Ihren persönlichen Energiebedarf! Nutzen Sie dazu die Tabelle zum Grundumsatz je Tag und die Tabelle zum Leistungsumsatz bei Tätigkeiten in der Freizeit (s. S. 121)!

Aufgabe 2

Eine Auszubildende (20 Jahre) wiegt bei 1,65 m 72 kg.

a) Berechnen Sie den BMI!
b) Berechnen Sie den Broca-Index!
c) Überprüfen Sie Ihr eigenes Körpergewicht anhand des BMI und des Broca-Index!
Individuelle Antwort

Aufgabe 3

Ein Rezept für Kartoffelgratin (10 Personen) lautet:
1,5 kg geschälte Kartoffeln
0,6 l Schlagsahne
0,2 kg Reibekäse
70 g Butter
1 g Knoblauch

a) Wie viele Rezepturen werden für 120 Personen benötigt?
b) Erstellen Sie eine Warenanforderungsliste für 120 Portionen Kartoffelgratin!
c) Erstellen Sie eine Warenanforderungsliste für 54 Portionen Kartoffelgratin!

Aufgabe 4

Für die Zubereitung eines Auflaufs werden 2,5 kg Champignons benötigt.

a) Die 800-g-Dose Champignons hat ein Abtropfgewicht von 490 g. Wie viel Flüssigkeit befindet sich in der Dose?
b) Wie viele 800-g-Dosen benötigt man für den Auflauf?
c) Es gibt außerdem 2550-g-Dosen mit einem Abtropfgewicht von 1380 g im Handel. Wie viele 2550-g-Dosen benötigt man für den Auflauf?
d) Die 800-g-Dose kostet 3,27 €, die 2550-g-Dose 5,41 €. Ist es preisgünstiger, die 800-g-Dosen oder die 2550-g-Dosen für den Auflauf zu kaufen? Berechnen Sie den Preisunterschied zwischen der Klein- und der Großpackung!

Aufgabe 5

Frische Möhren kosten 1,90 €/1 kg. Der Putzverlust beträgt 20 %.

a) Wie viel kg Möhren können nach dem Putzen von 1 kg Möhren weiterverarbeitet werden?
b) Im Supermarkt werden 400 g TK-Möhren für 0,99 € angeboten. Ermitteln Sie das günstigste Angebot! Wie viel cent ist das günstigere Angebot billiger?
c) Für eine Portion Möhrensuppe berechnet man 200 g Möhren. Wie viel kostet eine Portion frische Möhren sowie eine Portion TK-Möhren?

Aufgabe 6

100 g Doppelrahmfrischkäse enthalten 1419 kJ, 11,3 g Eiweiß, 31,5 g Fett und 2,6 g Kohlenhydrate.

a) Berechnen Sie den Energiegehalt von 500 g Doppelrahmfrischkäse!
b) Für eine Portion Doppelrahmfrischkäse werden 30 g berechnet. Geben Sie den Gehalt der Grundnährstoffe an!
c) Fettarmer Frischkäse enthält 561 kJ/100g. Wie viel kJ können eingespart werden, wenn man anstelle einer Portion (30 g) Doppelrahmfrischkäse fettarmen Frischkäse verzehrt? Stellen Sie die Ersparnis prozentual dar!

ENGLISH-CHECK

Practice

Search for the food pyramid in the internet or have a look at the dietary circle on page 121 and describe the guidelines for a healthy diet. The vocabulary will help you.

It's easy to eat right. Just follow the guidelines of the food pyramid to guarantee a healthy, balanced and tasty diet.

▶ You should eat a lot of the following foods:

Vegetables

bean | pea | pepper | cauliflower | lettuce | aubergine | mushroom | tomato | courgette | potato | cucumber | carrot | garlic | onion | cabbage

▶ Food you should eat regularly, but not to often:

Dairy Products

yoghurt | cheese | milk | curd

Meat

ham | chicken | lamb chops | pork chops | joint of beef | sausages | minced beef | bacon

Fruits

pineapple | apple | plum | orange | lemon | banana | cherry | peach | pear | strawberry

184

EDV-CHECK

Einen Nährwertvergleich mit Excel darstellen

– Fettgehalt Fleisch und Fleischwaren –

1. Fettgehalt der Lebensmittel heraussuchen und eingeben

Lebensmittel (100g)	Fettgehalt in Gramm
Schweineschnitzel	6
Rind (Gulasch)	8
Hackfleisch (Rind/Schwein)	16
Bratwurst	29
Fleischwurst	40

2. Daten markieren und Balkendiagramm auswählen

3. Diagrammtitel hinzufügen

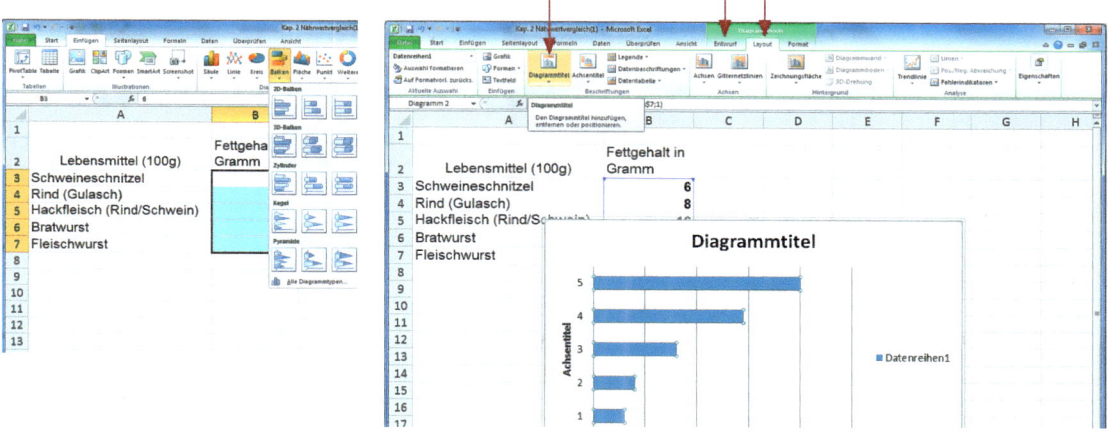

4. Achsentitel ergänzen, Datenreihen formatieren

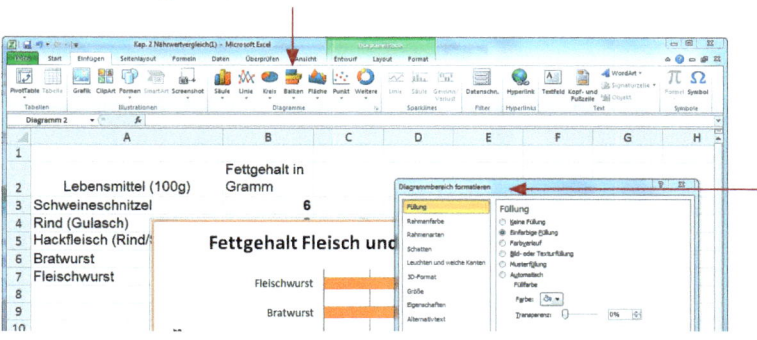

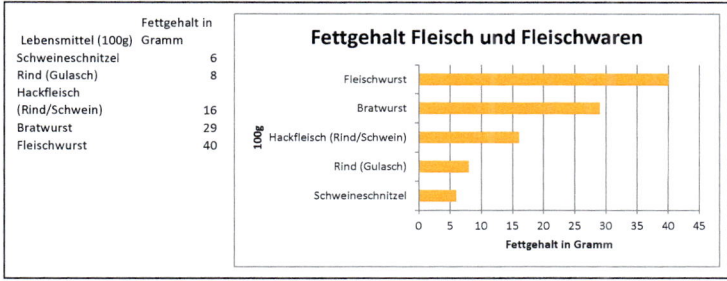

3 PERSONEN ZU UNTERSCHIEDLICHEN ANLÄSSEN VERSORGEN

Essen und Trinken gehören zu den Grundbedürfnissen des Menschen. Die Auswahl der Lebensmittel und Gerichte wird unter anderem durch das Lebensmittelangebot, die Bedürfnisse der Verpflegungsteilnehmer und die organisatorischen Gegebenheiten bestimmt.

Aktionstage unter einem bestimmten Motto oder Aktionswochen machen das Essen zu einem besonderen Erlebnis.

Die Ernährung soll den Menschen leistungsfähig und gesund erhalten – dieser Aspekt wird zunehmend bei der Planung und Zubereitung des Speisenangebots berücksichtigt. Essen soll Nährstoffe und Energie bedarfsgerecht zuführen und Gesundheit sowie Genuss bieten.

Speisen werden nicht nur nach ihrem Gehalt an Nährstoffen beurteilt, sie sollen auch appetitlich aussehen und gut schmecken, ebenso die religiösen und kulturellen Bedürfnisse der Essensteilnehmer berücksichtigen. Eine fachgerechte Verarbeitung der Lebensmittel, harmonische Zusammenstellung der Gerichte und eine angenehme Atmosphäre beim Essen werden ebenfalls gewünscht.

Wünsche und Anregungen der Essensteilnehmer sollten bei der Gestaltung der Speisenfolge aufgegriffen werden. Der saisonale Einkauf von frischen Lebensmitteln und regionalen Produkten sowie Abwechslung und Harmonie in der Speisenfolge sind bei der Planung zu berücksichtigen.

Kompetent in den Beruf

- Speisen und Getränke anlassbezogen auswählen.
- Menüregeln in der Speiseplanung anwenden.
- Festliche Menüs herstellen, präsentieren und servieren.
- Arbeitsabläufe planen und gestalten.
- Tische anlassbezogen eindecken und gestalten.
- Getränke anlassbezogen servieren.
- Büfetts für verschiedene Anlässe planen, herstellen und gestalten.
- Kundengespräche führen und dabei auf die Kundenwünsche eingehen.
- Regionale und kulturelle Besonderheiten der Essensteilnehmer berücksichtigen.

Dem Anlass entsprechend Einladungen und Tischdekorationen auswählen bzw. herstellen

Ein wertschätzender Service bestimmt maßgeblich die Qualität und den Genusswert der angebotenen Mahlzeiten.

Der Service erfordert Kenntnisse der Tisch- und Tafelgeräte, der Speisen und Getränke sowie das Beherrschen von Servicetechniken und Servierregeln.

Die hauswirtschaftliche Fachkraft berät die Essensteilnehmer auf Wunsch bei der Speisenauswahl und bietet eine zuvorkommende Versorgung mit Speisen und Getränken. Besondere Anlässe erfordern ein ausgewähltes Speisenangebot, z. B. in Form eines festlich hergerichteten Büfetts. Die Auswahl der Speisen sowie Größe und Ausgestaltung der Tafel werden auf den Anlass und die organisatorischen Gegebenheiten abgestimmt. Service und Speisenangebot in der Gemeinschaftsverpflegung sollen dem Bedürfnis der Verpflegungsteilnehmer (z. B. Geschmack, Gesundheit, Bekömmlichkeit, Atmosphäre, Hilfestellungen, Beratung) entgegenkommen.

Aktivierung von Menschen als Anlass für die Herstellung von Speisen führt zu einer Verschiebung vom Aufgabengebiet der Versorgung hin zur Betreuung. Gemeinsames, von hauswirtschaftlichen Fachkräften angeleitetes „Kochen" ist in vielen Einrichtungen fester Bestandteil von Angeboten zum Erhalt oder zum Erwerb von Alltagskompetenzen

3.1 AUSGEWÄHLTE MENÜS HERSTELLEN

Wohlbefinden und Leistungskraft hängen u. a. von der Ernährung ab. Eine richtig zusammengestellte Speisenfolge muss Nährstoffe und Wirkstoffe im richtigen Verhältnis enthalten und besondere Ernährungsanforderungen und Wünsche der Tischgäste berücksichtigen. Energiearme, leicht verdauliche Speisen gewinnen heute in der Verpflegung immer mehr an Bedeutung. Kleinere geschmackvolle Mahlzeiten werden häufig großen üppigen Mahlzeiten vorgezogen.

Eine natürliche Küche, die frische Rohstoffe ohne Zusatzstoffe enthält, wird bevorzugt. Viele Küchen verarbeiten Erzeugnisse, wie Obst, Salate und Gemüse, die sie direkt vom Erzeuger beziehen. Gleichzeitig werden mehr Convenience-Erzeugnisse verarbeitet und durch die Kombination mit frischen Zutaten wird ein abwechslungsreiches und schmackhaftes Speisenangebot hergestellt. Regionale und internationale Speisen und Gerichte finden auch in der Gemeinschaftsverpflegung immer mehr Zuspruch.

Beim Erstellen eines Menüs sollten organisatorische Möglichkeiten, Jahreszeit, Erwartung der Gäste und Grundsätze einer ausgewogenen Ernährung beachtet werden. Ein weiteres Kriterium ist der Anlass, der die Auswahl und Ausgestaltung der Speisen wesentlich bestimmt.

Bestimmte Aktionstage machen das Essen zu einem Erlebnis

Grundmenü aus drei Gängen

3.1.1 MENÜPLANUNG

Kundenorientiertes Handeln bedeutet:

- individuelle Wünsche berücksichtigen,
- religiöse und kulturelle Bedürfnisse berücksichtigen,
- über das Angebot informieren,
- Auswahl von Speisenkomponenten bzw. Menüs ermöglichen,
- Diäten und Sonderkostformen anbieten,
- spezielle Mahlzeiten zu besonderen Anlässen reichen,
- wohlschmeckende Speisen anbieten, die nach ernährungsphysiologischen Erfordernissen zusammengestellt und zubereitet sind.

Ein Menü ist eine Speisenfolge von mindestens drei Speisen, die in einer harmonischen Reihenfolge verzehrt werden (Aufbau eines Menüs, s. S. 110 ff.).

Entsprechend der Auswahl der Speisen und dem Anlass werden unterschieden:

- Grundmenü (einfaches Menü) mit drei Gängen,
- erweitertes Menü mit vier bis fünf Gängen für besondere Anlässe,
- Festmenü mit sechs oder mehr Gängen zu Feierlichkeiten.

Grundmenü	Erweitertes Menü
■ Suppe	■ kalte Vorspeise vor der Suppe
■ Hauptgericht	■ Suppe, warme Vorspeise oder Fischgericht
■ Dessert	■ Hauptgericht
	■ Käsegericht
	■ Dessert

Bei der Planung eines Menüs wird zuerst der Hauptgang (das Hauptgericht) festgelegt, die anderen Gänge werden dazu passend ergänzt. Die Bestandteile des Hauptgerichtes und seine Geschmacksrichtung bestimmen die Art der Vorspeisen, Zwischengerichte und des Desserts.

Ein **Menügrundplan** (für eine Woche/einen Monat) ist Voraussetzung für einen wirtschaftlichen Einkauf und einen funktionierenden Arbeitsablauf. Der Menügrundplan (s. Aufbau eines Menüs, S. 102, 106 f.) enthält für jeden Tag das Hauptgericht (Fleisch oder Fisch, Gemüse und Beilage). Vorspeise und Dessert werden passend ergänzt.

Die Ernährungsgewohnheiten von Essensgästen anderer Kulturen sollten bei der Speiseplanung Beachtung finden.

Tag	Mittagessen	
	Vollkost 01	**Vollwerternährung 03**
Mo 14.3.	Spaghetti mit Fleisch-Tomaten-Soße Kopfsalat	Vollkornspaghetti, Tomatensoße Spiegelei Kopfsalat
Di 15.3.	Berner Rolle mit Rahmsoße Rote Bete Kartoffelbrei	paniertes Käseschnitzel Rote Bete Dampfkartoffeln
Mi 16.3.	Schwarzwurzeln »Hessische Art« mit Fleischklößchen Reis	Schwarzwurzeln mit Grünkernklößchen Reis
Do 17.3.	Kräuterquark mit Dampfkartoffeln	Kräuterquark mit Dampfkartoffeln
Fr 18.3.	Fischfrikadelle mit Kartoffelsalat	Rühreier mit Champignons Salatbeilage Röstkartoffeln
Sa 19.3.	Schnittbohneneintopf mit Rindfleischeinlage Frischobst	Schnittbohneneintopf mit Gemüse und Kartoffeln
So. 20.3.	Hühnersuppe mit Fadennudeln Rinderbraten, Rotkraut, Dampfkart. Fruchtcocktail	Hühnersuppe mit Fadennudeln Rinderbraten, Blumenkohl, Dampfkart. Fruchtcocktail

Ein Wochenspeiseplan in der Gemeinschaftsverpflegung; Vollkost und Vollwertkost

In der Gemeinschaftsverpflegung werden in der Regel zwei Menüs zur Auswahl angeboten, z. B. Vollkost und Vollwertkost. In Krankenhäusern/Alteneinrichtungen werden zusätzlich Sonderkostformen, z. B. Diabetikerdiät, salzarme Kost, Magen-Galle-Schonkost etc., angeboten. Eine individuelle Zusammenstellung des Menüs sollte möglich sein. Wünsche und Anregungen der Bewohner oder Gäste zur Verpflegung sollten aufgenommen und der Küchenleitung als Hinweis mitgeteilt werden.

Der Salat kann in vielen Einrichtungen von den Essensteilnehmern selbst am Salatbüfett zusammengestellt werden.

Menüs an Feiertagen

werden aufwendiger zusammengestellt und sind traditionell mit bestimmten Speisen verbunden, z. B.

- **Weihnachten:** *Gans, Truthahn, Karpfen mit Gemüse der Saison.*
- **Ostern:** *Lammbraten, Blattsalate mit frischen Kräutern.*

Beispiel eines Menügrundplans für eine Woche

Fleisch-/ Fischgericht	Sättigungsbeilage, z. B.	Gemüse/Salate, z. B.
Sonntag Rinderbraten	Salzkartoffeln Kartoffelklöße Nudeln Kartoffelkroketten	Gemüse der Saison Rotkohl Blattsalate Rohkostsalate
Montag Hühnerfrikassee	Reis Kartoffelpüree Kartoffelkroketten	Gemüse der Saison Blattsalate
Dienstag Gemüsebratlinge	Salzkartoffeln	Gemischte Salate
Mittwoch Gulasch	Kartoffelklöße Reis Nudeln	Rotkohl Gemüse der Saison Blattsalate
Donnerstag Schweinelende in Pilzrahmsoße	Spätzle Reis Herzoginkartoffeln	Gemüse der Saison Blattsalate
Freitag Goldbarschfilet, gebraten	Kartoffelsalat Salzkartoffeln	Rohkostsalate Blattsalat
Samstag Gemüsesuppe mit Fleischeinlage		

Ein frohes Pfingstfest

Frische Frühlingssalate
*
Spargelcremesuppe
*
Gefülltes Schweinefilet
Herzoginnenkartoffeln
Frühlingsgemüse
*
Erdbeercreme

Beispiel für ein Feiertagsmenü

Ein schön gedeckter Tisch fördert Freude und Lust beim Essen

K O M P E T E N Z - C H E C K

1. *Wochenspeiseplan für ein Seniorenheim mit Restaurantbetrieb.*
    a) *Planen Sie die Speisenfolge für eine Woche.*
    b) *Erläutern Sie Ihre Kriterien für die Speisenauswahl.*
    c) *Wie unterscheidet sich das Menü an Wochentagen von dem Menüangebot an Sonn- und Feiertagen?*
2. *Stellen Sie einen Wochenspeiseplan aus Ihrem Betrieb vor.*

Ausgewogenes Menü
Beispiel:

Kraftbrühe mit Gemüsestreifen
*
Gebratene Schweinemedaillons
junge Frühlingsgemüse
Petersilienkartoffeln
*
Vanilleflammeri mit
Rhabarberkompott

Unausgewogenes Menü
Beispiel:

Spargelcremesuppe
*
Pilze in Kräuterrahmsoße
Brokkoli mit Sauce Hollandaise
Kroketten
*
Vanillecreme mit Sahne,
Himbeermus

Menüfehler sind z.B.:
- *farblose Kombination der einzelnen Komponenten*
- *zu fettes/energiereiches Menü*
- *Folge von schweren Speisen*
- *keine Abwechslung in der Zubereitung der Speisenfolge*
- *keine passende Beilage (zu den Rahmpilzen)*

Karotten-Orangen-Creme-Suppe,
Vollkornnudeln mit Pesto, Beeren-
Tiramisu

3.1.2 MENÜREGELN

Bei der Planung eines Menüs wird das Hauptgericht zuerst festgelegt, Vorspeisen, Beilagen und Dessert werden darauf abgestimmt.

Aspekte der **Arbeitsorganisation** müssen stets bei der Menüplanung einbezogen werden, ebenso sind die **Wareneinsatzkosten** generell zu berücksichtigen.

Folgende Regeln gelten für die Menüplanung:

1. **Ernährungsbedarf:** Menüs sollten in ihrem Gehalt an Nährstoffen, Vitaminen und Mineralstoffen sowie in ihrem Energiegehalt an den Bedarf der Essensteilnehmer angepasst sein.

2. **Sättigungswert:** Bei mehr als drei Gängen sollte keine gebundene Suppe angeboten werden. Außerdem werden die Speisen dann in kleineren Portionen angerichtet.

3. **Marktangebot und Jahreszeit:** Regionale Lebensmittel sollten bevorzugt werden. Sie werden sowohl frisch als auch hochwertig in Bezug auf Geschmack, Nähr- und Wirkstoffe und preisgünstig angeboten.
   Je nach Jahreszeit werden von den Tischgästen verschiedene Speisenangebote erwartet:
   - In der kalten Jahreszeit werden kräftige und energiereichere Speisen bevorzugt, z.B. Schweinebraten, Rotkohl, Kartoffelklöße.
   - In der warmen Jahreszeit werden lieber leichte, frische Speisen verzehrt, z.B. Omeletts, Gemüseaufläufe, Spargel, Salate.

4. **Abwechslung und Harmonie:** Unterschiedliche Farben fördern den Appetit und Genuss beim Verzehr. Nach einer hellen Speise sollte eine dunkle oder farblich hervorgehobene Speise folgen, z.B. klare Ochsenschwanzsuppe, Kalbsmedaillons in Rahmsoße, Kroketten, bunte Gemüse, Beerenquarkspeise.

5. **Keine Wiederholungen:** Sie machen ein Menü eintönig und beeinträchtigen den Genuss der Speisen. Dies betrifft die
   - **Auswahl der Rohstoffe,** z.B. Champignoncremesuppe, Lendchen in Pilzrahmsoße (2-mal Pilze)
   - **Gartechnik,** z.B. überbackene Zwiebelsuppe, Lasagne, Apfelpfannkuchen (3-mal gebacken)
   - **Art der Bindung,** z.B. Spargelcremesuppe, Fisch in Weinsoße, Flammeri
   - **Geschmacksrichtung,** z.B. Schinken in Portwein, Weinschaumcreme

6. **Ergänzung der Mahlzeitenbestandteile:** Zu kurz gebratenen Fleischgerichten passen Beilagen wie Kartoffelkroketten, Gratinkartoffeln. Zu soßenhaltigen Fleischgerichten eignen sich Beilagen wie Reis, Nudeln und Klöße, die Soße aufnehmen.

7. **Abwechslung von leichten und schweren Speisen:** Sie erhöht den Genuss und die Bekömmlichkeit, z.B. Tomatensuppe – Schweinerückensteak mit Kräuterbutter, Folienkartoffel, gemischter Salat.

Menüs werden je nach Anlass und Essensteilnehmern unterschiedlich zusammengestellt und präsentiert (s. S. 105 f.):

Für bestimmte Personengruppen, z. B.
- **Senioren** bevorzugen Menüs mit leichten, nicht blähenden Speisen. Die Portionsgrößen werden kleiner gehalten. Eventuelle Kauprobleme sollten bei der Speisenauswahl und Zubereitung beachtet werden.
- **Kinder** mögen kindgerechte Speisen in kleinen Portionen, die fantasievoll angerichtet, nicht zu scharf gewürzt und einfach zu essen sind.
- **Vegetarier** verzehren fleischlose Gerichte. Ein ideenreiches Menü aus vollwertigen, schonend gegarten Speisen sollte zusätzlich zum üblichen Salatteller mit Ei vorhanden sein. Auf einen ausreichenden Sättigungswert der Speisen ist zu achten.
- **Diabetiker, Personen mit leichter Vollkost** müssen auf eine bestimmte Zusammensetzung ihrer Kost (z. B. begrenzte Menge an Kohlenhydraten, fett-, cholesterinarm) achten.

Es kommt den Bedürfnissen aller Verpflegungsteilnehmer entgegen, wenn sie sich selbst aus einer Speiseauswahl passende Mahlzeiten zusammenstellen können.

Für spezielle Anlässe, z. B.
- **Tagungen** oder **Festessen**, sollte ein ausgewogenes Menü mit ausgewählten Speisen angeboten werden, die von der Mehrzahl der Gäste gern gegessen werden. Die Speisenfolge wird nach den Wünschen der Gäste ausgerichtet. Im Verkaufsgespräch erfolgt zuerst die Festlegung des Hauptgerichtes. In einer Checkliste können wichtige Vereinbarungen zur Gestaltung des Menüs/zum Ablauf der Veranstaltung festgehalten werden.
- **Unter einem bestimmten Motto**, z. B. »Mediterrane Woche«, »Spargelspezialitäten«, »Vegetarische Woche«, werden die Speisen durch entsprechende Auswahl der Rohstoffe, Zubereitung und Garnitur sowie den Service auf das Motto abgestimmt. Mit Plakaten und ansprechend gestalteten Menükarten wird für die Aktionen geworben.
- **Spezielle Menüs**, die **einen Rohstoff zum Thema** haben, dürfen entgegen den Menüregeln diesen Rohstoff in unterschiedlicher Zubereitungsart in der Speisenfolge enthalten. Beispiele hierfür sind Spargel-, Fisch-, Wildmenüs.

Menüs für Kinder, z. B.:

> Spaghetti mit Tomatensoße
> *
> Kleiner Salat
> *
> Schokoladenpudding

> Frankfurter Würstchen
> *
> Kartoffelpüree
> *
> Erbsen und Möhren
> *
> Obstsalat

> kleines Putenschnitzel,
> *
> Bunter Gemüsereis
> und Tomatensoße
> *
> Rote Grütze mit Vanillesoße

KOMPETENZ-CHECK

1. *Stellen Sie ein festliches 3-Gänge-Menü anlässlich eines sechzigsten Geburtstages (im Juni) für 20 Personen zusammen. Die Gastgeberin wünscht ein leichtes Essen und hat Gäste eingeladen, die dem Islam und dem Judentum angehören. Begründen Sie Ihre Auswahl der Speisen.*
2. *Erstellen Sie einen Wochenspeiseplan (26. Kalenderwoche)*
   a) für das Mittagessen einer Betriebskantine,
   b) für das Mittagessen eines Kindergartens (45 Kinder, 3–6 Jahre).
3. *Beurteilen und verbessern Sie folgende Menüs:*
   Menü 1 *(Tagungshaus): Pilzrahmsuppe – Seelachsfilet in Weißwein, junge Möhren, Kartoffelpüree – Mandelcreme*
   Menü 2 *Sommermenü (Senioreneinrichtung): klare Ochsenschwanzsuppe – Schweinesteak, Kräuterbutter, Krautsalat, Kartoffelkroketten – Birne Hélène mit heißer Schokoladensoße*

Checkliste für die Planung und Gestaltung von Menüs
1. Name, Adresse des Kunden
2. Datum der Veranstaltung
3. Veranstaltungsart/Teilnehmerzahl
4. Tagesablauf
5. Tafelform/Tischdekoration
6. Speisen- und Getränkeangebot
7. Service
8. Kosten und Art der Bezahlung

Vorspeisen: Lachsmus, Frühlingsrollen, Tomatensuppe

3.1.3 AUSGEWÄHLTE SPEISEN HERSTELLEN

Kalte Vorspeisen, z. B.
- *Vorspeisencocktail*
- *Früchtevorspeisen*
- *Gemüsevorspeisen*
- *Vorspeisensalate*
- *Canapés*
- *Eiervorspeisen*
- *Fischvorspeisen*

Bei der Herstellung von Speisen werden verschiedene Rohstoffe und Zutaten durch jeweils angemessene Vor- und Zubereitungsverfahren zu schmackhaften, appetitlichen und im Nährwert hochwertigen Gerichten verarbeitet. Die Qualität der Speisen hängt wesentlich von der Qualität der Rohwaren und der küchentechnischen Verarbeitung ab.

Die Zusammenstellung aufeinanderfolgender Speisen ergibt die Speisenfolge – in der Regel Vorspeise, Hauptgericht und Nachspeise. Bei der Planung der **Speisenfolge** muss neben der technischen und personellen Ausstattung auch berücksichtigt werden, dass viele Speisen bei längerem Warmhalten an Geschmacks- und Genusswert verlieren – sie müssen unmittelbar nach der Zubereitung serviert werden.

Vorspeisen

Kalte und warme Vorspeisen werden sowohl als kleine appetitanregende Speise in einem mehrgängigen Menü vor der Suppe, zum Sektfrühstück, bei kleinen Festlichkeiten als auch bei Imbissen und Stehempfängen angeboten. Die Portionsgröße muss angemessen sein. Als »Fingerfood« werden kleine Häppchen bezeichnet, die bequem mit den Fingern gegessen werden können.

Kalte Vorspeisen sind kleine Gerichte, die das Menü eröffnen. Sie werden aus hochwertigen, pikanten und leicht verdaulichen Rohstoffen hergestellt. Sie sollen appetitanregend und nicht zu scharf gewürzt, geschmackvoll angerichtet und ansprechend garniert sein. Kalte Vorspeisen werden gekühlt (3 bis 5 °C) serviert. Meistens werden Butter, Baguette oder Toast dazu gereicht.

Warme Vorspeisen sind kleine, pikante Gerichte, die nach der Suppe als Übergang zum Hauptgericht angeboten werden. Sie bestehen aus Fleisch, Geflügel, Gemüse, Reis und Teigwaren, lassen sich meist gut vorbereiten und können zügig angerichtet und serviert werden.

Warme Vorspeisen, z. B.:
- *Blätterteigpasteten*
- *Teigwarengerichte*
- *Reisgerichte*
- *Feingemüsegerichte*
- *Käsegerichte*

Canapés – kleine mundgerecht zubereitete, dekorativ angerichtete Happen mit unterschiedlichem Belag

In der folgenden Tabelle ist eine Auswahl an Vorspeisen zusammengestellt:

Bezeichnung/ Zutaten	Herstellung	Garnierung
Canapés z. B. Weißbrot, kleine Baguettescheiben, Pumpernickel, Butter, Schinken, Käse, Ei, Forellenfilet, Lachs, vegetarische Cremes	dünne Scheiben Minibaguette oder Weißbrot ausstechen, bestreichen, belegen, garnieren, evtl. mit Aspik überziehen	Tomatenscheibe, Kresse, Olive, Cornichonfächer, Petersilie, Friséeblatt, Sahnemeerrettich
Cocktailhappen Weiß-, Vollkornbrot, Pumpernickel, Käse, Äpfel, Gurke, Tomate, Ei, Fisch, Schinken etc.	Brot u. a. Zutaten zu mundgerechten Bissen zuschneiden, belegen, garnieren, mit Spießchen halten	Silberzwiebel, Dillzweig, Ei, Oliven, blaue Weintrauben, Cocktailkirsche etc.
Baguetteschnitten Baguette, Butter, Ei, Käse, Wurst, Lachs, Schinken, Roastbeef etc.	Baguettescheiben buttern, belegen, garnieren	Radieschen, Tomate, Eischeiben, Dillzweig, Kresse, Oliven, Petersilie, Gurken etc.

Canapés und Schnitten werden als bunte Platten gefertigt und »sortenrein« auf den Platten angeordnet.

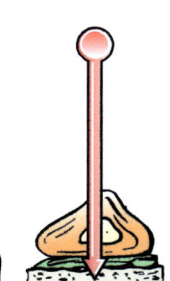

Beispiele für die Zubereitung von Canapés

Unterlage	Aufstrich	Belag	Garnierung
Weißbrot	Butter	roher Schinken	Cornichonfächer, Eischeibe
Mischbrot	Butter	gekochter Schinken	Spargelspitzen, Olivenscheibe
Toast	Butter	Räucherforelle	Sahnemeerrettich, Tomate
Pumpernickel	Senfbutter	Schnittkäse	Sardellenröllchen, Dillästchen
Schwarzbrot	Kräuterbutter	Frischkäse	Radieschen, Schnittlauch
Vollkornbrot	Butter	Camembert	Petersilienzweig

Bezeichnung/Zutaten	Herstellung	Garnierung
Salate **a) Blattsalate** Chicorée, Frisée-, Feld-, Kopf-, Eisbergsalat, Radicchio	Salat vorbereiten, evtl. klein zupfen, mit Salatsoße anrichten, Kräuter zum Abschluss, mit Lauchzwiebeln, Sprossen, Samen anrichten	Kräuter, Cocktailtomaten halbiert, Gurkenscheiben, geröstete Sonnenblumen-/Pinienkerne, Croûtons
b) Rohkost Möhre, Sellerie, Apfel, Nüsse	Gemüse/Obst schneiden, raspeln, mit Salatmarinade anrichten	Eischeiben auf Salatblättern, Petersilie, Schnittlauchröllchen
c) aus gegartem Gemüse Blumenkohl, Sellerie, Weißkraut, Möhren, Rote Bete	Gemüse vorbereiten, schneiden, bissfest garen/blanchieren, mit Essig-Öl-Kräuter-Sahnesoße oder Mayonnaise anrichten	Schnittlauchröllchen, Kresse, gehackte Petersilie

Bezeichnung/Zutaten	Herstellung	Garnierung
Cocktails Gemüsecocktail Paprika, Gurken, Tomaten, Zucchini **Geflügelcocktail** Geflügelfleisch, Spargel, Ananas, Cocktailkirschen	Rohwaren exakt schneiden, würzen, marinieren, in gekühlten Schalen mit Soße übergießen, garnieren, gekühlt servieren **Soßen:** bindende Salatsoßen/Marinaden	Kopfsalatherzen, Feld-, Friséesalat, Kirschtomate, Dillzweig, Kresse, Schnittlauchröllchen, Tomatenfilet, Minzeblatt, Erdbeerviertel
Gefüllte Eier mit Tomatencreme mit Kräutercreme	Eigelbcreme mit ■ Tomatenmark ■ fein gehackten Kräutern vermengen, mit Spritzbeutel in Eihälften spritzen	feine Gemüseschnittformen, Kräuter, Gurke, Kaviar, Kapern, Perlzwiebel, Minzeblatt, Garnele

Bezeichnung/Zutaten	Herstellung
Blätterteigpasteten ■ mit hellem Kalbsragout ■ mit Champignonragout ■ mit feinem Geflügelragout	Portionsstücke aus Blätterteig mit feinem Ragout füllen, backen, anrichten
Törtchen mit feinem Ragout	Teigformen mit pikantem Ragout (vgl. Pasteten) füllen, backen
Pfannkuchen, kleine ■ mit Fleischfüllung ■ mit Gemüsefüllung	Pfannkuchen abbacken, mit pikant gewürzter Füllung bestreichen, übereinanderklappen oder zusammenrollen – mit Soße anrichten oder: panieren, frittieren, anrichten
Feine Ragouts Kalb, Wild, Geflügel, Gemüse	gegarte Rohstoffe mit Soße binden, in Förmchen füllen, mit Butterflöckchen und Käse bestreuen, überbacken
Toasts (mit Fleisch, Fisch, Pilzen, Geflügel etc.)	Weißbrot toasten, belegen, evtl. überbacken, garnieren

Blätterteigpasteten

Spargeltoast

KOMPETENZ-CHECK

1. *Informieren Sie sich in Ihrem Betrieb über gängige Vorspeisen und schreiben Sie die entsprechenden Rezepte auf. Präsentieren Sie Ihre Ergebnisse in der Klasse.*
2. *Sie sollen ein Salatbüfett für 40 Personen zusammenstellen. Treffen Sie eine Salatauswahl und kalkulieren Sie die Mengen und Kosten.*
3. *Erkundigen Sie sich in Ihrem Betrieb nach den Portionsgrößen für Vorspeisen.*

Suppen

Suppen werden entweder als erster Gang des Menüs, nach der kalten Vorspeise oder vor der warmen Vorspeise gereicht. Grundlage bei der Herstellung von Suppen sind Brühen. Die verwendeten Rohstoffe, z. B. mitgekochtes Gemüse und Fleisch, sowie die Einlage und die Bindung der Suppe bestimmen ihren Nährwert und Geschmack. Suppeneinlagen verfeinern die Suppe. Fein gehackte frische Küchenkräuter, z. B. Petersilie, Kerbel, Estragon oder Schnittlauch, werten Geschmack und Nährwert auf. Gebundene Suppen werden erst kurz vor dem Servieren in kleinen Mengen legiert (Bedarf für 1 Liter Suppe: 1 Eigelb und 0,1 l Milch).

Suppen werden meist in kleineren Mengen gereicht, und zwar in Tassen oder Suppentellern. Bei einfacheren Speisefolgen werden Suppen in Tellern serviert.

1 Tasse = 150 ml	1 Teller = 250 ml
1 l ergibt 7 Tassen	1 l ergibt 4 Teller

Klare Suppen	Gebundene Suppen	Gemüse-suppen	Kalte Suppen
Fleischbrühe Geflügelbrühe Fischbrühe Kraftbrühe Gemüsebrühe doppelte Kraftbrühe	Cremesuppen Püreesuppen legierte Suppen braune Suppen Schleimsuppen	klare/ gebundene Gemüse-suppen Püreesuppen	Milchkaltschale Fruchtkalt-schale Gemüse-suppen

Klare Suppen

Bei mehrgängigen Menüs werden klare Suppen bevorzugt, da sie weniger sättigen. Sie sind appetitanregend und fördern die Magen-Darm-Sekretion.

- **Helle Brühen** – die Grundstoffe werden mit kaltem Wasser angesetzt und bei geringer Hitze kochend gehalten (Fleischbrühe 1 bis 3 Stunden, Fischbrühe 20 Minuten). Die Brühen werden beim Kochen entfettet.
- **Dunkle Brühen** – die Rohstoffe werden zunächst angebraten, mit Wasser aufgefüllt und gekocht. Gemüse und Gewürze werden zur Geschmacksverfeinerung und Farbbildung zugegeben.
- **Kraftbrühen** sind entfettete und durch Zugabe von Klärfleisch, Gewürzen und Gemüse gekräftigte Brühen. Das Fleischeiweiß gerinnt und bindet die vorhandenen Trübstoffe, die Brühe wird geklärt. Durch die Zugabe von Eiklar wird die Klärwirkung verstärkt.

Suppengrün oder Suppengemüse:
Der bündelweise angebotene Mix aus Wurzelgemüsen, Zwiebeln und Kräutern wird in ganz Europa verwendet. Je nach Land und Region unterscheidet sich aber die Zusammensetzung: In Norddeutschland gehören Möhren, ein Stück Sellerie, ersatzweise etwas Selleriegrün, Lauch und ein Stück Petersilienwurzel dazu. In Süddeutschland kommt zur Petersilienwurzel noch ein Sträußchen Petersilie. In Frankreich gesellt sich zum Suppengrün auch mal ein Zweig Thymian.

Rohstoffe für die Herstellung von Brühen

Gemüsebrühe
mit Kräuterpfannkuchen

Einlagen für Suppen:
- *Eierstich*
- *Klößchen*
- *Reis, Nudeln*
- *Croûtons, Backerbsen*
- *Fleisch-, Gemüsestreifen*
- *Pfannkuchenstreifen*
- *Käseklößchen*

Kartoffelsuppe mit Croûtons

Borschtsch

In **gebundenen Suppen** wird die Brühe mit einem Bindemittel, z. B. Mehlschwitze (aus 40 g Mehl in 60 g Butter für 1 Liter Brühe) oder Pürees von Gemüse, Tomaten, Kartoffeln, gebunden.

Püreesuppen binden durch das Püree des Rohstoffes, z. B. Kartoffelsuppe, Erbsensuppe. Sie werden mit Schmand, Crème fraîche oder Butter verfeinert.

Braune Suppen, z. B. Ochsenschwanzsuppe, werden mit einer braunen Mehlschwitze gebunden und mit dunkler Brühe aufgefüllt. Diese Suppen haben einen hohen Energiegehalt und werden nur in kleinen Portionen serviert.

Cremesuppen werden mit Sahne und Butter verfeinert.

Gemüsesuppen sind wohlschmeckende, kräftige Suppen, deren Geschmack und Nährwert wesentlich durch ihren Gehalt an klein geschnittenem Gemüse (Möhren, Lauch, Sellerie, Bohnen, Erbsen, Weißkraut) bestimmt wird. Durch die Zugabe von Kartoffeln, Reis oder Nudeln erhalten sie einen höheren Sättigungswert. Wird Fleisch zugesetzt, spricht man von Eintopf.

Kalte Suppen sind kalte Zubereitungen aus Früchten, Milcherzeugnissen oder Gemüse, die bevorzugt im Sommer angeboten werden.
Fruchtkaltschalen werden mit rohen Beerenfrüchten oder gedünstetem Obst hergestellt. Als Bindemittel dienen Sago, Kartoffelmehl oder Fruchtmark.
Milchkaltschalen werden durch Eier oder Eiweiß gebunden. Früchte, Vanillearoma oder Zitronenschale geben den Geschmack.
Kalte gebundene Suppen, z. B. Gazpacho, eine Gemüsesuppe aus Tomaten, Gurke, Paprika, kräftig abgeschmeckter Fleischbrühe, Olivenöl und Knoblauch.

Spezialsuppen werden mit arttypischen Zutaten hergestellt oder auf besondere Weise zubereitet.
Hierzu zählen:

Nationalsuppen – Suppen, die durch typische Zutaten der Küche eines bestimmten Landes gekennzeichnet sind, wie z. B.
- *Borschtsch,* Rote-Rüben-Suppe aus Russland
- *Gazpacho andaluz,* kalte Gemüsesuppe aus Spanien
- *Bouillabaisse,* Fisch-Gemüse-Suppe aus Frankreich

Regionalsuppen – sind typisch für bestimmte Regionen in Deutschland, z. B. *Kartoffelsuppe* (Westfalen), *Leberknödelsuppe* (Bayern), *Sauerkrautsuppe* (Thüringen).

KOMPETENZ-CHECK

1. *Informieren Sie sich in einem Kochbuch über die Arbeitsschritte bei der Herstellung einer Gemüsecremesuppe.*
2. *Stellen Sie Suppenrezepte für verschiedene Anlässe/Jahreszeiten zusammen, die in Ihrem Betrieb hergestellt werden.*
3. *Stellen Sie ein Suppensortiment für einen Wochenspeiseplan zusammen:*
   a) im Juni,   b) im Januar.
4. *Erstellen Sie einen Standardablauf für die Herstellung von*
   a) klaren Suppen,   b) gebundenen Suppen,   c) Gemüsesuppen.

Übersicht: Suppen – ausgewählte Beispiele

Bezeichnung	Herstellung/ Zutaten	Zutaten zur Verfeinerung
Klare Suppen, z. B. Rinderbrühe	Rindfleisch, -knochen	Eierstich, Croûtons
Gemüsebrühe	Gemüse (kein Kohl)	Klößchen, Eierstich, Kräuter, Gemüse
Geflügelkraftbrühe	Geflügelbrühe, -klärfleisch	Geflügelbruststreifen, Spargelspitzen
Gebundene Suppen Cremesuppen	Mehlschwitze, Sahne, Gemüse, Fisch, Pilze, Fleisch-, Gemüse- brühe	Sahne, Gemüse-/Fleisch- stückchen
Püreesuppen	Kartoffeln, Gemüse, Hülsenfrüchte, Brühe	Butter, Sahne, Kräuter
braune Suppen	Fleisch, Knochen, Röstgemüse, braune Brühe, Küchenkräuter	Butter, Sahne, Dessertwein, Einlagen
Gemüsesuppen Gemüsesuppe	Gemüse (der Saison), Fleisch, Speckwürfel, Kartoffeln, Brühe	frisch gehackte Kräuter, Fleisch- einlage
Kalte Suppen Obstkaltschale	Früchte, Fruchtpüree, Wasser, Zucker, Wein, Sago	Zitronensaft, -schale
Milchkaltschale	Milch, Zucker, Eier, Stärkemehl, Früchte	Zitronenschale, Vanille

Convenience-Suppen sind nach der vorgegebenen Anleitung zuzubereiten. Sie können verfeinert werden, z. B. durch:
- *Rinderkraftbrühe:* Petersilie, Grießklößchen
- *Spargelcremesuppe:* Sahne, Spargelstücke
- *Tomatensuppe:* Basilikum, Quarkklößchen
- *Erbsensuppe:* Croûtons, gerösteter Speck

Minestrone

Suppen, die auf Vorrat hergestellt oder vorgefertigt werden, müssen vor dem Verzehr auf mindes- tens 70 °C erhitzt werden.

Portionsgrößen für Suppen:
- als Hauptgericht: 0,3 bis 0,4 l
- als Vorspeise: 0,15 bis 0,2 l

Mehlschwitze für gebundene Suppen

▶ Fett im Topf schmelzen, Mehl in diesem Fett unter Rühren gold- gelb andünsten

▶ Flüssigkeit unter Rühren nach und nach zugeben, aufkochen, 5 Minuten in der Nachwärme quellen lassen

Die Muskelzusammensetzung bestimmt die Zubereitung:

Bindegewebsarmes Fleisch,
z. B. Filet, ist zart,
wird zubereitet mit
- *trockenen Garverfahren*
- *bei hohen Temperaturen*
- *kurzer Garzeit*
- *Braten, Frittieren, Grillen*

Bindegewebsreiches Fleisch,
z. B. Bug, ist fest,
wird zubereitet mit
- *feuchten Garverfahren*
- *bei Temperaturen um 100 °C*
- *längerer Garzeit*
- *Kochen, Garziehen, Schmoren*

Dickere Fleischscheiben werden vor dem Braten geklopft oder eingeschnitten.

Grundmengen für eine Portion:
- *Fleisch mit Knochen*   *150 g*
- *Fleisch ohne Knochen*   *125 g*
- *Hackfleisch*   *100 g*

Haltungsformen
Seit 1.4.2019 werden verpackte Frischfleischprodukte von Rind- und Schweinefleisch sowie Geflügel mit der Haltungsform-Kennzeichnung versehen. Es werden vier Stufen unterschieden:

Stufe 1: „Stallhaltung"
Z.B. Fleisch aus Tierhaltung, die dem gesetzlichen Standard entspricht.

Stufe 2: Stallhaltung Plus
Z.B. Fleisch, das von Tieren stammt, die mindestens zehn Prozent mehr Platz im Stall haben als gesetzlich vorgeschrieben und es steht ihnen zusätzliches Beschäftigungsmaterial zur Verfügung.

Stufe 3: Außenklima
Z.B. Fleisch, das von Tieren stammt, die noch mehr Auslauf und Platz sowie Zugang zu Außenbereichen oder Frischluft haben.

Stufe 4: Premium
Gewährt den Tieren fast doppelt so viel Platz wie in Stufe 1. Auslauf auch für Hühner und mehrere Monate Weidegang für Milchkühe. Die Kennzeichnung umfasst die Zeichen der europäischen Öko-Verordnung für Bio-Fleisch und weitere Zertifizierungen wie z.B. Neuland.

Fleischgerichte

Fleisch enthält biologisch hochwertiges Eiweiß, wertvolle Mineralstoffe und Vitamine. Durch seine Geschmacksstoffe wirkt Fleisch appetitanregend. Es hat einen hohen Sättigungswert.

Fleisch wird im Handel unterschiedlich angeboten:
- ohne Knochen: ausgebeintes Fleisch
- wie gewachsen: Muskelfleisch mit Fett, Bindegewebe und Knochen
- knochenloses Fleisch mit Knochenbeilage bis 25 % des Gesamtgewichts

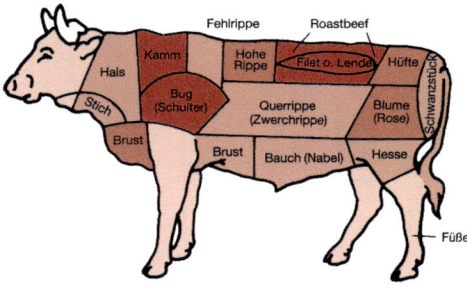

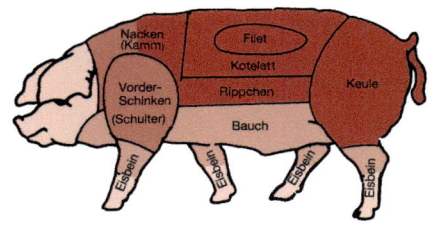

- **zum Braten, Kurzbraten**
saftiges, zartes Fleisch ohne Fett und Bindegewebe

- **zum Grillen**
saftiges, zartes, mit Fett marmoriertes Fleisch

- **zum Dünsten/ Schmoren**
zartes Fleisch mit Fett und geringem Bindegewebsanteil

- **zum Kochen**
weniger zartes Fleisch mit mehr Fett und Knochen

- **für Suppen und Sülzen**
Fleisch mit Schwarten und Knochen

Verschiedene Portionsstücke

Beinscheibe (Rind)

Rinderfilet

Haxe (Lamm)

Lammrücken mit Koteletts

Schweinekotelett

Oberschale (Schwein)

Kalbsbrust

Nuss (Kalb)

Fleisch hat je nach Schlachttier und Portionsstück eine andere Muskelzusammensetzung. Zartes Rind- und Lammfleisch haben kurze Garzeiten. Der Kern darf rosa bleiben – das Fleisch ist dann besonders aromatisch und saftig. Schweine- und Kalbfleisch sollten immer durchgegart werden. Bindegewebsreiche Fleischsorten benötigen lange Garzeiten. Bei der Auswahl des Fleischstückes ist deshalb die Verwendung zu berücksichtigen.

Hauptgerichte von Fleisch und Geflügel – einige ausgewählte Beispiele

Tafelspitz mit Meerrettichsoße und Petersilienkartoffeln

Garverfahren/Gerichte	Zubereitung
Kochen, Garziehen Rinderkeule (Tafelspitz) Rinderbrust Lammkeule, -schulter Irish Stew Kasseler Rippenspeer	Fleisch in kochendes Wasser legen, mit Petersilie, Lorbeerblatt, Knoblauch und Gewürzen gar ziehen; evtl. kleine Menge an Suppengemüse hinzugeben und mitgaren
Dünsten Frikassee, z. B. von Geflügel, Kalb, Lamm	Fleisch hell andünsten, mit Mehl bestäuben, mit Brühe auffüllen, mit Kräutern, Gewürzen, Zwiebeln garen, Brühe binden
Schmoren Rindergulasch Schmor-, Sauerbraten, Rouladen Schweineragout Lammragout, -keule,	Fleischstücke würzen, in Fett allseitig kräftig anbraten, zerkleinertes Gemüse, Zwiebeln hinzugeben, kurz mitbräunen, etwas Flüssigkeit (Brühe, Wein, Wasser) aufgießen, gar schmoren
Kurzbraten/Braten **in der Pfanne** Filet, Schnitzel, Steak, Kotelett vom Schwein, Rind, Lamm, Kalb und Geflügel	Pfanne ohne Fett erhitzen, wasserfreies Fett/Öl verwenden, Fleisch salzen, würzen, in heißem Fett rasch anbraten, bei niedrigeren Temperaturen zu Ende garen
im Backofen größere, zarte Fleischstücke (ab 1 kg), z. B. Keule, Schulter, Bug	Fleisch würzen, im Bratgeschirr allseitig anbraten, Röstgemüse, Zwiebeln, Knoblauch mitbräunen, pro Zentimeter Fleischdicke ca. 10 Min. Garzeit

Fleischgerichte werden meistens mit der dazu passenden Soße angerichtet und serviert (Herstellung von Soßen, s. S. 204 f.).

Rinderrouladen
10 Rouladen
Salz, Pfeffer, Paprika, Senf
5 Zwiebeln
75 g Speck
¼ l Wasser
Mehl, saure Sahne
▶ *Fleisch würzen, mit Senf bestreichen,*
▶ *gewürfelten Speck und Zwiebeln auf dem Fleisch verteilen, aufrollen, mit Holzspießchen zusammenstecken,*

▶ *in heißem Fett beidseitig bräunen,*
▶ *Wasser angießen, 50 bis 70 Minuten schmoren,*
▶ *Soßenfond aufkochen, binden, mit Sahne verfeinern und abschmecken.*

Beilagen zu frittierten/gegrillten
Fleischspeisen, z. B.:
- Salate, z. B. Blattsalate
- Gemüse, roh und gedünstet
- Sättigungsbeilage, z. B. Nudelsalat,
  gedämpfte Kartoffeln, Baguette
- Soßen, z. B. Remouladensoße
- Knoblauchbutter

Die Garnitur soll das Fleischgericht
optisch und geschmacklich ergänzen.
Häufige Garnituren:
- geschnittene, geformte Gemüse
- Pilze
- Früchte
- Kräuter
- gebratene Speckstreifen

Königsberger Klopse

Garverfahren/Gerichte	Zubereitung
Frittieren Schweinesteak, -filet, -schinken Kalbsschnitzel, -brust Lammkotelett, -nüsschen Geflügel	Fleisch würzen und panieren, in heißes Frittierfett geben, goldbraun frittieren, nach dem Frittieren gut abtropfen lassen, mit Zitronenscheibe/Petersilie anrichten, sofort servieren
Grillen Rumpsteak Schweine-/Kalbskotelett, -filet, -steak Lammkotelett, -filet Geflügel Grillspieße Grillwürste	Fett und Bindegewebe der Fleischstücke einschneiden, Grillgut würzen (Würzmarinade aus Öl und Würzzutaten, z. B. Kräuter, Gewürze, Salz, Knoblauch, Südwein), flaches Grillgut nur einmal umdrehen, dicke Stücke mehrmals drehen, öfter mit Öl bestreichen
Rind, Kalb, Schwein	Filetstücke mit Speck, Zwiebeln, Paprikaschoten
Hackfleischgerichte Frikadellen	Hackfleischmasse formen, in der Pfanne braten, mit gebratenen Zwiebelringen anrichten
Hackbraten	Hackfleischmasse zu einem Laib formen, im Backofen braten
Königsberger Klopse	Hackfleischmasse zu Kugeln formen, in Brühe garen, in Kapernsoße anrichten

Hackfleisch ist sehr vielseitig verwendbar, z. B. als Auflauf (Mousaka), Hackfleischtorte oder -pfanne, gefüllte Blätterteigtaschen oder Omeletts. Für den Umgang mit Hackfleisch gelten besondere Hygienebestimmungen, vgl. S. 11.

Soße Bolognese

100 g	durchwachsener Speck	▶ Speck auslassen,
5	Zwiebeln	▶ zu Würfeln schneiden,
250 g	Möhren	▶ beides ca. 2 Min. mit dem Speck
500 g	Sellerie	braten,
750 g	Hackfleisch (gemischt)	▶ Hackfleisch und Tomatenmark unterrühren,
100 g	Tomatenmark	
625 g	Tomaten	▶ Tomaten, Gewürze zugeben,
ca. 1 l	Wasser	▶ Wasser aufgießen, einkochen lassen,
¼ l	Sahne, 10 %	▶ Sahne unterrühren,
	Lorbeerblatt, Muskat, Salz, Pfeffer, etwas Zucker	▶ mit den Gewürzen abschmecken.

Zubereitung
Soße Bolognese

1. Stellen Sie geeignete Beilagen für ein sommerliches Grillfest mit Schweine-steaks, Fleischspießen und Bratwürstchen zusammen.
2. Suchen Sie in Fachbüchern je drei Gerichte aus Schweinefleisch, die gebra-ten / kurz gebraten / gekocht / geschmort werden.
3. Sie sollen für das Mittagessen Frikadellen herstellen. Stellen Sie die kriti-schen Punkte bei der Verarbeitung von Hackfleisch zusammen und nen-nen Sie Möglichkeiten, wie Sie das hygienische Risiko minimieren können.
4. Stellen Sie für eine Woche/einen Monat die Fleischgerichte zusammen, die in Ihrem Betrieb hergestellt werden. Ordnen Sie den Gerichten die jeweili-gen Zubereitungsverfahren zu.
   Vergleichen Sie in der Klasse.
5. Sammeln Sie Informationen zum Siegel der „Tierwohl-Initiative".

Geben Sie die Begriffe »Grillfest« und »Vegane Ernährung« in dieser Kombination in Ihre Such-maschine ein und diskutieren Sie die Ergebnisse.

Fischgerichte

Fischfleisch hat einen hohen Gehalt an hochwertigem, leicht verdaulichem Ei-weiß, Mineralstoffen (hoher Jodgehalt bei Seefischen), fettlöslichen Vitaminen A und D sowie essenziellen Fettsäuren. Fischfleisch besitzt im Unterschied zum Schlachtfleisch wenig Bindegewebe – es hat eine lockere Zellstruktur und zer-fällt leicht beim Garen.

Fische verderben leicht und müssen daher kühl gelagert werden. Sie sollten möglichst schnell verarbeitet werden.

Fisch wird im Handel angeboten als
- **ganzer Fisch,** z. B. Hering, Scholle, Lachs, Karpfen, Makrele
- **Fischfilet,** z. B. Seelachs, Rotbarsch, Scholle, Kabeljau
- **Fischkotelett,** z. B. Lachs, Heilbutt, Kabeljau
- **Tiefkühlfisch,** z. B. ganzer Fisch, Fischfilet, panierter Fisch, Fischfrikadellen
- **gesalzener Fisch,** z. B. Matjes, Salzhering, Lachs
- **Räucherfisch,** z. B. Forelle, Makrele, Bückling, Aal

Die Zubereitungsart soll den Eigengeschmack des Fisches hervorheben. Düns-ten, Dämpfen und Garziehen unterstreichen den Eigengeschmack. Panierte und frittierte Fische haben eine aromatische Kruste, der Energiegehalt ist durch den Gehalt an Fett deutlich erhöht.

Fische werden eingeteilt nach
- **der Herkunft**
Süßwasserfische, z. B.
Forelle, Karpfen, Hecht, Barsch
Seefische, z. B.
Kabeljau, Seelachs, Rotbarsch, Hering

- **dem Fettgehalt**
Magerfische, z. B.
Kabeljau, Seelachs, Forelle
Fettfische, z. B.
Hering, Lachs, Aal, Makrele

- **der Körperform**
Rundfische, z. B.
Hering, Kabeljau, Forelle
Plattfische, z. B.
Seezunge, Scholle, Heilbutt

Portionsgrößen garfertiger Fische je Hauptgericht:

Fischfilet	150 g
ganze Fische	225 g
Fischkoteletts	220 bis 240 g

Fischsud
- *für Seefische:*
  Salzwasser (20 g Salz pro l Wasser)
- *für Süßwasserfische:*
  zusätzlich Zwiebeln, zerdrückte Pfefferkörner, Lorbeerblätter, Peter-silie aufkochen

Verschiedene Fisch-Handelsformen

❶ ganzer Fisch
❷ Fischkotelett
❸ Fischfilet
❹ Tiefkühlfisch

Angerichtetes Fischgericht

Scholle mit Speck und Zitrone

3-S-Regel für die Zubereitung von Fisch:

- ◼ **Säubern:**
ganze Fische innen und außen unter fließendem Wasser waschen; trockentupfen.
- ◼ **Säuern:**
10 Min. vor der Zubereitung mit Zitronensaft beträufeln.
- ◼ **Salzen*:**
ganze Fische kurz vor der Zubereitung, Filets und Fischstücke erst nach dem Anbraten, Andünsten, salzen.

* Fisch »blau« wird nicht gesalzen!

Fischpanierungen zum Frittieren:

1. *In gesalzene Milch tauchen und in Mehl wenden.*
2. *In Mehl, Ei und Paniermehl wenden.*

In Folie gegarter Fisch

Sushi ist ein ursprünglich japanisches Gericht aus gesäuertem Reis, der hauptsächlich mit rohem Fisch belegt oder gefüllt ist. Ergänzt werden die Häppchen durch Gemüse, Seetang, Tofu oder Ei. Sushi wird in mundgerechten Stücken optisch ansprechend zubereitet serviert.

Garverfahren/Gerichte	Zubereitung
Garziehen Forelle blau Karpfen blau Zander, Lachs, Hecht Kabeljau, Goldbarsch	**Kleine Fische/Portionsstücke** in den kochenden Sud legen, bei mäßiger Hitze (nicht > 80 °C) abgedeckt gar ziehen **Große Fische** in kaltem Sud aufsetzen, am Siedepunkt Hitze reduzieren, s. o.; Garzeit: je kg Fisch 15 bis 20 Min. **Blaugaren:** Fische vor dem Garen mit Essig beträufeln/dem Sud Essig zugeben
Dämpfen für alle Fische, die zum Garziehen geeignet sind	Fische marinieren und wenig salzen, in speziellen Gargefäßen mit Siebeinsatz über dem kochenden Sud gar dämpfen
Dünsten kleine Fische: Forelle Fischfilets Fischscheiben mit Gräte, z. B. Heilbutt, Lachs	Dünstgefäß einfetten, mit fein geschnittenen Zwiebeln/Schalotten bestreuen, marinierten Fisch auflegen, heißen Fischfond übergießen, evtl. etwas Weißwein, Zitrone zugeben (Geschmack!), gar dünsten
Braten Filets aller Art, ganze Fische wie Hering, Scholle, Forelle, Lachs, Scheiben von Heilbutt, Lachs, Kabeljau	Fisch trocknen, mit Zitrone beträufeln, salzen und in Mehl wenden, in heißem Fett goldbraun braten, damit die Kruste nicht zu dunkel wird, bei mäßiger Hitze zwischen 100 und 110 °C gar braten
Frittieren paniertes Fischfilet Fischstäbchen Fischspießchen kleine ganze Fische	Fisch mit Zitrone beträufeln, würzen, je nach Größe 3 bis 10 Min. bei 150 bis 175 °C frittieren, gegarte Fische mit Drahtlöffel entnehmen, Fett auf saugfähigem Papier abtropfen lassen, sofort servieren
Grillen kleine Fische Scheiben von Heilbutt, Lachs, Fischspieße	Fisch marinieren, salzen, dünn mit Öl einstreichen, auf vorgeheiztem Grill garen (vorsichtig mit einer Grillzange wenden!)

KOMPETENZ-CHECK

1. *Sie wollen in Ihrer Kantine eine »Fischwoche« anbieten. Wählen Sie dafür geeignete Gerichte aus und erstellen Sie einen Wochenspeiseplan.*
2. *Vergleichen Sie das Angebot und die Preise von frischem und tiefgefrorenem Fisch im Supermarkt/Fischgeschäft. Stellen Sie Ihre Ergebnisse vor.*
3. *Für das Mittagessen werden 75 Portionen garfertiges Goldbarschfilet zu je 150 g benötigt. Der Zubereitungsverlust beträgt 12 %. Informieren Sie sich über den Preis von 1 kg Goldbarschfilet und berechnen Sie den Materialpreis von 75 Portionen.*

Eierspeisen

Eier haben einen hohen Gehalt an biologisch hochwertigem Eiweiß, sind leicht verdaulich und lassen sich abwechslungsreich zubereiten. Der Verbrauch sollte jedoch wegen ihres hohen Gehaltes an Cholesterin auf drei bis vier Eier pro Woche eingeschränkt werden.

Nur frische Eier haben den vollen Ge-

Rührei mit Krabben

schmackswert sowie die erforderlichen Eigenschaften für die küchentechnische Verarbeitung. Für die Zubereitung von Eierspeisen sollte deshalb die Güteklasse A verwendet werden. Hühnereiweiß wird wegen seiner küchentechnischen Eigenschaften – es gerinnt bei ca. 70°C, lockert Teige und Massen, emulgiert, z.B. bei Mayonnaise, bindet, z.B. bei legierten Suppen, und klärt Flüssigkeiten, wie Kraftbrühe – vielseitig verwendet.

Eierspeisen – einige ausgewählte Beispiele

Gerichte	Zubereitung
Pochierte Eier ■ auf gebackenen Weiß- brotschnitten mit Soße überzogen ■ auf gedünstetem Spi- nat, überbacken ■ mit Reis/Currysoße	Eier aufschlagen und in einer Schöpfkelle oder Tasse in kaum siedendes Essigwasser geben (Eiklar umschließt Eigelb; Eigelb bleibt weich!), etwa 5 Min. ziehen lassen, mit Schaumkelle herausnehmen, zerrissene Eiweißränder abschneiden, vor dem Anrichten gut abtropfen lassen (vgl. Abb.)
Rühreier ■ mit Schinken ■ mit Krabben ■ mit Spargel	Butter/Margarine in einer Pfanne bei mittlerer Hitze zerlassen, Eier, Salz, Pfeffer mit Schneebesen verrühren, Eimasse in heißer Pfanne unter Rühren stocken lassen
Spiegeleier ■ mit Schinken/Speck ■ mit Spargel/Tomaten ■ mit Käse/Pilzen	Eier in gebutterter heißer Pfanne (s.o.) in ca. 4 Min. stocken, ohne Dotter zu verletzen und wenden, Eiklar salzen
Omeletts ■ Spinatomelett ■ mit Konfitüre ■ mit Ragout ■ mit gedünsteten Pilzen ■ mit Tomaten, Spargel	Eier in einer Schüssel aufschlagen, salzen, Margarine/Butter in einer Pfanne erhitzen, Eiermasse hineingeben, Masse unter Schwenken verrühren, Omelett umschlagen, auf Porzellanteller servieren (Füllung vor dem Umschlagen draufgeben!)
Pfannkuchen ■ mit gebackenem Speck ■ mit eingebackenen Apfelscheiben	Milch, Mehl, Eier, eine Prise Salz zu einer glatten Masse rühren; Eierkuchen in einer Pfanne mit heißer Butter von beiden Seiten goldgelb backen

Portionsgrößen:

■ *als Vorspeise: 1 bis 1,5 Eier*

■ *als Hauptgericht: 2 Eier*

Eier pochieren

Aufschlagprobe:

Frisches Ei*:
hochgewölbter Dotter

Älteres Ei*:
flacher Dotter

Die Eierverordnung legt Gewichts-
klassen fest.

Gewichts-klassen	Gewicht
S	< 53 g
M	53 bis 62 g
L	63 bis 72 g
XL	> 73 g

Ei mit Stempel

Haltung:
0 = ökologische Haltung
1 = Freilandhaltung
2 = Bodenhaltung
3 = Kleingruppenhaltung (D)

Die Güte und Qualität von Eiern wird wesentlich von der Frische bestimmt. Im Handel werden praktisch nur »A-Eier«, frische Eier, angeboten; diese werden nach nebenstehenden Gewichtsklassen sortiert. Die Eier der Güteklasse »A« sind »frisch« und durch eine Banderole gekennzeichnet, die nach 9 Tagen nach Legedatum entfernt werden muss. Die Güteklasse »B« bezeichnet die zweite Qualität. Diese Eier werden in der Industrie verarbeitet. Das Mindest-haltbarkeitsdatum sollte beachtet werden.

Frischeprobe für Eier
Schwimmprobe:

Ein frisches Ei sinkt zu Boden   Ein sieben Tage altes Ei schwimmt im Wasser

Jedes Ei muss einen Stempel tragen, aus dem die wichtigsten Angaben ersichtlich sind:

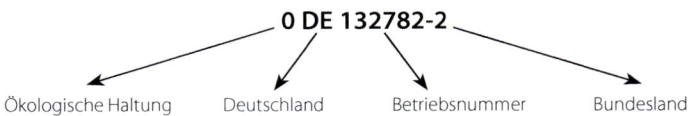

0 DE 132782-2

Ökologische Haltung   Deutschland   Betriebsnummer   Bundesland

KOMPETENZ-CHECK

1. *Erläutern Sie die küchentechnischen Eigenschaften von Eiern.*
2. *Erstellen Sie einen Standardablauf für die Herstellung von Omeletts.*
3. *Hühnereier können von Salmonellen befallen sein. Erklären Sie einer neuen Auszubildenden die für die Gemeinschaftsverpflegung geltenden Hygienerichtlinien, deren Anwendung in der Küche die Verpflegungsteil-nehmer vor einer Salmonelleninfektion schützt.*

Soßen

Soßen werten Speisen geschmacklich und optisch auf. Die Zubereitung guter Soßen erfolgt aus gehaltvollen Brühen oder dem Saft, der bei dem Garen der Rohstoffe entsteht. Richtig zubereitete Soßen sind sämig, glänzend, ohne sichtbares Fett und haben einen feinen Geschmack.
Soßen, die als Überzug auf den Speisen bleiben sollen, werden über die Speise gegeben (z. B. Holländische Soße). Dünnflüssige Soßen gibt man als sogenannten Spiegel auf den Teller und richtet die Speise darauf an.
Soßen werden in warme Soßen (helle/braune) und kalte Soßen unterteilt.

Soßen – einige ausgewählte Beispiele

Soßen	Zubereitung
Warme Soßen	
Helle Soßen: **Weiße Grundsoße,** z. B. Geflügelgrundsoße Kalbsgrundsoße Fischgrundsoße Gemüsegrundsoße	weiße Mehlschwitze: Butter schmelzen, Mehl glatt rühren, hell schwitzen, helle Grundbrühe unter Rühren zugießen und aufkochen, 5 Min. durchkochen, passieren **Abwandlung:** Durch Zugabe von z. B. Senf/Tomatenmark kann der Geschmack variiert werden
Béchamelsoße und z. B. Käsesoße Zwiebelsoße Sahnesoße	weiße Mehlschwitze zubereiten (s. o.), heiße Milch und helle Brühe zugießen und glatt rühren, 20 Min. durchkochen, würzen, passieren
Dunkle Soßen: Wildsoße Jägersoße Esterhazysoße Burgundersoße	Schweine-, Kalbsknochen, Röstgemüse, Tomatenmark anbraten, mit braunem Fond (Rotwein) ablöschen/auffüllen, würzen, Flüssigkeit einkochen, dunkle Mehlschwitze zugeben, glatt rühren, langsam weiterkochen, mehrmals abschäumen/entfetten, passieren
Bratensoßen	Bratensaft, der beim Schmoren/Braten von Fleisch/Geflügel entsteht, mit Röstgemüse, Gewürzen, (Wein) verkochen, Soße entfetten, evtl. mit angerührter Stärke binden, Soße passieren
Tomatensoße	Butter oder Speck erhitzen/ausbraten, Röstgemüse anbraten, klein geschnittene Tomaten und Tomatenmark zugeben, Flüssigkeit einkochen, mit Mehl bestäuben, anschwitzen, Brühe auffüllen, Kräuter, Gewürze, Knoblauch, Salz, eine Prise Zucker zugeben, ½ Std. bei schwacher Hitze kochen, passieren
Kalte Soßen	
Mayonnaise und z. B. Kräutersoße Remouladensoße Grüne Soße	Eigelb und Senf schaumig rühren, Öl tröpfchenweise unter Rühren zugeben, mit Salz und Zitrone abschmecken

In der Großküchenverpflegung werden Convenience-Soßen häufig eingesetzt. Sie werden als Trockenerzeugnisse, Pasten und Fertigsoßen angeboten. Bildet die Soße Klumpen, wird sie durch ein Haarsieb gestrichen. Bei der Zubereitung cremiger Grundsoßen wird ein Teil der Flüssigkeit durch Sahne ersetzt. Geschmackszutaten (außer Zwiebeln, Curry) werden zum Schluss hinzugegeben.

Feine Holländische Soße (0,25 l)

250 g	Butter
3	Eigelb
3 EL	Weißwein
	Salz, weißer Pfeffer, Zitronensaft

▶ Butter zerlassen, Schaum abschöpfen

▶ Eigelb und Wein im Wasserbad (70 °C) schaumig rühren

▶ Butter tropfenweise unter Rühren zugeben, abschmecken

Kalte Würzsoßen werden überwiegend als Convenience-Soßen eingesetzt, z. B. Worcestershire-Soße, Cumberland-Soße, Chilisoße, Ketchup

Convenience-Soßen werden in der Großküchenverpflegung häufig eingesetzt. Sie werden als Trockenerzeugnisse, Pasten und Fertigsoßen angeboten.

1. *Nennen Sie passende Gerichte, zu denen die in der Tabelle genannten So-ßen jeweils gereicht werden können.*
2. *Informieren Sie sich über die Zubereitung der Soßenabwandlungen in der Tabelle und stellen Sie diese an Beispielen (mit Rezept) dar.*
3. *Erkunden Sie in Ihrem Betrieb, welche Soßen zu den folgenden Gerichten gereicht werden: Lammkeule / gekochte Rinderbrust / Schaschlik / Kalbs-braten / Rinderschmorbraten / kurz gebratene oder gegrillte Fleischspei-sen / Forelle blau? Stellen Sie ihre Ergebnisse vor.*
4. *Erklären und demonstrieren Sie einer neuen Auszubildenden, wie eine Ma-yonnaise hergestellt wird. Zu welchen warmen Speisen können Ableitun-gen der Mayonnaise gereicht werden?*
5. *Ermitteln Sie den Bestand an Convenience-Soßen in Ihrem Betrieb.*
   a) Informieren Sie sich über die enthaltenen Zutaten.
   b) Für welche Gerichte werden die Soßen jeweils verwendet?

200 g Kartoffeln decken 20 bis 30 % des Tagesbedarfs an Vitamin C und B₁.

Stärkehaltige Beilagen

Stärkehaltige Beilagen komplettieren ein Menü aus Fleisch- oder Fischspeisen, Gemüse oder Salat. Wegen ihres Stärkegehaltes haben sie einen guten Sätti-gungswert. Sie schmecken neutral und lassen sich passend zu den verschie-densten Gerichten zubereiten. Als Beilage dienen insbesondere **Kartoffeln**, **Klöße** und **Knödel**, **Reis** und **Teigwaren**.

Kartoffelgerichte

Durch verschiedene Garverfahren und Rezepturen, unterschiedliche Form-gebung und Panierung ergibt sich eine große Vielfalt an schmackhaften Kar-toffelgerichten – als Sättigungsbeilage, aber auch als selbstständiges Gericht.

Beim Braten oder Frittieren von Kartoffelgerichten entsteht **Acrylamid**, vgl. S. 37. Neben der Zubereitung hat die Lagerung einen Einfluss auf die Acrylamid-bildung. Daher sollten Kartoffeln, die gebraten oder frittiert werden,

- möglichst frisch sein,
- keine grünen Stellen oder Keimansätze aufweisen,
- nicht unter 8 °C gelagert werden.

Kroketten

2,5 kg	Kartoffeln
8	Eigelb
	Salz, Muskatnuss

zum Panieren:

je 7 EL	Mehl und Paniermehl
5	Eier
	Plattenfett zum Frittieren

Herstellung von Kroketten

▶ Passierte Kartoffeln mit Eigelb verkneten, würzen

▶ Zu 2 cm dicken Rollen formen, 4 cm lange Stücke abschnei-den, panieren

▶ Panierte Kroketten in heißem Fett goldbraun frittieren

Kartoffelspeisen – einige ausgewählte Beispiele

Garverfahren, Speisen	Zubereitung
Kochen	
Pellkartoffeln	ungeschält in Salzwasser garen
Salzkartoffeln	geschält, in Stücken in wenig Wasser garen (dünsten)
Bouillonkartoffeln	würfelig geschnitten, mit feinen Gemüsewürfeln in Fleischbrühe garen
Kartoffelpüree	frisch gegarte Salzkartoffeln heiß pürieren, mit Butter, heißer Milch glatt rühren, würzen
Rahmkartoffeln	warme Kartoffelscheiben mit Rahm-Béchamelsoße binden
Braten	
Bratkartoffeln	gegarte Kartoffelscheiben in Öl/Speck braten
Elsässer Kartoffeln	würfelförmige, gegarte Kartoffeln mit Speck und Zwiebelwürfeln braten
Berner Rösti	geraspelte Kartoffeln würzen, mit gedünstetem Speck und Zwiebeln in Form eines Pfannkuchens braten
Kartoffelpuffer	geriebene Kartoffeln, Eier, Salz, Mehl zu einer Masse verarbeiten, in heißem Öl kleine goldgelbe Pfannkuchen braten
Frittieren	
Pommes frites	bei 170 °C frittieren, abtropfen, salzen
Kartoffelkroketten	heiße Kartoffeln passieren; mit Eigelb, Gewürzen vermengen, längliche Stücke formen, in Ei/Paniermehl wenden, frittieren
Kartoffelbällchen	Krokettenmasse zu Kugeln formen, s.o.
im Ofen gebacken	
Folienkartoffeln	Kartoffeln mit Würzöl einstreichen, in Folie bei 200 °C ca. 45 Min. backen
Herzoginkartoffeln	Krokettenmasse auf Backblech dressieren, mit Eigelb bestreichen, bei 200 °C 5 bis 10 Min. backen

Kartoffelgratin

2 kg	Kartoffeln
2	Knoblauchzehen
250 g	geriebener Käse
¼ l	süße Sahne
¼ l	Milch
50 g	Butter
	Salz, Pfeffer, Muskat

▶ im Backofen bei 200 °C ca. 60 Min. goldbraun backen

Kochtypen von Kartoffeln

mehligkochend

vorwiegend festkochend

festkochend

Für die Zubereitung ist die Auswahl der richtigen Kartoffelsorte wichtig:

- ■ *festkochend:*
  für Kartoffelsalat, Pellkartoffeln
- ■ *vorwiegend festkochend:*
  für Pell-, Salz-, Bratkartoffeln
- ■ *mehligkochend:*
  für Kroketten, Püree, Klöße, Kartoffelpuffer

Kartoffelklöße

Semmelklöße

Kartoffelklöße

2,5 kg	Pellkartoffeln
4	Eier
125 g	Weizenmehl
125 g	Speisestärke
2	Semmeln
	Salz, Muskat, Pfeffer
75 g	Fett
5 l	Wasser

Informieren Sie sich über die Zubereitung von Kartoffelklößen.

Nudelteig

1000 g	Weizenmehl/ Weizengrieß
4 EL	Öl
10	Eier
1 TL	Salz

▶ Zutaten zu einem glatten Teig kneten,
▶ Teig in feuchtes Handtuch wickeln,
▶ 30 Min. ruhen lassen, dritteln,
▶ ausrollen, Nudeln schneiden.

Vorgefertigte Kartoffelspeisen

Das Angebot an Convenience-Produkten erstreckt sich auf alle Herstellungsstufen (s. a. S. 99 ff.).

Verarbeitungsstufe	Angebotsformen
vorbereitet (roh/gegart)	geschält, als Scheiben, Schnitzel, Stäbchen
sterilisiert	Scheiben, Würfel, Stücke, Salzkartoffeln
getrocknet	Kartoffelpüree, Krokettenpulver
tiefgefroren	Pommes frites, Kroketten, Rösti etc.

Klöße, Knödel, Nocken

Sie werden aus Kartoffeln, Mehl, Grieß oder Brötchen zubereitet und in runde oder ovale Form gebracht. In der Großküche werden sie teilweise im Voraus hergestellt, abgekühlt und bereitgehalten. Vor der Ausgabe sind sie in siedendem Salzwasser zu erhitzen. Sie können mit flüssiger Butter oder Bröselbutter angerichtet werden.

Bezeichnung	Form, Zubereitung
aus rohen Kartoffeln Thüringer Klöße	Kloßmasse zu Klößen (à 100 g) formen, geröstetes Weißbrot in die Mitte geben, in kochendes Salzwasser legen, nach dem Aufkochen ca. 20 Min. sieden lassen; Nocken haben kleinere, ovale Form
aus gekochten Kartoffeln Kartoffelklöße Kartoffelnocken	
weitere Beilagen Semmelklöße	Weißbrotscheiben mit heißer Milch übergießen, quellen, abkühlen lassen, Kloßmasse bereiten, vgl. Rezept
Hefeklöße	aus leichtem Hefeteig (s. S. 58) Klöße formen, kurz aufgehen lassen, dämpfen, mit flüssiger Butter übergießen
Grießnocken Grießklöße	Milch, Salz, Butter aufkochen, Grieß einrühren, aufquellen lassen, Eier unterziehen, Grießklöße 15 Min. sieden

Teigwaren

Sie werden aus Mehl oder Grieß, Wasser und evtl. Eiern hergestellt und meistens getrocknet. Teigwaren sind eine wichtige Sättigungsbeilage, aber auch Hauptbestandteil vieler beliebter Gerichte. Manche Küchen bieten hausgemachte Teigwaren aus Vollkornmehlen von Dinkel, Roggen und Buchweizen an.
Die Qualitätseinteilung der Teigwaren erfolgt nach dem Eigehalt je Kilogramm Mehl oder Grieß:
■ **Eierteigwaren:** mind. 2 ¼ Eier
■ **Teigwaren mit hohem Eigehalt:** mind. 4 Eier

■ Teigwaren mit besonders hohem Eigehalt: mind. 6 Eier

Teigwaren, die weniger Eier enthalten, gelten als »eifrei«.

Zubereitung – Teigwaren werden kochfertig angeboten und in sprudelnd siedendem Salzwasser (3 bis 4 l Wasser, 20 g Salz auf 1 kg Nudeln) je nach Teigwaren 5 bis 14 Min. ohne Deckel gekocht. Etwas Öl im Kochwasser verhindert ein Zusammenkleben. Nudeln werden bissfest, »al dente«, gekocht. Nach dem Abschütten werden sie kurz mit heißem Wasser abgebraust. Die Zugabe von Butter oder gebräunter Bröselbutter ergibt einen vollmundigen Geschmack.

Bei der Zubereitung von Teigwaren ist es wichtig auf die Portionsmengen im Rohzustand zu achten:
- Vorspeise: 30 g
- Beilagen: 60 bis 80 g
- Hauptgericht: 100 g
- Suppeneinlage: 15 g
- 50 bis 70 g getrocknete Teigwaren ergeben etwa 150 bis 200 g gekochte Teigwaren (= 1 Portion)

Auf **Vorrat gekochte Teigwaren** werden in kaltem Wasser abgeschwenkt und abgedeckt gekühlt gelagert. Dann werden sie in siedendem Salzwasser wieder erwärmt und angerichtet.
Teigwaren, insbesondere hohle oder gedrehte Formen (z. B. Hörnchen, Makkaroni, Spätzle), sind am besten als Beilage zu soßenreichen Gerichten geeignet.

Mit Nudeln können vielseitige Gerichte zubereitet werden.

Spätzle	
1250 g	Weizenmehl
0,5 l	Wasser oder Milch
12	Eier
2,5	TL Salz, Muskat
zum Garen:	
4 l	Wasser
2 TL	Salz

▶ Zutaten zu einem dickflüssigen glatten Teig schlagen, bis er Blasen wirft,
▶ 30 bis 60 Min. ruhen lassen,
▶ Spätzle formen, vgl. Abb.

Herstellungsformen für Spätzle
Der Spätzleteig wird portionsweise in siedendes Salzwasser

▶ vom Brett geschabt

▶ gehobelt

Nudelformen
❶ Hörnchennudeln
❷ Penne
❸ Spaghetti
❹ Farfalle
❺ Spiralnudeln
❻ kleine Muscheln
❼ Bandnudeln

Gemüserisotto

Variationen von Risotto, z. B.:
- *Gemüserisotto*
- *Geflügelrisotto*
- *Schinkenrisotto*

Reis

Reis, ein Getreide, ist reich an Mineralstoffen und Vitamin B_6 und enthält kein Gluten. Er wird als Langkorn- und Rundkornreis angeboten. Langkornreis bleibt beim Garen körnig und eignet sich als Beilage und Suppeneinlage sowie für Salate und Eintopfgerichte. Rundkornreis wird beim Kochen weich und verklebt. Er wird zu Milchreis und süßen Reisspeisen verarbeitet. Wildreis ist der Samen des Wassergrases, hat einen nussigen Geschmack und wird als Beilage zu besonderen Menüs angeboten.

Der Handel bietet Reis als polierten Weißreis, Naturreis und Parboiled Reis an. Parboiled Reis wird vor dem Schälen (= Entfernen des Silberhäutchens) mit Wasserdampf und Druck behandelt, wodurch die Vitamine und Mineralstoffe aus dem Silberhäutchen in das Korninnere wandern und im Reiskorn erhalten bleiben. Naturreis enthält das vollständige Reiskorn und ist wegen des Fettgehalts im Keimling nur begrenzt lagerfähig.

Zubereitung: Reis wird gekocht oder gedünstet. Druch Gemüse, Pilze und Gewürze kann er farblich und geschmacklich verfeinert werden.

Bei der Zubereitung von Reis ist es wichtig, auf die Portionsmengen im Rohzustand zu achten:

- Vorspeise: 30 g
- Beilagen: 50 bis 60 g
- Hauptgericht: 80 bis 100 g
- Suppeneinlage: 10 g

Geformter Reis wird in viel Salzwasser gegart (ca. 18 Min.). Der heiße Reis wird umgerührt, zum Formen in ein kalt ausgespültes Gefäß gedrückt und danach auf einen Teller gestürzt und angerichtet. Ungeformter Reis wird nach dem Garen auf einem Sieb unter kaltem Wasser abgespült und gekühlt gelagert.

Butterreis wird in der Pfanne in Butter geschwenkt.

Kochreis

0,5 kg	Langkornreis
2 l	Wasser
1 TL	Salz

▶ Wasser mit Salz aufkochen
▶ Reis zugeben, umrühren
▶ ca. 20 Min. kochen

Quellreis

0,5 kg	Langkornreis
2 l	Wasser
1 TL	Salz
80 g	Butter

▶ Reis, Wasser, Salz zum Kochen bringen
▶ 5 Min. kochen lassen, Herd ausstellen
▶ im geschlossenen Topf 10 bis 15 Min. quellen

Gedünsteter Reis – Risotto – der Reis wird mit Zwiebelwürfeln in Öl gedünstet, mit Brühe abgelöscht und bei geringer Hitze gegart.

1. a) Erläutern Sie die Herstellung der folgenden Kartoffelzubereitungen: Kroketten/Pommes frites/Brat-/Folienkartoffeln.
   b) Vergleichen Sie den Energie- und Fettgehalt in jeweils 200 g.
   c) Nennen Sie Gerichte, die Sie jeweils zu diesen Beilagen reichen.
2. Fragen Sie in der Klasse, welche Zubereitungen von Kartoffelklößen im Betrieb selbst gefertigt werden. Tauschen Sie die Rezepte aus.
3. Vergleichen Sie den Geschmack und die Kosten von selbst hergestellten Kartoffelklößen und Convenience-Klößen. Wie können Convenience-Kartoffelklöße verfeinert werden?
4. Stellen Sie Gerichte aus den Nudelsorten auf S. 209 mit den zugehörigen Rezepten zusammen.
5. Sie benötigen 200 Portionen Butternudeln. Die Bandnudeln sollen schon am Vortag auf Vorrat vorgefertigt werden. Wie gehen Sie vor?
6. Stellen Sie Rezepte von leichten Nudelgerichten zusammen.
7. Informieren Sie sich anhand von Lebensmittelverpackungen und Fachbüchern über die Unterschiede zwischen Naturreis, geschältem Reis, Parboiled Reis und Wildreis. Notieren Sie die Ergebnisse.

Milchreis

Milchreis bildet die Grundlage verschiedener Süßspeisen.

625 g	Rundkornreis
2,5 l	Milch
4 EL	Zucker, 1 Prise Salz
2	Zimt- oder Vanillestangen

- Milch und Zucker aufkochen,
- Reis, Salz und Zimtstange zufügen,
- 3 Min. unter Rühren köcheln lassen,
- bei niedriger Hitze 30 Min. quellen lassen, ab und zu umrühren

Gemüse und Salate

Gemüse und Salate haben wegen ihres Gehaltes an Vitaminen, Mineralstoffen und Ballaststoffen eine hohe Bedeutung in der Ernährung. Sie sättigen, ohne viel Energie zuzuführen, und sind insbesondere für die Reduktionskost unverzichtbar.

Gemüse und Salate können das ganze Jahr in guter Qualität bezogen werden. Es sollten regionale Produkte der Saison bevorzugt werden – sie sind reif geerntet, haben volles Aroma und einen hohen Vitamin- und Mineralstoffgehalt. Auch die Kennzeichnung der Produktionsart, z.B. Freilandgemüse aus ökologischem Anbau oder Treibhausgemüse, ist zu beachten. Durch einen bewussten Einkauf kann die Umweltbelastung durch z.B. lange Transportwege, Pflanzenbehandlungsmittel gesenkt werden. Um die Geschmacks- und Wirkstoffe zu erhalten, sollten Gemüse und Salate kühl und dunkel gelagert werden.

Beim Einkauf EU-Güteklassen beachten (s. a. S. 94 f.):

Extra	hervorragende Qualität
I	gute Qualität
II	mittlere Qualität
III	einfache Qualität

Vorbereitung von Gemüsespeisen

Viele Gemüsearten werden nach dem Waschen geputzt oder geschält und durch exaktes Schneiden in Form gebracht. Manche Gemüsearten werden vor dem Zubereiten blanchiert, z. B. Bohnen, Erbsen, Spinat zur Farberhaltung und Kohlgemüse zur Entfernung störender Geruchs- und Geschmacksstoffe. Beim Blanchieren geht ein hoher Anteil der Mineralstoffe und Vitamine verloren.

Variationen mit Brokkoli

Zucchiniröllchen

Das für die jeweilige Gemüse-sorte geeignete Garverfahren soll:
▶ die Nährstoffe optimal erhalten,
▶ den Eigengeschmack verstärken,
▶ die Inhaltsstoffe für die Verdauung aufschließen,
▶ die Verwendung in der Speisenfolge berück-sichtigen.

Je kürzer der Garvorgang, desto gerin-ger sind die Auslaugverluste:
■ *Vorbereitetes Gemüse in sprudelnd kochendes Wasser geben,*
■ *bei hoher Hitzeeinwirkung zum Kochen bringen,*
■ *dann sofort Wärmezufuhr drosseln.*

Gefüllte Gurken

Umhüllungen von Gemüse:
■ *Milch und Mehl*
■ *Ausbackteig (Bierteig)*
■ *Panierung: in Mehl wenden, durch Eiweiß ziehen, in Paniermehl wenden*

Zubereitung von Gemüsespeisen

Feuchte Garverfahren (s. S. 32 f.) schonen den Eigengeschmack. Trockene oder kombinierte Verfahren kommen für spezielle Zubereitungen zum Einsatz.

Gemüse wird auf »Biss« gegart. Übergartes Gemüse verliert an Genuss und Ge-sundheitswert.

Bei der Zubereitung von Gemüsespeisen ist es wichtig, auf die Portionsmen-gen zu achten:

■ Beilage: 200 g
■ Vorspeise: 100 bis 150 g
■ Hauptgericht: 250 g

Kochen in viel Wasser, z. B. Spargel, Blumenkohl, Schwarzwurzeln und Rosen-kohl.

Spargel, Blumenkohl und Rote Bete garen bis zur Weiterverwendung in der heißen Garflüssigkeit nach. Andere Gemüsearten werden abgegossen und mit Eiswasser gekühlt. Zarte Gemüse, z. B. Spargel und Brokkoli, werden nicht in großen Mengen gekocht, sondern in mehreren Portionen nacheinander ge-gart. Die Garflüssigkeit sollte bei der Zubereitung von Suppen oder Soßen ver-wendet werden.

Dämpfen, z. B. Blumenkohl, Weißkohl und Kohlrabi, führt zu den niedrigsten Auslaugverlusten.

Dünsten im eigenen Saft bei wenig Flüssigkeitszugabe eignet sich für fast alle Gemüsearten, ausgenommen Blumenkohl, Spargel, Rote Bete. Die Auslaugver-luste sind gering; durch die Zugabe von Fett wird der Geschmack abgerundet. Der Konvektomat ist zum Dünsten und Dämpfen ideal geeignet (s. S. 44).

Gedünstete Gemüse reicht man z. B.

■ naturell: wenig reduzierten Gemüsefond über das Gemüse gießen,
■ in Sahne: Sahne angießen, mit dem Gemüsefond verkochen,
■ gebunden: Fond mit Béchamelsoße oder Mehlbutter sämig binden, über das Gemüse geben.

Schmoren – leichtes Anbraten und anschließendes Garen in Brühe oder Sahne – wird vielfach für gefüllte Gemüse, wie Paprikaschoten, Kohlrouladen, bei Gemüseragout (Ratatouille) und Zucchini, Gurken, Tomaten, Wirsing sowie Weißkohl angewendet. Das Gemüse wird mit Fett oder Speck zusammen mit Zwiebeln oder Schalotten leicht angebraten, mit Brühe aufgegossen und ge-schmort, s. a. S. 32, 34.

Frittieren – die Gemüse werden in Scheiben, Stücke oder Ringe geschnitten, gewürzt, mit einer Umhüllung versehen und in heißem Fett (175 °C) schwim-mend gebacken. Feste Gemüse werden vorgegart frittiert, z. B. Sellerie, Blumen-kohl, Schwarzwurzeln. Weiche Gemüse, z. B. Zucchini, Tomaten und Champig-nons, werden roh frittiert.

Braten in der Pfanne – in Form geschnittene, evtl. panierte oder in Ausbackteig gehüllte Gemüse oder Gemüsebratlinge werden in Öl oder Butter gebräunt, z. B. Sellerie, Pilze, Tomaten, Zucchini, Paprika.

Blumenkohl, gefüllt, in Scheiben geschnitten

Brokkoliauflauf

Gemüsespeisen – einige ausgewählte Beispiele

Gemüsesorten	Mögliche Zubereitungen
Wurzelgemüse Karotten, Möhren	in Scheiben, Würfel, Stäbchen schneiden, dünsten
Schwarzwurzeln	kochen oder dünsten, mit zerlassener Butter oder Holländischer Soße anrichten
Knollensellerie	garen, in Scheiben paniert braten/frittieren
Sprossengemüse Spargel	kochen und mit zerlassener Butter oder aufgeschlagener Soße anrichten
Blattgemüse Spinat	blanchieren, dünsten als Blattspinat oder gehackt, mit Sahne angerichtet als Rahmspinat
Mangold	Blätter wie Spinat, Stängel wie Spargel zubereiten
Chicorée	blanchieren/dünsten/schmoren oder überbacken
Samen- und Fruchtgemüse Erbsen	dünsten, mit Butter verfeinern
Bohnen	dünsten, mit Butter/ausgelassenen Speckwürfeln verfeinern
Zucchini	gefüllt schmoren; in Scheiben paniert frittieren
Paprika	gefüllt schmoren; als Gemüsestreifen dünsten
Zwiebelgemüse Lauch	schmoren oder dünsten, mit Béchamelsoße anrichten
Kohlarten Weißkraut	als Sauerkraut mit Speck/Wein/Äpfeln schmoren
Blumenkohl	kochen, mit Rahmsoße/aufgeschlagener Soße anrichten oder servieren
Kohlrabi	dünsten, mit Butter/Sahne verfeinern

Frittiertes Gemüse

Gegarte Gemüse können verfeinert werden, z. B.:

▶ *mit brauner oder frischer Butter,*
▶ *mit Sahne,*
▶ *durch Glasieren,*
▶ *durch Gratinieren,*
▶ *durch Frittieren.*

Zum Füllen geeignete Gemüse:

■ *Auberginen*
■ *Gurken*
■ *Tomaten*
■ *Zucchini*
■ *Gemüsezwiebeln*
■ *Paprika*

Gemüsespeisen aus Convenience-Erzeugnissen

Viele Gemüsearten stehen ganzjährig als vorgefertigte Erzeugnisse in gleichbleibender Qualität zur Verfügung. Neben der Vorbereitung entfällt das Zerkleinern, viele Erzeugnisse werden schon garfertig geliefert. Besonders tiefgefrorene Gemüse sind wegen ihres Gehaltes an Wirkstoffen, der dem frisch geernteter Gemüse weitgehend entspricht, für eine gesunde Ernährung durchaus geeignet. Sie werden oft zur Farberhaltung blanchiert, wodurch sich die Garzeit um ein Drittel verkürzt. Stückiges Tiefgefriergemüse wird in siedendem Salzwasser gegart, Gemüse in Blockform, z. B. Spinat, in ausgelassenem/r Speck/Butter unter Zugabe von etwas Brühe gedünstet. Konserven werden auf Verzehrtemperatur gebracht. Trockengemüse müssen vor dem Garen durch Wasserzugabe aufquellen. Bei Konserven und Trockengemüse sind viele Vitamine durch die Konservierung zerstört – die Speisen sollten mit frischen Kräutern aufgewertet werden.

Vorgefertigte Gemüse	Zubereitung
Gemüsekonserven	vorsichtig erwärmen abrunden mit z. B. Butterflocken, Sahne, Speck-, Zwiebelwürfeln, Soßen
Tiefkühlgemüse	in Salzwasser garen in erhitztem Fett/Speck dünsten mit Butter/fertiger Soße verfeinern
Getrocknete Gemüse	gefriergetrocknete Gemüse ca. 20 Min. einweichen, danach garen luftgetrocknete Gemüse vor dem Garen über Nacht einweichen

Das Anrichten von Gemüse
- *Teller-/Plattenrand nicht belegen*
- *Soße gebundener Gemüse darf andere Speisen auf dem Teller nicht beeinträchtigen*
- *Speisen sollen farblich harmonieren*
- *Teller vorwärmen*

KOMPETENZ-CHECK

1. *Erstellen Sie Regeln für die Vor- und Zubereitung von Gemüsespeisen, die zur Erhaltung von Vitaminen und Mineralstoffen beitragen.*
2. *Informieren Sie sich über die Hauptsaison für grüne Bohnen, Gurken, Zucchini, Lauch, Weißkohl, Kohlrabi, Spargel, Rosenkohl, Chicorée und Schwarzwurzeln. Begründen Sie, warum bei frischen Gemüsen regionale Produkte der Saison bevorzugt werden sollten.*
3. *Sie sollen eine Gemüseplatte mit fünf verschiedenen Gemüsesorten für vier Personen zusammenstellen. Wie gehen Sie vor?*
4. *Stellen Sie die Zubereitung der folgenden Gemüse anschaulich dar: Leipziger Allerlei – Ratatouille – Kohlrouladen – Gemüsequiche – Rotkohl – Rahmspinat – grüne Bohnen (tiefgefroren). Zeigen Sie an Beispielen auf, wie die Garflüssigkeit von Gemüse weiterverwendet werden kann.*

Stellen Sie mithilfe des Internets eine Liste mit Gemüsesorten zusammen, die in Vergessenheit geraten sind, sich aber für ein Salatbüfett gut eignen.

Salatbeilagen

Salate, ob als **Vorspeise, Beilage, Zwischenmahlzeit, Hauptgericht** oder bei **Büfetts** angeboten, ergänzen eine gesunde Ernährung. Zur Verarbeitung gelangen Blattsalate und Gemüse.

Die Salate werden eingeteilt:
- nach der Zusammensetzung
  in einfache Salate, zusammengesetzte Salate (Salatkomposition) und Mischsalate (gemischte Salate)
- nach der Zubereitung
  in Blattsalate, Gemüsesalate, Rohkostsalate und Salate von gekochtem Gemüse

Art der Zusammensetzung	Herstellung	Beispiele
Einfache Salate	Blattsalate und Salate, die nur aus einem Gemüse (roh oder gegart) hergestellt werden	Gurkensalat, Feldsalat, Tomatensalat
Salatkomposition	verschiedene einfache Salate, die separat zubereitet und auf einem Teller/einer Platte nebeneinander angerichtet werden	Kopf-, Tomaten-, Gurkensalat auf einer Platte garniert
Gemischte Salate	Blattsalate und Gemüse werden miteinander vermischt	griechischer Bauernsalat

Blattsalate und Salate aus rohen Gemüsen

Blattsalate

Chicorée, Eisbergsalat, Lollo Rosso, Eichblattsalat, Feldsalat, Endivie, Kopfsalat, Chinakohl, Radicchio

Wildgemüse, z. B. Gartenkresse, Brunnenkresse, Sauerampfer, Löwenzahn

Gemüse

Möhren, Rotkohl, Weißkohl, Gurken, Tomaten, Radieschen, Paprikaschoten, Bleichsellerie, Knollensellerie, Fenchel, Rettich, Pilze

Anrichten von verschiedenen Salaten

Anrichten von Salaten

▶ *Salatteile mundgerecht zerkleinern*
▶ *Salate locker/appetitlich anrichten*
▶ *harmonische Farbgestaltung beachten*
▶ *frische Kräuter/Kresse aufstreuen*
▶ *Geschmack durch verschiedene Soßen (s. a. S. 220) variieren und durch frische Kräuter, Nüsse, Keime, Croûtons verfeinern*

Blattsalat mit Putenbrust

Feldsalat

Blattsalate werden verlesen und gründlich in viel Wasser gewaschen. Um Auslaugverluste zu vermeiden, darf der Salat nicht im Wasser liegen bleiben. Nach dem Abtropfen werden die Blätter zerpflückt oder geschnitten. Blattsalate werden erst kurz vor dem Verzehr angerichtet.

Roh verarbeitete Gemüse werden gründlich gewaschen, geputzt oder geschält und danach zerkleinert. Je fester das Gemüse ist, desto feiner muss es geschnitten werden. Gurken und Tomaten werden z. B. in Scheiben geschnitten, Möhren und Rettich grob oder fein geraspelt. Zartes Gemüse wird erst kurz vor dem Verzehr mariniert, mit Salatsoße übergossen und vermischt. Feste Gemüsesorten, wie Weißkohl oder Paprika, werden längere Zeit vor dem Servieren mariniert und in der Soße angerichtet, damit sie durchziehen.

Salate aus gegarten Gemüsen

Die zugeschnittenen rohen Gemüse werden in leicht gesalzenem Wasser gekocht, das Gemüse soll dabei bissfest bleiben. Die Gemüse kühlen in dem Garfond ab, um den Geschmack zu erhalten. Man lässt das Gemüse abtropfen, mariniert es oft noch warm und richtet den Salat längere Zeit vor dem Anrichten mit der Salatsoße an. Frische Kräuter werden erst kurz vor dem Verzehr zugegeben.

Bohnensalat

Geeignete Gemüse:

Möhren	Weißkohl	Spargel	Erbsen
Knollensellerie	Bohnenkerne	Rote Rüben	Brokkoli
Blumenkohl	Schwarzwurzeln	Grüne Bohnen	

Bohnensalat

■ Geputzte grüne Bohnen mit Bohnenkraut in Salzwasser bissfest garen, mit Eiswasser abschrecken,
■ die noch warmen Bohnen mit Essig-Öl-Kräuter-Soße marinieren,
■ mit gehackten Zwiebeln, Petersilie, Bohnenkraut oder Schnittlauchröllchen vermischen.

Selleriesalat

■ Geschälten Sellerie in Würfel oder Streifen schneiden,
■ mit Zwiebeln, Zitrone, Salz, Zucker und weißem Pfeffer bissfest kochen,
■ nach dem Auskühlen mit Essig und Öl anrichten.

Salatsoßen – Marinaden und Dressings

Hauptbestandteile aller Salatsoßen sind Säure, z. B. Essig, Zitronensaft, Joghurt, und Öl/Fett, z. B. Pflanzenöle, Sahne, saure Sahne oder Mayonnaise. Die Salatsoße kann flüssig oder gebunden sein. Würzige Zutaten wie z. B. Zwiebeln, Schalotten, Knoblauch, Kräuter, Kapern, Senf oder Meerrettich variieren den Geschmack, geringe Beigaben von Spirituosen, Soja oder Tabasco runden den Geschmack ab.

Salatsoßen

Unterschieden werden drei Arten von Salatsoßen:
- **Essig-Öl-Soßen:** z. B. Vinaigrette-Soße
- **Soßen auf Milchproduktbasis:** z. B. mit Joghurt, Schmand, saurer Sahne oder Dickmilch
- **Soßen auf Mayonnaisebasis:** Mayonnaise als Soßengrundlage

Salat mit Sahnesoße

Vinaigrette-Soße:
1 Teil   Essig
1–2 Teile   Öl
Salz, Pfeffer, Zwiebeln, Salatkräuter, Zucker nach Belieben
▶ für alle Salate geeignet

Joghurt-Frucht-Soße
250 g   Joghurt
2 EL   Orangensaft
1 TL   Zitronensaft
1 Spritzer Worcestersoße
2 EL   Öl
Salz, Pfeffer, (Zucker)
▶ für alle Salate geeignet

Roquefort-Dressing
1 Teil   Roquefort
1 Teil   Essig
2 Teile   Öl
Salz, Pfeffer, Salatkräuter
▶ für Blattsalate, z. B. Lollo-Rosso-, Frisée-, Radicchio-, Chicoréesalat und Rohkostsalate geeignet

Sahne-Kräuter-Soße
4 Teile   Sahne
1 Teil   Essig/Zitronensaft
Salz, Pfeffer, Zwiebeln, Dill, Schnittlauch, Petersilie, Zucker nach Belieben
▶ für Blatt- und Gemüsesalate geeignet

Thousand-Island-Soße
2 Tassen Mayonnaise
je 1 Tasse Sahne und Chilisoße
Zitronensaft, Salz, Pfeffer, (Zucker)
Paprikaschotenwürfel
▶ für Blattsalate, gegarte Möhren, Sellerie, Bohnenkerne, Blumenkohl, Spargel geeignet

Beziehen Sie sich bei der Mengenkalkulation der Salatsoßen auf betriebliche Erfahrungswerte!

Rohkostsalate

Rohkostsalate werden aus rohen Gemüsen und Früchten zubereitet und tragen wegen ihres hohen Vitamin- und Mineralstoffgehaltes zu einer gesunden und vollwertigen Ernährung bei. Die Rohwaren werden gründlich gewaschen und geputzt und danach fein zerkleinert. Um eine Braunfärbung zu verhindern, werden die Salatbestandteile unmittelbar nach dem Zerkleinern gesäuert. Die natürliche Farbe bleibt dadurch besser erhalten. Das Marinieren und Anrichten der Salate erfolgt erst kurz vor dem Verzehr (bei langem Stehen ziehen sie Saft!).

Die Salate werden mit Ölen und geschmacksverfeinernden Zutaten angerichtet:
- hochwertige Pflanzenöle, z. B. Sonnenblumen-, Distel-, Weizenkeimöl
- Milchprodukte, z. B. Sahne, Joghurt, Crème fraîche,
- Säure, z. B. Zitronen- oder Orangensaft, Essig
- Würzstoffe, z. B. Zwiebeln, Knoblauch, Küchenkräuter, Meerrettich
- Schalenobst, z. B. Nüsse, Mandeln, Pistazien
- Trockenfrüchte, z. B. Rosinen, Feigen, Pflaumen

Servieren und Anrichten von Salaten
- ▶ *in Schüsseln*
- ▶ *als Salatbüfett*
- ▶ *auf Salatschälchen/Tellern*
- ▶ *in Früchten, z. B. Melone, Orangenschale (bei Büfetts)*

Die Anhänger des „Raw Food"-Trends ernähren sich ausschließlich von rohen oder nur leicht erwärmten Lebensmitteln. Auf dem Speiseplan stehen Nüsse, Samen, Obst, Wildpflanzen und Gemüse.

Nachspeisen / Desserts mit Früchten:
- ■ *Obst/Früchte*
  Obstsalat, Kompott, Früchtegelee, als Quarkspeise/Joghurtspeise
- ■ *Cremes (Bindemittel)*
  Stärke, Gelatine, Ei
- ■ *Gelees*
  Fruchtgelee, Weingelee
- ■ *Eisspeisen*
  Cremeeis, Fruchteis, Sahneeis

Orangen-Fenchel-Salat

Spitzkohl mit Melone

Blattsalate und Gemüsesalate dienen als Beilagen zu dem Hauptgericht oder als Extragang innerhalb eines Menüs. Rohkostsalate werden anstelle von Suppe als Vorspeise angeboten. Salate aus tierischen Zutaten, wie Geflügel, Fisch, Eier, Käse, kombiniert mit pflanzlichen Produkten sind eigenständige Speisen.

KOMPETENZ-CHECK

1. *Nennen Sie für die Zubereitung von Rohkostsalat geeignete Gemüsesorten. Stellen Sie Rezepte für Rohkostsalate zusammen und berichten Sie in Ihrer Klasse.*
2. *Stellen Sie die Gemüse zusammen, die vor der Zubereitung zu Salat gegart werden müssen.*
3. *Erklären Sie, wie bei der Herstellung von Rohkostsalaten der Arbeitsablauf und Materialfluss zur Trennung von »rein« und »unrein« gestaltet werden müssen.*
4. *Sie sollen zum Mittagessen für 40 Personen ein Salatbüfett herstellen.*
   a) *Zeigen Sie Ihre Planungsschritte auf. Beziehen Sie dabei betriebliche Erfahrungen mit ein.*
   b) *Stellen Sie eine Salatauswahl für das Büfett (im Juni/im November) zusammen. Wählen Sie dazu geeignete Rezepte aus und kalkulieren Sie die Mengen der benötigten Zutaten.*
5. *„Raw Food- Rohkost als Ernährungstrend"*
   Erstellen Sie nach einer Internetrecherche eine Pro- und Contra-Liste. Welche gesundheitlichen Risiken können auftreten?

Süßspeisen – Desserts

Desserts bilden bei den meisten Speisefolgen den Abschluss – daher wird besonderer Wert auf die Qualität und weniger auf die Portionsgröße gelegt. Meist werden leichte kalorienarme Desserts bevorzugt. Dies wird erreicht durch die Verarbeitung von Früchten, Quark oder Joghurt anstatt Schlagsahne. Außerdem können gehaltvolle Desserts mit energiearmen Speiseteilen zu einer bekömmlichen Speisenfolge kombiniert werden.
Bei der Herstellung von Desserts muss die Lebensmittelhygiene unbedingt beachtet werden, denn die verwendeten Rohstoffe, z. B. Eier, Sahne, Milch, sowie die fertigen Speisen wie Eis und Cremes sind ein idealer Nährboden für Mikroorganismen.

Obst und Früchte
Frisches Tafelobst zeichnet sich durch seinen hohen Gehalt an Vitaminen und Mineralstoffen aus. Es werden reife, erstklassige Früchte der Saison verwendet, die als Obstschale arrangiert und zusammen mit einem Obstmesser bzw. Obstteller angeboten werden.

Obstsalate werden aus reifen Früchten bester Qualität, z. B. Äpfeln, Pfirsichen, Ananas, Orangen, Bananen, hergestellt. Konservierte Früchte werden nur dann verarbeitet, wenn kein frisches Obst der Saison im Angebot ist. Die Früchte werden geschält, enthäutet und entkernt. Bananen, Äpfel und Birnen werden in rohem, geschältem Zustand leicht braun, deshalb sind sie zum Schluss zu verarbeiten. Zugabe von Säure – Zitronensaft – verhindert die enzymatische Bräunung. Die Früchte werden in Form – filetartig, keilförmig, blättrig oder in Scheiben – geschnitten und mit Puderzucker und Spirituosen verfeinert. Gehackte Nüsse oder Rosinen runden den Salat ab. Obstsalate werden in Glasschalen oder ausgehöhlten Früchten (Ananas, Melone) angerichtet. Eine passende Ergänzung sind Eis, Schlagsahne oder Fruchtsoßen.

Fruchtgelee wird mit Fruchtsaft oder Most, der durch Gelatine gebunden wird, hergestellt. Ein Drittel der Flüssigkeit wird mit dem Zucker zum Kochen gebracht und die eingeweichte Gelatine zugegeben. Nach dem Abkühlen wird die übrige Flüssigkeit unter Rühren hinzugegeben. Das Gelee wird zum Gelieren in Gläser gegossen und mit Sahnerosetten und Früchten garniert. **Weingelees** enthalten statt des Fruchtsaftes Weiß- oder Rotwein.

Gelee mit Früchten – frische Früchte oder Kompotte werden schichtweise in Dessertgläser eingelegt, mit Gelee aufgefüllt und stocken gelassen, oder die Früchte werden in den Gläsern angeordnet, zu einem Drittel mit Gelee bedeckt und nach dem Stocken mit Gelee bedeckt. Geeignet sind frische Himbeeren, Erdbeeren, Kirschen und Pfirsiche, ebenso gedünstete Äpfel, Ananas und Birnen.

Blattgelatine verarbeiten

In heißen Flüssigkeiten
▶ Gelatine in reichlich kaltem Wasser einweichen,
▶ Blätter leicht ausdrücken, in die heiße Flüssigkeit geben, auflösen, gut verrühren,
▶ kalt stellen und gelieren lassen.

In kalten Massen
▶ Gelatine in reichlich kaltem Wasser einweichen,
▶ Blätter in etwas Flüssigkeit auf der Kochstelle, im Wasserbad oder im Mikrowellengerät auflösen, nicht aufkochen lassen,
▶ Temperaturausgleich durchführen: etwas von der kalten Masse mit der aufgelösten Gelatine verrühren, diese Mischung unter die restliche kalte Masse rühren,
▶ kalt stellen und gelieren lassen.

Verarbeitung von Blattgelatine

Regeln für die Verarbeitung von Obst:
▶ *nur einwandfreie Früchte verwenden*
▶ *Früchte gründlich waschen*
▶ *Früchte, die an den Schnittstellen leicht braun werden, blanchieren oder Zitronensaft zugeben*
▶ *gefrorenes Obst in gefrorenem Zustand verarbeiten*
▶ *Spirituosen zum Verfeinern erst vor dem Anrichten zugeben*

Qualitätsmerkmale für Gelees:
■ *klar und durchsichtig*
■ *leichter Schmelz*
■ *fruchtiger Geschmack*
■ *klare Farbabgrenzung passend zu den Früchten*

▶ Gelatineblätter in kaltem Wasser ca. 10 Min. einweichen, ausdrücken und im Wasserbad auflösen

▶ Etwas von der Flüssigkeit langsam der Gelatine zufügen

▶ Nach Temperaturausgleich Gelatineflüssigkeit in die zu gelierende Flüssigkeit geben, kalt stellen

Cremespeisen

Die verschiedenen Cremes werden nach der **Art der Bindung** unterschieden.

Art der Bindung	Herstellung	Beispiele
Bindung durch Stärke (gekochte Cremes)	Bindung durch Stärkeverkleisterung nach dem Aufkochen	Füllcreme, zur Herstellung von Buttercreme
Bindung durch Gelatine (geschlagene Cremes)	Grundcreme aus Eigelb, Zucker, Milch/Fruchtsaft, mit geschlagener Sahne gelockert, durch Gelatine gefestigt	Fruchtcremes, Bayerische Creme, Weinschaumcreme, Mousse
Bindung durch Ei (pochierte Cremes)	Mischung aus Milch und Eiern im Wasserbad gestockt	Karamellcreme, Schokoladen-, Wiener Creme

Geschlagene Cremes

Die Bayerische Creme ist eine warm-kalt-geschlagene Creme. Durch Zugabe verschiedener Geschmackszutaten wird sie vielseitig variiert.

Ableitungen Bayerische Creme:
- *Mokkacreme*
- *Schokoladencreme*
- *Früchtecreme*
- *Nusscreme*

Informieren Sie sich, wie diese Ableitungen der Bayerischen Creme hergestellt werden!

**Hygieneregeln:
Einsatz von rohen Eiern**
Speisen mit rohen Eiern, die nicht durchgegart wurden, sind in Einrichtungen der Gemeinschaftsverpflegung hygienisch nicht vertretbar. Die Verwendung pasteurisierter Eiprodukte ist möglich.

Bayerische Creme

0,3 l	Milch
3	Eigelb
80 g	Zucker
0,3 l	Schlagsahne
6–8 Blatt	Gelatine
½	Vanilleschote

▶ Gelatine einweichen,
▶ Milch mit Vanillemark aufkochen,
▶ Eigelb, Zucker schaumig rühren,
▶ heiße Milch unter Rühren langsam zugeben,
▶ im Wasserbad schlagen, bis die Masse eine cremige Konsistenz hat,
▶ Gelatine ausdrücken, in heißer Masse auflösen,
▶ kurz vor dem Gelieren (die Masse ist eingesteift) Schlagsahne unterziehen.

Bayerische Creme kann in Schüsseln, portionsweise gestürzt oder als Charlotte angerichtet werden.

Stürzcreme
Creme in nasse Förmchen gefüllt, nach dem Erstarren gestürzt, ausgarniert

Charlotte
Biskuitrand umgibt die Creme; mit Schlagsahne ausgarniert

Gekochte Cremes

Sie werden aus Milch, Stärke, Zucker und Aromastoffen hergestellt. Durch das Aufkochen verkleistert die Stärke. Die Zugabe von Eigelb, Eischnee oder geschlagener Sahne lockert und verfeinert gekochte Cremes. Gekochte Cremes werden zur Herstellung von Buttercreme oder zum Füllen von Gebäcken, z. B. Cremerollen, Cremeschnitten, verwendet.

Schokoladenmousse

Schokoladenmousse

360 g	dunkle Kuvertüre
2	Eigelb
4	Eier
50 g	Zucker
0,04 l	Kakaolikör
0,6 l	Schlagsahne, Gelatine

Vanillecreme

1 l	Milch
150 g	Zucker
6	Eigelb
70 g	Stärke
2	Vanilleschoten

▶ ¾ l Milch aufkochen, restliche Milch, Zucker, Stärke anrühren
▶ angerührte Zutaten in kochende Milch einrühren, weiterkochen, bis Blasen aufsteigen

Um das Hygienerisiko zu verringern, dürfen Cremes
- nicht auf Vorrat hergestellt werden,
- nicht längere Zeit gelagert werden,
- nicht über 5 °C aufbewahrt werden,
- nicht unter 85 °C erhitzt werden.

Hinweis:
Werden gekochte Cremes zu kurz gekocht, verlieren sie bald an Bindung und setzen Flüssigkeit ab.

Vanillecreme

Flammeris

Dies sind mit Reis, Grieß oder Stärke gebundene gesüßte Milchspeisen, die mit verschiedenen Geschmackszusätzen (z. B. Vanille, Schokolade, Karamell) verändert werden können (s. S. 56).
Als Beilage werden z. B. Beeren, Kompott oder süße Soßen wie Himbeersoße, Heidelbeersoße serviert.

Grütze

Gesüßter Fruchtsaft/Früchte werden aufgekocht, mit angerührter Stärke gebunden und nach dem Erkalten serviert, z. B. rote Grütze.
Als Beilagen werden Vanillesoße oder flüssige/geschlagene Sahne angeboten.

Rote Grütze

Früchtebecher

Bananensplit

Eisspeisen

Nach den verwendeten Rohstoffen werden unterschieden:

- **Cremeeis** mit 50 % Milchanteil
- **Eiercremeeis** mit 270 g Vollei oder 90 g Eigelb auf 1 Liter Milch, kein zusätzliches Wasser
- **Rahmeis** mit mind. 18 % Milchfett aus der Sahne
- **Parfait** mit Eigelb oder Vollei aufgewertetes Rahmeis
- **Milcheis** mit mind. 60 % Milch
- **Fruchteis** mit mind. 20 % Fruchtanteil, bei Zitrusfrüchten mind. 10 %
- **Eiscreme** mit 10 % Milchfett
- **Sorbet** mit mind. 25 % Fruchtanteil, bei Zitrusfrüchten mind. 15 %

In der Gemeinschaftsverpflegung wird normalerweise industriell hergestelltes Speiseeis verwendet. Das Speiseeis wird meist als Eisbecher serviert. Hierbei werden verschiedene Speiseeissorten mit Früchten, Spirituosen, Nüssen, Fruchtmark und Schlagsahne in Glasbechern oder Glasschalen angerichtet und mit Waffeln, Baisergebäck, Krokant oder Schokoladenstreuseln garniert.

Beliebte Eiszubereitungen – einige Beispiele

- **Pfirsich Melba:** halber Kompottpfirsich auf Vanilleeis, mit Himbeerpüree überzogen
- **Bananensplit:** Banane neben 2 bis 3 Kugeln Vanilleeis angerichtet, mit Schokoladensoße übergossen und mit Schlagsahne garniert
- **Schwarzwaldbecher:** mit Stärke angedickte und mit Kirschwasser aromatisierte gedünstete Kirschen mit 2 bis 3 Kugeln Vanille- und Schokoladeneis anrichten, mit Schlagsahne/Raspelschokolade garnieren
- **Birne Helene:** halbe gedünstete Birne auf 2 bis 3 Kugeln Vanilleeis, mit Schokoladensoße übergießen
- **Eiskaffee:** Vanilleeis in hohem Glas mit kaltem, etwas gezuckertem Kaffee auffüllen, mit Schlagsahne und Schokoladenspänen garnieren

KOMPETENZ-CHECK

1. Nennen Sie die Möglichkeiten zur Bindung von Cremes und ordnen Sie jeweils drei zugehörige Cremespeisen zu.
2. Welche Desserts bieten Sie passend zu folgenden Speisenfolgen an? Brokkolicremesuppe, Schweinebraten, Kartoffelklöße, Rotkohl oder Spargelbouillon, Spargel mit Sauce Hollandaise, Salzkartoffeln, roher Schinken oder Lasagne, gemischter Salat. Schreiben Sie die Rezepte jeweils auf.
3. Zu welchen Süßspeisen kann konserviertes Beerenobst verwendet werden? Informieren Sie sich über mögliche Rezepte. Schreiben Sie diese auf.
4. Erläutern Sie die Verarbeitung von Gelatine am Beispiel einer Zitronencreme. Vergleichen Sie die Gelatinezugabe bei einer Stürzcreme/Schüsselcreme. Begründen Sie die unterschiedlich benötigten Mengen.
5. Beschreiben Sie die Herstellung eines Obstsalates. Warum beginnt man mit der Verarbeitung der Zitrusfrüchte?
6. Vergleichen Sie eine selbst hergestellte Bayerische Creme mit einem vergleichbaren Convenience-Produkt in Bezug auf Geschmack, Konsistenz und Aussehen. Führen Sie auch einen Kosten- und Arbeitszeitvergleich durch.

3.2 SERVIEREN AUSGEWÄHLTER MENÜS

Das Umfeld, in dem Speisen eingenommen werden, beeinflusst die Atmosphäre und den Genuss beim Essen. Ein ansprechend gestaltetes Ambiente und ein freundlicher und fachkundiger Service tragen entscheidend dazu bei, dass sich die Essensteilnehmer wohlfühlen. Der Service umfasst vielfältige Aufgaben, z. B. Eindecken der Tische, Beratung und Bedienung und Servieren von Speisen und Getränken. Tischgestaltung und Service sind immer an die Bedürfnisse der Essensteilnehmer anzupassen.

⚠️ *In Einrichtungen sollte die Tischanordnung den Verpflegungsteilnehmern bei der Einnahme der Mahlzeiten*
- *Geborgenheit,*
- *einen sicheren Platz,*
- *Kontaktmöglichkeiten bieten.*

3.2.1 TAFELFORMEN

Die Gestaltung der Tafelform richtet sich nach den Räumlichkeiten, der Anzahl der Verpflegungsteilnehmer, dem Anlass und der Art der Bewirtung. Bestuhlung, Tisch- und Tafelformen sollten bei Auftragsannahme mit den Gästen abgesprochen werden. Jede Person sollte eine Tischbreite von 70 bis 80 cm zur Verfügung haben. Runde Tische sind für kleine Gruppen bis zu zehn Personen geeignet. Mit Einlegeplatten können sie zu ovalen Tischen erweitert werden. Quadratische oder rechteckige Tische sind für kleinere Räume und größere Personenzahlen besser geeignet. Für größere Gesellschaften können sie als lange Tafel, Block oder in U-, T- oder E-Form zusammengestellt werden. Beim Stellen der Tische muss ausreichend Platz für den Durchgang gelassen werden. In Pflegeeinrichtungen muss zusätzlich Platz für Rollstühle oder Gehwagen eingeplant werden.

Die Tischanordnung trägt wesentlich zur Gestaltung des Raumes bei.

Tische in einer Kantine/einem Speisesaal

Gestaltung einer festlichen Tafel

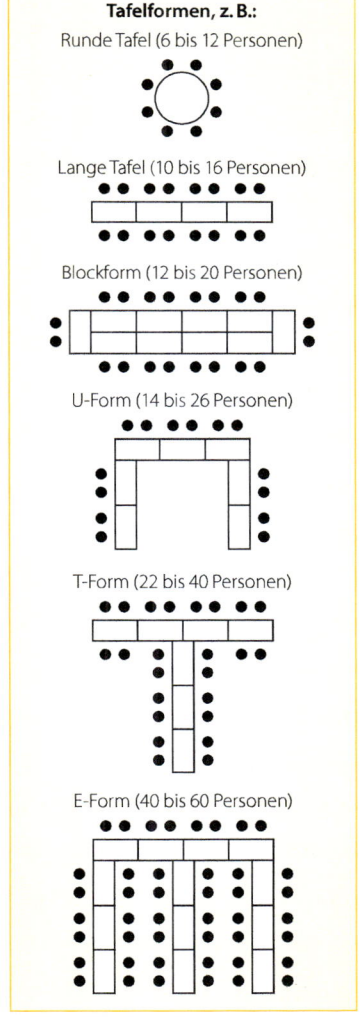

Tafelformen, z. B.:

Runde Tafel (6 bis 12 Personen)

Lange Tafel (10 bis 16 Personen)

Blockform (12 bis 20 Personen)

U-Form (14 bis 26 Personen)

T-Form (22 bis 40 Personen)

E-Form (40 bis 60 Personen)

Die hauswirtschaftliche Fachkraft unterscheidet beim Eindecken:

den Tisch im Alltag:
▶ *einladend und vollständig gedeckt*
▶ *sauber und ordentlich in Heimeinrichtungen, z. B.:*
▶ *abwaschbare Tischdecken*
▶ *Tischsets an jedem Platz*
▶ *Serviettentasche für jeden Bewohner oder Serviettenständer*
▶ *Menagen*

den festlich gedeckten Tisch:
▶ *ausgewählte Tischwäsche*
▶ *ausgewähltes Geschirr/Besteck*
▶ *auf Anlass abgestimmte Dekoration*
▶ *gleichmäßiger Überhang eines Tischtuches*

Das Eindecken für besondere Anlässe

▶ *Tischwäsche aufdecken*
▶ *Platz durch Platzteller/Mundserviette fixieren*
▶ *Geschirr, Besteck, Gläser eindecken*
▶ *Menagen einsetzen*
▶ *Menükarten auflegen*
▶ *Tischkärtchen an den Platz stellen*
▶ *Stühle am Tisch ausrichten*

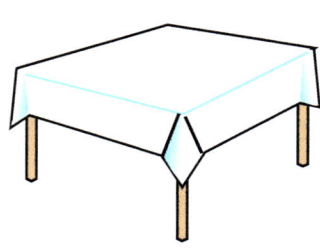

Gleichmäßiger Überhang eines Tischtuches

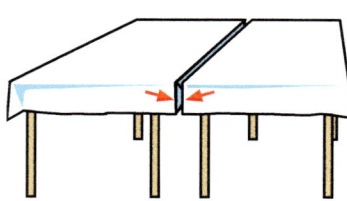

Eingeschlagene Tischtuchenden bei Anschlusstafeln

3.2.2 DAS EINDECKEN DES TISCHES

Ein ansprechend gedeckter Tisch bietet den Rahmen, der zu einem genussvollen und geselligen Essen einlädt. Durch die Auswahl von Tischwäsche erhält der Tisch ein festliches oder eher rustikales Aussehen.

Tischwäsche

Tischtücher werden in unterschiedlichen Faserarten, Bindungen und Farben angeboten. Ein festlicher Tisch wird mit weißer Tischwäsche aus Leinen, Halbleinen oder Baumwolle gedeckt. Bei anderen Anlässen können auch farbige Tücher verwendet werden, die Auswahl der Farbe wird auf das Geschirr und die Dekorationsmittel abgestimmt. Tischtücher gibt es in unterschiedlichen Längen (von 1,20 bis 3 m) und Sonderlängen oder als runde Decke (Ø 1,20 bis 2,60 m). Beim fertig gedeckten Tisch sollen die Brüche des Tischtuches parallel mit den Tischkanten verlaufen und die Überhänge gleichmäßig sein, vgl. Band 1 dieser Fachbuchreihe HT 4201.

Moltontücher als Tischauflage verhindern ein Verrutschen des Tischtuches.

Mitteldecken oder Deckservietten
■ werden **diagonal** in der Tischmitte aufgelegt, die Ecken dürfen nicht länger als der Überhang der Tischdecke sein
■ können bei langen Tafeln **parallel** mit der Tischkante abschließend oder leicht überhängend aufgedeckt werden
Sie sind 80 × 80 cm, 90 × 90 cm oder 120 × 120 m groß. Sie können die gleiche Farbe haben wie das Tischtuch; bei unterschiedlicher Farbauswahl bieten sie sich als Tischdekoration an. Deckservietten schonen die Tischtücher; diese müssen bei geringfügiger Verschmutzung nicht sofort abgenommen werden, was die Wäschemenge reduziert.

Tischläufer längs in der Tischmitte oder quer über die Tischreihe wirken dekorativ.

Mundservietten dienen bei der Tischgestaltung als Dekorationsmittel und dem Gast als Mundtuch. Kenntnisse über einfache Serviettenformen befinden sich in Band 1 der Buchreihe, HT 4201.

Tafeltücher werden aus edlen Stoffen gefertigt und sind 3 bis 10 m lang. Sie werden bei festlichen Anlässen auf großen Tafeln eingedeckt.

Das Legen des Tischtuches

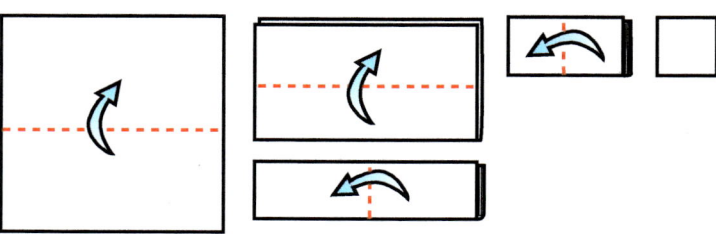

▶ Das Tischtuch wird zuerst zweimal längs und dann zweimal quer gelegt. Faltet man das Tischtuch auseinander, hat es drei Längs- und drei Querfalten.

Das Auflegen des Tischtuches

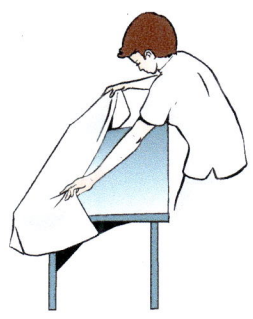

1 Brüche
2 Längsbrüche
3 Unterbruch
4 Mittelbruch
5 Oberbruch

Mittelbruch und Webkanten zeigen zu der Person, die herabhängenden Tischtuchteile sind gleich lang

Der untere Tischtuchteil wird zur hinteren Tischkante geschwungen und das Tischtuch über den Tisch gelegt

Beim fertig aufgelegten Tischtuch liegen die Brüche parallel zu den Tischkanten; der Mittelbruch liegt genau in der Tischmitte

Beim Auflegen des Tischtuches sollten der Mittelbruch und die beiden Webkanten zu der Servierkraft zeigen. Das Tischtuch wird so ausgerichtet, dass die seitlich herabhängenden Teile gleich lang sind. Mit den Fingerspitzen kann die Lage des Tischtuches noch korrigiert werden (nicht mit der flachen Hand – Hygiene!)

Bei großen Tischen müssen zwei Mitarbeiter gemeinsam das Tischtuch auflegen und dabei in Serienarbeit vorgehen.

Tischausstattung und Tischgeräte

Zur normalen Ausstattung bei Frühstücks- und Kaffeegedecken gehören Blumenschmuck und Zuckerdose, beim Mittag- und Abendessen werden zusätzlich Menagen und gegebenenfalls ein Aschenbecher ergänzt. In Einrichtungen wird die Auswahl des Geschirrs und Bestecks an die Fähigkeiten der Bewohner angepasst (z. B. Trinkhilfen, besondere Bestecke, rutschfeste Unterlagen). Geschirr, Bestecke und andere Tischgeräte werden in den Einrichtungen jeweils
- am Tisch eingedeckt,
- von den Gästen an der Ausgabetheke/am Büfett selbst beschafft,
- von dem Personal beim Servieren der Speisen an den Tisch gebracht.

Menagen sind Würzbehälter, die der Gast zur Selbstbedienung am Tisch erhält:
- Salz- und Pfefferstreuer
- Würzstreuer, Würzflaschen
- Essig, Öl, Senf, Worcestersoße

Salz-, Pfeffer- und Zuckerstreuer werden nur zu drei Viertel gefüllt und ihre Streuwirkung öfter kontrolliert. Menagen regelmäßig reinigen.

Sollen Tischtücher wiederverwendet werden, müssen sie beim Abnehmen exakt in ihre alten Bügelfalten zurückgelegt werden.

K O M P E T E N Z - C H E C K

1. *Informieren Sie sich über das richtige Aufdecken und Abnehmen des Tischtuches. Führen Sie diese Techniken in der Klasse durch.*
2. *Wählen Sie Tischformen für folgende Anlässe aus: Konfirmationsfeier (30 Gäste), Betriebsjubiläum (90 Gäste), Tagung (50 Personen). Begründen Sie jeweils Ihre Entscheidung.*
3. *Decken Sie in Kleingruppen einen Tisch (6 Personen) für das*
    a) Frühstück (mit Frühstücksbüfett),
    b) Mittagessen (die Speisen werden in Schüsseln am Tisch serviert),
    c) Abendessen (kaltes Büfett).
    Stellen Sie Ihre Tischgestaltung in der Klasse vor.

Anforderungen an das Geschirr

- stapelbar
- spülmaschinenfest
- pflegeleicht
- haltbar
- handlich im Gebrauch
- bis zu 10 Jahren nachkaufbar
- dekorative Form

Stapelbares Geschirr für den normalen Gebrauch

Feuerfestes Geschirr

Feuerfestes Porzellangeschirr

ist Spezialgeschirr, das zum Kochen, z. B. Überbacken von Zwiebelsuppe, Anrichten und Servieren verwendet wird. Darin servierte Speisen bleiben lange Zeit heiß.

Anforderungen an das Besteck:

- pflegeleicht
- glatte und porenfreie Oberfläche
- spülmaschinenfest
- nicht oxidierend
- handlich im Gebrauch
- bis zu 10 Jahren nachkaufbar
- dekorative Form

Bei Büfetts werden meist zusätzlich eingesetzt:

Warmhalteplatten (Rechauds):

▶ zum Warmhalten von Speisen, die nachgereicht werden sollen

Sekt- und Weinkühler:

▶ Tischkühler, in dem Sekt oder Wein mit Eis kühl gehalten wird

Tafelgeschirr und Besteck

Die Tischkultur wird wesentlich von dem verwendeten Tafelgeschirr und Besteck mitbestimmt. Die Auswahl des Gedecks richtet sich nach der Mahlzeit und dem Anlass.

Tafelgeschirr in der Gemeinschaftsverpflegung (Systemgeschirr) besteht meistens aus Porzellan, hat dezente, zeitlose Formen mit schlichten Dekors und ist stapelbar. Die Oberfläche des Porzellans ist glatt, dicht und chemisch widerstandsfähig. Kratzfeste Glasuren verhindern, dass sich Schmutz absetzt. Gerbsäurerückstände bei Kaffee- und Teegeschirr können im normalen Waschgang entfernt werden. Platten und Tafelgeräte sind aus Porzellan, Glas, Silber oder Edelstahl.
Haushaltsgeschirr besteht aus Porzellan, Keramik oder Steingut. Es sollte spülmaschinenfest sein und eine zweckmäßige Form haben.

Die Formen des Geschirrs sind nach Funktionalität und Aussehen auf die besonderen Anforderungen abgestimmt:
- Geschirr für den täglichen Gebrauch
- Geschirr für den besonderen Anlass (besondere Formen und Dekors)

Bei der Anschaffung des Geschirrs sollte darauf geachtet werden, dass
- Einzelteile bis zu 10 Jahre nachkaufbar sind
- das Geschirr spülmaschinenfest ist

Besteck wird in vielen Formen und Materialien (Silber, Edelstahl) angeboten, vgl. Band 1 dieser Fachbuchreihe, HT 4201.
Bei Bestecken unterscheidet man Grundbestecke, Zusatzbestecke sowie Hilfs-, Vorlege- und Tranchierbestecke.

Die Wahl des Bestecks richtet sich nach der servierten Speise:

- **Messer** und **Gabel** für Speisen, die zerkleinert werden müssen
- **Löffel** für Speisen, die geschöpft werden
- **Gabel** und **Löffel** für Speisen, die mit Löffel und Gabel verzehrt werden (Spaghetti) sowie als Vorlegebesteck

Warmhalteplatte (Rechaud)

Übersicht: Bestecke

Besteckarten	Verwendung im Service
Grundbestecke:	
Großes Besteck	**großer Löffel, große Gabel, großes Messer;** für Menüs inkl. Suppe und Hauptgericht (außer Fisch) große/r Löffel/Gabel für Spaghetti
Kleines Besteck (Dessertbesteck)	**kleine Gabel** und **kleiner Löffel** für Desserts, Eis, Windbeutel, Torten und Kuchen **kleiner Löffel** für Kaffee, Tee, Schokolade **Mokkalöffel** für Mokka
Mittelbesteck	**Mittelmesser** und **Mittelgabel** für Frühstück, Käse, Vorspeisen etc. **Mittellöffel** für klare Suppen **Mittelgabel** und **Mittellöffel** für Desserts auf flachen Tellern oder Schalen
Zusatzbestecke:	
Fischbesteck	Messer zum Entgräten und Gabel zum Verzehr
Servierhilfsgeräte:	
Tortenmesser	zum Schneiden und Servieren von Tortenstücken
Käsemesser	Sägeschliff und gebogene Messerspitze; zum Abschneiden und Aufspießen von Käsestücken
Salatbesteck	gewölbte Gabel und Löffel zum Mischen und Portionieren von Salat
Tranchierbesteck	langes Messer und zweizinkige lange Gabel zum Zerlegen von Fleisch und Geflügel
Suppenteller	tief gewölbter Löffel zum Servieren von Suppen
Soßenkelle	gewölbter Löffel zum Servieren von Soßen
Fleischgabel	Gabel zum Servieren von Fleischstücken

Grundbesteckauswahl

Löffel

Gabel

Messer

Teelöffel

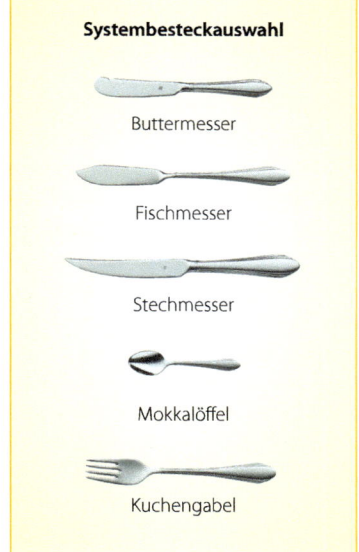

Systembesteckauswahl

Buttermesser

Fischmesser

Stechmesser

Mokkalöffel

Kuchengabel

In der Gemeinschaftsverpflegung setzt man meistens Systembesteck ein – die Besteckteile können vielseitig verwendet werden, da es keine Unterschiede zwischen großem und mittlerem Besteck gibt. Die Anzahl der notwendigen Bestecke wird hierdurch reduziert.

Beispiel:
Die Tafelgabel wird verwendet für
- Hauptgerichte,
- Fischgerichte,
- Vorspeisen und Desserts.

▶ *Beim Service dürfen Bestecke niemals in der bloßen Hand getragen werden!*
▶ *Vor dem Gebrauch sind die Bestecke zu überprüfen und nachzupolieren!*

Weingläser

Schaumweingläser

Biergläser

sonstige Gläser

Gläser

Gläser unterscheiden sich nach **Form**, **Größe** und **Materialqualität**. Für unterschiedliche Getränke werden besondere Gläser verwendet, z. B. Wein-, Bier-, Sektgläser, die jeweiligen besonderen Eigenschaften der Getränke kommen dadurch richtig zur Geltung.

Gläser sind nach jedem Gebrauch sorgfältig zu spülen. Sie werden von Hand mit einer Glasspülbürste in warmem Spülmittelwasser, mit einem Glasspülgerät oder in der Spülmaschine gereinigt. Danach sollten sie in warmem, klarem Wasser nachgespült und zum Abtropfen mit der Öffnung nach unten aufgestellt bzw. mit einem Geschirrtuch poliert und im Gläserschrank aufbewahrt werden.

Vor dem Gebrauch die Gläser überprüfen und eventuell nachpolieren. Die Gläser dabei nicht im Trinkbereich anfassen.

Übersicht: Gläser

Gläserarten	Verwendung im Service
Weingläser	0,1 bis 0,2 l
Weißweinglas	**für Weißwein:** Kelchglas
Rotweinglas	**für Rotwein:** großbauchige Gläser (Entfaltung des Buketts); die Gläser sollen höchstens zu zwei Drittel gefüllt werden
Sherryglas Dessertweinglas	**für Dessertweine:** kleine Gläser (kleine Mengen)
Sektgläser	0,1 l; 0,15 l
	hohe Gläser: Die Kohlensäure bleibt länger erhalten **Sektschale:** für Sekt-Mischgetränke, z. B. Sekt-Orangensaft, Sekt-Campari; Sekt-Apperol; die Kohlensäure kann schneller entweichen
Biergläser	0,25 bis 0,3 l
Biertulpe	auf Pils abgestimmt, fördert die Bildung der »Krone«
Henkelglas	für verschiedene Bierarten
Weißbierglas	für Weißbier
Spezialgläser	
Teeglas	für Tee und Grog
Cognac-schwenker	für Cognac
Grappaglas	für Grappa
Cocktailglas	für Cocktails (auch alkoholfrei)
Longdrinkglas	für alle Longdrinks und Softgetränke

Arten der Gedecke

Für die Einnahme der Mahlzeiten werden die Tische im Speiseraum vieler Gemeinschaftsverpflegungseinrichtungen, z. B. in Altenhilfeeinrichtungen und Tagungshäusern, mit Geschirr, Besteck und Gläsern eingedeckt. In Wohngruppen von Einrichtungen erfolgen Eindecken, Speiseverteilung und Service häufig durch das Pflegepersonal (die Schnittstelle zwischen Hauswirtschaft und Pflege muss abgeklärt sein!). Das Eindecken des Tisches kann auch von den Bewohnern übernommen werden, z. B. in Jugendgästeeinrichtungen, Behindertenwohnheimen.

Das Gedeck bestimmt den Platz, an dem der Gast die Mahlzeit einnimmt. Nach der Art der Mahlzeit und dem Anlass werden verschiedene Gedecke eingesetzt. Die Bestecke werden in der Reihenfolge eingedeckt, in der sie benötigt werden.

Besteckteile für den ersten Gang liegen ganz außen. Bestecke für Speisen, die nach dem Hauptgang serviert werden, z. B. Dessertlöffel und Käsemesser, werden oberhalb des Tellers eingedeckt.

Je nach Mahlzeit und Anlass werden verschiedene Gedecke vorbereitet, z. B.:

- *Frühstücksgedeck*
- *Mittagsgedeck*
- *Kaffeegedeck*
- *Abendgedeck*
- *Festgedeck*

Frühstücksgedeck

Das **Grundgedeck** besteht aus:
- Mittelteller
- Untertasse und Kaffeetasse
- Messer
- Kaffeelöffel
- (Serviette/Serviettentasche oder Serviettenständer am Tisch)

Beim **erweiterten Frühstücksgedeck** werden ergänzt:
- Eierbecher und Salzstreuer – für ein gekochtes Ei
- Mittellöffel – für Getreidespeisen wie Müsli und Cornflakes
- Mittelgabel – für Wurst und Käse

Frühstücksgedeck in einer Tagungsstätte

Gedeck für den Mittags- und Abendtisch

Das **Grundgedeck** besteht aus:
- großem Teller
- Messer
- Gabel
- (Serviette/Serviettentasche oder Serviettenständer am Tisch)

Bei einem Menü aus Suppe, Hauptgang und Dessert werden zusätzlich ein Suppenlöffel und ein kleiner Löffel eingedeckt. Je nach betrieblichen Gegebenheiten werden beim Eindecken der große Teller und der Suppenteller entsprechend der Menüfolge aufeinander gestellt.

Gedeck für den Mittagstisch (Suppe, Hauptgang, Dessert)

Kaffeegedeck

Das Kaffeegedeck besteht aus:
- Mittelteller
- Tasse mit Untertasse
- Kaffeelöffel, Kuchengabel
- Serviette
- zusätzlich Zuckerdose und Milchkännchen

In vielen Einrichtungen werden Nachmittagskaffee und kalte Getränke inkl. Geschirr und Gläser, evtl. Obst und Gebäck auf einem Servierwagen oder Tisch im Speiseraum zur Selbstbedienung bereitgestellt. Das Eindecken der Tische kann so entfallen.

Kaffeegedeck

Das Gedeck zum festlichen Menü

Klare Brühe mit Gemüsestreifen

*

Lammrückenfilet

Grüne Bohnen

Kroketten

*

Weinschaumcreme mit Früchten

***

Weißwein, Rotwein

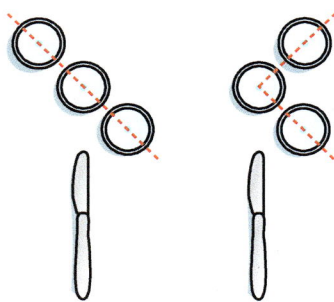

Mehrere Gläser können als Reihe oder Block gestellt werden

Büfettgedeck

Tafelgedeck für ein festliches Essen

Das Eindecken erfolgt im Uhrzeigersinn um den Tisch. Zuerst wird der **Platzteller**, ein dekorativer Teller aus Porzellan oder Metall, eingedeckt. Er wird mit einer gefalteten Serviette belegt.

Die Bestecke werden in der Reihenfolge eingedeckt, in der sie benötigt werden – Besteckteile für den ersten Gang liegen ganz außen. Auf der rechten Seite des Platztellers außen beginnend werden in der Reihenfolge der Gänge **Messer**, **Fischmesser** und **Löffel** eingedeckt und im Anschluss auf der linken Seite die Gabeln. Das Dessertbesteck liegt über dem Teller, die **Dessertgabel** mit dem Griffende nach links und der Dessertlöffel mit dem Griffende nach rechts. Der Dessertlöffel liegt über der Dessertgabel.

Es sollten nicht mehr als drei Gläser (Weißwein, Rotwein, Dessertwein) eingedeckt werden.

Bestecke, Gläser und Geschirrteile werden immer vor dem Eindecken kontrolliert und poliert. Beim Eindecken der Tafel wird meist ein Servierwagen eingesetzt. Die einzelnen Teile werden entweder in Serienarbeit (zuerst alle Teller, dann alle Gabeln etc.) eingedeckt oder jeweils das komplette Gedeck aufgelegt. Bestecke, Geschirr und Gläser werden dabei nur am Rand oder mit Servierhandschuhen angefasst. Ist der Tisch fertig eingedeckt, werden die Stühle in gleichmäßigem Abstand (halbe Sitzfläche) zum Tisch gestellt.

Gedeck zu kalten und warmen Büfetts

Büfetts bieten sich vor allem bei größeren Einladungen an. Die Gäste bedienen sich hierbei selbst. Meist besteht keine feste Sitzordnung. Die Gäste finden sich selbst in Gruppen zusammen. Büfetttafel und die Esstische werden mit weißer Tischwäsche eingedeckt und in der Dekoration auf den Anlass abgestimmt.

Bier-, Saft- und Wassergläser sowie Gläser für Spirituosen werden auf einem Beistelltisch bereitgehalten. Richtlinien zum Büfettaufbau befinden sich auf S. 244.

3.2.3 TISCHDEKORATION

Die Tischdekoration unterstreicht die einladende Stimmung sowie den feierlichen Charakter einer Tafel. In der Auswahl von Blumen, Servietten, Kerzen und Kerzenständern, Bändern und anderen gestaltenden Materialien wird sie jeweils dem Anlass, den Ansprüchen der Gäste und den angebotenen Speisen angepasst. Eine gelungene Dekoration setzt »sparsam« und mit »Fingerspitzengefühl« schöne Akzente auf den gedeckten Tisch.

Blumen schmücken einen einladend gedeckten Tisch. Die Wahl der Blumen richtet sich nach dem Anlass und ist auf **Tischwäsche**, **Kerzen** und **Geschirr** abgestimmt (s. Band 1 dieser Fachbuchreihe, HT 4201).

Meistens wird mit kleinen Sträußen oder niedrigen Gestecken dekoriert. Einzelne Blumen, mit Gräsern oder Ästen ergänzt, wirken sehr dekorativ. Im Sommer und Herbst sollte das jahreszeitliche Ange-

bot an Blumen aus Garten und Natur genutzt werden. Große Sträuße in hohen Vasen beanspruchen viel Platz, verhindern den Blick zum Gegenüber und stören die Harmonie der Tischdekoration. Giftige und stark duftende Blumen sollten nicht verwendet werden. Kenntnisse über die dekorative Anordnung von Blumen zu Gestecken und Sträußen wurden in Band 1 der Fachbuchreihe HT 4201, vermittelt. Neben Blumen dienen Ranken von wildem Wein, Efeu, Asparagus, Tannenzweige und Früchte als Tischdekoration.

Kerzen geben der Tafel eine feierliche Stimmung. Die Auswahl der Kerzen nach Form und Farbe sollte auf Geschirr und Tischwäsche abgestimmt werden. Für eine festliche Tafel verwendet man **Kerzenhalter** aus Porzellan, Glas oder Silber, bei anderen Anlässen können auch Holz-, Keramik- oder Metallhalter benutzt werden. Die Kerzenhalter sollten so geformt sein, dass kein Wachs auf die Tischwäsche tropft.

Die Tafel kann mit in Schleifen gelegten **Bändern** geschmückt werden. Die Bänder können von dem Blumenschmuck zu den Tischecken drapiert und mit Stecknadeln am Tischtuch festgeheftet werden.

Tischkarten geben bei besonderen Anlässen wie z. B. Hochzeit, aber auch bei Tagungen oder Konferenzen die Sitzordnung vor. Sie sollen die Möglichkeit schaffen, dass jeder einen ihm sympathischen Tischnachbarn erhält, sodass eine harmonische Unterhaltung ermöglicht wird, s. Band 1 dieser Fachbuchreihe, HT 4201.

Menükarten zeigen dem Gast die Speisenfolge und die Getränkeauswahl auf. Bei Menükarten, die in der Mitte gefaltet sind, werden rechts die Speisenfolge und links die Getränke aufgelistet.

KOMPETENZ-CHECK

1. Sie sollen eine Kaffeetafel für den 75. Geburtstag einer Bewohnerin im Seniorenheim im Oktober/für eine Hochzeit im Juni eindecken.
   a) Welche Gestaltungselemente wählen Sie jeweils aus?
   b) Welches Geschirr/Besteck wählen Sie zum Eindecken der Tafel aus?
2. Decken Sie eine Tafel für vier Personen für nachstehendes Menü ein: geräucherte Forelle mit Sahnemeerrettich und Toast; Salatteller; Schweinemedaillons mit Rahmchampignons, Herzoginkartoffeln, feine Gemüse; Bayerische Creme mit Früchten; Weißwein
3. Ein Tagungshotel bietet ein festliches Abendessen für 25 Personen an.
   a) Machen Sie Vorschläge zur Menügestaltung.
   b) Überlegen Sie die Tischdekoration und erstellen Sie dazu eine Skizze.
   c) Erstellen Sie eine Materialliste, in der Sie alle Materialien inkl. Geschirr, Bestecke, Gläser zur Gestaltung der Festtafel aufführen.
   d) Fertigen Sie eine Skizze zum Eindecken der Festtafel.
   e) Erstellen Sie einen Arbeitsplan zum Eindecken der Tische.
4. Erstellen Sie einen Arbeitsplan zum Eindecken des Tisches für ein erweitertes Frühstück (Angebot an Käse, Wurst, Frühstücksei, Müsli). Decken Sie danach den Frühstückstisch ein. Reflektieren Sie den Arbeitsablauf in der Klasse.
5. Sie weisen eine Bewohnerin in das Eindecken des Mittagstisches (Suppe, Hauptgang, Dessert) ein. Wie gehen Sie vor? Halten Sie Ihre Überlegungen schriftlich fest. Stellen Sie Ihr Vorgehen evtl. in einem Rollenspiel dar und erörtern Sie es danach in der Gruppe.

Zum Eindecken des Tisches werden benötigt:
- großes Besteck
- Dessertbesteck
- Servietten (für den freien Raum zwischen dem Besteck)
- Brotteller und Brotmesser links von der Gabel
- Glas (das Rotweinglas steht über der Messerspitze, das Weißweinglas um 45° abgeschrägt darüber)
- Menage (Salz, Pfeffer)

Auf der Büfetttafel stehen:
- große Teller und Mittelteller am Büfettanfang
- kleine Teller für Desserts und Kaffeelöffel
- Kaffeetassen und Untertassen am Büfettende

Eingedeckt für Kindergeburtstag

Richtige Blumenpflege:

Vor dem Einstellen in die Vase
▶ Stielenden schräg anschneiden,
▶ in der Vase befindliche Blätter entfernen,
▶ bei Rosen die in die Vase ragenden Dornen entfernen,
▶ Frischhaltemittel in das Wasser geben,
▶ Blumen abends kühl stellen,
▶ Wasser nach 2 bis 3 Tagen erneuern
▶ Blumenstiele bei Bedarf erneut nachschneiden.

Von rechts ausgeführte Servierarbeiten:

▶ *Einsetzen von Tellern*
▶ *Einsetzen von Speisen auf Tellern/in Tassen*
▶ *Einsetzen von Gemüseschalen und Saucieren*
▶ *Einsetzen und Füllen von Tassen und Kannen*
▶ *Einschenken von Getränken*

Von links ausgeführte Servierarbeiten:

▶ *Präsentieren von Platten mit angerichteten Speisen*
▶ *Vorlegen der Speisen von Platten*
▶ *Einsetzen der Hauptplatte*
▶ *Einsetzen von Salat- und Kompottbeilagen*
▶ *Nachlegen von Messer/Gabel*

Reihenfolge beim Servieren:

▶ *zuerst den Ehrengast*
▶ *ältere Gäste vor jüngeren*
▶ *Damen vor Herren*

Tragetechniken

Servieren von Tellergerichten
(Zweier-Obergriff)

Abräumen von stapelbarem Geschirr

3.2.4 SERVIEREN VON SPEISEN UND GETRÄNKEN

Zum fachgerechten Servieren der in der Küche angerichteten Speisen gehören die **richtige Serviertemperatur, passende Geschirr-** und **Besteckauswahl** sowie ein **zügiges Eindecken** bei Gedeckwechsel. Das Präsentieren und Vorlegen der Speisen erfolgt immer von links, damit sich der Gast mit der rechten Hand leicht bedienen kann. Das Einschenken der Getränke sowie das Einstellen der angerichteten Teller findet von rechts statt. Die Gäste sollen möglichst wenig gestört werden.

Übersicht: Speisen- und Getränkeservice

Speisen	Servierhinweise
Suppen: klare Suppen, Zwiebelsuppe	Suppentasse auf Untertasse und mittelgroßem Teller, Mittellöffel
gebundene Suppe, Eintopf	tiefer Teller, großer Löffel; Terrine mit Kelle und evtl. Ablageteller
kalte Vorspeisen: Salate, Pasteten, Aspikspeisen, Räucherfisch	großer oder mittelgroßer Teller, Mittelmesser, Mittelgabel, (Fischmesser)
warme Vorspeisen: Fischgerichte, Teigwaren, Aufläufe	vorgewärmter großer Teller, Mittelmesser, Mittelgabel, (Fischgabel oder Fischbesteck)
Canapés	Platten, mittelgroßer Teller, kein Besteck
Hauptspeise:	großer Teller, bei Bedarf Ablageteller, Menage, großes Messer, große Gabel, (Fischbesteck)
Desserts: Creme, Sorbet, Kompott, Eis	Schale oder Glas, mittelgroßer Teller als Trageteller, kleiner Löffel
Obstsalat, Eis mit Früchten	mittelgroßer Teller, Glasteller, kleiner Löffel, kleine Gabel
Omeletts, warme Süßspeisen	vorgewärmter großer Teller, Mittellöffel, Mittelgabel
Obst	Schale, mittelgroßer Teller, Ablageteller, Obstmesser, Mittelgabel
Käse	Holzbrett, Edelstahlplatte, großer Teller, mittelgroßer Teller, Mittelmesser, -gabel, Käsemesser

Die **Tragetechniken** beim Servieren unterscheiden sich je nach Geschirr und Stückzahl. Dabei wird auf rationelle Arbeitsgestaltung und Einhaltung der Hygiene geachtet. Die Tragetechnik wird jeweils auf die betrieblichen Gewohnheiten abgestimmt.

Teller werden frei in der Hand getragen. Sie dürfen aus hygienischen Gründen nicht mit der Kleidung in Berührung kommen. Größere Tellerstapel werden in die Handserviette eingeschlagen und mit beiden Händen getragen.
Suppentassen werden mit Untertasse auf einem Mittelteller getragen und mit der Suppe beim Gast eingesetzt.

Beim Darbieten und Vorlegen der Speisen sind die Platten dem Gast so zu präsentieren, dass er sie gut überblicken kann (die Teller sollen nicht überladen werden!).

Gläser werden immer auf einem Tablett getragen. Beim Servieren sind sie im unteren Drittel, nie im Trinkbereich anzufassen.

Kaffee und Tee werden meistens auf einem Tablett mit Sahne und Zucker (Tee mit Sahne oder Zitrone) serviert und von der rechten Seite eingesetzt. Wird der Kaffee aus der Kanne am Tisch eingegossen, werden die Kaffeetassen von rechts aufgenommen, hinter dem Gast eingeschenkt und danach wieder eingesetzt. Sahne und Zucker werden dann auf den Tisch gestellt.

Bier und **alkoholfreie Getränke** werden entweder eingegossen in Gläsern serviert oder in Flaschen auf dem Tisch zur Selbstbedienung eingesetzt.

Offene Weine werden in Gläsern oder in Karaffen serviert bzw. am Tisch eingeschenkt.

Beim Service ist auf die Sauberkeit von Geschirr, Bestecken, Gläsern und Flaschen zu achten!

Eingießen von Kaffee am Tisch

Die Kommunikation mit dem Gast bestimmt die Qualität des Service:

- ▶ *gepflegte Erscheinung*
- ▶ *höflich und zuvorkommend*
- ▶ *erfragt und erkennt die Wünsche des Gastes*
- ▶ *gibt Informationen zu den angebotenen Speisen und Getränken*
- ▶ *geht sicher und kompetent auf Fragen ein*
- ▶ *mischt sich nicht in Tischgespräche ein*
- ▶ *gibt Hilfestellung bei der Versorgung mit Speisen und Getränken*
- ▶ *ist beim Portionieren der Speisen behilflich*

KOMPETENZ-CHECK

1. *Erstellen Sie eine Checkliste zum Servieren eines Menüs aus Suppe, Hauptgang und Dessert für drei Personen.*
2. *Wie servieren Sie am Tisch ein Glas Rotwein/ein Glas Weißwein? Stellen Sie Ihren Service in einem Rollenspiel dar und besprechen Sie Ihr Vorgehen in der Klasse.*
3. *Richten Sie ein Tablett mit Kaffee, Sahne und Zucker her*
   a) für einen erkrankten Tagungsgast (am Bett servieren!),
   b) für das Kaffeebüfett einer Tagungsgruppe mit 25 Personen.

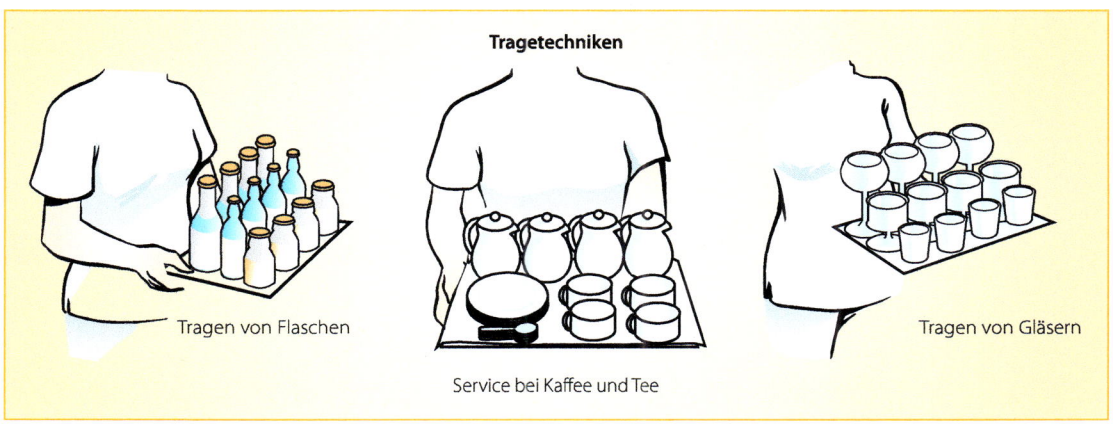

Tragetechniken

Tragen von Flaschen

Service bei Kaffee und Tee

Tragen von Gläsern

Die Gäste stellen Geschirr und Besteck nach dem Essen in den Servierwagen ein

Abdecken des Tischtuches

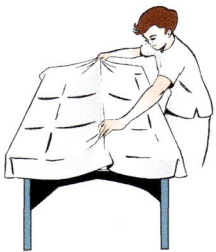

▶ Das Tischtuch wird am Mittelbruch nach oben gehoben und zur Tischkante gezogen.

▶ Die Längsbrüche müssen übereinander liegen.

▶ Die Längsbrüche werden gefasst, das Tuch wird hochgehoben, korrekt in die Brüche gelegt und quer zusammengelegt.

3.2.5 ABDECKEN DES TISCHES

a) für den festlichen Anlass

Erst wenn alle Gäste das Essen beendet haben, wird der Tisch abgedeckt. Um sicher zu sein, fragen die Mitarbeiter im Service höflich nach, ob abserviert werden darf. In der Regel wird zwischen jedem Gang abserviert.

Zuerst sind **Platten** und **Schüsseln** abzuräumen, danach Suppenteller, Essteller und Tassen von der rechten Seite abzudecken. Es folgen die Beiteller. Im Anschluss werden alle links liegenden Tafelgeräte von der linken Seite des Gastes abgedeckt.

Beim Abräumen der **Teller** nimmt man den ersten Teller in die linke Hand. Der zweite Teller wird unterhalb gegriffen – er wird für Speisereste und Servietten verwendet. Auf dem dritten Teller – er wird auf den linken Unterarm und Handballen aufgesetzt – können bis zu fünf leere Teller getragen werden.

Suppentassen werden so abgedeckt, wie sie vorgelegt wurden. Das erste Gedeck wird mit der linken Hand aufgenommen, das zweite im Untergriff, das dritte auf dem linken Unterarm aufgesetzt, das vierte Gedeck in der rechten Hand getragen oder gestapelt, vgl. Abb.

Kaffeegeschirr, Teegeschirr und **Gläser** werden auf dem Tablett abgeräumt; dabei sollte nicht in die Gläser gefasst werden. Die Gläser bleiben bei mehrgängigen Menüs meist auf dem Tisch stehen und werden nur auf Wunsch des Gastes gewechselt oder abserviert.

Flaschen werden ebenfalls mit einem Tablett abgeräumt. Bei großen Tafeln decken die Servicemitarbeiter einzelne Tischabschnitte jeweils komplett ab oder sie wenden Serienarbeit an. Beim Abservieren wird der Zustand der Tafel überprüft und verschmutzte Tischwäsche ausgetauscht.

b) für den Alltag

In Einrichtungen der Gemeinschaftsverpflegung erfolgt das Abdecken meistens durch die Gäste oder Bewohner selbst – das Geschirr wird auf den Tablettwagen gestellt oder Geschirr und Besteck separat in den Servierwagen eingeräumt.

Für ein störungsfreies Abdecken sollte der Servierwagen außerhalb des Verzehrbereiches stehen und separate Abstellmöglichkeiten für Geschirr, Gläser und Besteck bieten. Auch Behältnisse für Lebensmittelreste und andere Abfälle müssen vorgehalten werden.

3.3 GETRÄNKE UND GETRÄNKESERVICE

Getränke unterscheiden sich in ihrer Zusammensetzung und Wirkung, z. B.: Mineral- und Trinkwasser sind erfrischend und kalorienfrei, Fruchtsäfte sind wegen ihres Zuckergehalts als Durstlöscher nicht so gut geeignet, Milchmischgetränke haben einen hohen Eiweiß- und Calciumgehalt, Kaffee und Tee besitzen eine anregende Wirkung.

Mineralwasser stammt aus unterirdischen Quellen. Pro Liter enthält es mindestens 1000 mg gelöste Mineralien, z. B. Kalium, Magnesium, Calcium. Es muss frei von Krankheitserregern sein. Insbesondere Menschen mit Bluthochdruck müssen bei der Auswahl des Mineralwassers auf den Natriumgehalt achten. Er sollte 20 mg pro Liter nicht überschreiten. Entsprechend gekennzeichnete Mineralwässer gelten dann als **natriumarm**.
Quellwasser stammt ebenso aus unterirdischen Quellen, muss aber weder Mineralstoffe noch Spurenelemente enthalten.
Tafelwasser wird aus einer Mischung von Mineralwasser, Quell- und Trinkwasser hergestellt und darf mit Mineralsalzen und Kohlensäure versetzt sein.

Fruchtsaft wird aus frischen oder durch Kälte konservierten Früchten, aus Fruchtsaftkonzentrat oder Fruchtmark hergestellt. Er wird durch Pasteurisieren schonend haltbar gemacht und enthält keine Konservierungs- oder Farbstoffe. Pro Liter dürfen höchstens 15 g Zucker zugesetzt werden, sonst ist die Kennzeichnung »gezuckert« auf der Packung erforderlich.

Fruchtnektar wird aus Fruchtsaft und/oder Fruchtmark (25 bis 50 % Anteil) mit Zusatz von Wasser und Zucker hergestellt. Süßmost wird aus Früchten wie Johannisbeeren hergestellt, deren Saft ohne Verdünnung nicht schmecken würde.
Fruchtsaftgetränke werden aus Fruchtsäften, Fruchtsaftgemischen oder -konzentraten unter Zusatz von Wasser und Zucker hergestellt. Der Fruchtsaftanteil beträgt je nach Fruchtart 6 % (Zitrusfrüchte) bis 30 % (Kernobst und Trauben).
Gemüsesäfte sind unverdünnte, aus Gemüse hergestellte Erzeugnisse. Zur Geschmacksabrundung können Speisesalz, Kräuter, Zucker und Gewürze zugesetzt werden – sie sind zu kennzeichnen.

Limonade wird aus Wasser, Zucker, Fruchtsäuren und einem Fruchtsaftanteil von 3 bis 15 % als Fruchtsaft oder Fruchtextrakt hergestellt. Sie darf mit natürlichen Farbstoffen gefärbt sein (Kennzeichnungspflicht!).

Brause enthält keinen Fruchtsaftanteil, sondern künstliche Farb- und Aromastoffe; auch Süßstoffe dürfen verwendet werden.

Isotonische Getränke werden aus Wasser, Geschmacksstoffen, Zucker oder Süßstoffen unter Zusatz von Mineralstoffen (auch von Vitaminen) hergestellt.

Alkoholfreie Getränke, z. B.:
- *Mineral-, Quell-, Tafelwasser*
- *Fruchtsäfte, Fruchtsaftgetränke, Nektare*
- *Limonaden, Brausen*
- *Gemüsesäfte*
- *Milchmischgetränke*
- *Kaffee, Tee, Kakao*
- *Malzkaffee*
- *Kräutertee*

Alkoholische Getränke, z. B.:
- *Bier*
- *Wein, Sekt*
- *Spirituosen*
- *Cocktails*
- *alkoholische Heißgetränke*

Getränke aus Kunststoffbehältnissen meiden, s. S. 95 Mikroplastik

Fruchtnektar Fruchtsaft

Wasser

max. 20% Zucker/ Honig

25–50% Fruchtsaft und/oder Fruchtmark

100% Fruchtsaft

evtl. Zusatz von Kohlensäure

evtl. Korrekturzuckerung

Frucht- und Zuckergehalt in Fruchtsaft und Nektar

Tagungstisch mit diversen kalten Getränken

Ungerösteter Kaffee   **Gerösteter Kaffee**

Je kräftiger die Röstung des Kaffees, umso ausgeprägter der Geschmack

Kaffee und Tee aus fairem Handel

FAIRTRADE

Das Siegel für Fairen Handel.

Aufgussgetränke

Kaffee

Kaffee wird in Süd- und Zentralamerika, Afrika und Asien angebaut.
Hochlandkaffee (z. B. Sorte Arabica) gedeiht in 600 bis 1800 m Höhe. Er reift langsam, ist sehr aromatisch und würzig. **Tieflandkaffee** (z. B. Sorte Robusta) wird in Höhen bis 600 m angebaut. Er reift schnell und hat einen harten und erdigen Geschmack. Hochlandkaffee ist in der Regel teurer als Tieflandkaffee.

Die Kaffeebohne wird aus den kirschähnlichen Früchten des Kaffeebaumes gewonnen. Die geernteten Früchte werden getrocknet und vom Fruchtfleisch befreit. Dieser **Rohkaffee** ist noch ungenießbar, erst durch die Röstung bei 200 bis 250 °C erhält er sein besonderes Aroma. Die Güte eines Kaffees wird durch mehrere Faktoren wie Kaffeesorte, Anbaugebiet, Kaffeeröstung und Kaffeemischung bestimmt.

Der Hauptwirkstoff des Kaffees ist das **Koffein**. Koffein hat eine anregende Wirkung auf das zentrale Nervensystem. Es steigert die Herztätigkeit und damit den Blutdruck. Kaffee enthält normalerweise 1 bis 2 % Koffein. Die im Kaffee enthaltenen **Röststoffe** regen die Magen- und Darmtätigkeit an. Die **organischen Säuren** erhöhen die Magensäurebildung und können bei starkem Kaffeegenuss zu Sodbrennen führen.

Im Handel angebotene Kaffeesorten

Die Kaffeesorten unterscheiden sich in ihrem Koffein- und Röststoffgehalt:

Röstkaffee enthält etwa 1 bis 2 g Koffein pro 100 g (1 bis 2 %). Er wird als ganze Bohne, frisch gemahlen oder gemahlen und vakuumverpackt angeboten.
Entkoffeinierter Kaffee enthält höchstens 0,1 g Koffein pro 100 g (0,1 %). Er besitzt kaum anregende Wirkung und ist für kreislaufempfindliche Menschen besonders bekömmlich. Im Handel werden koffeinhaltige und entkoffeinierte Kaffees angeboten.
Reizstoffarmer Kaffee wird durch Entfernen der Gerbstoffe hergestellt. Er ist vor allem für magen-, galle-, und leberempfindliche Kaffeetrinker gut verträglich.
Instantkaffee wird durch Hitze- oder Gefriertrocknung aus einem konzentrierten Kaffeeaufguss hergestellt. Er löst sich in heißem Wasser sofort ohne Rückstände auf.
Kaffeeersatzprodukte werden durch Rösten aus stärke- und zuckerhaltigen Pflanzen gewonnen (z. B. Getreidemalz, Zichorie). Sie sind koffeinfrei.

Zubereitung

Kaffee wird in Kaffeemaschinen gebrüht. Man unterscheidet
- das drucklose Überbrühverfahren,
- das Dampfdruckverfahren (Espressoverfahren).

Je nach Ausstattung wird der Kaffee in größeren Portionen oder mit Einzeltassen-Frischbrühung zubereitet.

Zunehmend werden Kaffeespezialitäten in sogenannten Padmaschinen in Einzelportionen zubereitet.

Die Gebrauchsanweisung des Herstellers muss beachtet werden!
Die Güte des Kaffees bestimmen
- die Kaffeemehlmenge,
- die Brühmethode,
- die Wasserqualität (hart, weich).

Kaffeezubereitung

Kaffeemehlmenge für Filterkaffee:

Tasse Kaffee (⅛ l)	*6 bis 8 g*
Tasse Mokka (¹⁄₁₆ l)	*12 bis 16 g*
Tasse Espresso (¹⁄₁₆ l)	*12 bis 15 g*
2 l (16 Tassen)	*80 bis 100 g*

Kaffee möglichst frisch gebrüht servieren. Abgestandener Kaffee verliert an Duft- und Aromastoffen, wird bitter und trübe. Die Qualitätsverluste laufen besonders schnell ab, wenn Kaffee auf der Heizplatte heiß gehalten wird.

Kännchen und Tassen möglichst vorwärmen, da Kaffee in kaltem Geschirr an Aroma verliert.
Das Kännchen Kaffee wird in einem Restaurant auf einem Tablett mit Papiermanschette mit Kaffeesahne, Zucker/Süßstoff serviert. Dabei wird die Untertasse mit Deckchen, Kaffeelöffel und vorgewärmter Tasse bestückt.

Angebotsformen für Kaffee

■ **Cappuccino**
Ein frisch gebrühter Espresso wird mit aufgeschäumter Milch (original italienisch) oder mit geschlagener Sahne serviert. Die Schaumkrone /die Schlagsahne mit Kakao bestäuben.

■ **Latte macchiato**
Die Grundbasis ist ein Espresso sowie heiß aufgeschäumte Milch. Diese beiden Komponenten dann in ein Glas geben, wobei erst die Milch eingefüllt wird und anschließend sanft der Espresso einfließt. Dadurch ist die Schichtenbildung möglich, die den Latte macchiato auszeichnet.

■ **Espresso**
Er wird unter Druck gebrüht und sofort serviert. Das Kaffeemehl für Espresso ist feiner gemahlen und kräftiger geröstet.
Diesen aromastarken Kaffee in kleinen Spezialtassen anrichten. Er wird mit Zucker, auf Wunsch mit Sahne oder aufgeschäumter Milch (Espresso macchiato) serviert.

■ **Mokka**
Dies ist ein kräftiger Kaffeeaufguss, der mit 12 bis 15 g Kaffeemehl pro Tasse hergestellt wird. Er wird in Mokkatassen serviert.

In den letzten Jahren kamen neben den herkömmlichen Filterkaffeemaschinen auch sogenannte Portionssofortgeräte auf den Markt. Dabei wird unter Softpad- und Kapselgeräten unterschieden. Diese Maschinen pumpen heißes Wasser mit hohem Druck durch Kaffee- oder Espressomaschinen, sodass weniger Reizstoffe ausgeschwemmt werden können. Auf Kapseln sollte aus ökologischen Gründen verzichtet werden.

In vielen Bistro- und Kaffeeläden werden diese Heißgetränke auch zum Mitnehmen (To go) angeboten. Den entsprechenden immer wieder verwendbaren Becher füllen zu lassen, heißt nachhaltig konsumieren und weniger Geld ausgeben.

Padmaschine und Kapseln

Kaffeeservice

Service von Kaffee im Restaurant
▶ Tablett mit Papiermanschette
▶ Untertasse mit Deckchen, Kaffeelöffel und vorgewärmter Tasse
▶ Kaffeesahne
▶ Zucker, Süßstoff
▶ Kännchen Kaffee

Nachhaltige To-go-Becher:
■ Pfandsystem
■ wieder-verwendbar

Cappuccino

Espresso

Latte macchiato

Trinkschokolade

Service von Kakao/Schokolade
▶ *zu Kakao Streuzucker reichen*
▶ *Kakao/Schokolade in Tassen mit geschlagener Sahne garnieren*
▶ *zu Kännchen Schlagsahne in einem Schälchen reichen*

Kakao- und Schokoladenanteil in Aufgussgetränken
1 Tasse Schokolade	*15 g Schokolade*
1 Liter Schokolade	*110 g Schokolade*
1 Tasse Kakao	*10 g Kakaopulver*
1 Liter Kakao	*70 g Kakaopulver*

Qualitätsstufen der Teeblätter
Flowery Orange Pekoe: Blattknospen, beste Qualität, feines Aroma
Orange Pekoe: 1. jüngeres Blatt, feines Aroma
Pekoe: 2. gröberes Blatt, kräftiger Aufguss
Pekoe Souchong: 3. Blatt, weniger ergiebig
Souchong: grobe Blätter, dünner Aufguss

Qualitätsstufen der Teeblätter

Kakaogetränke und Trinkschokolade

Grundlage für die Zubereitung kakaohaltiger Getränke sind Kakaopulver und Schokolade. Kakao und Schokolade werden aus den Samenkernen der Kakaofrucht hergestellt. Diese werden getrocknet, geröstet und zu Kakaomasse vermahlen.
Nach Abpressen des Fettes (Kakaobutter) entsteht das Kakaopulver (schwach/stark entölter Kakao).
Angebotsformen für **Trinkschokolade**:
- geriebene Blockschokolade oder Kuvertüre in Milch einrühren oder
- Schokoladenpulver in heiße Milch einrühren oder
- Schokoladen-Instantpulver und Wasser verrühren.

Im Haushalt wird Trinkschokolade meist aus Instantpulver und Heißwasser zubereitet und mit Schlagsahne und Schokospänen serviert. Das Instantpulver ist zuckerhaltig.
Kakaogetränk wird aus Kakaopulver, Zucker und heißer Milch zubereitet. Zucker und Kakaopulver werden gemischt, mit etwas Wasser glatt gerührt und in die kochende Milch eingerührt

Tee

Als Tee wird der Aufguss aus den Blattknospen und Blättern der Teepflanze bezeichnet. Man pflückt die Blattknospen mit zwei bis drei Blättern. Je jünger der Trieb ist, umso feiner und aromatischer schmeckt der Tee. Bedeutende Anbaugebiete sind z. B. *Darjeeling* (feiner aromatischer Tee), *Assam* (gehaltvoller, kräftiger Tee), *Ceylon* (herbes Aroma), *China* (milder, rauchiger Tee).

Teesorten

Schwarzer Tee wird sofort nach der Ernte fermentiert. Dabei lässt man die Blätter welken, anschließend werden sie gerollt, sodass die Blattzellen aufbrechen und der Zellsaft mit dem Luftsauerstoff reagiert (= fermentiert). Bei der Fermentation verfärben sich die Teeblätter kupferrot. Die Geschmacksstoffe entwickeln sich, das Koffein der Teeblätter wird freigesetzt und die enthaltenen Bitterstoffe (Gerbsäure Tannin) werden abgebaut. Der Tee ist mild und aromatisch.
Grüner Tee besteht aus nicht fermentierten Teeblättern, die ihre grüne Farbe behalten. Der Tee besitzt noch alle Gerbsäure und schmeckt deshalb sehr herb. Der Tee ist koffeinärmer und heller im Aufguss als schwarzer Tee.

Teesorten

Grüner Tee	Schwarzer Tee	Blatt-Tee	Broken Tee	Fannings

Aromatisierte Tees werden aus schwarzem Tee mit Geschmackszusätzen, wie z. B. Vanille oder Orangenschale sowie Blüten, Frucht- und Schalenstücken, hergestellt. **Earl-Grey-Tee** ist mit dem Öl der Bergamotte (Zitrusfrucht) aromatisiert.

Teemischungen werden aus Tees verschiedener Anbaugebiete, die eine gewünschte Geschmacksrichtung geben, hergestellt, z. B.
- **Englische Mischung** aus Darjeeling-, Assam- und Ceylontee – herb, kräftig, wird oft mit Milch getrunken
- **Ostfriesische Mischung** aus Assam- und Javatee – sehr kräftiges Aroma, wird gerne mit Sahne und Kandis getrunken
- **Ceylon-Mischung** fein-würziges Aroma, goldene Farbe

Ein **Wirkstoff** im Tee ist das **Koffein**, das anregt und beim Brühen in den ersten 2 Minuten in das Wasser übergeht. Es ist an die Gerbsäure (Tannin) gebunden, wird daher verzögert in das Blut aufgenommen und ist somit verträglicher als das Koffein im Kaffee. Die Gerbsäure beruhigt Magen und Darm und wirkt leicht stopfend. Sie geht langsam – erst nach 3 Minuten – in das Teewasser über.

Die Zubereitung von Tee

- 1 Teelöffel Tee (1,5 g) oder 1 Teebeutel pro Tasse/Glas
- heißes (je nach Teesorte) Wasser aufgießen
- nach dem Ziehen Teeblätter entfernen
- Broken-Tee nicht in Tee-Eiern zubereiten
- gebrühte Teeblätter/Teebeutel kein zweites Mal aufgießen

Teeähnliche Erzeugnisse

Kräuter- und Früchtetees enthalten kein Koffein und keine Gerbstoffe. Sie haben verschiedene Heilwirkungen, z. B. Pfefferminz-, Lindenblütentee (krampflösend), Baldriantee (schlaffördernd und beruhigend) oder Kamillentee (entzündungshemmend). Der Handel bietet immer wieder neue Sorten und Geschmacksrichtungen, z. B. Gewürztees, Rooibos-, Honeybush- oder Lemongras-Kräutertees.

Milch und Milchgetränke

Milch besitzt eine ideale Nährstoffzusammensetzung und ist leicht verdaulich – sie gehört zu einer gesunden Ernährung. Ein Liter Milch deckt den halben Tagesbedarf an Eiweiß und Fett sowie den Tagesbedarf an Calcium. Milch kann pur, als Mixgetränk, kalt oder heiß getrunken werden.

Milchshakes

- Milch wird mit Zucker und Früchten (evtl. Speiseeis) gemixt (immer die Früchte in die Milch geben, sonst gerinnt die Milch!)

Milch-Flips

- Milch wird mit Eigelb, Fruchtsirup, Fruchtsaft und Eiswürfeln kräftig geschüttelt

---

Sortierung des Tees:
Blatt-Tee: ganze Blätter
Broken Tea: gebrochene Blätter; ergiebiger Aufguss
Fanning-Tee: feinste Teeteilchen, die beim Sieben anfallen; besonders ergiebiger, kräftiger Aufguss

Die Wirkung von Tee

Koffein anregend

Gerbstoffe beruhigend

1   2   3   4
Minuten

bis zu 3 Minuten ziehen lassen: anregend auf den Kreislauf

länger als 3 Minuten ziehen lassen: beruhigend, leicht stopfend

Tee serviert man
- mit Zucker
- mit einem Schälchen zur Ablage des Teebeutels
auf speziellen Wunsch
- mit Sahne oder Milch
- mit Zitrone in der Presse

Weinbaugebiete in Deutschland

1. *Informieren Sie sich über Transfairkaffee, -tee, -schokolade. Erstellen Sie jeweils Schautafeln und stellen Sie diese in der Klasse vor.*
2. *Erstellen Sie eine Übersicht über die bei Ihnen angebotenen Kaffeegetränke und Kaffeespezialitäten. Beschreiben Sie ihre Zubereitung (Rezept). Stellen Sie in der Klasse eine Auswahl dieser Getränke servierfertig her.*
3. *Informieren Sie sich über Kaffee mit Spirituosen.*
4. *Erklären Sie einem Gast den Unterschied zwischen Fruchtsaft, Fruchtnektar und Fruchtsaftgetränk.*
5. *In der Cafeteria Ihrer Schule soll eine Milchbar eingerichtet werden. Welche Getränke (mit Rezept, Garnitur) würden Sie anbieten?*
6. *Stellen Sie eine Auswahl an kalten/warmen Getränken zusammen, die in einem Kinderheim (8 bis 13 Jahre alte Kinder) über den Tag angeboten werden können.*

Wein

Wein wird durch die alkoholische Vergärung von Traubenmost oder frischen eingemaischten Trauben gewonnen.

Weinarten

Weißwein – die Trauben werden zur Maische zerquetscht. Aus dieser presst man beim Keltern den Most ab. Bei der Gärung entstehen aus den enthaltenen Zuckerstoffen Alkohol und Kohlendioxid. Der Wein reift in der sogenannten Nachgärung.

Rotwein wird aus roten und blauen Beeren hergestellt. Die Farbstoffe in den Schalen verleihen dem Wein die Rotfärbung. Der bei der Maischegärung entstehende Alkohol löst die Farb-, Aroma- und Gerbstoffe aus den Schalen heraus, wodurch die typische rote Farbe, der kräftige Geschmack und die gute Lagerfähigkeit entstehen. Nach der Gärung wird der Saft gekeltert. Er reift in Holzfässern und Edelstahltanks zum trinkfertigen Wein.

Rosé wird durch Vergären des Mostes von roten oder blauen Trauben gewonnen. Wenn die Maische eine zarte Rotfärbung hat, wird sie zu Most gekeltert. Der Most wird wie Weißwein vergoren.

Weißherbst ist ein hochwertiger Rosé.

Güteklassen des Weines

Deutscher Wein hat zwei Güteklassen

1. Tafelwein:

Er unterliegt keiner Qualitätsprüfung. Die Trauben müssen aus den vier Anbaugebieten Rhein-Mosel, Main, Neckar oder Pfalz stammen. Tafelweine werden oft mit Zucker angereichert. Verschnitte mehrerer Weine sind erlaubt.
Er hat mindestens 8,5 % Alkohol.

Landwein ist ein gehobener Tafelwein. Die Trauben stammen aus bestimmten Regionen.

2. Qualitätswein:

unterschieden werden:

Qualitätswein bestimmter Anbaugebiete (Q. b. A.)
Weine mittlerer Qualität

Qualitätsweine mit Prädikat
Weine hoher Qualität, z. B.
- *Kabinett*
- *Spätlese*
- *Auslese*
- *Beerenauslese*
- *Trockenbeerenauslese*
- *Eiswein*

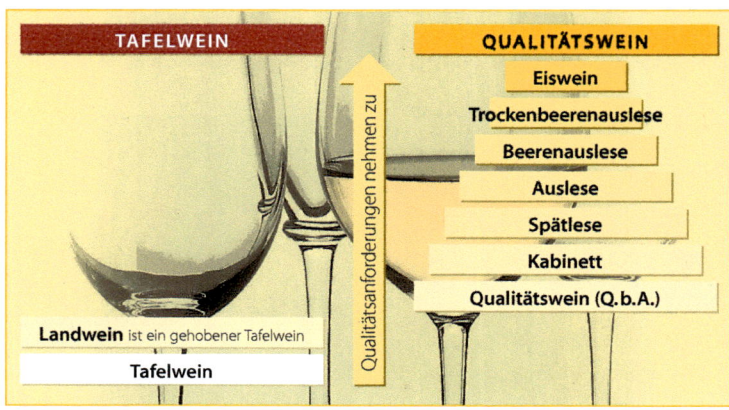

Weinetikett (Diagramm)

RHEINHESSEN
1999er
Binger Scharlachberg
RIESLING · SPÄTLESE
Qualitätswein mit Prädikat
halbtrocken
A. P. Nr. 1 234 567 89 00
10% vol   0,75 l
ERZEUGERABFÜLLUNG
WEINGUT REBE

◄ bestimmtes Anbaugebiet
◄ Jahrgang
◄ engere Herkunftsbezeichnung
◄ Rebsorte, Prädikat
◄ Qualitätsstufe
◄ Geschmacksangabe
◄ amtliche Prüfungsnummer
◄ Alkoholgehalt ◄ Nennvolumen
◄ Abfüller
◄ Erzeuger

Das Weinetikett ist der Pass des Weines

Bei der Auswahl von Weinen ist zu berücksichtigen
■ die Qualität des Weines
■ die Eignung für den Anlass
■ die richtige Kombination mit den Speisen

Eine Orientierung liefert die folgende Übersicht, in der Weine nach Geschmack und Aussehen geordnet und Empfehlungen für Speisekombinationen vorgeschlagen werden.

Übersicht: Weinempfehlungen

Weinsorte	Rebsorte	Passende Speisen
milde Weißweine (feine Säure)	Silvaner, Ruländer, Müller-Thurgau, Gutedel	Geflügel, Kalb, Schweinebraten, leichte Speisen
kräftige Weißweine (kräftige Säure)	Riesling, Weißburgunder, Grauburgunder	Fisch, Gerichte mit Sahnesoßen, Käse und Käsespeisen
bukettreiche Weißweine (intensiver Duft)	Scheurebe, Gewürztraminer, Muskateller	würzige Ragouts und Braten, kräftige Speisen
leichte, fruchtige Rotweine (wenig Gerbstoffe)	Spätburgunder, Trollinger, Portugieser	Wild, Wildgeflügel, würzige Braten, Geflügel, Käse
kräftige Rotweine (viele Gerbstoffe)	Dornfelder, Lemberger	würzige Wild- und Geflügelgerichte, dunkle Fleischgerichte

Um die Qualität des Weines zu erhalten, muss Wein folgendermaßen gelagert werden:

■ in kühlen, dunklen Räumen
■ Flaschen mit Korken liegend
■ Weißwein bei 10 bis 12 °C
■ Rotwein bei 14 bis 15 °C

Service von Wein
▶ *Flasche in der Hand, Gläser auf einem Tablett an den Tisch bringen und am Tisch einschenken*
▶ *im Weinglas*
▶ *in Karaffen (0,25 l) mit Weinglas auf einem Tablett*

Die Flasche wird dem Gast mit dem Etikett präsentiert. Nach dem Öffnen wird der Flaschenhals mit einer Manschette versehen und der Wein eingeschenkt.

Tragen von Gläsern

Da viele Personen Alkohol nicht vertragen, sollte beim Essen alternativ zum Wein mindestens ein alkoholfreies Getränk angeboten werden.

Service von Schaumwein

*Er entspricht dem des Weißweines,
aber beachten Sie:*

▶ *Schaumwein muss vor dem Servieren auf 6 bis 8 °C gekühlt werden.*

▶ *Schaumwein schäumt beim
Eingießen auf – zuerst nur wenig in
die Gläser gießen und danach auffüllen!*

Öffnen und Servieren von
Schaumwein

Likörweine, Süd- oder Dessertweine

Unterschieden werden:

Dessertwein, wie z. B. Sherry, Portwein und Madeira, wird nach kurzer Gärung Weingeist zugesetzt. Es sind alkoholreiche trockene Weine mit einem Alkohol-gehalt bis 22 %. Sie werden als appetitanregende Aperitifs vor dem Essen an-geboten.

Süße Dessertweine, wie z. B. Malaga, Tokajer, Samos oder Most, werden mit Ro-sinen oder eingedicktem Traubensaft angereichert. Man erhält süße Weine mit üblichem Alkoholgehalt. Sie werden als verdauungsfördernder Digestif nach dem Essen gereicht.

Schaumweine

Der Wein wird nach der Hauptgärung in geschlosse-nen Behältnissen noch einmal zur Gärung gebracht. Die hierbei entstehende Kohlensäure kann nicht entweichen und verleiht dem Wein seinen prickeln-den Charakter.

Nach der Qualität werden unterschieden:

■ **Schaumwein** – einfache Qualität

■ **Sekt** – ein Schaumwein von gehobener Qualität

■ **Champagner** – Schaumwein der höchsten Qua-lität aus einem genau festgelegten Gebiet der Champagne (Frankreich)

Schaumwein wird insbesondere zu festlichen Anlässen sowie als Aperitif ange-boten. Ebenso wird er für Kaltschalen und Bowlen verwendet.

Schaumwein ist Bestandteil vieler erfrischender und belebender Getränke, z. B.

■ Sekt mit Orangensaft

■ Sekt mit schwarzem Johannisbeerlikör (Kir royal)

■ Fruchtbowlen

Bier

Bier wird nach dem deutschen Reinheitsgebot von 1516 durch alkoholische Gä-rung aus den Inhaltsstoffen Wasser, Malz, Hefe und Hopfen gebraut.

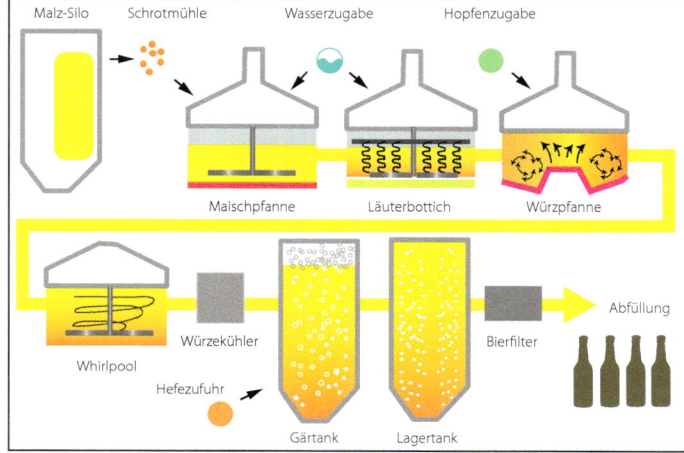

Bierherstellung

Die Bierherstellung startet mit dem **Mälzen**. Dabei wird das Korn durch Einweichen zum Keimen gebracht und anschließend scho-nend getrocknet (Darren). Je nach Tempe-ratur des Darrens entsteht helles oder dunk-les Malz. Die in der Gerste (und anderen Getreidearten) enthaltene Stärke wird beim Mälzen in Einfachzucker umgewandelt. In der Brauerei werden mit warmem Brau-wasser aus dem Malz alle löslichen Stoffe ausgelaugt und die restliche Stärke durch Enzyme in Zucker aufgespalten. Die so ent-standene **Maische** wird filtriert, um die fes-ten Bestandteile (Treber) abzutrennen. Die flüssige **Würze** wird unter Zugabe von Hopfen gekocht. Der Hopfen verleiht dem Bier Geschmack und verbessert die Haltbarkeit. Der abgekühlten Würze wird **Bierhefe** zugegeben, welche die Einfachzucker zu Alkohol (Ethanol) und Kohlenstoffdioxid abbaut (→ **Gärung**). Das »junge« Bier wird bis zu vier Monate gelagert, um einen optimalen Geschmack zu erreichen.

Einige typische Biersorten in Deutschland

Altbier ist ein dunkles obergäriges Bier mit kräftigem Hopfengeschmack.

Berliner Weiße wird aus Gersten- und Weizenmalz hergestellt und enthält als obergäriges Schankbier weniger Alkohol.

Bockbier ist ein Starkbier (hoher Alkoholgehalt) mit malzigem Geschmack.

Export ist ein helles untergäriges Bier, wenig gehopft, mit aromatischem, vollmundigem Geschmack.

Malzbier, obergärig, malzig-süß schmeckend, enthält höchstens 1 % Alkohol.

Pils, das »typische« Bier, zeichnet sich durch ein spritziges Hopfenaroma aus.

Weizenbier (Weißbier), ein obergäriges Vollbier, zu dem etwa ein Drittel Weizenmalz verwendet wird.

Alkoholfreies Bier

Für die Herstellung wird entweder der Gärprozess unterbrochen oder der Alkohol nachträglich entzogen. Meist enthält alkoholfreies Bier noch eine geringe Menge Restalkohol von 0,02 % bis 0,5 %.

Mischgetränke und ausländische Biersorten

Radler oder Alster (Bier mit Zitronenlimonade) und Berliner Weiße (Weißbier mit Waldmeister- oder Himbeersirup) sind beliebte Biermischgetränke. Seitdem durch die EU das deutsche Reinheitsgebot aufgehoben wurde, sind in Bieren auch andere Getreidearten wie Roggen oder Mais erlaubt. Bekannte ausländische Biersorten sind z. B. das spanische San Miguel, das belgische Faro oder das englische Ale mit wenig Kohlensäure.

KOMPETENZ-CHECK

1. *Erstellen Sie einen Steckbrief zu Eigenschaften/Service/Verwendung im Gastbereich von Rotwein, Rosé und Sekt.*
2. *Unterscheiden Sie die verschiedenen Qualitätsweine mit Prädikat und informieren Sie sich über deren Qualitätsanforderungen.*
3. *Welche Informationen erhalten Sie durch das Weinetikett?*
4. *Zum 25-jährigen Jubiläum einer Tagungseinrichtung wird ein Empfang für erlesene Gäste geplant. Es sollen Canapés, Cocktailhappen und Blätterteigtaschen gereicht werden. Stellen Sie dazu eine Auswahl geeigneter Getränke zusammen.*
5. *In welchen Getränken wird Schaumwein für die Zubereitung verwendet? Stellen Sie geeignete Rezepte zusammen.*
6. *Erkunden Sie im Getränkehandel das Angebot an verschiedenen Bieren. Stellen Sie die verschiedenen Biersorten (mit ihren Eigenschaften) übersichtlich auf einer Wandzeitung dar.*

Bierarten

Nach der Art der Gärung unterscheidet man:

▶ **untergärige Biere:** Die Würze vergärt zwischen 6–9 °C. Die Hefe setzt sich dabei auf dem Boden ab, z. B. Pils, Export oder Bockbiere. Untergärige Biere sind länger haltbar als obergärige Biere.
▶ **obergärige Biere:** Die Würze vergärt bei 15–18 °C. Die Hefe steigt nach oben, z. B. Alt, Kölsch und Weizenbier.

Weizenbier   Schwarzbier   Alster

Altbier   Kölsch

Typische Biergläser

Nach dem Stammwürzegehalt (= alle in der Würze gelösten Stoffe vor der Gärung) unterscheidet man verschiedene Biergattungen:

▶ Schankbier (7–11 % Stammwürze, z. B. Berliner Weiße
▶ Vollbier (11–16 % Stammwürze), z. B. Pils, Alt, Weizen
▶ Starkbier (über 16 % Stammwürze), z. B. Bockbier

3.4 KALTE UND WARME BÜFETTS

Büfetts sind Angebotsformen von überwiegend vorportionierten kalten und warmen Speisen, die dem Gast als Sortiment zur Selbstbedienung präsentiert werden. Sie bieten dem Gast die Möglichkeit, sich selbst nach persönlichem Geschmack und Appetit zu bedienen und die Dauer des Essens selbst zu bestimmen. Eine große Anzahl an Gästen kann so zu einer bestimmten Zeit zügig verköstigt werden. Auch kann durch die Selbstbedienung Personal im Service eingespart werden.

Dafür sind u. a. folgende Aufgaben im Büfett-Service zu beachten:
- Büfett zwischendurch ordnen und mit neuen Speisen ergänzen
- Büfett in einem appetitlichen Zustand erhalten
- Platten neu arrangieren
- gebrauchtes Geschirr/Besteck abräumen, sauberes bereitstellen
- Abfälle entfernen
- Gäste bei der Auswahl von Speisen und Getränken beraten
- Speisen portionieren und vorlegen
- Getränke anbieten und ausgeben

3.4.1 AUFBAU DES BÜFETTS

Das Büfett soll im Blickfeld der Gäste liegen, gut zugänglich sein und in einem kühlen Bereich des Raumes stehen. Alle Speisen sind für die Gäste bequem erreichbar. Daher sollte das Büfett bei einer großen Gästezahl doppelschenklig (symmetrisch) angelegt werden. Kleinere Büfetts werden asymmetrisch aufgebaut.

einseitig zugängliches Büfett

Eck-Büfett

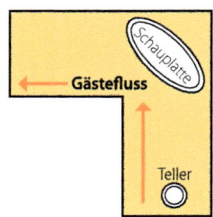

beidseitig zugängliches Büfett

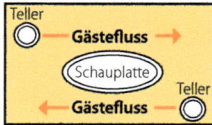

Marktstandsystem

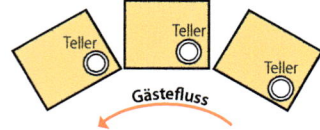

Regeln für den Büfettaufbau

▶ Das Büfett kann terrassenförmig aufgebaut werden. So bietet es eine größere Stellfläche und betont besonders schöne Platten.
▶ Die Tische werden mit Tafeltüchern oder Skirtings eingedeckt, die bis zum Boden reichen. Als Tischdeckenersatz können Papiertischdecken oder gestärkte weiße Bettlaken verwendet werden.
▶ Dekorationsmaterial, wie z. B. farblich abgestimmte bunte Tücher und Servietten, sollen dezent und anlassbezogen eingesetzt werden – der Büfettaufbau soll durch das Speisenangebot an sich wirken.
▶ Blumengestecke und Kerzen verleihen dem Büfett eine festliche Note.
▶ Geschirr wird jeweils am Anfang und Bestecke und Servietten werden am Ende des Büfetts oder gesondert auf einem Beistelltisch aufgestellt. Dessertteller werden neben den entsprechenden Speisen platziert.
▶ Die Anordnung der Speisen auf dem Büfett entspricht der Menüfolge. Griffe von Saucieren und Vorlegebestecke müssen den Gästen zugewandt sein.
▶ Die Platten können mit umgedrehten Tellern, Holzstückchen oder flachen Kartons unterbaut werden und kommen dadurch besser zur Wirkung.
▶ Die angebotenen Speisen werden durch Kärtchen gekennzeichnet.
▶ Für gebrauchtes Geschirr muss ein Servierwagen oder Beistelltisch als Ablage bereitstehen, ebenso ein Bestecktablett sowie ein Behältnis für Abfälle.
▶ Ein Blickfang kann zusätzlich durch eine Schauplatte, eine Schautorte oder durch einen repräsentativen Obstkorb gestaltet werden.

Aufbau der Speisen

Alle garnierten und angerichteten Speisen müssen bis kurz vor Beginn des Essens abgedeckt in einem kühlen (und dunklen) Raum kalt gestellt werden. Die Frischhaltefolie wird erst unmittelbar vor Eröffnung des Büfetts entfernt. Da die Speisen bei längerem Stehen unansehnlich werden, empfiehlt es sich, frische Ware in kleineren Mengen anzubieten und öfter aufzufüllen.

Die Reihenfolge der Speisen entspricht der Menüfolge:
- Vorspeisen am Anfang des Büfetts,
- Hauptgang und sonstige Fisch- oder Fleischplatten und die dazu passenden Soßen im Zentrum,
- es folgen Beilagen und Gemüseplatten,
- Soßen und Salate werden bei den zugehörigen Speisen platziert,
- Süßspeisen, Käse und Obst stehen an den Seiten,
- Brot und Kleingebäck am Büfettende,
- Teller stehen am Anfang, Servietten und Besteck am Büfettende.

Je nach betrieblichen Gegebenheiten ist auch ein Abweichen von diesen Angaben möglich.

Suppen werden häufig in der Praxis auch getrennt von den Vorspeisen mit separatem Zugang angeboten.

Büfettaufbau

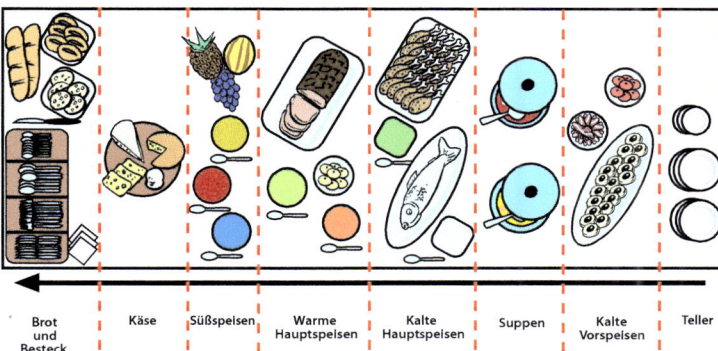

| Brot und Besteck | Käse | Süßspeisen | Warme Hauptspeisen | Kalte Hauptspeisen | Suppen | Kalte Vorspeisen | Teller |

Warmhalteplatten oder sogenannte Chafing-Dishes halten die warmen Speisen bei mindestens 60 °C. Zum Kühlen von Speisen werden Kühlbehälter oder Kühlplatten eingesetzt.
Bei mehr als 30 Personen sollte das Büfett von der Mitte symmetrisch nach beiden Seiten eingerichtet werden. Der Brottisch wird in der Mitte platziert. Die Gäste kommen beidseitig von außen zum Büfett, bedienen sich und gehen zur Mitte hin ab.

Checkliste Ausstattungsmaterialien für Büfetts:

Anrichtematerialien, z. B.
- *Edelstahlplatten*
- *Baumscheiben mit lebensmittelfestem Lack überzogen*
- *Kuchenplatten aus Keramik, Glas oder Porzellan*
- *Backbretter*
- *Backbleche mit Alufolie überzogen*
- *Steinplatten, Marmorplatten – große Kacheln*

Serviergeräte, z. B.
- *Rechauds*
- *Kasserollen*
- *Pfannen*
- *Platten*
- *transportable Kühl- und Wärmgeräte*
- *Schüsseln u. a. Behältnisse*
- *Vorlegebestecke*

Schüsseln, z. B.
- *Schüsseln aus Steingut, Glas, Porzellan, Holz*
- *Pfannen aus Kupfer/Messing*
- *Dessertschalen*
- *Schmalztöpfe*
- *Plastikschüsseln mit Alufolie überzogen*

Vorlegebestecke, z. B.
- *Salatbestecke*
- *Fleischgabeln*
- *Fleisch- und Gebäckzangen*
- *große Löffel*
- *Tortenheber*
- *Soßenlöffel*

Behältnisse für Brot/Gebäck, z. B.
- *Körbe*
- *Tabletts*

Aus der Sicht des betrieblichen Gesundheitsmanagements sollten Lebensmittel, die bevorzugt gegessen werden sollten, vorn liegen. Weniger empfehlenswerte Speisen sind weiter hinten zu platzieren. Am Gemüse der Hinweis „Greifen Sie ruhig zweimal zu" kann bei der Auswahl helfen.

KOMPETENZ-CHECK

1. Berichten Sie, wie Sie in ihrem Betrieb beim Aufbau eines Büfetts vorgehen. Vergleichen Sie Ihre Vorgehensweise in der Klasse.
2. Sie führen mit einem Kunden ein Gespräch über die Gestaltung eines Büfetts. Halten Sie die Ergebnisse schriftlich fest. (Rollenspiel.)
3. Erstellen Sie, ausgehend von der Aufgabe 2, eine Checkliste: Gestaltung eines Büfetts für ein Kundengespräch.

3.4.2 BÜFETTARTEN

Frühstücksbüfett

Das Frühstücksbüfett wird meistens in der Zeit von 7.00 bis 9.00 Uhr angeboten. Es bietet dem Gast ein sehr reichhaltiges Angebot an Speisen zur Auswahl
an und kommt damit den unterschiedlichen Verzehrgewohnheiten der Gäste
entgegen, da sie selbst die Auswahl und Menge bestimmen können. Weitere
Zwischenmahlzeiten am Vormittag können entfallen. Der Service wird entlastet
– er hat nur noch für die Bereitstellung warmer Getränke und für das Auffüllen
des Büfetts zu sorgen.

Speisenangebot/Speisenaufbau eines Frühstücksbüfetts, z.B.

■ Fruchtsäfte
■ Milch und Milcherzeugnisse (Joghurt, Quark)
■ Obst, Obstsalat
■ Müsli und Cornflakes
■ Butter, Margarine
■ Marmeladen, Honig
■ Frischobst, Gemüse (Tomaten, Gurken, Paprika)
■ Eierspeisen (gekochte Eier, Rührei, Spiegelei/mit Schinken)
■ Schinken, Wurstwaren, Käse
■ verschiedene Sorten Brot und Kleingebäck
■ Kaffee, Tee, Kräutertee, Schokolade, Frucht- und Gemüsesäfte

Speisensortiment und Aufbau eines Frühstücksbüfetts

Brunchbüfett

Brunchbüfett

Der Brunch ist eine Kombination von Frühstück (Breakfast) und Mittagessen
(Lunch). Das Speisenangebot des Frühstücks wird hierfür mit Suppen, kleinen
warmen Gerichten, Gemüse, Fisch, Braten, Salaten und Süßspeisen ergänzt.
Brunch wird vor allem an Wochenenden in der Zeit von 11 bis 14 Uhr angebo-
ten. Ein bestimmter Anlass kann die Gestaltung vorgeben, z.B. Osterbrunch,
Frühlingsbrunch usw. Die Speisen werden auf einem Büfett aufgebaut, der
Gast bedient sich selbst.

Salatbüfett

Viele Gemeinschaftseinrichtungen oder Tagungshäuser bieten Salat an einem Salatbüfett in Selbstbedienung an. Hierbei wird eine Auswahl an verschiedenen Salaten und Dressings im Speiseraum für die Gäste gut erreichbar aufgebaut. Eine schriftliche Kennzeichnung der verschiedenen Salate und Salatsoßen erleichtert den Gästen die Auswahl am Büfett.

KOMPETENZ-CHECK

1. In einer Jugendherberge/Tagungsstätte soll ein Salatbüfett eingerichtet werden. Erarbeiten Sie in Gruppen eine Checkliste für die Planung, Bestückung und Kontrolle. Vergleichen Sie Ihre Ergebnisse.
2. Welche Salatauswahl würden Sie jeweils anbieten
   a) im Juli bis September,
   b) im Dezember bis Februar?
3. Erläutern Sie einer Praktikantin, welche Hygieneregeln und Maßnahmen zur Nährwerterhaltung bei der Herstellung von Salaten beachtet werden müssen.

Bei regelmäßig aufgebauten Büfetts (z.B. Frühstücksbüfett, Salatbüfett) ist die Hygiene besonders zu beachten, z.B.
- Kühlung
- Spuckschutz
- Speisen nach Bedarf bereithalten (ca. 2 Stunden im Gastbereich)

Kaltes Büfett

Hierbei werden verschiedene überwiegend kalte Speisen über einen längeren Zeitraum angeboten – die Gäste können zeitunabhängig essen. Durch Platten, die ausgetauscht werden können, oder durch warme Kurzgerichte, z.B. eine Gulaschsuppe oder einen Salzkuchen, wird das Angebot variiert. Das kalte Büfett besteht aus drei Gestaltungselementen:

- **Schauplatten** – sie dienen als Blickfang und werden mit ausgewählten Speisen und Feinkostartikeln aufwändig gefertigt, z.B. Fisch-, Lachs-, Gemüseplatten
- **einfache Platten** – z.B. Käse-, Wurst-, Schinkenplatten
- **Schüsseln mit Salaten und Süßspeisen**

> **Stilformen des kalten Büfetts, z.B.**
> - rustikales Büfett, z.B. für Jubiläen, Betriebsfeste, Geburtstage
> - gutbürgerliches Büfett, z.B. für festliche Familienfeiern
> - festliches Büfett, z.B. für besondere Jubiläen, Ehrungen

Auch ein kaltes Büfett wird nach den Regeln von Seite 244 f. aufgebaut und orientiert sich somit an den Vorgaben des klassischen Menüaufbaus.
Die Gäste werden meist mit einem Cocktail oder einem Aperitif auf das Essen eingestimmt. Jeder Gast bestimmt selbst Auswahl und Speisenfolge.

Bei einem kalten Büfett wird von einer Gesamtspeisemenge von 300 bis 400 g pro Person ausgegangen, das wird in folgende Portionsgrößen aufgeteilt:
- **Fleisch, Wurst, Schinken**
  ca. 150 bis 170 g
- **verschiedene Salate**
  ca. 80 bis 100 g
- **Fischspeisen**
  ca. 50 g
- **Brot, Gebäck**
  ca. 50 bis 70 g
- **Dessert**
  ca. 100 g

Vorspeisenplatte
Fingerfood

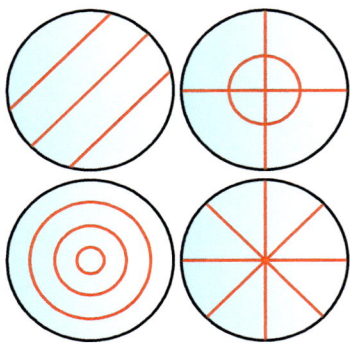

**Raster für die Einteilung
von Platten**

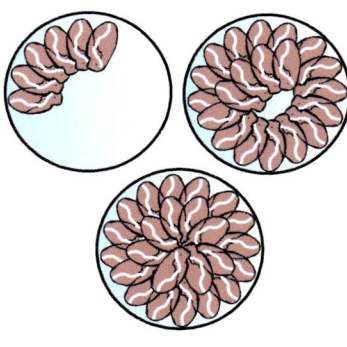

**Techniken beim Legen
von Platten**

In der folgenden Aufstellung werden Möglichkeiten des Speisenangebotes aufgezeigt.

Speisenangebote für ein kaltes Büfett, z. B.

Vorspeisen	Hauptgerichte	Nachspeisen
kalte Vorspeisen Canapés Forellenfilets (geräuchert) gefüllte Eier Krabbencocktail Schinkenröllchen Geflügelcocktail Tatar gefüllte Gemüse	**Fleischgerichte** kalte Braten verschiedene Steaks Hähnchenkeulen Aufschnittplatten Schinkenplatte Fischplatte	**Süßspeisen** rote Grütze Obstsalat Cremes Quarkspeisen Obstscheiben
warme Vorspeisen Gulaschsuppe Zwiebelsuppe kleine Toasts Pastetchen gefüllte Teigtaschen	**Salate** Kartoffelsalat Geflügelsalat Nudelsalat Rohkostsalate Blattsalate Gemüsesalate verschiedene Marinaden	**salzige Nachspeisen** Käsekräcker Käseplatte **Kaffee-spezialitäten**
Soßen Sahne-Mayonnaise Sahne-Meerrettich Cumberlandsoße	**Aufläufe** Zucchinikuchen Kartoffelgratin	

Butter

Auswahl an Brot und Kleingebäck

Anrichten von Platten

Als Platten sind geeignet, z. B.
- *versilberte Platten*
- *Chromstahlplatten*
- *Glasplatten*
- *Porzellanplatten*
- *mit Alufolie belegte Bleche*

Aufschnittplatte

Eine Platte sollte schon auf den ersten Blick beeindrucken, daher gilt:
▶ nur ganz frische und hochwertige Ware verwenden
▶ alle Zutaten exakt legen und sauber verarbeitet anrichten
▶ nur artverwandtes und zusammenpassendes Material gemeinsam anrichten (nicht Hausmacherwurst und Roastbeef)
▶ Platte vor dem Belegen einteilen
▶ Scheiben exakt portionieren und in exakten Linien gleichmäßig anrichten
▶ gleichmäßiger Abstand von Scheibe zu Scheibe und von Reihe zu Reihe
▶ Fleisch-, Wurst- und Käsescheiben so legen, dass das Gesamtbild der Platte beim Wegnehmen noch wirkt
▶ Kontraste durch wechselnde Farben
▶ Ränder der Platte nicht belegen
▶ große Platten wirken besser als kleine überladene

Durch warme Vorspeisen und / oder heiße Hauptgerichte kann das kalte Büfett zu einem kalt-warmen Büfett erweitert werden. Dabei ist besonders darauf zu achten, dass der vegetarische Anteil am Büfett ausreichend und ausgewogen ist.

Generell wird dem Gast durch das Eindecken von Besteck am Platz sowie eine Brotauswahl mit Butter auf den Tischen die Bestückung erleichtert. Ein besonderer Service für die Gäste ist das Vorlegen mancher Speisen direkt am Büfett.

Belegen von kalten Platten

- ▶ Ware gut kühlen
- ▶ Messer schärfen
- ▶ Platten, Garniermaterial bereitstellen
- ▶ Käse/Wurst aufschneiden
  - – weiche Wurstsorten > 5 mm
  - – feste Wurstsorten 1 bis 2 mm
  - – Salami < 1 mm
  - – roher Schinken < 1 mm
  - – Fleischscheiben verschiedene Stärken
  - – Käse 2 mm
- ▶ Zu kaltem, gebratenem Fleisch kalte Soßen wie Remouladensoße oder Cumberlandsoße reichen.

Käseplatte

Bei Büfetts müssen genug Abstellmöglichkeiten für benutztes Geschirr und Besteck bereitgestellt werden. Das Schmutzgeschirr muss regelmäßig abgeräumt werden. Sauberes Geschirr und Besteck müssen immer wieder ergänzt werden – pro Tischgast werden 2 Garnituren veranschlagt.

Bei der Auswahl des Speisenangebots für ein Büfett sind auch die Ernährungsgewohnheiten von Gästen aus anderen Kulturen mit zu berücksichtigen.

KOMPETENZ-CHECK

1. *Informieren Sie sich über wichtige Hygienevorschriften für das Speisenangebot in Selbstbedienungsbüfetts. Stellen Sie diese anschaulich dar.*
2. *Welche Vorteile bietet ein kaltes Büfett/warmes Büfett*
   a) *dem Betrieb?*
   b) *dem Gast?*
3. *Ihr Betrieb soll ein kaltes Büfett für ein Begegnungsfest der Kulturen liefern. Erstellen Sie ein Speisenangebot mit den entsprechenden Rezepten.*
4. *Sie wollen ein in einem Tagungshaus ein rustikales Büfett für 25 Personen herstellen.*
   a) *Machen Sie einen Vorschlag für das Speisenangebot.*
   b) *Überlegen Sie einen Ablaufplanung (z. B. Einkauf, lang-, und kurzfristige Vor- und Zubereitungsarbeiten, Zeitplan, Büfettaufbau).*
   c) *Wie gestalten Sie die Dekoration des Büfetts (Motto, Farbwahl etc.)?*

Schneiden von Creme- und Sahnetorten

- *Tortenmesser in heißes Wasser tauchen und abstreifen. Das Wasser regelmäßig wechseln.*
- *Messerspitze in der Tortenmitte senkrecht ansetzen und vorsichtig (nicht quetschen) Tortenstücke durchschneiden.*
- *Tortenstücke mit einem Tortenheber »stehend« auf dem Teller anrichten.*

Kuchenbüfett

Kuchenbüfetts werden insbesondere bei Familienfeiern und festlichen Veranstaltungen angeboten.

Ausgewählte Sorten an Kuchen und Torten werden meistens zur Selbstbedienung auf einer Tafel als Büfett aufgebaut. Die angebotenen Gebäcke werden auf Platten angerichtet und durch Kärtchen gekennzeichnet.

Bei Torten und Kuchen sind die Portionen meistens markiert, z. B. 12er, 16er oder 18er-Portionen. Die Kuchen müssen exakt portioniert und geschnitten werden – nur glatte, saubere Schnittflächen sehen appetitlich aus.

Die Tortenheber müssen sauber aussehen. Fast leere Kuchen- oder Tortenplatten entfernen und einzelne Kuchenstücke auf einer Platte arrangieren. Sahne gekühlt (ideale Temperatur beim Aufschlagen ca. 4 °C) anbieten.

In der Cafeteria und Kantine wird dem Gast oft in einer Kühlvitrine eine Auswahl an verschiedenen Kuchen und Torten präsentiert. Dafür den Kuchen portionieren und auf Tellern angerichtet den Essensteilnehmern zur Selbstbedienung anbieten.

Die Zusammenstellung des Kuchenbüfetts sollte eine Kombination aus Sahnestücken, Cremetorten, Obstkuchen (aus Mürbe- oder Hefeteig), Käsekuchen, aber auch trockene Kuchen (aus Rührmasse) und Kleingebäcke enthalten.

Das Angebot wird von den betrieblichen Gegebenheiten bestimmt.

Tortenformen – Beispiele

Anschnitttorte

Kuppeltorte

Ring- oder Kranztorte

KOMPETENZ-CHECK

1. *Informieren Sie sich über die Herstellung obiger Gebäcke.*
2. *Sie sollen gemeinsam mit einer neuen Auszubildenden eine Sahnetorte herstellen. Planen Sie das gemeinsame Arbeiten und stellen Sie Ihr Vorgehen in der Klasse vor.*
3. *Erarbeiten Sie in Partnerarbeit wesentliche Kriterien für die Zusammenstellung, Mengen und Aufbau eines Kuchenbüfetts. Informieren Sie sich dazu auch in Ihrem Betrieb. Stellen Sie Ihre Ergebnisse in der Klasse vor.*
4. *Sie sollen kurzfristig eine Kaffeetafel für 30 Personen herstellen. Es ist zu entscheiden, ob/wie Convenience-Produkte sinnvoll eingesetzt werden können. Schreiben Sie Ihren Planungsansatz auf und vergleichen Sie Ihre Ergebnisse in der Klasse.*
5. *Sie sollen ein Kuchenbüfett für 60 Personen herstellen*
   a) für eine festliche weihnachtliche Kaffeetafel in einem Altenheim,
   b) für eine Kaffeetafel für geladene Gäste in einem Tagungshotel.

3.4.3 GESPRÄCHSFÜHRUNG BEI DER BESTELLUNG VON BÜFETTS UND ANDEREN SONDERVERANSTALTUNGEN

Frau Weide möchte anlässlich ihres 75-jährigen Geburtstages ca. 15 Gäste zu einer Kaffeetafel einladen. Sie bittet die Küche des Seniorenwohnheimes, die Feier in dem Festsaal des Hauses auszurichten.

Herr Müller will zu seinem 25-jährigen Firmenjubiläum von der Betriebskantine für seine Kollegen ein herzhaftes Büfett mit Hausmacherwurst-Spezialitäten ausrichten lassen.

Familie Wilhelm möchte ihre silberne Hochzeit mit 50 geladenen Gästen in einem festlichen Rahmen feiern.

In Ihrer Schule soll von 9.00 bis 17.00 Uhr eine hauswirtschaftliche Fachtagung mit 25 geladenen Gästen stattfinden. Die Auszubildenden in der Hauswirtschaft sollen die Räumlichkeiten für die Tagung vorbereiten und die Verpflegung und Getränke organisieren.

In einem Vorgespräch mit dem Gastgeber werden die Wünsche und Vorstellungen erfragt und gemeinsam der Rahmen der Veranstaltung abgestimmt.

Dabei werden z. B. der Anlass und gegebenenfalls das Motto der Veranstaltung erörtert – sie bestimmen Tischgestaltung, Tafelform, Menüauswahl und Dekoration.

Die Gästezahl und Information über die Gästegruppe (z. B. Alter, Nationalität) sind wichtig, um die Veranstaltung optimal planen zu können. Das Rahmenprogramm (z. B. Reden, musikalische Beiträge) muss abgeklärt werden, damit der Service richtig geplant werden kann. Eine fachkompetente Beratung in Bezug auf die Menüauswahl, den zeitlichen Ablauf und den Kostenrahmen bieten dem Kunden einen guten Überblick und liefern wichtige Planungsdaten für die Organisation der Veranstaltung.

Der anspruchsvolle Kunde erwartet eine kompetente Beratung und ein »Dienstleistungsangebot«, das seine Erwartungen erfüllt. Die Durchführung von Sonderveranstaltungen, Empfängen, Tagungen etc. verlangt daher von den Mitarbeitern besondere persönliche Eigenschaften und fachliche Kompetenzen.

- **Fachliche Kompetenz**: z. B. Zusammenstellen von Menüs, Planung und Organisation, Fachsprache, Kommunikation
- **Persönliche Kompetenz**: Höflichkeit, zuhören können, die Fähigkeit, Wünsche der Kunden richtig zu erkennen, Überzeugungskraft.

Im Anschluss an das Vorgespräch startet die Planungsphase, in der eine konkrete zeitliche Planung aller anstehenden Arbeiten erfolgt.

- **Langfristige Arbeiten**, z. B. Tafelform festlegen, Bestand an Geschirr, Besteck, Gläsern, Tischwäsche u. a. prüfen
- **Mittelfristige Arbeiten**, z. B. Menüauswahl, Planung der Raum- und Tischdekoration, Besteck/Geschirr kontrollieren, Einkaufslisten erstellen
- **Kurzfirstige Arbeiten**: z. B. Einkauf, Tische eindecken, Mitarbeitereinsatz

Checkliste für das Gespräch bei der Auftragsannahme:

- Name, Anschrift, Telefonnummern und E-Mail-Anschrift des Auftraggebers
- Termin der Veranstaltung, Anlass
- Anzahl der Personen, Alter
- Tafelform
- Ausstattung, Dekoration, Motto
- Angebot an Speisen (Vegetarier)
- Angebot an Getränken: vor dem Essen/zum Essen/ nach dem Essen
- Service
- zeitlicher/organisatorischer Ablauf der Veranstaltung
- Kostenrahmen

Bei mehrgängigen Menüs ist der Materialverbrauch für den einzelnen Gang niedriger zu kalkulieren.

Beispiel:
Wird vor dem Fleischgang ein Fischgang gereicht, kann die Fleischportion um 50 g reduziert werden. Ebenso können die Mengen an Beilagen und Salaten/ Gemüsen kleiner gewählt werden.

Checkliste für die Ausstattung von Besprechungen, Tagungen etc.

Vor der Besprechung sind einzudecken:

- kleine Flaschen mit Getränken, z. B. Mineralwasser, Orangensaft, Apfelsaft
- Thermoskannen mit Kaffee/ heißem Wasser
- Teebeutel, Kaffeesahne, Zucker
- Teller zur Ablage der Teebeutel
- Kaffeetassen, Unterteller, kleine Löffel

In der Pause sind anzubieten, z. B.

- belegte Brötchen, Gebäck, Obst, Joghurts, Müsliriegel etc.

Tagungstechnik, z. B.

- Projektor, Projektionswand, Pinnwand, Beamer, Flipchart

Beispiele für Aktionen
Saisonbedingte Aktionen, z. B.
Spargel, Wild, Salate, Pilze,
Sommergemüse

- Produktbezogene Angebote, z. B. Spargel, Wild, Nudeln, vegetarische Gerichte, Lamm, Pilze
- Internationale Spezialitäten, z. B. italienische Woche, österreichische Spezialitäten
- Regionale Spezialitäten, z. B. Gerichte von der Waterkant, Elsässer Spezialitäten
- Fest- und Feiertage, z. B. Osterbrunch, Martinsgansessen, Silvesterbüfett

Spargelwoche

Ostern

Aktionstage oder Aktionswochen werden immer unter einem bestimmten Motto veranstaltet und bieten dem Gast besonders attraktive Verpflegungsangebote. Die Aktionen demonstrieren die Leistungsfähigkeit der Küche, regen den Gast zum Verzehr an und vervielfachen meistens den Absatz der entsprechenden Produkte. Sonderaktionen erfordern eine sorgfältige Planung.

Neben der Gastorientierung und der Wirtschaftlichkeit haben Sonderaktionen folgende Zielsetzungen:

- die Beliebtheit der Küche zu fördern
- auf die breite Angebotspalette aufmerksam zu machen
- Stammgästen etwas Außergewöhnliches anzubieten
- besondere Wünsche zu erfüllen
- Abwechslung zu bieten

Die folgende Checkliste unterstützt eine gezielte Planung und erfolgreiche Durchführung von Sonderaktionen.

1. Vorbereitung, z. B.:
- ▶ Rezepturen von Gerichten/Getränken auswählen/erproben
- ▶ Speisen- und Getränkeauswahl festlegen
- ▶ Arbeitsabläufe und Arbeitsfolgen festlegen, Personalplanung
- ▶ Dekoration planen und festlegen, Speisekarten erstellen
- ▶ Servicearbeiten planen und festlegen
- ▶ Mengen und Kosten kalkulieren
- ▶ Werbung planen und durchführen
- ▶ Einkauf planen, Angebote einholen und prüfen, Einkauf durchführen

2. Durchführung, z. B.:
- ▶ Verantwortlichkeiten/Tätigkeiten der Mitarbeiter festlegen
- ▶ genauen Zeitplan für die verschiedenen Arbeiten erstellen
- ▶ Qualitätsstandards für die Arbeiten festlegen
- ▶ den Küchenbereichen ihre Zuständigkeiten zuweisen

3. Kontrolle und Auswertung, z. B.:
- ▶ Gästezufriedenheit und Akzeptanz des Angebotes evaluieren
- ▶ Gästezufriedenheit mit den Speisen und Getränken erfragen
- ▶ Einhaltung der Kosten, Umsatz prüfen
- ▶ Arbeitsbelastung für das Personal bewerten
- ▶ erfolgreichen Einsatz der Werbemittel prüfen
- ▶ zusätzlichen Maßnahmen einplanen, die bei einer Wiederholung der Aktion berücksichtigt werden sollten

Für eine langfristige und wirtschaftliche Planung und Durchführung von Sonderaktionen sollte ein Jahresplan erstellt werden, vgl. Abb. S. 253.

Jahresterminplan – Kulinarische Aktionen

Aktion	Verkaufsförderndes Motto	J	F	M	A	M	J	J	A	S	O	N	D
Sonntagsbrunch	Sonntagmorgen ohne Sorgen!			►	►	►				►	►		►
Spargel	Spargel ist einfach Spitze					►	►						
Fischgerichte	Vom Netz und von der Angel frisch auf den Tisch			►						►			
Salatbüfett	Da haben Sie den Salat!					►		►	►				
Italienische Woche	Viva Italia!				►				►				
Bretonische Woche	Crêpes, Hummer, Calvados … und Meer!	►									►		

KOMPETENZ-CHECK

1. *Aktionstage in Ihrem Betrieb*
   a) *Welche(weiteren) Anlässe bieten sich für Sonderaktionen an?*
   b) *Wählen Sie in Arbeitsgruppen jeweils ein Aktionsbeispiel aus, das in Ihrem Betrieb durchgeführt werden könnte.*
   c) *Erstellen Sie eine Checkliste zur Planung der Aktion.*
   d) *Wählen Sie Speisen, Getränke, Dekorationen für die Aktion aus.*
   e) *Erarbeiten Sie Arbeitspläne zur Vorbereitung und Durchführung.*
2. *Die Kantine eines Unternehmens bietet im Mai unter dem Thema »Fit in den Frühling« das Mittagessen an (ca. 200 Personen).*
   Erstellen Sie in Arbeitsgruppen Gerichte, Rezepturen, Warenanforderungs-listen für eine Woche (1 vegetarisches Menü / 1 Normalkost).
3. *Planen Sie eine Sonderaktion in der Schule.*

Fit in den Frühling

Guten Appetit wünscht die Klasse HW-10

Lauchcremesuppe mit Lachs

*

Frühlingssalat mit Joghurtdressing

*

Putengeschnetzeltes im Gemüsebett mit Reis

*

Naturjoghurt mit Aprikosencreme

Spezialitäten von der Waterkant

Mittagsmenü am 6. Mai

Hamburger Fischsuppe

*

in Speck gebratene Scholle Petersilienkartoffeln Sommersalate

*

Rote Grütze mit frischer Sahne

WAS BIETEN WIR AN?
- zeitlicher Rahmen → Einkaufsplanung
- Angebot an Speisen und Getränken · Vorbereitung
- Dekoration · Durchführung
- Service **Wer? Was? Wann? Wie?**
- etc.

WIE MESSEN WIR DEN ERFOLG?
- Qualitätsstandards
- Rückmeldung durch die Teilnehmer/-innen der Aktion
- Reflexion der Maßnahmen im Team

WOZU ERFOLGT DIE AKTION?
- Aktionstag: Gesunde Ernährung
- fachliche Präsentation
- Anleitertagung
- Weihnachtsfeier für Senioren
- etc.

WIE ERFOLGT DIE DURCHFÜHRUNG?
- Mittagessen u. Kaffee f. Anleitertagung
- gesunde Kost für Kinder
- Salate, gesunde Fitmacher
- Kaffeetafel f. Senioren
- m. weihnachtlichem Programm

Die Zielscheibe unterstützt Gruppen bei der Planung und Durchführung von Projekten.

3.6 REGIONALE GERICHTE

Regionale Speisen und Gerichte entstammen oft der bäuerlichen Küche und sind typisch für eine bestimmte Region. Sie haben sich unter den besonderen Bedingungen von Landwirtschaft, Klima und kultureller Lebensweise der Bevölkerung entwickelt. Regionalspeisen werden auch in der Großküchenverpflegung (leicht verändert) gerne angeboten.

Übersicht: Regionale Gerichte, einige ausgewählte Beispiele

Grüne Soße

Labskaus

Flädlesuppe

Rote Grütze

Regionen	Rohstoffe	Regionale Gerichte
Schleswig-Holstein	Meeresfisch, Lamm, Schwein, Rind, Gemüse, Getreide, Steckrüben, Kernobst, Beerenobst, Milch	**Hamburger Aalsuppe:** Suppe aus Gemüse, Fleischbrühe, Backpflaumen, Kochbirnen, frischem Aal, Schwemmklößchen **Friesische Buttermilchsuppe:** Speckbrühe, Buttermilch, getrocknete Birnen und Rosinen **rote Grütze**
Baden-Württemberg	Süßwasserfisch, Schwein, Rind, Geflügel, Wild, Gemüse, Obst, Milch, Wein	**Maultaschen:** große Nudelteigtaschen mit Hackfleischfüllung **Zwiebelkuchen:** Hefeteig mit Zwiebel-, Speckstreifen, Ei-Sahne-Masse **Zwiebelrostbraten mit Spätzle** **Flädlesuppe:** Pfannkuchenstreifen in Fleischbrühe **Schwarzwälder Kirschtorte**
Hessen	Süßwasserfisch, Schwein, Rind, Geflügel, Gemüse, Getreide, Obst	**Frankfurter grüne Soße** **Frankfurter Würstchen** **Sauerkraut und Schweinehaxe** **Rindskopf und Meerrettich** **Sahnehering** **Frankfurter Kranz**
Mecklenburg-Vorpommern	Meeresfisch, Schwein, Rind, Geflügel, Gemüse, Kartoffeln, Obst, Schwarzbrot, Milch	**Bohnensuppe:** weiße Bohnen und Gänseleber **Rindfleisch mit Backpflaumen:** gekochtes Rindfleisch mit Zwiebelsoße und Backpflaumen **Räucheraal auf Schwarzbrot** **Matjes mit Pellkartoffeln** **Grießpudding** **rote Grütze**

Kompetenz-Check

1. *Informieren Sie sich über typische Gerichte aus Ihrer Region. Stellen Sie Rezepte von regionalen Spezialitäten zusammen.*
2. *Sammeln Sie Rezepte anderer Regionalgerichte und ergänzen Sie die Tabelle.*

MATHE-CHECK

Aufgabe 1

Für das Mittagessen werden 75 Portionen garfertiges Seelachsfilet zu je 150 g benötigt. Der Zubereitungsverlust wird mit 12 % kalkuliert.

a) Berechnen Sie die Gesamtmenge des benötigten garfertigen Seelachsfilets!
b) Ermitteln Sie die benötigte Einkaufsmenge!
c) Der Netto-Preis des garfertigen Seelachsfilets beträgt 8,99 €/kg. Berechnen Sie den Brutto-Preis (Mehrwertsteuersatz 7 %)!

Aufgabe 2

25 kg Birnen mit Karton kosten 25 € (Nettopreis). Der Karton wiegt 1,2 kg.

a) Wie viel kg wiegen die Birnen ohne Karton?
b) Berechnen Sie den Nettopreis für 1 kg Birnen!
c) Berechnen Sie den Bruttopreis für 1 kg Birnen sowie für den gesamten Karton!

Aufgabe 3

Bei Suppen berechnet man als Hauptgericht 0,4 l, als Vorspeise 0,2 l.

a) In einer Jugendherberge sollen beim Mittagessen 56 Kinder mit Gulaschsuppe versorgt werden. Wie viel l Suppe müssen für das Hauptgericht gekocht werden?
b) Es wurden 32 l Tomatensuppe hergestellt. Wie viele Portionen können als Hauptgericht bzw. als Vorspeise gereicht werden?
c) Von 64 l Spargelcremesuppe soll ⅛ als Vorspeise gereicht werden, ¼ soll eingefroren werden und der Rest soll für die Außer-Haus-Verpflegung genutzt werden. Berechnen Sie, wie viel Liter Suppe als Vorspeise, zum Einfrieren und für die Außer-Haus-Verpflegung genutzt werden!

Aufgabe 4

Für ein Mittagessen soll Rindfleisch eingekauft werden. Im Großhandel gibt es folgendes Angebot:
Rindfleisch ohne Knochen 12,90 €/kg, Rindfleisch mit Knochen 9,90 €/kg (Knochenanteil: 12 %).

a) Berechnen Sie die Preisdifferenz zwischen den beiden Angeboten!
b) Wie viel kostet 1 kg Rindfleisch mit Knochen, wenn man den Knochenanteil abrechnet?
c) Vergleichen Sie nun die Preisdifferenz! Wie viel Prozent beträgt die Ersparnis?

Aufgabe 5

Orangensaft enthält 100 % Fruchtsaft, Orangennektar 50 % Fruchtsaft und ein Orangenfruchtsaftgetränk 20 % Fruchtsaft.

a) Erstellen Sie dazu ein Säulendiagramm!
b) Im Sauerkirschnektar sind außer 35 % Fruchtsaft noch maximal 20 % Zucker sowie Wasser enthalten. Berechnen Sie den Wassergehalt und stellen Sie die Anteile in einem Kreisdiagramm dar! (Kleiner Tipp: 1 % entspricht 3,6°!)
c) Bananennektar enthält 25 % Fruchtsaft, maximal 20 % Zucker sowie Wasser. Berechnen Sie den Wassergehalt und stellen Sie die Anteile in einem Streifendiagramm von 15 cm Länge dar!

Aufgabe 6

Bei einem kalten Büfett berechnet man pro Person ca. 400 g Lebensmittel, aufgeteilt in 170 g Wurst/Fleisch, 100 g Salat, 50 g Fisch und 80 g Brot.

a) Eine Gesellschaft, bestehend aus 175 Personen, möchte ein kaltes Büfett. Wie viel Gramm Lebensmittel, wie viel Wurst/Fleisch, Salat, Fisch und Brot müssen berechnet werden?
b) Rechnen Sie die Angaben (s. Aufgabenstellung) in % um!
c) Stellen Sie die %-Angaben in einem Streifendiagramm von 10 cm Länge dar!

ENGLISH-CHECK

1. Read the recipe and the definitions and then write down the method.

Traditional English Recipe – Tomato Soup

basil

tarragon

Ingredients (Serves 4)
- 1 kg tomatoes
- 1 tbsp butter
- 1 sprig of fresh tarragon (dried if you can't get fresh)
- 1 litre of chicken stock
- Sugar, sea salt and cayenne pepper to taste
- 4 tbsp Crème Fraîche
- 12 leaves of fresh basil

Definitions

to chop: To cut food into small even-sized pieces using a knife or food processor.

to fry: to cook in hot fat.

to garnish: To add a small decoration, often edible, to a savoury dish just before serving to enhance its finished appearance.

to simmer: to keep a liquid just below boiling point, usually in a pan on the hob, e.g. simmer the sauce until it starts to thicken.

to stir: To agitate an ingredient or a number of ingredients using a hand held tool such as a spoon.

to strain: To pass wet ingredients through a sieve to remove lumps or pieces of food, e.g. strain the stock to remove any small pieces of meat.

Method

1. Chop the tomatoes.
2. Fry the chopped tomatoes gently in the butter.
3. Add the tarragon and enough stock to cover the tomatoes.
4. Add salt and pepper to taste, stir well and cook until the tomatoes are disintegrating.
5. Strain the soup into another pan and then add the chicken stock.
6. Reheat the soup and simmer until it's the right consistency stirring occasionally.
7. Add sugar, salt and pepper to taste.
8. Serve with a swirl of Crème fraîche and garnish with the fresh basil leaves.

EDV-CHECK

Einen Steckbrief mit Word 2010 erstellen

Beispiel Aufgussgetränke

1. Fachinformationen durcharbeiten

2. Inhalte in Textfeldern zusammengefasst wiedergeben

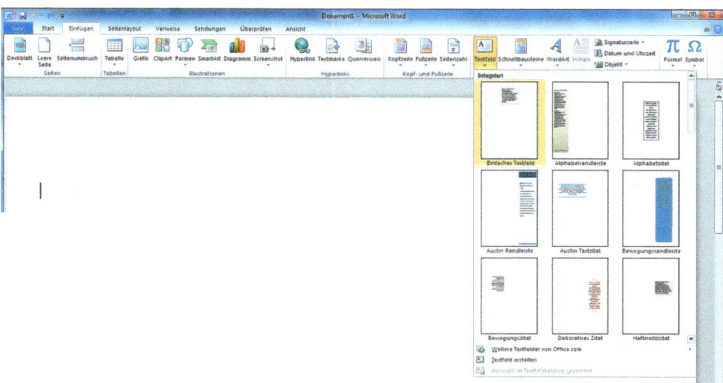

3. Textfeld nach Wunsch formatieren

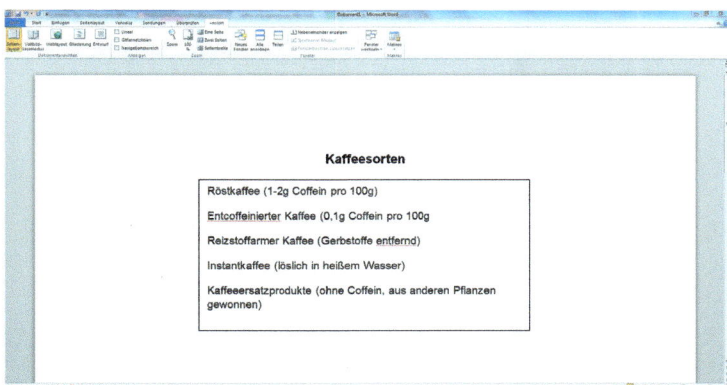

4. Bilder und Grafiken zur Veranschaulichung heraussuchen und einfügen

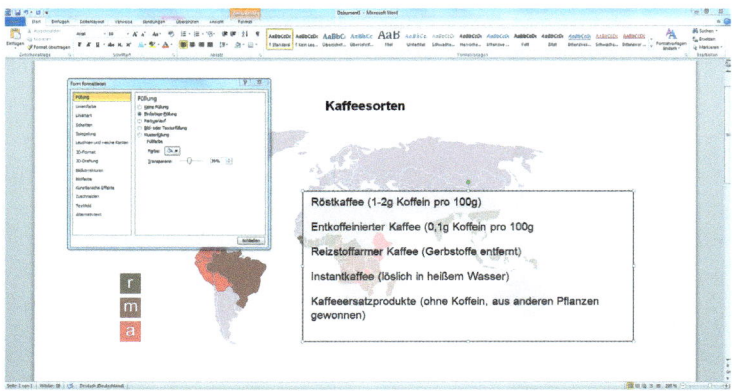

ANHANG

ENTSORGUNGSPLAN / KÜCHE

Übersicht:			Verantwortlich:	
Abfallart	**Frequenz/ Leerung**	**Sammelbehälter**	**Sammelstelle/ Haus**	**Sammelstelle/ Gemeinde**
gekochte Speisereste	täglich	Drangtonne (verschließbar)	Ausgabe/Betriebsküchen	Entsorger
rohe Obst- und Gemüseabfälle/ Teeblätter, Kaffeefilter	täglich	Bioabfallbehälter (verschließbar)	Ausgabe- und Betriebsküchen, Gruppenküche = Biotonne	Biotonne, Biobox, Müllabfuhr lt. Jahresplan
Papier/Pappe	nach Bedarf	Kiste, Box	Papierkörbe, zentraler Ort/Keller	Papiercontainer
Verpackungsmaterial (grüner Punkt, Metall und Verbundstoffe)	täglich und/oder nach Bedarf	gelber Behälter, Abfallsammler mit gelbem Sack	Ausgabe/Betriebsküchen, Gruppenküche = gelbe Tonne oder Container	gelbe Säcke oder Container, Müllabfuhr lt. Jahresplan
Glas	nach Bedarf	Kiste, Box	zentraler Ort/ Keller	Glascontainer
Restmüll (Eierschalen, Knochen, Zigarettenkippen, Staubsaugerbeutel, Windeln o. Ä.)	täglich	Restmülleimer	Ausgabe/Betriebsküchen, Gruppenküche = schwarze oder graue Restmülltonne	Tonne/Container, Müllabfuhr lt. Jahresplan
Schadstoffe (Batterien, Fette, Spraydosen mit Resten, Medikamente, Leuchtstoffröhren o. Ä.)	nach Bedarf	getrennte Sammelboxen	zentraler Ort/ Keller	Schadstoffsammelstelle lt. Jahresplan

Folgende Abkürzungen werden verwendet:

1 Liter	1 l	1 Prise	1 Pr.
1 Milliliter	1 ml	1 Esslöffel	1 EL
1 Gramm	1 g	1 Teelöffel	1 TL
1 Kilogramm	1 kg	3 Teelöffel = 1 Esslöffel	
		8 Esslöffel = 1/8 l	

handwerk-technik.de

MENGENANGABEN FÜR DIE ERSTELLUNG UND BERECHNUNG VON KOSTPLÄNEN

Durchschnittsmengen pro Person

Gemüse

Rohware, geputzt	200 g
Salate, geputzt	50 bis 100 g
Salatdressing	40 bis 80 ml
Suppen als Vorspeise	250 ml
Eintopf	500 ml

Fleisch

Braten	125 bis 150 g
Schnitzel	150 g
Kotelett	150 g
Gulasch	125 g
Frikadellen	125–150 g
Bratwurst	120–150 g
Wiener Würstchen	70– 90 g
Hähnchenkeule	200 bis 220 g
½ Hähnchen	300 bis 400 g
Suppenhuhn für Frikassee	150 bis 180 g

Fisch

Fischfilet	150 bis 180 g
ganzer Fisch	200 bis 250 g

Beilagen

Kartoffeln (mit Schale)	250 bis 300 g
Reis (Rohware)	50 g
Nudeln (Rohware)	50 g
Reis oder Getreide, gegart	150 g
Nudeln, gegart	150 g

Soßen

Bratensoße	125 ml
Soße für Fischgerichte	150 ml
süße Soßen	150–200 ml
Soße für Nudeln	125 ml

Desserts

Pudding/Flammeri	150 bis 200 g
Süßspeisen als Hauptgericht	300 g
Quarkspiese	100–125 g

Lebensmittel, stückweise/geschnitten

Apfel, Birne, mittel	150 g
Apfelsine, mittel	150 g
Banane, groß	200 g
Brötchen	45 g
Butter, Hotelportion	10 bis 20 g
Ei, Gewichtsklasse M	62 g
Eigelb	20 g
Eiklar	35 g
Grapefruit, ½	180 g
Kartoffel, klein	60 g
Käse	30 g
Knäckebrot	12 g
Mandarine, mittel	60 g
Mischbrot	40 g
Schinken, gekocht	50 g
Salami, mittel	20–30 g
Toastbrot	30 g
Tomate	50–70 g
Vollkornbrot	40 bis 50 g
Zwieback	10 g

Lebensmittel, löffelweise gewogen

	1 TL (gestrichen) in g	1 EL (gestrichen) in g	1 EL (gehäuft) in g
Wasser, Sahne, Milch	5	15	
Öl	4	12	
Crème fraîche, Quark, Mayonnaise	10	15	25
Butter, Margarine	5	15	25
Senf, Ketchup	5	15	25
Mehl, Speisestärke	3	10	15
Backpulver, Kakao	3	5	8
Zucker	5	15	20
Puderzucker	4	8	15
Salz	4	10	20
Grieß	3	15	20
Semmelbrösel, Haferflocken (fein)	3	6	10
Nudeln (klein), Reis	4	10	15
Käse, Parmesan (gerieben)	5	10	20
Nüsse, Mandeln (gerieben)	4	10	15
Konfitüre	10	20	35
Honig, flüssig	10	20	

BILDQUELLENVERZEICHNIS

aid Auswertungs- und Informationsdienst für Ernährung, Landwirtschaft und Forsten e.V., Bonn: S. 72/1; 85; 87; 94/2,3; 114/1; 118; 129; 135; 133/3; 159/2

Alberto Lebensmittel GmbH & Co., Berlin: S. 101

Alexanderwerk Aktiengesellschaft, Remscheid: S. 28/2; 29/3-5

apetito, Rheine: S. 121/4,5; 133/1,2; 134; 155

Apollinaris & Schweppes GmbH & Co., Hamburg: S. 79

Asbach GmbH, Rüdesheim am Rhein: S. 241/2

as-illustration, Alexander Schmitt, Rimpar: S. 159/1

BÄKO, Bundeszentrale Deutscher Bäcker- und Konditoren-Genossenschaften eG, Bad Honnef: S. 102

Bartscher GmbH, Salzkotten: S. 1/1; 38/2; 43; 44/2; 46/1; 48/2; 226/3

Bassermann Verlag in der Verlagsgruppe FALKEN/Mosaik, einem Unternehmen der Verlagsgruppe Random House GmbH, Niedernhausen/Ts.: S. 205/1-3 (Das neue große Grundkochbuch)

Beer Grill AG, Zürich: S. 187/3

Berufsgenossenschaft Nahrungsmittel und Gastgewerbe, Mannheim: S. 17

bofrost Dienstleistungs GmbH & Co. KG, Straelen: S. 187/2; 192/3; 201/2

Bosch, Robert, Hausgeräte GmbH, München: S. 27/4; 30/2,3; 38/1

boso Bosch & Sohn, Jungingen: S. 152

Bundesanstalt für Landwirtschaft und Ernährung, Bonn: S. 95/2; 142/1

Cimbal, Walter, Hamburg: S. 184/3,4; 256/3,4

CMA Centrale Marketing-Gesellschaft der deutschen Agrarwirtschaft mbH, Bonn: S. 1/2; 18; 150/1; 198/4-11; 207/1-3; 239/2

Constructa-Neff Vertriebs-GmbH, München: S. 41/2

Convotherm Elektrogeräte GmbH, Eglfing: S. 173

Darboven, J.J., GmbH & Co. KG, Hamburg: S. 237/7,8

Dettmer, Prof. Dr. Harald, u. a.: Gastgewerbliche Berufe in Theorie und Praxis (HT 4963), Hamburg: S. 194/1; 228; 240; 241/1

Deutscher Teeverband, Hamburg: S. 238/2

Deutscher Verkehrssicherheitsrat (DVR), Bonn: S. 17/1

DE-VAU-GE Gesundkostwerk GmbH, Lüneburg: S. 99

DGE Deutsche Gesellschaft für Ernährung e.V., Bonn: S. 119/1,2; 120

Döhler Natural Foods Ingredients GmbH, Darmstadt: S. 222/1

dpa Picture-Alliance GmbH, Frankfurt/M.: S. 109; 138/4,5; 157/3; 190/3; 191; 252/1

ECOVIN Bundesverband Ökologischer Weinbau e.V., Oppenheim: S. 143/6

Ehmsen, Birgit, Kiel: S. 184/2-5

Eismann Tiefkühl-Heimservice, Mettmann: S. 41/1; 73/1,2; 192/4; 200/1; 207/4; 209/1,2

Electrolux Professional GmbH, Hamburg: S. 176/4

Elger-Miehe, Anke: Nahrungszubereitung (HT 4391), Hamburg: S. 33; 36/4; 56; 57; 63/3-5; 68; 69; 169/1-3; 203; 204; 206; 219/1-4; 219/2-5

Elsdorfer Feinkost AG: S. 214

Eureka Wärmerückgewinnung und Kühltechnik GmbH & Co. KG, Emsdetten: S. 19/2

European Commission, Brüssel, Belgien: S. 23/2

Faber Management, Gießen: S. 247/2,3; 249/1,3,4

Falken Verlag in der Verlagsgruppe FALKEN/Mosaik, einem Unternehmen der Verlagsgruppe Random House GmbH, Niedernhausen: S. 139/1; 140 (Vollwertküche); 197/1,2; 199/2-4; 202/1,2; 213/3; 231/1; 242/3

Fauser Vitaquell KG, Hamburg: S. 107/2

Fladung, Uli, St.-Barbara-Klinik, Hamm/Westf.: S. 172/2; 223/1

Floristik-Design, Derendingen, Schweiz: S. 230/4

Food-Foto Köln: S. 196/3 (B. Krauth/ J. Holz)

Foodwatch, Berlin: S. 77/2

Foster Refrigerator GmbH, Ennepetal: S. 22/5

Fotolia Deutschland, Berlin, © www. fotolia.de: S. 16/2,3 (T. Michel); 39/1 (Barbara Pheby); 74 (dinostock); 106 (HL Photo); S. 138/1 (Dionisvera); 184/2 (exquisine); 225/4 (with God); 236/3 (Ghen); 237/1 (Neobrain); 2 (Marco Magnoli), 3 (Thomas Francois), 4 (dreamflow), 9 (Stefan Thiermayer); 243 (exQuisine); 250/6 (lisalucia); 253/2; 256/2 (exquisine)

Franck, Bernd, www.culinaryline.com, Nussdorf: S. 34; 55

Franke GmbH, Bad Säckling: S. 13/2

Frimex GmbH & Co KG, Mainz: S. 22/1-4

Fuchs Gewürze GmbH, Dissen: S. 91

5 am Tag/www.machmit-5amtag.de: S. 120/5

Gäa e.V. – Vereinigung Ökologischer Landbau, Dresden: S. 143/2

Getty Images Deutschland, München: S. 135; 136/1 (Maren Caruso)

Gohl GmbH, Recom Verlag, Baunatal: S. 157/2

Gräfe und Unzer Verlag GmbH, München: S. 192/1; 200/2-4; 213/1,2 (Was Kinder gerne essen); 217/1; 220/1 (Kochen köstlich wie noch nie)

Groupe SEB Deutschland GmbH, Frankfurt am Main: S. 25/4

H wie Hauswirtschaft, Freiburg: S. V

HEA Hauptberatungsstelle für Elektrizitätsanwendung e.V., Frankfurt/M.: S. 42/1-3; 61/3,2; 219/4

Heimbs & Sohn GmbH & Co. KG, Braunschweig: S. 238/1

Heinis, Monika, Herford: S. 127/2

Henkel Hygiene GmbH, Düsseldorf: S. 9; 10/1,2; 12/1,2

HOBART GmbH, Offenburg: S. 167

Hupfer Metallwerke, Coesfeld: S. 234/1

Imperial-Werke GmbH & Co., Bünde: S. 40/1; 44/3; 45; 46/2

Initiative Tierwohl - Gesellschaft zur Förderung des Tierwohls in der Nutztierhaltung mbH, Bonn: S. 198/12-15

Institut Prof. Dr. Pieldner, Stuttgart: S. 14

Ireks GmbH, Kulmbach: S. 70/2

iStockphoto, Berlin: S. 30/1 (Michael Bodmann); 105 (Keiichi Hiki); 189 (Adam Booth); 237/5 (Anatoly Babiychuik); 247/1 (luoman)

Jahreszeiten Verlag, Hamburg: S. 199/1

Kastner, Anny/Höll-Stüber, Dr. Eva: Gesund durch richtige Ernährung (HT 4431), Hamburg: S. 198/1,2

Knorr GmbH, Heilbronn: S. 73/3; 187/1

König, Lena, Hamburg: S. 242/3

Kraft Foods, Bremen: S. 205/4

Krefft Großküchentechnik GmbH, Gevelsberg: S. 46/3

Krings GmbH, Filderstadt: S. 175

Krüper, Werner, Steinhagen: S. 5/1,2; 8/5

Krups GmbH, Solingen: S. 15/1; 25/1,2

Kühne KG, Carl, Hamburg: S. 220/3; 254

Landesanstalt für Entwicklung der Landwirtschaft, www.ernaehrung-bw.info, Schwäbisch Gmünd: S. 98 (Frederike Wöhrlin)

Latz, Norbert, u. a.: Fleischerei heute (HT 1400), Hamburg: S. 11; 198/1 (Rudi Schmid, Hamburg)

Liebenstein, Schlosshotel und Restaurant, Neckarwestheim: S. 223/2

Liebherr-Hausgeräte GmbH, Ochsenhausen: S. 20; 21

Lifestyle Healthcare, Bonn (Kurt Braunisch): S. 186/1; 192/2

Lindner Hotels AG, Düsseldorf: S. 235

Loderbauer, Josef: Das Bäckerbuch (HT 40201), Hamburg: S. 29/4-6; 250/1-3 (Konrad Hahn, München)

Maggi Kochstudio, Frankfurt: S. 195/1; 196/4

Maresi Austria GmbH, Wien, Österreich: S. 77/1

MeisterMarken, Bremen: S. 249/1-5

Miele & Cie. GmbH & Co., Gütersloh: S. 19/1

Moulinex GmbH, Solingen: S. 48/3

Multivac Sepp Haggenmüller GmbH & Co.KG, Wolfertschwenden: S. 24/1

Müller's Mühle GmbH, Gelsenkirchen: S. 210/1-7

Naturland Zeichen GmbH, Gräfelfing: S. 143/7

Okapia KG, Frankfurt: S. 5/3 (Biophoto Ass./Science Cou); 97/1 (Wolfgang Lummer)

OTG Ostfriesische Tee Gesellschaft Laurens Spethmann GmbH & Co., Seevetal: S. 84; 238/3; 239/3

Otto Versand, Hamburg: S. 48/1; 77/2

Photocuisine Deutschland, Potsdam: S. 218/1 (foodfolio)

Picture Press, Hamburg: S. 104/2 (Matthias Haupt); 137 (H. Banderob); 156; 218/2,3

Pfeifer & Langen/Kölner Zucker, Köln: S. 71

Plößner, Birgit/Fichtner, Edeltraud Zusammenleben – Zusammenarbeiten (HT 7451/7453), Hamburg: S. 196/1, 209/5, 210/8, 212/1, 215 (G 3 Werbefotos Roman Graggo, Regensburg)

Porzellanfabriken Christian Seltmann GmbH, Weiden/Opf.: S. 226/1; 229/3

Quelle Schickedanz GmbH & Co., Fürth: S. 25/3

ReformhausINFORMATION, Oberursel: S. 77/1

Reuters AG, Hamburg: S. 148

Rieber GmbH & Co. KG, Reutlingen: S. 112/2; 166; 172/1; 174/1,2; 178

Rosengarten, Alten- und Pflegeheim: S. 112/1; 176/1

Rubbermaid Europe: S. 172/3

RUF Lebensmittelwerk KG, Quakenbrück: S. 92/1

Sara Lee Deutschland, Köln: S. 90

Schmid, Rudi, Hamburg: S. 50; 53/1; 60/1; 64/5; 72/2,3; 81; 94/1; 100; 104/1; 114/2,3; 121/2 125; 138/1-3; 147/1; 151; 154; 204/1; 233/1; 241/2; 246

Schnitzer oHG, St. Georgen: S. 153

Shutterstock Images LLC, New York, USA: S. 83/2 (Evelyn Sugar); 145 (oscarporras); S. 98/1 (Maraze); S. 103 (Kasia Bialasiewicz); 190/1 (ER_09); 196/2 (Shebeko); 202/3 (Hinatau Aliaksei); 252/2 (Africa Studio); 253/1 (Joerg Benge), 3 (Shebeko)

Sopexa, Düsseldorf: S. 8/2

Sorat Hotels, Berlin: S. 188/2

Stankewitz, Jutta, Bergen: S. 132/1

Steba Elektrogeräte GmbH & Co. KG, Strullendorf: S. 49

StockFood GmbH, München: S. 36/2,3 (Z.Sandmann/Cimbal); 67/2 (Winfried Heinze); 126 (Rynio); 190/2 (Valerie Janssen); 197/3

Schul-Umwelt-Zentrum Mitte, Berlin: S. 54/1

Techniker Krankenkasse, Hamburg: S. 15

T.E. Creative Fotografie + Styling, Frankfurt am Main, entnommen aus dem Buch „Garnieren und Verzieren" von Rudolf Biller, ISBN: 978-3-8094-1896-2: S. 192/5-8; 195/7-10

Teekanne GmbH, Düsseldorf: S. 239/1

Teubner, Christian, Füssen: S. 139/2

Transgourmet Deutschland GmbH & Co. OHG, Riedstadt: S. 164/1 (Seniorenwohnanlage Habichtswald Kassel gGmbH, Wohngruppenhaus »Schöne Aussicht Harleshausen«)

Uelze Großküchenberater, Heiko Uelze, Hannover: S. 168

Unilever Bestfoods Deutschland, Hamburg: S. 187/4; 194/2

LITERATURVERZEICHNIS

Arens-Azevêdo, U., Pletschen, R., Schneider, G.: Ernährungslehre – zeitgemäß · praxisnah, Troisdorf 2018

Brombach, C.: Altenpflege Ernährung, Hamburg

Caritas/Offermann, Sauerborn, Schlenker: Dienstleistungsstandards für die stationäre Altenhilfe

Cremer u. a.: Ernährungslehre und Diätetik, Stuttgart

de Groot, H.: Ernährungswissenschaft, Haan-Gruiten 2011

Deutscher Caritasverband: Wenn in sozialen Einrichtungen gekocht wird – Freiberg i. B. 2009

D.A.C.H. (u. a. Deutsche Gesellschaft für Ernährung): Referenzwerte für die Nährstoffzufuhr, Frankfurt/Main 2018

Danner, H.: Frühstück, vitalstoffreiche Vollwertkost, Wergl

Deutsche Gesellschaft für Hauswirtschaft e.V. (Hrsg.): Mahlzeiten wertschätzend gestalten, Freiburg i.B. 2018

Elmadfa, I.: Ernährungslehre, Stuttgart 2019

Elmadfa, I., Leitzmann, C.: Ernährung des Menschen, Stuttgart 2019

Elmadfa, I., Leitzmann, C.: GU-Kompass – E-Nummern Lebensmittel Zusatzstoffe 2009

Ernährungsbericht 2016

Ernährungsberatung der Nestle-Gruppe Deutschland: Kalorien mundgerecht, Frankfurt/Main

Farhadi, J.: Ernährungswissenschaft, Haan-Gruiten 2019

Feulner, M.; Pfannes, U.; Schukraft, U.; Sobotka, M.: Den Alltag Leben, Rheine 2012

Fürst, W., Schnauder, E., Schuler, K.: Restaurantfachmann – Restaurantfachfrau, Troisdorf 2009

Giesenkamp, J.; Leicht-Eckardt, E.; Nachtwey, T.: Inklusion durch Schulverpflegung Münster, 2013

Hauptberatungsstelle für Elektrizitätsanwendung: Das elektrische Kochen für Schulen, Hamburg

Heinis, M., Simpfendörfer, D., Baur-Enders, R.: Hauswirtschaft – Ernährung – Pflege, Hamburg 2018

Hesecker B., Hesecker, H.: Die aktuelle Umschau Nährwert- und Kalorientabelle

Höll-Stüber, E., Klug, S.: Ernährung und Diätetik – in Frage und Antwort, Stuttgart

Höll-Stüber, E., Dachroth, S.: Gesundheit – Krankheit – Ein Balanceakt, Hamburg 2016

Holtmeier, H. J.: Diät bei Übergewicht und gesunde Ernährung, Stuttgart

Huth, Kluthe: Lehrbuch der Ernährungstherapie, Stuttgart

Juno Kücheneinrichtung: Planungsordner für Gastronomie und Gemeinschaftsverpflegung

v. Kaathoven, Gundlach, Schote: Die Ernährung Gesunder und Kranker, Bocholt

Karlson: Biochemie, Stuttgart

Kasper, H.: Ernährungsmedizin und Diätetik, München 2009

Katalyse: Kinderernährung, Köln

v. Koerber, Männle, Leitzmann: Vollwert-Ernährung, Heidelberg 2012

Kattmann, U.: Essen, hungern, fressen, Berlin

Keweloh, H.: Mikroorganismen in Lebensmitteln, Haan-Gruiten 2011

Kofranyi, E.: Einführung in die Ernährungslehre, Neustadt 2018

Leitzmann, C., Keller, M.: Vegetarische Ernährung, Stuttgart 2013

Löffler Petrides: Physiologische Chemie, Berlin, Heidelberg

Lörcher-Bigga, Wöhrle-Wolff: Kalte Platten – Kaltes Büfett,

Mehnert, H.: Stoffwechselkrankheiten, New York

Paritätischer Wohlfahrtsverband: Qualitätshandbuch Stationäre Altenhilfe – Leistungsstandards und Qualitätsmanagement

Polenz, A.: Ernährung · Küche · Service, Hamburg, 2012

von Rener, G., Daniel, H.: Biochemie der Ernährung, Heidelberg 2010

Richter, R.: Kreativ Ernährung entdecken, Haan-Gruiten 2009

Rober, L.: Ernährung im Alter, Hannover

Schlieper, C.: Ernährung heute, Hamburg 2017

Schlieper, C.: Grundfragen der Ernährung, Hamburg 2019

Seib, U.: Ernährung und Diätetik, München

Sell, H.: Einführung in die Hygiene, Hamburg

Silbernagel, S., Despopoulus, A.: Taschenatlas der Physiologie, Stuttgart – New York 2003

Simpfendörfer, D., Klug, S.: Haushaltsführung als Dienstleistung, Hamburg 2019

Simpfendörfer, D., Amrhein, L., Korschetz, R.: Hauswirtschaft gestalten, Hamburg 2015

Sinell, H.: Einführung in die Lebensmittelhygiene, Berlin 2004

Tetscheid, P.; Langen, N., Speck, M.; Rohn, H. (Hrsg.): Nachhaltig außer Haus essen, München 2018

Informationsdienste und Zeitschriften:

AOK-Gesundheitskasse, Frankfurt/Main

Auswertungs- und Informationsdienst für Ernährung, Landwirtschaft und Forsten, Bonn

Berufsverband Hauswirtschaft

Bundesverband hauswirtschaftlicher Berufe (MdH), Theley

Bundeszentrale für gesundheitliche Aufklärung, Köln

Ernährung im Fokus, Bundeszentrum für Ernährung, Bonn

Ernährungstipp – Bundeszentrale für gesundheitliche Aufklärung

Deutsche Gesellschaft für Ernährung e.V., Bonn

Deutsche Gesellschaft für Hauswirtschaft (dgh), Rheine

Deutsche Krankenversicherungs-AG, Abteilung Bildungswesen, Köln

Deutscher Hausfrauenbund (DHB), Netzwerk Haushalt e.V., Bonn

Deutscher Hauswirtschaftsrat (DHWIR), Berlin

Ernährungsumschau, DGE, Bonn

foodwatch e.V., Berlin

Der Fundus, Fachmagazin für die Hauswirtschaft, Theley

GV manager, B & L Mediengesellschaft, München

GV – Praxis, Deutscher Fachverlag, Frankfurt

Haushalt in Bildung & Forschung, Leverkusen

Hauswirtschaft und Wissenschaft, Organ der dgh, Rheine

Hessisches Ministerium für Umwelt, Energie, Jugend, Familie und Gesundheit, Wiesbaden

Knack · Punkt, Aktuelles für Multiplikatoren im Bereich Ernährung, Verbraucherzentrale NRW e.V.

Landeszentrale für Gesundheitsbildung in Bayern e.V., München

rhw management und rhw praxis, München

Techniker Krankenkasse, Gesundheitsdienst

Verband für unabhängige Gesundheitsberatung e.V., Gießen

Verbraucherzentrale Bundesverband e.V., Berlin

SACHWORTVERZEICHNIS